（1912－1954）

计算先驱的故事

ACM图灵奖历届获奖者

——（1966－2022）——

吴鹤龄　崔　林◎编著

清華大學出版社
北　京

内 容 简 介

诞生于1966年的图灵奖被誉为“计算机领域的诺贝尔奖”,至今共有79位科学家获得此荣誉。本书介绍了图灵及76位ACM图灵奖获得者的工作和事迹。通过对20世纪下半叶及21世纪初有代表性的计算机科学家的介绍,多方位、多视角地反映了计算机科学技术半个多世纪的发展历程。本书在一定程度上反映了计算机体系结构、程序设计语言、算法设计与分析、操作系统和编译程序、数据库技术、计算复杂性理论、软件工程、人工智能、信息安全等计算机科学技术主要分支的形成过程和发展概况。本书旨在宣扬科学和科学家精神,通过追寻成功者的足迹,给人以必要的启迪,使读者从阅读本书中汲取成长和成功所必需的养分。

图书在版编目(CIP)数据

计算先驱的故事:ACM图灵奖历届获奖者:1966—2022 / 吴鹤龄,崔林编著. 北京:清华大学出版社,2025.3. -- ISBN 978-7-302-68602-6

Ⅰ. K816.16

中国国家版本馆CIP数据核字第20259N7K10号

策划编辑: 白立军
责任编辑: 杨 帆
封面设计: 杨玉兰
责任校对: 刘惠林
责任印制: 刘海龙

出版发行: 清华大学出版社
网 址: https://www.tup.com.cn,https://www.wqxuetang.com
地 址: 北京清华大学学研大厦A座 **邮 编:** 100084
社 总 机: 010-83470000 **邮 购:** 010-62786544
投稿与读者服务: 010-62776969, c-service@tup.tsinghua.edu.cn
质量反馈: 010-62772015, zhiliang@tup.tsinghua.edu.cn
印 装 者: 三河市铭诚印务有限公司
经 销: 全国新华书店
开 本: 145mm×210mm **印 张:** 15.375 **字 数:** 458千字
版 次: 2025年5月第1版 **印 次:** 2025年5月第1次印刷
定 价: 69.00元

产品编号:103202-01

序[1]

计算机是20世纪40年代人类的伟大创造。从1946年世界上第一台电子计算机ENIAC的诞生,迄今为止其发展已逾50年,计算机的性能有了显著提高。当前,已出现峰值运算速度达每秒十几万亿次的巨型计算机。短短的半个世纪,计算机对人类社会的进步与发展产生了巨大的推动作用,影响深远。计算机的出现,使人们在物质和能量两大战略资源之外,开发和利用了"信息"这一新的战略资源,开拓了人类认识自然、改造自然的新领域;计算机的出现,在理论推导与科学实验两大发展科学技术的传统手段之外,增添了人类发展科学技术的新手段,即所谓"计算"手段;计算机的出现,为人类创造文化提供了新的现代化工具,改变了人们创造文化的活动方式、方法和性质;计算机的出现,引发了人类工作方式和生活方式的变化。

在世纪之交,以微电子、计算机硬件、计算机软件、通信等技术为主导的信息技术革命正在迅猛地改变我们所生存的社会,人类开始从工业社会进入信息时代。信息技术在世界新技术革命中不仅作为一项独立的技术而存在,还广泛渗透于各个高科技领域以及生产、经营、管理等过程,成为它们发展的基本依据和重要手段。信息化正从整体上引导着世界经济和社会发展的进程,信息技术已成为经济发展的关键因素和倍增器,随之而兴起的信息产业将成为全球经济发展的主导产业。

---

① 此序为本书前一版的开篇之词,以期为新版之作增添一份历史的厚重与传承的韵味。

随着网络技术的快速发展及全球信息高速公路的建立和日益完善,人类的工作模式和生活形态出现了本质上的改变,社会产业结构发生了深层次的变革,以信息技术和信息产业为主导的知识经济时代正在全球范围内宣告着它的到来。

计算机科学技术作为研究计算机的设计与制造、研究如何利用计算机进行信息获取、表示、存储、处理、控制等的理论、原则、方法和技术的学科,其半个世纪的发展,为计算机及其相关技术和产业的进步,奠定了坚实的基础,创造了巨大的原动力。而其中,众多的计算机科学家、工程师及从业人员的艰辛劳动,为计算机科学技术学科、计算机产业及计算机应用做出了实际而巨大的贡献。本书所介绍的40位图灵奖获得者,正是这些人物中的杰出代表,当中,不少人对计算机科学技术和计算机产业的蓬勃发展做出了历史性的贡献。这些著名科学家所提出的一些具有前瞻性的设想或思路对世界计算机科学技术,乃至其他工程学科的发展均产生了重要的影响。

我国的计算机事业创始于20世纪50年代中期。1956年国家制定《1956—1967年科学技术发展远景规划》,即将"计算技术的建立"列为紧急措施之一。经过近50年的发展,我国的计算机事业取得了长足的进步。在计算机科学技术研究方面已出现国际领先的成果,在计算机产业及计算机应用方面呈现良好的发展态势。当然,毋庸讳言,和国际最高水平相比,我们还存在不少差距,这迫切需要我国计算机科学技术工作者不断地做出艰苦的、具创新性的努力。

本书介绍了20世纪的34届40位图灵奖获得者的工作和事迹,相信一方面能够为读者了解计算机科学技术发展简史提供一个独特的视角,另一方面可以对我国的科技人员、学者和教育工作者有一定的启迪。虽然不能把他们的思想和做法完全套用在我国的具体科学及产业实践中,但是对其进行审慎地思考后进行有选择性地吸收,对我国生产技术的进步、人才的培养将是有益的。

本书第一作者吴鹤龄教授曾任北京理工大学计算机科学工程系主任，退休后仍积极为科技成果的普及而勤恳工作。本书的成稿，凝聚了他对我国计算机科学技术研究及普及事业的不懈努力和追求。

中国科学院院士
北京大学计算机科学技术系教授
杨芙清
2000 年 7 月

前　言

计算机的发明、发展和普及是20世纪最引人注目的事件之一。没有哪项发明像计算机这样对整个人类文明和社会进步已经发生和正在发生着如此巨大、如此深刻的影响，持续推动了人类社会一日千里地向前发展，使“1天等于20年”的梦想成为现实。

如同一般科学技术转化为生产力，必须经过从基础理论研究到应用产品开发，直至演变为实用技术一样，计算机以至整个信息产业的发展也遵循着这个规律，从20世纪40年代第一台电子计算机ENIAC诞生，到如今信息产业成为高潮迭起的朝阳产业和支柱产业，这其中有一些鲜为人知的科学家做出了重要贡献。他们虽不如盖茨等企业家那样家喻户晓，那样光彩夺目，但正是他们以惊人的智慧和艰苦的探索奠定了信息大厦的基石。本书中的76位图灵奖获得者就是这些科学家的代表。本书主要介绍了他们的工作和事迹，然而笔者写作本书的目的又不仅限于此，还有以下三个更深层次的动因。

(1) 通过追寻成功者的足迹，给人以必要的启迪。成功的科学家们走过的道路各不相同，但细细考察起来，会发现一些共同的因素在他们的成功中起着重要作用，如勤奋、善于学习、勇于创新、谦虚和有团队精神等。图灵奖获得者也是这样，他们当中有不少发人深省的故事，如FORTRAN的发明人约翰·巴克斯是“浪子回头”，从一个纨绔子弟变成一个不知疲倦的发明家；如发明归纳断言法以验证程序正确性的罗伯特·弗洛伊德原本只是一名计算机操作员，通过自学，成为计算机科学大师；如关系数据库之父埃德加·科德在 IBM 公司身居要职，事业有成，却在不惑之年重返校园、继续充电，最终大放异彩；如浮点运算的先驱威廉·卡亨坚持对学生严格要求，因而在获奖后招致一个学生公开非议和攻击，却能冷静对待；如 IBM 360 之父弗雷德里克·布鲁克斯本来是反对 IBM 360 启动的，后来却出任它的总设计师和总指挥，在这一出人意料的转变中表现出令人叹服的明智、大度、勇气和胆略……凡此种种，不胜枚举，有心的读者不难从阅读本书中汲取成长和成功所必需的养分。

(2) 通过对从 20 世纪 40 年代直至 21 世纪 20 年代有代表性计算机科学家的介绍，多方位、多视角反映计算机科学技术半个多世纪的发展历程。科学技术史的研究是一件大事，尽可能多一些了解科学技术史对每个科技工作者也十分重要。本书在一定程度上反映了计算机体系结构、程序设计语言、算法设计与分析、操作系统和编译程序、数据库技术、计算复杂性理论、软件工程、人工智能等计算机科学技术主要分支的形成过程和发展概况，为读者提供了较多的背景材料。

(3) 在介绍人物和历史的同时，介绍计算机科学技术中的一些主要概念、主要理论、主要系统，起到一部高度浓缩、袖珍的"计算机科学技术百科全书"的作用。这可能只是主观愿望，限于水平和能力，实际上是难以达到的，但笔者确实是尽力朝这个方向去做的。

本书最早是在《计算机世界》周报"图灵奖得主简介"专栏的基础上形成的，2000 年 8 月作为向在北京召开的第 16 届世界计算机大会(16th IFIP World Computer Congress 2000)献礼的图书出版了第 1 版，此后连同它的姊妹篇《IEEE 计算机先驱奖——计算机科学与技术中的发明史》多次再版，受到广大读者尤其是高校计算机专业师生和 IT 从业人员的关注。较多的反映是，这两部"不是教材的教材"把科技与人文结合在一起，通过对获奖顶级科学家的介绍，不但使读者对计算机科学技术的发展史有了一定程度的了解,还在“如何做人”和“如何做学问”这两方面为读者提供了范例,已有一些高校和包括清华大学图书馆在内的高校图书馆,将这两本书列入“大学生必读书目”和“推荐阅读书目”。笔者认为,这是一个积极的信号。如同数学本身是一个学科、一个专业,但同时也是其他各学科各专业的基本工具,是“基础课”,在信息时代,计算机是一个学科、一个专业,但同时也是其他各学科、专业的基本工具,是“公共基础课”。因此,在计算机、互联网和当前人工智能日益普及发展的情况下,各个专业的学生都应该对计算机科学技术发展史有一定程度的了解,并从顶级计算机科学家成长和成功的经验与教训特别是他们的创新精神中汲取养分。

本次出版将书名定为《计算先驱的故事——ACM 图灵奖历届获奖者(1966—2022)》,这样使得原先出版的《ACM 图灵奖——计算机发展史的缩影》和姊妹篇《IEEE 计算机先驱奖——计算机科学与技术中的发明史》得以统一起来,两本书将各以分册形式出版。

特别感谢清华大学出版社的领导和编辑对本套书的出版给予的大力支持,也向为本书之前出版,多年付出辛勤汗水和工作的高等教育出版社的领导和编辑,致以深深谢意!我们还要向曾经为本书的推广、普及做出很大努力和贡献的,现已去世的北京航空航天大学麦中凡教授致以敬意,麦教授当年作为教育部高等学校计算机基础课程教学指导委员会的委员,在看到本书和它的姊妹篇《IEEE 计算机先驱奖——计算机科学与技术中的发明史》后,在《中国大学教学》杂志上发表了“向计算机专业师生推荐两本好书”的文章。随后,在中国教育电视台《大学书苑》栏目为这两本书录制专题节目时,麦教授还亲自接受记者采访。这么多年,我们深深地感到,杨芙清院士为本书所写的序和麦中凡教授为这两部书所写的推荐文章,是对我们最大的鼓舞和鞭策,始终激励着笔者认真编写好这两部书的每个版本。

在写作过程中，笔者参阅了大量中、外文的书籍、期刊、报纸、词典，并从互联网上获取了很多有价值的材料。笔者向本书引用材料的所有作者、编者、译者和网站表示感谢。为避免本书结构松散，影响读者阅读，我们没有对引用的材料一一注明出处，这是需要说明和表示歉意的。本次出版，中国石油大学吕仲琪博士参加编写了2018年图灵奖获得者部分内容，国家开放大家安琪博士协助完成资料整理。

最后，期待在和您一起阅读本书的过程中，分享快乐，共同走进计算机科学的神奇世界。我们也热切期盼您对本书提出批评和建议。

吴鹤龄　崔　林

2024年12月

目　录

图灵和图灵奖

世界上第一台电子计算机 ENIAC 1946 年 2 月诞生于美国宾夕法尼亚大学莫尔学院。但学术界公认,电子计算机的理论和模型是由英国数学家图灵在此前 10 年即 1936 年发表的一篇论文《论可计算数及其在判定问题中的应用》(*On Computable Numbers with an Application to the Entscheidung-Problem*)中奠定基础的。因此,美国计算机协会(Association for Computing Machinery,ACM)在 1966 年纪念电子计算机诞生 20 周年,也就是图灵的有历史意义的论文发表 30 周年之际,决定设立计算机界的第一个奖项(在此之前,做出杰出贡献的计算机科学家只能获得数学方面或电气工程方面的奖项),并且很自然地将它命名为"图灵奖",以纪念这位计算机科学理论的奠基人。"图灵奖"被誉为"计算机界的诺贝尔奖",设立至今已经颁发了 59 届,共有 79 位计算机科学家获此殊荣。

为 ENIAC 工作的程序员

艾伦·图灵(Alan Mathison Turing)于1912年6月23日出生在伦敦近郊的自治镇帕丁顿(Paddington,现归属伦敦Westminster区,英国议会大厦和世界闻名的威斯敏斯特大教堂就位于此处)。图灵的父亲是英国在印度的行政机构的一名官员,母亲平常也在印度陪伴其丈夫。1926年图灵的父亲退休以后,因为退休金不高,为了节省,他们夫妇选择在生活费用较低的法国居住,没有回英国定居,因此图灵和他的一个叫约翰的哥哥很少见到父母,他们是被从军队中退休的沃德(Ward)夫妇带大的。童年时缺乏父爱和母爱,这也许正是图灵自幼起性格和行为就比较怪僻,并最终酿成悲剧结局的一个重要原因。图灵13岁进入寄宿的谢博恩中学(Sherbourne School),学习成绩并不是特别好,只有数学例外,他的演算能力特别强。此外,就是擅长赛跑。

图灵参加运动会

1931年中学毕业以后,图灵想进剑桥大学最负盛名的"三圣学院"(Trinity College),但两次未被录取,只好进了剑桥大学的另一所学院——"国王学院"(King's College)攻读数学。第一年的课比较浅,图灵很厌烦,没有好好学,结果在剑桥大学特设的一种叫 Tripos 的荣誉学位考试中只得了"二等"。好在他奋起直追,最后毕业时的数学学位考试拿了"一等",取得这个成绩的学生在剑桥大学有一个特别的荣誉称号,叫 Wrangler。图灵的学位论文课题是关于概率论的中心极限定理(the central limit theorem of probability)的。实际上,由于他在研究这个课题时对前人在这方面所做的工作一无所知,可以说是图灵自己又重新发现了这个定理。1936 年图灵因就同一课题所发表的论文《论高斯误差函数》(*On the Gaussian Error Function*)而获得史密斯奖(Smith Prize),并由一名普通大学生直接当选为国王学院的研究员。

1935 年,图灵开始对数理逻辑产生兴趣。数理逻辑(mathematical logic)又叫形式逻辑(formal logic)或符号逻辑(symbolic logic),是逻辑学的一个重要分支。数理逻辑用数学方法,也就是用符号和公式、公理的方法去研究人的思维过程、思维规律,其起源可追溯到 17 世纪德国的大数学家莱布尼茨(Gottfried Wilhelm Leibniz,1646—1716),其目的是建立一种精确的、普遍的符号语言,并寻求一种推理演算,以便用演算去解决人如何推理的问题。在莱布尼茨的思想中,数理逻辑、数学和计算机三者均出于一个统一的目的,即人的思维过程的演算化、计算机化,以至在计算机上实现。但莱布尼茨的这些思想和概念还比较模糊,不太清晰和明朗。三个多世纪来,许多数学家和逻辑学家沿着莱布尼茨的思路进行了大量实质性的工作,使数理逻辑逐步完善和发展起来,许多概念开始明朗。但是,"计算机"到底是怎样一种机器,应该由哪些部分组成,如何进行计算和工作,在图灵之前没有任何人清楚地说明过。正是图灵 1936 年发表的那篇标题有些古怪(其中"判定问题"用的是"外文"——德文!)的论文《论可计算数及其在判定问题中的应用》第一次回答了这些问题,提出了一种计算机的抽象模型,利用这种计算机,可以把推理化作一些简单的机械动作。图灵提出的计算模型现在被大家称作“图灵机”(Turing machine)。

说来有趣,具有重大科学价值和历史意义的计算模型,并非是图灵那篇论文的主题。图灵那篇论文主要是回答同样是德国大数学家的戴维·希尔伯特(David Hilbert,1862—1943)在1900年举行的世界数学家大会上提出的著名的“23个数学难题”中的一个问题的,这个问题涉及逻辑的完备性,即是否所有的数学问题在原则上都是可解的。图灵的论文回答了这个问题:有些数学问题是不可解的。而自动计算机的理论模型则是图灵在其论文的一个脚注中“顺便”提出来的。这真可谓“歪打正着”——图灵这篇传世的论文主要是因为这个脚注,其正文的意义和重要性反而退居其次了。值得回味的是,在科学技术的发展史上,这样的事例并不鲜见。

那么,图灵设想的计算机,也就是图灵机到底是什么样的和怎样工作的呢?下面做一个简要的介绍。(对图灵机的描述有许多不同的方式,但互相都是等价的。下面的描述参照了参考文献[1],类似的描述也可见参考文献[4])

图灵机由一条双向都可无限延长的被分为一个个小方格的磁带、一个有限状态控制器和一个读写磁头组成,如下图所示。图灵机一步步地进行工作,机器工作情况取决于三个条件,即

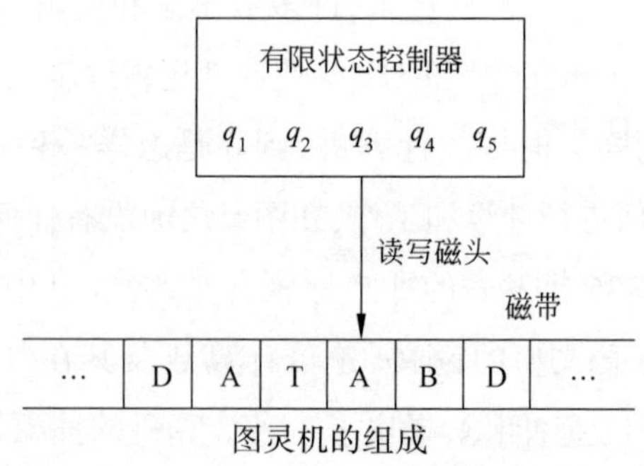

图灵机的组成

- 机器的内部状态；
- 读写磁头扫描磁带的哪个方格；
- 该方格中有什么信息。

机器执行一步工作的过程如下：读写磁头在所扫描的方格中写上符号，原有符号自然消除；磁头向右或向左移动一个方格，机器由当前状态转向另一个状态，进入下一步工作。如此周而复始，除非遇到命令机器停止工作的状态。例如，上图中的机器在某一步上处于状态 q_3，将所扫描方格中的 A 改写为 E，左移一个方格，进入状态 q_5，磁头将要扫描的方格中的字母为 T。机器下一步的工作由 q_5 和信息 T 唯一确定。

图灵机的这种由状态、符号确定的工作过程叫图灵机的程序，可以方便地用下列五元组所确定的一个阵表来定义：

$$<q,b,a,m,q'>$$

其中，q、q'是有限状态控制器中的状态，q 为当前状态，q'为下一状态；b、a 表示方格中的符号，b 是当前方格中的原有符号(before)，a 是改写后的符号(after)；m 指示磁头的移动方向，若左移则为 L(Left)，若右移则为 R(Right)，不动则用 N 表示(No-motion)。这样，上述图灵机的一步工作就可用下列五元组确切地描述：

$$<q_3,\mathrm{A},\mathrm{E},\mathrm{L},q_5>$$

由于图灵机是计算机的理论模型，仅由一条磁带、一个磁头和一个状态控制器组成，当然不可能实现各种复杂的数据结构和各种复杂的控制与算法，因此在图灵机上编程解题反而比较复杂，也比较难以理解。为此我们举一个例子详细说明一下。

假设要在图灵机上解 $y=f(x)=2^x$ 这样一个函数。先来看如下的表格。

$y=f(x)=2^x$ 解 y 值的十进制和二进制

x	y(十进制)	y(二进制)
0	1	1
1	2	10
2	4	100
3	8	1000
4	16	10000
…	…	…

由上表可见,y 值在用二进制形式表示时非常简单：它的最高位是“1”,后面跟若干“0”,而“0”的个数正好对应于自变量 x 的值。因此在二进制计算机上解这个函数有如下所示的流程图。

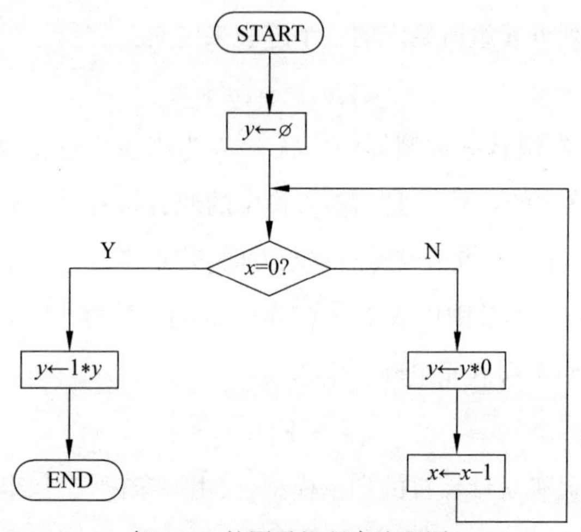

解 $y=2^x$ 的图灵机程序流程图

程序开始时建立一个空串∅作为 y,然后判别 x 是否为“0”,若不为“0”,则在 y 的右侧增添一个“0”,x 减“1”,再去判别 x 是否为“0”,重复这一过程。当 x 为“0”时,在 y 的左侧增添一个“1”,即为所得结果,停机。这个流程图无论对于图灵机还是对于任何能实现二进制操作的实际计算机都是适用的。但在图灵机的情况下，有以下几种特殊情况需要考虑。

(1) y 的二进制值放在磁带的什么地方？为了减少磁头不必要的移动，y 要紧挨着 x 存放，即在代表 x 的二进制值的磁带方格之后，不留空格地存放 y 的二进制值。也就是在存放 x 二进制值的磁带末位方格之后的第一个方格应该是 y 中最后生成的最高位“1”，其后方格中是若干“0”。

(2) x 值和 y 值如何识别？由于图灵机没有“地址”或“数据单元”的概念，图灵机本身无法区别磁带上的 x 和 y，也无法标识它们的起点和终点，必须完全由程序解决。由于同样的理由，在获得所需的解答后，要把代表 $x=0$ 的二进制值的各个磁带方格中的“0”都抹去，使磁带上只留下 y 的值。

根据流程图，再考虑以上情况，我们就可以编制出解这个函数的图灵机程序了。如前所述，图灵机程序由五元组阵表组成，对于这个问题，程序由下列五元组组成：

$\langle q_1,1,1,R,q_2\rangle$

$\langle q_1,0,0,R,q_1\rangle$

$\langle q_1,B,1,L,q_7\rangle$

$\langle q_2,1,1,R,q_2\rangle$

$\langle q_2,0,0,R,q_2\rangle$

$\langle q_2,B,B,R,q_3\rangle$

$\langle q_3,0,0,R,q_3\rangle$

$\langle q_3,B,0,L,q_4\rangle$

$\langle q_4,0,0,L,q_4\rangle$

$\langle q_4,B,B,L,q_5\rangle$

$\langle q_5,1,0,L,q_6\rangle$

$\langle q_5, 0, 1, L, q_5 \rangle$

$\langle q_6, 1, 1, L, q_6 \rangle$

$\langle q_6, 0, 0, L, q_6 \rangle$

$\langle q_6, B, B, R, q_1 \rangle$

$\langle q_7, 0, B, L, q_7 \rangle$

$\langle q_7, B, -, N, - \rangle$

程序从第一个五元组开始,在第 17 个五元组结束,最后求得结果。在这个程序中,共设置了 7 种状态,其作用分别如下。

q_1 和 q_2:控制磁头自左至右扫描,检验 x 是否为 0。若不为 0,转至 q_3;否则,将 y 的最高位置 1 后转至 q_7。当 x 中有连续的"0"时,状态保持在 q_1;只要遇到一个"1",状态即转至 q_2。

q_3:控制磁头在代表 y 的串中自左至右移动,并在串末加"0"后转至 q_4。

q_4:控制磁头在代表 y 的串中回扫,遇到空格(准备最后置"1"的最高位)转至 q_5。

q_5 和 q_6:控制磁头在代表 x 的串中回扫,并进行"减 1"操作。遇空格转至 q_1 开始下一循环。

q_7:控制磁头在代表 x 的串中回扫,并将已减至 0 的 x 的各二进制位(全为"0")置空后停机。

以上图灵机程序也可以改写成下表的形式。

解 $y=f(x)=2^x$ 的图灵机程序

当前状态	B 被扫描时的写、移动、状态转移	0 被扫描时的写、移动、状态转移	1 被扫描时的写、移动、状态转换
q_1	$1, L, q_7$	$0, R, q_1$	$1, R, q_2$
q_2	B, R, q_3	$0, R, q_2$	$1, R, q_2$

续表

当前状态	B 被扫描时的写、移动、状态转移	0 被扫描时的写、移动、状态转移	1 被扫描时的写、移动、状态转换
q_3	0,L,q_4	0,R,q_3	—
q_4	B,L,q_5	0,L,q_4	—
q_5	—	1,L,q_5	0,L,q_6
q_6	B,R,q_1	0,L,q_6	1,L,q_6
q_7	停机	B,L,q_7	—

注：B 代表空格，L 代表左移，R 代表右移。

以 $x=3$(二进制为 11)为例，程序执行过程中的状态转换及对应磁带内容如下图所示。下图中磁带上有阴影的方格为磁头所在的方格。

q_1			1	1					
q_2			1	1					
q_2			1	1					
q_3			1	1					
q_4			1	1		0			
q_5			1	1		0			
q_6			1	0		0			
q_6			1	0		0			
q_1			1	0		0			
q_2			1	0		0			
q_2			1	0		0			
q_3			1	0		0			
q_3			1	0		0			
q_4			1	0		0	0		
q_4			1	0		0	0		

q_5			1	0		0	0		
q_5			1	1		0	0		
q_6			0	1		0	0		
q_1			0	1		0	0		
q_1			0	1		0	0		
q_2			0	1		0	0		
q_3			0	1		0	0		
q_3			0	1		0	0		
q_3			0	1		0	0		
q_4			0	1		0	0	0	
q_4			0	1		0	0	0	
q_4			0	1		0	0	0	
q_5			0	1		0	0	0	
q_6			0	0		0	0	0	
q_6			0	0		0	0	0	
q_1			0	0		0	0	0	
q_1			0	0		0	0	0	
q_1			0	0		0	0	0	
q_7			0	0	1	0	0	0	
q_7			0		1	0	0	0	
q_7					1	0	0	0	

程序执行过程中的状态转换及对应磁带内容

通过上图中有阴影的方格我们可以看到，为了求解 $2^3=8$，磁头从左至右，又从右至左共经过 4 个循环完成计算。一般而言，为了解 $f(x)=2^x$，磁头的这种往复运动次数为 $x+1$，在这种往复运动中，振荡的幅度每次递增一个方格，但最后一次例外，仅为“半幅”振荡，因为在最后一次循环中，磁头将 y 的最高位置“1”后不必继续往右扫描 y 串而只是回扫，将 x 中的各个“0”置空以后就停机了。

对于这个图灵机程序，有以下几点值得注意。

(1) 如前所述，图灵机没有“地址”或“数据单元”的概念，因此，如何识别与区分磁带上的自变量与函数值，是程序必须解决的一个大问题。在上述程序中，将 x 最高位前的空格和 y 当前末位后的空格作为2个标志，是没有问题的；而 x 和 y 之间的分隔则巧妙地利用了 y 的最高位。程序中先让这个最高位始终处于“空”的状态，这样，磁头自左至右扫描时一遇到这个空格，就知道 x 已经结束，后面是 y 的尾“0”。而当磁头自右至左回扫时，一遇到这个空格就知道代表 y 的二进制串已经结束，再往前则是代表 x 的二进制串了。

(2) “x 减 1”操作是在磁头自右至左回扫的同时实现的。实现的原理很简单：从低位到高位逐一审视，如果最低位为“1”，则把它置为“0”，状态由 q_5 转至 q_6，其余各位均保持不变；如果 x 有几个尾“0”，则把它们都变为“1”，然后把最早遇到的“1”变为“0”，状态由 q_5 转至 q_6，其余各位均保持不变。

(3) 停机条件的确定。根据流程图，在 x 减至 0 以后，应将 y 的最高位置“1”并转入停机阶段。这个条件是通过 q_1 实现的。由 q_1 的定义可知，当磁头从左至右在 x 中扫描时，只要 x 中有 1 位为“1”，状态就会从 q_1 转至 q_2，因此不可能满足停机条件。只有当 x 中各位全为“0”时，状态才始终保持为 q_1，并当磁头进入为 y 最高位的“1”预留的空白方格时，将它置为“1”并将状态转至 q_7，从而在磁带上清除 x 以后停机。

(4) 程序中的 7 种状态，原则上均需考虑在磁头所扫描的方格内容为“0”“1”和空格(B)这 3 种情况下磁头应向哪个方向运动、所扫描的方格内容是否需要修改以及如何修改、随后转入哪一状态等问题。

但在 q_3、q_4、q_5 和 g_7 这 4 种状态中,各有一种情况是不会发生的。对控制磁头在 y 中左移或右移的 q_3 和 q_4 而言,因为 y 仅最高位为“1”,而这个“1”要到最后一个循环中才设置,其余都是尾“0”,所以不会遇到扫描“1”的情况。对于控制磁头在 x 中左移的 q_5 而言,当然不会遇到扫描空格的情况;而对于 q_7,它只是在求得所需 y 值以后,回扫已减成 0 的 x,把其各二进制位的“0”变成空格以便在磁带上只留下 y 值,因此不会遇到扫描“1”的情况。图灵机工作过程中如果遇到上述 4 种情况之一,就说明程序一定出了错误。

以上较为详细地介绍和分析了在图灵机上求解 $f(x)=2^x$ 的程序。在图灵机上编程虽然与在实际计算机上用高级语言编程完全不同,但遵循的基本原则是一样的:尽量少占用存储空间;用尽可能快的速度完成计算(避免一切可有可无的操作);程序逻辑要清晰、明确,没有任何二义性等。由于图灵机是实际计算机的理论模型,是经过高度抽象和简化了的“计算机”,又没有操作系统这类软件的支持;而且,图灵机程序对“有效计算过程”的描述是通过定义若干状态间接实现的(这一点和基于规则的人工智能程序相似),因此,它的程序设计比实际计算机上的程序设计反而更复杂一些。因为高级语言提供了丰富的数据结构和灵活多变的控制结构,可以实现复杂的算法,在操作系统及编译系统的支持下,程序设计时可以不必考虑数据如何存放以及相互之间关系的种种细节,各种运算和操作循环等都有简单的命令可以实现。但无论如何,两者的基本要求、原则和方法则是一致的。

如果用 $Q=\{q_1,q_2,\cdots,q_m\}$ 表示有限状态集,用 $\boldsymbol{\Sigma}=\{a_1,a_2,\cdots,a_n\}$ 表示磁带方格中的符号集,用 R、L、H 分别表示右移一格、左移一格或停机,那么图灵机(程序)也可以用下述映射进行定义:

$$Q\times\Sigma\longrightarrow\Sigma\times\{\mathrm{R},\mathrm{L},\mathrm{H}\}\times Q$$

大家看，实际组织、结构及运作都极为复杂的计算机，经过图灵的抽象，变得多么简单，多么清晰！这正是图灵机的意义所在。表面看来，图灵机的计算功能似乎很弱；实际上，只要提供足够的时间（也就是允许足够多的步数）和足够的空间（也就是磁带足够长），图灵机的能力就会极强，足以代替目前的任何计算机。图灵自己就信心十足地指出，凡是可计算的函数都可以用他的图灵机来计算，这被称为图灵论题。美国著名的数学家和逻辑学家、因发明 λ 演算而闻名的阿伦索·邱奇（Alonzo Church，1903—1995）也认为：任何计算，如果存在一个有效过程，它就能被图灵机所实现，这一著名命题被称为邱奇论题。有时两者合称为图灵-邱奇论题。

图灵的论文发表以后，立刻引起了大洋彼岸的美国科学家的重视。年轻的英国数学家的深刻见解和重大创新令美国同行十分惊叹。普林斯顿大学立即向图灵发出邀请，于是图灵首次远涉重洋，到美国和邱奇合作，并于 1938 年在普林斯顿大学取得博士学位。他的博士论文课题是《基于序数的逻辑系统》（*Systems of Logic Based on Ordinals*）。在这里，图灵还研究了由乔治·布尔（George Boole，1815—1864）于 1854 年创建的逻辑代数，自己动手用继电器搭建逻辑门，组成了乘法器。这方面的知识和经验为他后来破译德国人的密码打下了一个很好的基础。在美国，图灵还遇到了计算机科学理论的另一位重要奠基人、出生在匈牙利的天才科学家冯·诺依曼（John von Neumann，1903—1957）。冯·诺依曼因研究博弈论并把博弈论用于商业及军事方面而出名，1930 年移居美国后也在普林斯顿大学任教。[1] 冯·诺依曼对图灵十分欣赏，并邀请其到他那里工作，但图灵没有接受这个邀请，1938 年回到

[1] 关于冯·诺依曼及其博弈论，请参阅笔者的《囚徒的困境——冯·诺依曼、博弈论和原子弹之谜》（北京理工大学出版社，2005；中信出版社，2015），该书获 2006 年中国台湾第三届吴大猷科学普及著作奖翻译类佳作奖。

英国剑桥大学。在战争爆发以前,图灵从事的研究工作是 zeta 函数的计算方法(method for the calculation of the zeta-function)。

冯·诺依曼

第二次世界大战爆发后,因图灵正值服役年龄,只能像其他科学家一样,为战争服务。1939 年秋季,图灵进入英国外交部设在布莱奇利庄园(Bletchley,在伦敦东北约 80 千米处)的科学研究机构工作。当时的德国潜艇部队总指挥卡尔·邓尼茨海军上将利用一种叫作"恩尼格玛"(Enigma)的密码机同他的潜艇保持联络和指挥战斗。1941 年 5 月 9 日,在大西洋的一场海战中,德国的一艘潜艇被深水炸弹击中,被迫升上海面,受到英国海军的猛烈攻击。指挥员弗里茨·伦普以为自己的潜艇将要沉没,乃下令全体人员弃艇逃生。不想这艘潜艇竟然没有下沉,于是英军就从艇上缴获了一部完好无损的"恩尼格玛"密码机。4 天以后,这台"恩尼格玛"密码机被送到布莱奇利庄园,英国的科学家们对它进行了解剖和分析。图灵据此设计并制成了被叫作"霹雳弹"的译码机(Bombe,因为它是用继电器制成的,工作时会发出"噼里啪啦"的声音而得名),能够顺利地破译德军的"恩尼格玛"密码机密电,从而挽救了千千万万盟军将士和普通百姓的生命，并为盟军战胜德国法西斯立下了汗马功劳。因此战后图灵获得英国政府授予非战斗人员的最高奖——大英帝国荣誉勋章，即 OBE（Officer of the Order of the British Empire）勋章。有研究第二次世界大战史的专家认为，包括图灵在内的布莱奇利庄园科学家的工作，使第二次世界大战的进程至少缩短了 2 年。“霹雳弹”后来改用电子管，被命名为“巨人”（Colossus），内含 1800 多个电子管，被认为是第一台投入运行的数字电子计算机。但英国政府直到 20 世纪 90 年代初才解密“巨人”的资料。有人说第一台“巨人”就是由图灵监制的。

“恩尼格玛”密码机

关于图灵在战时的表现，流传着不少故事。除不修边幅、讲话木讷、孤僻等以外，最不可思议和令人难以置信的是，图灵由于对英国能在战争中获胜没有信心，把所有的积蓄换成银条埋了起来，但后来却记不起埋在哪儿了。

战争期间，图灵曾在 1942 年因公务再次访问美国，会见了普林斯顿大学的老朋友，了解了美国在计算机研制方面的最新进展。战后，他没有接受他的母校国王学院的聘请，而去了英国国家物理实验室（National Physical Laboratory，NPL）新建立的数学部，开始了设计与建造电子计算机的宏大工程。他把自己在计算模型方面的理论研究成果与战时在脉冲技术和电子学方面的实践经验结合起来，提出了一个设计方案。英国皇家学会的一些院士组成的评估委员会讨论并通过了这个方案，同意实行，并授权图灵自行招聘一些适当的工作人员。但在 1946 年 5 月以前，图灵一直未能找到称心的助手，因此长期“单枪匹马”。

后来詹姆斯·威尔金森(James Hardy Wilkinson,1919—1986,他是1970年图灵奖获得者)终于来了。威尔金森也是剑桥大学的毕业生,战时在剑桥数学实验室的军械研究所工作,解决有关弹道方面的问题,精通计算数学。经过一次长谈,双方一拍即合,威尔金森成了图灵的得力助手。他们研制的计算机被起名为ACE(Automatic Computing Engine),这个名称是NPL数学部主任沃默斯利(J.R.Womersley)起的,用以纪念查尔斯·巴贝奇(Charles Babbage,1792—1871)的Analytical Engine。威尔金森到来时,图灵设计的ACE已到了第5版。但图灵是一个不善于也不重视保管文档资料的人,前4版的设计早已不知丢到哪里去了。根据图灵的设计,ACE是一台串行定点计算机,字长为32 bit,主频为1MHz,采用水银延迟线存储器,是一种存储程序式计算机。关于"存储程序"(stored program)的概念,是现代电子计算机的最基本概念之一,也是现代电子计算机的最基本特征之一。ENIAC虽然是世界上第一台电子计算机,但并不是存储程序式的,程序要通过外接电路板输入。冯·诺依曼在ENIAC的研制过程中就发现了这个问题,并提出了解决方案。1945年6月30日,冯·诺依曼发表了题为"关于离散变量自动电子计算机的草案"的长文,正式提出了"存储程序"的概念,因此存储程序式计算机被称为"冯·诺依曼结构",而他所建议的"离散变量自动电子计算机"也就是后来由宾夕法尼亚大学莫尔学院建成的EDVAC(Electronic Discrete Variable Automatic Computer)。但图灵在设计ACE时的存储程序思想并非是受冯·诺依曼论文的影响,而是他自己的构思。冯·诺依曼本人也从来没有说过存储程序的概念是他的发明,却不止一次地说过图灵是现代计算机设计思想的创始人。图灵在设计ACE时很重视机器速度问题,采取了一系列方法使机器在一定主频下能有较快的指令执行周期,如后来被称为"最佳编码"(optimum coding)或"最小等待时间编码"(minimum latency coding)的技术,就是

ACE 首创的。ACE 的其他创造包括实现浮点运算的一组子程序(这是图灵交给威尔金森的第一个任务)及双倍字长指令等。

但是 ACE 计划的实现却遇到了很大困难。当时采取的是"设计"和"工程实施"分离的办法,设计由 NPL 负责,工程却由另一个政府部门即供应部(Ministry of Supply)负责,那里有一些搞过雷达,从而对脉冲技术比较熟悉的工程技术人员。双方的难以磨合导致计划进度迟缓,使图灵心情极坏,而 NPL 的主任查尔斯·达尔文爵士(Sir Charles Darwin,提出"进化论"的著名生物学家达尔文的曾孙)是个不太听得进意见的人,眼看问题成堆仍一意孤行,直到 1947 年才勉强同意在 NPL 中成立一个电子学小组(Electronics Group)实施 ACE 计划,领头的是托马斯博士(Dr. Thomas)。不幸的是,图灵和托马斯两人的科学理念在某些方面存在差异,导致图灵于 1948 年离开 NPL。图灵离开 NPL 以后,威尔金森接手负责这个项目,采取了一些措施,此外环境条件也有所改善,ACE 的样机即 Pilot ACE 得以在 1950 年 5 月完成。Pilot ACE 不是根据图灵在离开 NPL 时留下的第 8 版完成的,而是根据早先的第 5 版设计实现的。Pilot ACE 后来由英国电气公司(English Electric Company,EEC)生产了约 30 台,其商品名为 DEUCE。Pilot ACE(DEUCE)和剑桥大学的莫里斯·威尔克斯(Maurice Vincent Wilkes,1967 年图灵奖获得者)研制的 EDSAC(LEO)计算机使英国的计算机技术水平和产业化程度在 20 世纪 50 年代处于世界领先水平,可以和美国平起平坐,其中图灵的功劳是不可抹杀的,虽然他没有亲自把 ACE 的开发负责到底。

离开 NPL 以后,图灵到曼彻斯特大学新成立的皇家学会计算实验室(Royal Society Computing Laboratory)当副主任。曼彻斯特大学在计算机发展史上曾经起过重大的作用,以威廉斯管的发明人威廉斯(Frederic Calland Williams,1911—1977)和汤姆·基尔蓬(Tom Kilburn,

1921—2001)为首的研究小组曾在1948年6月开发出了被称为世界上第一台存储程序式计算机的MARK Ⅰ,其原型则被称为“婴儿机”(baby machine)。注意,20世纪40年代曾经出现过两个被称为MARK Ⅰ的计算机:一个是这里所说的MARK Ⅰ;另一个是美国哈佛大学的霍沃德·艾肯(Howard Aiken,1900—1973)在IBM的支持下于1944年开发成功的机电式计算机MARK Ⅰ,这也正是IBM走上计算机产业之

曼彻斯特MARK Ⅰ

路的开始。为了区别,常常把前者称为“曼彻斯特MARK Ⅰ”,而把后者称为“IBM MARK Ⅰ”。曼彻斯特MARK Ⅰ后来由Ferranti公司商品化,其第一台计算机于1951年2月安装于曼彻斯特大学,有资料把它说成是世界上第一个商品化的计算机型号。图灵进入曼彻斯特大学不但为它提供了强大的理论支持,也为它做了许多实际工作,据参考文献[4],图灵在这里曾和其他人合作,设计了纸带输入输出系统,还编写了程序设计手册。因此,有些图灵传记中说图灵到曼彻斯特大学以后并未参与计算机的实际开发工作,是不太确切的。在这段时间里,图灵

为计算机科学所做出的又一个杰出贡献是他在1950年10月发表的论文《计算机和智能》(*Computing Machinery and Intelligence*)。在这篇经典的论文中,图灵进一步阐明了他认为计算机可以有智能的思想,并提出了测试机器是否有智能的方法,他称之为“模仿游戏”(imitation game),而大家现在称为“图灵测试”(Turing test)。在这个测试中,让一个提问者通过电传打字机(现在可以通过计算机键盘)在远处同人或计算机相联系,提出各种各样的问题。提问者根据对方的回答确定对方是人还是计算机。如果在提出足够多的问题后提问者仍无法确定对方是人还是计算机,那么就可以认为机器具有人的智能。对自己论点的正确性,图灵固然有十分的把握,但对它的实现前景,图灵只是做了非常审慎的估计。图灵预言,在50年以内,计算机可以被编出程序来有效地玩这个游戏,给提问者5分钟的提问时间,让他做出恰当判断的机会不多于70%。2000年正好是图灵预言以后的50年。对图灵预言是否已经实现,学术界有着不同的看法。有人认为图灵预言早就已经实现。因为随着计算机技术的迅猛发展和人工智能技术的进展,计算机早已有了相当程度的智能,其明显标志是计算机会下棋,而且愈来愈精,1997年甚至把卡斯帕罗夫这样的国际特级大师都打败了。另外一种意见则认为图灵预言尚未实现,计算机要通过图灵测试还有待时日。有人估计要30年以后才能出现真正具有人那样智能的计算机。不管专家们意见如何相左,图灵在这个问题上的高瞻远瞩同样是他作为伟大天才的一个印证,这是毫无疑问的。

在曼彻斯特大学期间,图灵发表的论文中还包括对黎曼(Bernard Riemann,1826—1866)zeta函数的进一步研究成果,这是他战前曾经感兴趣而研究过的一个课题。这个时期,他对生物学和化学也产生了兴趣,曾经发表有关器官形成的化学基础的论文,探讨海星为什么呈五轴对称、原肠胚在特定的点上形成沟槽等现象。这使他被公认为是生物学中研究器官形态领域的先驱,也是远离平衡态化学的奠基人。

由于图灵的一系列杰出贡献和重大创造,1951 年他被选为英国皇家学会院士。1954 年 6 月 7 日,距他 42 周岁生日不到两个星期,图灵因吃了在氰化物溶液中浸泡过的苹果而在家中死去。图灵的母亲曾力图使官方宣布图灵为意外死亡,但未被理睬;外界一直认为图灵是服毒自杀。但图灵的同事始终认为图灵的死是一个不解之谜。他既没有留下任何字条,也没有任何线索暗示他要走这一步。划时代的科学奇才图灵就这样在他壮年时期无声无息地离开了这个世界,一颗光芒四射的巨星从此陨落,为世人留下了无限的惋惜。

后人为纪念这位"计算机科学之父",在英国曼彻斯特的 Sackville 公园为他建造了一尊真人大小的青铜坐像。手拿一个苹果的图灵安详地坐在一条长靠背椅上,似乎在沉思着什么。这尊塑像是 2001 年 6 月 23 日,也就是图灵 89 岁诞辰那天揭幕的,铜像则是在中国铸造的。

图灵去世 12 年后开始设立的图灵奖是美国计算机协会(ACM)设立的第一个奖项。ACM 成立于 1947 年,也就是世界上第一台电子计算机 ENIAC 诞生以后的第二年,美国一些有远见的科学家意识到它对于社会进步和人类文明的巨大意义,因此发起成立了这个协会,以推动计算机科学技术的发展和学术交流。

图灵铜像

ACM 于 1947 年 9 月 15 日在纽约哥伦比亚大学成立,成立之初的名称是东部计算机协会(Eastern Association for Computing Machinery),后来才把 Eastern 这个词去掉而成为 ACM。它的章程和附则是两年后才通过的。章程规定协会的目的有三个：

(1) 推进信息处理科学和技术,包括计算机、计算技术和程序设计语言的研究、设计、开发和应用,也包括过程的自动控制和模拟;

(2) 促进信息处理科学和技术在专业人员和大众中的自由交流;

(3) 维护信息处理科学和技术从业人员的权益。

ACM 建立以来,积极地开展活动,目前已成为计算机界最有影响的两大国际性学术组织之一(另一个为 IEEE 的计算机协会,即 IEEE Computer Society)。一些知名的计算机科学家,包括图灵奖获得者佩利、哈明和 ENIAC 的主要设计者之一莫奇利等都担任过 ACM 的主席。它下面又建立了几十个专业委员会(Special Interest Group,SIG),几乎每个 SIG 都有自己的杂志。据不完全统计,由 ACM 出版社出版的定期、不定期刊物有 50 多种,几乎覆盖了计算机科学技术的所有领域。

图灵奖是 ACM 于 1966 年设立的第一个奖项,专门奖励那些在计算机科学研究中做出创造性贡献、推动了计算机科学技术发展的杰出科学家。虽然没有明确规定,但从实际执行过程来看,图灵奖偏重于在计算机科学理论和软件方面做出贡献的科学家。奖金金额不算太高,设奖初期为 2 万美元,1989 年起增至 2.5 万美元,后来增至 10 万美元,目前的奖金金额达 100 万美元。奖金通常由计算机界的一些大企业提供(通过与 ACM 签订协议)。由于图灵奖对获奖条件要求极高,评奖程序又极其严格,一般每年只奖励一名计算机科学家,只有极少数年度有两名合作者或在同一方向做出贡献的科学家共享此奖。因此它是计算机界最负盛名、最崇高的一个奖项,有“计算机界的诺贝尔奖”之称。从 1966 年到 2024 年的 59 届图灵奖,共计 79 位科学家获此殊荣,其中美国学者最多,此外还有英国、瑞士、荷兰、以色列等国家的少数学者。值得指出的是,2000 年以前的图灵奖获得者名单中,不要说没有一个中国人(包括美籍华裔学者),连法国、德国、日本这样一些发达国家的学者也一个都没有,这是令人遗憾的。当然,如同任何奖都不可能绝对客观、公正、公平一样,图灵奖出现的这种不平衡是可以理解的,因为这个组织毕竟发源于美国,总部也设在美国,受美国人控制;另外,就计算机科学技术而言,确实也是美国的水平最高,贡献最突出。我们只能这样评论:每个图灵奖获得者确实都是出类拔萃的;但出类拔萃的计算机科学家还有很多由于种种原因而没有获得图灵奖。我们很高兴地看到,2000年的图灵奖授予了美国普林斯顿大学的姚期智教授,从而开创了华裔学者获此殊荣的先河。我们相信,只要中国的计算机学者不断努力,勇于创新,随着中国改革开放的逐步深入和对外学术交流的加强,总有一天,会有中国学者昂首走上图灵奖的领奖台。

1966 年图灵奖获得者：

艾伦·佩利

——ALGOL 和计算机科学的“催生者”

艾伦·佩利

艾伦·佩利(Alan J.Perlis)由于在ALGOL 的定义和扩充上所做出的重大贡献,以及在创始计算机科学教育,使计算机科学成为一门独立的学科上所发挥的巨大作用而成为首届图灵奖当之无愧的获得者。

佩利 1922 年 4 月 1 日生于美国宾夕法尼亚州的匹兹堡,在卡内基理工学院(现卡内基-梅隆大学)所学的专业是化学,1942 年毕业取得学士学位。因当时还处于第二次世界大战期间,而且在珍珠港事件后美国已宣布正式参战,因此佩利被应征入伍,在空军服役。战后他进入加州理工学院研究生院继续深造,改学数学,于 1947 年取得硕士学位,然后又到麻省理工学院(MIT)攻读博士学位,于 1950 年取得该学位。1951 年他在美国陆军军械部设在马里兰州的阿伯丁试验基地内的“弹道研究实验室”(冯·诺依曼曾在该研究实验室当顾问)工作了一年,然后回到母校麻省理工学院参加“旋风”(Whirlwind)计算机计划,为“旋风”编制程序。为了说明佩利参与的“旋风”计划的意义,我们先简要回顾一下计算机诞生初期的发展历史。

世界上第一台电子计算机叫作“ENIAC”(Electronic Numerical Integrator and Computer 的词头缩写，意为“电子数字积分器和计算机”)，是宾夕法尼亚大学莫尔学院根据上述阿伯丁弹道研究实验室为各种火炮计算弹道、编制射击表的需要于 1943 年 6 月与联邦政府签订 10 万美元的合同而研制的。项目由约翰·莫奇利(John William Mauchly, 1907—1980)负责逻辑设计，埃克特(John Presper Eckert Jr, 1919—1995)负责电路设计。ENIAC 是一台十进制并行计算机，能同时处理 10 个十进制数，采用电子管电路，时钟频率为100 000Hz，加法时间为 0.2ms，乘法时间为 2.8ms，是一个占地1500ft^2(约139m^2)，重 30t，功耗 150kW 的庞然大物。它于 1946 年2 月完成，未能参加第二次世界大战，但被洛斯阿拉莫斯(Los Alamos)国家实验室用于计算原子弹爆炸的突变问题，后来又曾用于阿伯丁的空军试验场，一直运行到 1955 年 10 月才停止工作。世人一直公认莫奇利和埃克特是 ENIAC 的发明者，但后来在两家计算机公司的诉讼中，法院判定他们剽窃了约翰·阿塔那索夫(John Vincent Atanasoff, 1903—1995)的构思和设计。这个涉及世界上第一台电子计算机的发明权案件曾经轰动美国。但有趣的是，虽然阿塔那索夫确实曾在 1941 年把自己关于构思计算机的设想告诉过莫奇利，后者也确实因此受到启发而写出了有关论证报告并设计出了 ENIAC，但社会舆论似乎并不支持法院的判决，现在一提到 ENIAC，几乎众口一词地仍然说是莫奇利和埃克特发明的，没有人说是阿塔那索夫发明的，这对美国法院的判决真是一种讽刺。

ENIAC 虽然作为世界上第一台电子计算机而被载入史册，但它不具备存储程序的能力，程序要通过外接电路板输入。要改变程序必须改接相应的电路板，对于每种类型的题目，都要设计相应的外接电路板。这不是理想的结构，不符合冯·诺依曼早就提出的存储程序的设想。那么，世界上第一台存储程序式计算机是哪一台呢？有些资料认为是前面曾经提到过的曼彻斯特大学的 MARK Ⅰ,但现在一般说法是英国剑桥大学威尔克斯(M.V.Wilkes,1967 年图灵奖获得者)设计和完成于 1949 年 5 月的 EDSAC。实际上,最早开始设计与实施存储程序式计算机的还是莫尔学院的 EDVAC(Electronic Discrete Variable Automatic Computer 的词头缩写,意为“电子分离变量自动计算机”)。这是 1945 年 3 月(当时 ENIAC 正处于安装调试阶段),由冯·诺依曼与莫奇利、埃克特等人经过两天会谈、讨论后制定的设计方案,采用电子管和半导体二极管,用水银延迟线做存储器,时钟频率为 1MHz,字长为 32 位。由于 ENIAC 的原因,EDVAC 的研制从 1947 年才开始,加上莫奇利和埃克特两人后来因故离开了莫尔学院,使工程遇到了困难,1952 年(有的资料说 1951 年)才完成,这才使威尔克斯的 EDSAC“后来居上”(详见后面关于威尔克斯的介绍)。

但不管 EDSAC 也好,EDVAC 也好,都是串行计算机(serial computer),即数据的传送和运算是按位逐一进行的,这样的计算机运算部件少,运算也简单,但速度慢,不能满足某些应用的需要。那么世界上第一台存储程序式的并行计算机是哪一台呢?这就是前述“旋风”计算机。“旋风”的主要设计者和研制者是麻省理工学院的弗里斯特(Jay Wright Forrester)。弗里斯特也是在受军方委托,用风洞来研究飞机稳定性时根据数据处理的需要而设计“旋风”的。“旋风”受 EDVAC 的影响采用存储程序方式,但鉴于处理飞机稳定性需要 2000 条以上指令,必须改串行为并行,但又要考虑机器体积不宜过大的因素,因此设计成 16 位字长的并行计算机。“旋风”的另一项创新是采用英国曼彻斯特大学威廉斯发明不久的阴极射线管做内存储器。“旋风”的研制工作从 1946 年开始,1950 年试运行成功。20 世纪 50 年代冷战加剧的形势下,美国军方对“旋风”寄予极大希望,空军每年投资 100 万美元(试比较一下,ENIAC 的总经费才 10 万美元),麻省理工学院也专门成立了著名的"林肯实验室",以弗里斯特原先的实验室为核心,研究"旋风"的军事应用。1951 年,"旋风"与当时著名的 SAGE(Semi-Automatic Ground Environment,即半自动地面防空系统,包括全美 17 个防区)首次实现连接,把位于卡德角的防空警戒雷达所截获的信息送到麻省理工学院,由"旋风"计算机进行处理、分析和存储。这是历史上计算机与通信的第一次结合。弗里斯特还在 20 世纪 40 年代末和美籍华人科学家兼企业家王安(Wang An,1920—1990)几乎同时分别独立地发明了磁芯存储器,并把它用在"旋风"中以代替阴极射线管存储器,从而进一步大大提高了"旋风"的性能。

佩利在"旋风"上工作到 1952 年 9 月。之后他来到普渡大学,在那里他创建了全美大学中的第一个计算中心,开创了在大学中建立计算中心的先河。他出任普渡大学计算中心的第一任主任。在他的努力下,计算中心先安装了一台 IBM 的 CPC 计算机(Card Programmed Calculator),以后更新为 Datatron 205。佩利为之设计了称为 IT(Internal Translator)的语言,并开发了 IT 的编译器。1956 年佩利转到卡内基理工学院,"故伎重演",又推动该校成立了计算中心并出任主任,配置了 IBM 650 计算机。佩利把他在普渡大学开发的 IT 及其编译器移植到 IBM 650 上,并被美国许多大学所采用。在 IT 的基础上,佩利和史密斯(J.Smith)、佐轮(H.Zoren)、埃文斯(A.Evans)等一起为 IBM 650 设计并开发了新的代数语言和汇编语言。这些工作奠定了佩利作为计算机程序设计语言的先行者的地位。因此,当 ACM 于 1957 年成立程序设计语言委员会以便与欧洲的同行合作,设计通用的代数语言的时候,佩利被理所当然地作为最佳人选被任命为这个委员会的主席。1958 年,在苏黎世举行的 ACM 小组和以当时联邦德国应用数学和力学协会 GAMM 为主的欧洲小组的联合会议上,两个小组把他们关于算法表示法的建议合二为一,形成了 ALGOL 58(最初叫作"国际代数语言",即

International Algebraic Language，简称 IAL，后来改叫 ALGOL 58）。在 ALGOL 58 的基础上，1960 年 1 月在巴黎举行的有全世界一流软件专家参加的讨论会上，确定了程序设计语言 ALGOL 60，发表了《算法语言 ALGOL 60 报告》。1962 年又发表了《算法语言 ALGOL 60 的修改报告》。ALGOL 60 是程序设计语言发展史上的一个里程碑，它标志着程序设计语言由一种“技艺”转而成为一门“科学”，开拓了程序设计语言的研究领域，又为后来软件自动化的工作以及软件可靠性问题的发展奠定了基础。而后像 1967 年出现的首次引进“类型”的概念，把数据和被允许施行于这些数据之上的运算结合为一个统一体，因而成为现代抽象数据类型的开端以及第一个面向对象的语言 SIMULA 67。1971 年出现的著名的 PASCAL 等语言，也都是在 ALGOL 60 的基础上加以扩充而形成的。ALGOL 60 主要有以下特点。

（1）局部性。首次引进局部性概念，既扩充了语言的表达能力，又可节省内存空间，提高程序的紧凑性。

（2）动态性。语言含有动态成分，从而明显提高了语言的表达能力（当然也相应增加了实现中的开销）。

（3）递归性。递归性的引进开拓了软件的研究领域，促进了软件的发展。

（4）严谨性。它的语法和语义均有严格的描述，特别是语法，采用了著名的巴克斯范式 BNF，结构清晰，理论严谨。

在 ALGOL 58 和 ALGOL 60 的形成和修改过程中，佩利都起了核心和关键的作用。佩利之所以荣获首届图灵奖，主要就是因为他在这方面的重大贡献。

与此同时，在佩利的积极组织下，卡内基理工学院率先在大学开设“程序设计”课程。在此之前，有关程序设计的知识是作为“数值分析”

课程内容的一部分予以介绍的。"程序设计"课程的开设是计算机科学教育的开端。这引起了计算机的最大用户——美国国防部的重视,由其下属的高级研究计划署(ARPA)出面,资助对计算机科学及其教育进行立项研究,其结果是20世纪60年代中期首先在卡内基理工学院、斯坦福大学、麻省理工学院等少数几所大学建立起了计算机科学系和计算机科学研究生院,使计算机科学脱离电气工程、数学等学科而成为一门独立的学科。鉴于在其中所起的巨大作用,佩利被称为"使计算机科学成为独立学科的奠基人"(A founding father of computer science as a separate discipline)。而在卡内基理工学院,佩利和西蒙(H.A.Simon)、纽厄尔(A.Newell)——后二人是1975年的图灵奖获得者——被称为"计算机系的三驾马车"。

1971年,佩利离开卡内基理工学院,加盟新成立的耶鲁大学计算机系,曾数度出任系主任,为耶鲁大学计算机系的建设和发展做出了重大贡献。1977—1978年,他曾在加州理工学院执教。因此,佩利可谓"桃李满天下",尤其是美国的第一批计算机科学博士生,绝大部分都是佩利的弟子。

佩利也是计算机学术组织和学术交流活动的积极倡导者和组织者。1962—1964年他出任ACM主席。著名的杂志*Communications of the ACM*也是由他倡议创办的,并在1958—1962年担任第一任主编。作为知名学者,他经常到世界各国讲学或作报告,足迹遍及苏联、丹麦、意大利、以色列、墨西哥、秘鲁、英国、荷兰、委内瑞拉……其中也曾两次到中国讲学。他也是"乒乓外交"后最早(1972年7月)到中国访问的美国计算机科学家代表团的成员之一。

佩利说过这样一句话:"任何名词都可以变为动词"(any noun can be verbed)。他的意思是说,任何远大的理想、志向、抱负和对新事物的追求,通过努力和不懈的实践都是可以实现的。这是佩利总结自己的一生所形成的至理名言。

佩利的主要著作有：

《对程序设计语言的思考》(*A View of Programming Languages*, Addison-Wesley,1970)

《计算机科学导论》(*Introduction to Computer Science*, Harper & Row,1972,1975)

《软件可重用性》(*Software Reusability*,ACM Press,1989)

最后这部书分两卷,第 1 卷为《概念与模型》(*Concepts and Models*),第 2 卷为《应用与经验》(*Applications and Experience*),是佩利与比格斯塔夫(T.J.Biggerstaff)合编的。这是他生前的最后一部著作,反映了他晚年对软件工程的关心和重视。

佩利 1973 年当选为美国艺术与科学院院士,1976 年当选为美国工程院院士。除获得图灵奖外,他还在 1984 年获得 AFIPS 的教育奖,曾被普渡大学、滑铁卢大学等多所大学授予名誉博士学位。1990 年 2 月 7 日,佩利因心脏病在康涅狄格州的纽哈芬去世,享年 68 岁。

佩利是在 1966 年 8 月举行的 ACM 第 21 届全国大会上被授予图灵奖的。佩利发表了题为"算法系统的综合"(*The Synthesis of Algorithmic Systems*)的演说(刊于杂志 *Journal of the ACM*,1967 年 1 月,1-9 页),也可见《前 20 年的 ACM 图灵奖演说集(1966—1985)》(*ACM Turing Award Lec-tures—The First Twenty Years*: 1966-1985,ACM Press, 5-16 页)❶。佩利发表演说的 1966 年,编程还要通过专门设计的"编码纸"(coding sheet)和穿孔卡片进行。但佩利的眼光已经瞄向未来。

---

❶ 该书已由苏运霖等译成中文,2005 年 4 月由电子工业出版社出版,书名译为《ACM 图灵奖演说集——前 20 年(1966—1985)》。

他在强调指出图灵计算模型的重要意义以后,讨论了程序设计语言和系统下一步应朝哪些方向发展,包括更丰富的数据类型和数据结构,以及与之相联系的更丰富的操作等。佩利所指出的方向有些已被随后的研究与开发所实现,如 LISP 和 Smalltalk 语言,有些则至今仍有待进一步的研究。

1967 年图灵奖获得者：莫里斯·威尔克斯

——世界上第一台存储程序式计算机 EDSAC 的研制者

莫里斯·威尔克斯

第二届(1967 年)图灵奖授予英国皇家科学院院士、计算技术的先驱莫里斯·威尔克斯(Maurice Vincent Wilkes),以表彰他在设计与制造出世界上第一台存储程序式电子计算机 EDSAC 以及其他许多方面的杰出贡献。

威尔克斯 1913 年 6 月 26 日生于英国中西部的达德利(Dudley),距著名的工业重镇伯明翰仅 20km。由于威尔克斯从小就有严重的哮喘病,因此他父亲果断地把家迁到气候比较宜人的斯陶尔布里(Stourbridge),使威尔克斯的健康状况有了明显好转。他在当地的爱德华四世普通中学完成了学业,培养了对数学、物理和无线电的爱好。当时无线电广播刚刚开始普及,威尔克斯对组装收音机十分入迷,很快就成了这方面的一个“小专家”,取得了业余无线电操作员证书,还为学校的广播站制造过一些设备。1931 年他进入剑桥大学的圣约翰学院,1934 年以优异的成绩毕业。之后他获得了一个研究课题的合同,进入剑桥著名的卡文迪什实验室工作。这个实验室由于获得诺贝尔物理学奖的人数最多而有“诺贝尔奖的摇篮”的美称。威尔克斯在这里完成了“关于甚长无线电波在电离层中的传播特性”的研究,并以此为题完成了博士论文,于1938年10月取得剑桥大学博士学位,而他的硕士学位是在当年年初才取得的。

威尔克斯取得博士学位的时候,欧洲上空已布满了战争的阴云。因此,威尔克斯很快被吸收到研制侦察潜水艇、军舰和飞机的雷达设备的项目中去。第二次世界大战期间,威尔克斯辗转于法国北部的敦刻尔克(1940年法国陷落时30万盟军大撤退的地方),英国的剑桥、佩特斯哈姆、马尔文等地,参与或主持过10cm雷达,GL MARK Ⅰ、Ⅱ、Ⅲ以及OBOE的研制,其中OBOE是“将轰炸机引向轰炸目标的导航”的英文缩写。采用这种导航技术时,飞行员不需要看地图,只需按地面站发来的简单指令飞行。这种系统在地面有一个“猫站”,一个“鼠站”。猫站的作用是用信号通知飞行员在一个大的圆弧线上飞行,轰炸的目标就在圆弧线上。若飞机没有到达圆弧线,猫站就发出“点”信号,指示飞行员往外飞;若飞机飞出圆弧线,猫站就发出“划”信号,指示飞行员往回飞。这样当沿圆弧线飞到目标上空时,鼠站就发出信号,飞行员只管投弹就行。完成任务后猫站再以同样的方式将飞机引导回基地。这种导航技术在第二次世界大战中最受盟军飞行员欢迎。

战后,威尔克斯回到剑桥大学,担任数学实验室(后改名为计算机实验室)主任。1946年5月,他获得了冯·诺依曼起草的EDVAC计算机的设计方案的一份复印件。EDVAC是Electronic Discrete Variable Automatic Computer的缩写,是宾夕法尼亚大学莫尔学院于1945年开始研制的一台计算机,是按存储程序式思想设计的,并能对指令进行运算和修改,因而可自动修改其自身的程序。但由于工程上遇到困难,EDVAC迟至1952年才完成,造成“研制开始在前,完工在后”的局面而让威尔克斯抢占先机。威尔克斯仔细研究了EDVAC的设计方案,8月又亲赴美国参加了莫尔学院举办的计算机培训班,广泛地与EDVAC

的设计研制人员进行接触、讨论,进一步弄清了它的设计思想与技术细节。回国以后,威尔克斯立即以 EDVAC 为蓝本设计自己的计算机并组织实施,起名为 EDSAC(Electronic Delay Storage Automatic Calculator,但有的文献写成 Electronic Discrete Sequential Automatic Computer)。EDSAC 采用水银延迟线存储器,可存储 34 位字长的字 512 个,加法时间为 1.5ms,乘法时间为 4ms。威尔克斯还首次成功地为 EDSAC 设计了一个程序库,保存在纸带上,需要时送入计算机。但是 EDSAC 在工程实施中同样遇到了困难:不是技术,而是资金缺乏。在关键时刻,威尔克斯成功地说服了伦敦一家面包公司 J.Lyons & Co.的老板投资该项目,终于使项目绝处逢生。1949 年 5 月 6 日,EDSAC 首次试运行成功,它从纸带上读入一个生成平方表的程序并执行,正确地打印出结果。作为对投资的回报,Lyons 公司取得了批量生产 EDSAC 的权利,这就是于 1951 年正式投入市场的 LEO(Lyons Electronic Office)计算机,这通常被认为是世界上第一个商品化的计算机型号,因此这也成了计算机发展史上的一件趣事:第一家生产出商品化计算机的厂商原先竟是面包房。Lyons 公司后来成为英国著名的国际计算机有限公司(ICL)的一部分。

EDSAC 的成功当然不在于它能生成平方表。还在试运行期间,它就完成了一系列重大任务,向世人展示了计算机的巨大潜力。著名的数学家和统计学家菲舍尔(R.A.Fisher,因在 20 世纪 20 年代创建方差分析法而闻名于世)拿来一个二阶非线性微分方程,当程序员编出程序,输入 EDSAC 很快就得到了解以后,菲舍尔惊奇得简直无法相信。EDSAC 还为剑桥大学著名的生物学家肯德鲁(J.Kendrew)分析了成百上千张有关分子结构的 X 射线衍射图案的照片,肯德鲁因为这方面的成就而荣获 1962 年诺贝尔奖,他多次提到 EDSAC 在他的研究工作中所发挥的无可比拟的作用。射电天文学的主要创始人、因发明综合孔径射电望远镜而荣获 1974 年诺贝尔物理学奖的马丁·里尔(Martin Ryle),也是借助 EDSAC 对获得的天文照片进行分析和综合,从而取得其研究成果的。

在设计与建造 EDSAC 的过程中,威尔克斯绝不是简单地模仿和照搬 EDVAC 的设计,而是创造和发明了许多新的技术和概念。诸如"变址"(威尔克斯当时称之为"浮动地址"——floating address);"宏指令"(威尔克斯当时称之为"综合指令"——synthetic order);微程序设计(将每一条机器指令的执行分解为一系列更基本的微命令,将可同时执行的微命令组合在一起形成微指令,所谓微程序就是用微指令编写出来的一段微指令序列);子例程及子例程库(所谓子例程即 subroutine,就是可用在一个或多个计算机程序中,也可用在一个计算机程序的一处或多处的子程序中,其目的在于将复杂的任务分解成若干较小的单位,以便于分别处理);高速缓冲存储器即 Cache(位于中央处理器与主存储器之间,对程序员透明的一种高速小容量存储器,以提高处理速度);等等。所有这些都对现代计算机的体系结构和程序设计技术产生了深远的影响。EDSAC 和 LEO 计算机的成功奠定了威尔克斯作为计算机大师和先驱在学术界的地位,而 EDSAC(LEO)以及其后在英国国家物理实验室(NPL)由图灵进行设计、由威尔金森(J.H. Wilkinson,1970 年图灵奖获得者)主持实现的 Pilot ACE 及其商品化产品 DEUCE 一起,则使英国的计算机技术在 20 世纪 50 年代处于世界领先地位,可以与美国平起平坐。

威尔克斯后来还有过不少创造,如他曾开发了一种简单的表处理语言 WISP。在麻省理工学院实现分时系统的 MAC 项目中,威尔克斯其时正作为访问学者在麻省理工学院,曾参与其中并做出了贡献。尤其令人惊叹的是,威尔克斯的创造力是如此旺盛和经久不衰,在他 64 岁的时候(1977 年),他还提出了一个语言翻译系统,叫作"语义原语系统"(semantic primitive)。这个系统利用字典处理输入文本中各个单词的各种不同的意义。字典中的定义利用了 80 个语义原语,共分 5 类,即实体类、动作类、情况类、修饰类以及类型指标。利用原语构成的语义公式可以完全地、完整地表示文本中的各个语句。语义原语的一个重要优点是允许信息冗余,有利于表达关联。对威尔克斯的语义原语系统,尚克(R.Schank)后来又提出了一种概念从属理论,使得描述世界上各种活动所需要的原语大大减少,从而提高了系统的实用性。

到 20 世纪 90 年代,威尔克斯已进入古稀之年,但我们仍能在 *Communications of the ACM* 等杂志上经常看到他写的评论,1995 年他还出版了一部名为《计算技术展望》(*Computing Perspectives*, Morgan Kaufmann)的著作,令人肃然起敬。

威尔克斯的论著颇丰,主要有:

《电子数字计算机的程序设计》(*Preparation of Programs for an Electronic Digital Computer*, Addison-Wesley, 1951, 1958;该书中文版由安其春译,科学出版社 1962 年出版)

《自动数字计算机》(*Automatic Digital Computer*, Methuen, 1956)

《数值分析导论》(*A Short Introduction to Numerical Analysis*, Cambridge University Press, 1966)

《分时计算机系统》(*Time-Sharing Computer Systems*, Elsevier, 1968, 1975)

《剑桥 CAP 计算机及其操作系统》(*The Cambridge CAP Computer and Its Operating System*, North Holland, 1979)

《一个计算机先驱的回忆》(*Memoirs of a Computer Pioneer*, MIT Press, 1985)

最后这本书是威尔克斯自传式的回忆录。

由于威尔克斯的突出贡献,他于 1956 年成为英国皇家科学院院士,1977 年和 1980 年先后当选为美国工程院和美国科学院外籍院士。1956 年他发起成立了英国计算机协会并任首任主席。他也是国际信息处理联盟(IFIP)的主要发起人之一。除图灵奖之外,他还于 1980 年获得 ACM-IEEE 的另一个奖项 Eckert-Mauchly 奖,1968 年获 AFIPS 的 Harry Goode 奖,1981 年获 IEEE 的 McDowell 奖,1982 年获宾夕法尼亚大学的 Pender 奖,1988 年获日本的 C&C 奖,1991 年获意大利的 Italgas 奖。世界上有 8 所大学授予他名誉博士学位。ACM 的计算机体系结构委员会(SIGARCH)还建立了以威尔克斯命名的奖项,即 Wilkes Award。

1980 年,威尔克斯从剑桥大学退休后出任 DEC 公司顾问和麻省理工学院的兼职教授。1986 年他回到英国担任 Olivetti 公司顾问。

威尔克斯是 1967 年 8 月在华盛顿特区举行的 ACM 20 周年庆典大会上接受图灵奖的。他发表了题为"计算机的过去和现在"(*Computers Then and Now*)的演说,刊载于 *Journal of the ACM*,1968 年 1 月,1-7 页,也可见《前 20 年的 ACM 图灵奖演说集(1966—1985)》(*ACM Turing Award Lectures—The First Twenty Years*:1966-1985,ACM Press),197-206 页。当然,威尔克斯所描述的计算机的"现在"早已成为历史,但他在演说中预见到硬件和软件的结合、程序设计语言和数据结构的重要作用,甚至谈到了可移植性问题,而当时结构化程序设计的概念还没有正式提出,其预见性令人佩服。至于对已经出现的人工智能研究,威尔克斯则表示了一些不同的看法,不像明斯基(M.L.Minsky,1969 年图灵奖获得者)认为"大脑无非是肉做的机器而已"(the brain happens to be a meat machine)那样,威尔克斯认为"动物和机器是用完全不同的材料按十分不同的原理构成的。"(Animals and machines are constructed from entirely different materials and on quite different principles.)各有所长的专家们在学术上的观点分歧令我们无所适从,但人类最终定能获得真理,这是毫无疑问的。

2006 年,在纪念 ENIAC 诞生 60 周年的时候,威尔克斯写了一篇回忆性的文章 *What I Remember of the ENIAC*,刊于 *IEEE Annals of the History of Computing*,2006 年 4—6 月号。2010 年 11 月 29 日,威尔克斯病故,享年 97 岁,是难得的长寿科学家。

1968 年图灵奖获得者：

理查德·哈明

——发明哈明码的大数学家和信息学专家

理查德·哈明

一提起"哈明码"（也称纠错码），恐怕很少有人不知道的。这种能找出并纠正数据块在传输过程中出现的错误的编码方法，对于计算机技术和通信技术来说真是太重要了。发明这种编码技术的理查德·哈明（Richard Wesley Hamming，1915—1998）因此获得了第三届即 1968 年度的图灵奖。

哈明 1915 年 2 月 11 日生于芝加哥。1937 年在芝加哥大学获得数学学士学位，1939 年在内布拉斯加大学获得硕士学位，接着又于 1942 年在伊利诺伊大学获得博士学位，成为一名数学专家。学成以后，他留校工作两年，然后转入肯塔基州位于俄亥俄河畔的路易斯维尔大学任教，两年后来到洛斯阿拉莫斯国家实验室，参与了著名的曼哈顿计划。但在那里哈明也只待了两年，就又转到贝尔实验室工作。正是在这里，哈明遇到了他感兴趣和能发挥他特长的课题，也有一个适宜的工作环境，因此一干就是 30 年（1946—1976），其间，他曾长期担任贝尔实验室计算机科学部的主任。1976 年他离开贝尔实验室，到美国海军研究生院（Naval Postgraduate School，在加利福尼亚州的蒙特雷）工作，直到 1997 年 82 岁高龄时才退休，第二年 1 月 7 日去世，享年 83 岁。

哈明到贝尔实验室后接受的第一个任务就是解决通信中令人头痛的误码问题。通信过程中发送方发出的信息在传输过程中由于信号的衰减和外界的电磁干扰,到接收方时产生了畸变和失真,接收方获得的是错误的信息。这在商业、军事等应用中都会产生严重的后果,因此迫切需要加以解决。但在相当一段时间里,这成了摆在许许多多科学家和工程师面前的一大难题,谁也找不出解决该难题的好办法。哈明接受这个任务以后,意识到通信线路质量的改善是有限度的,外界干扰是客观存在也无法绝对避免的,因此这个问题不可能通过让发送的代码不出错这条途径去解决,而只能通过一旦出错如何发现、如何纠正来解决。这使哈明的研究沿着正确的路线进行。经过深入探讨,1947 年哈明终于发明了一种能纠错的编码,这种码就叫"哈明码"(Hamming code)。哈明码是一种冗余码,即要在有效信息代码中加入校验位,这是为纠错而必须付出的代价。其基本原理是使每一个信息位参与多个不同的奇偶校验(parity check)。所谓奇偶校验是在代码中设置一个校验位,通常置于代码的最左边。若整个代码中"1"的个数为奇数认为代码正确,则称为奇校验(odd check);反之,若整个代码中"1"的个数为偶数认为正确,则称为偶校验(even check)。哈明码就是有多个奇偶校验位的一种代码,在适当安排下,通过这多个奇偶校验位就可以检查出代码传送中的错误并自动纠正。一般而言。对于长度为 n 位的代码,其中应包括 r 个校验位,有效信息位为 $n-r$,r 的值应满足以下公式:

$$2^r-1\geqslant n$$

下面我们举一个例子简单说明哈明码的原理。以 7 位代码的二进制编码的十进制数传送为例,根据以上公式,有效信息为 4 位,校验位为 3 位。安排 3、5、6、7 四位为信息位,而 1、2、4 三位为校验位,如下表所示。

7位代码的二进制编码的十进制传送

十进制数	位置						
	1	2	3	4	5	6	7
0	0	0	0	0	0	0	0
1	1	1	0	1	0	0	1
2	0	1	0	1	0	1	0
3	1	0	0	0	0	1	1
4	1	0	0	1	1	0	0
5	0	1	0	0	1	0	1
6	1	1	0	0	1	1	0
7	0	0	0	1	1	1	1
8	1	1	1	0	0	0	0
9	0	0	1	1	0	0	1

发送时,信息位的内容当然是根据所要发送的十进制数是几而定的,1、2、4三个校验位的内容是按以下规则自动生成的:

校验位1:由1、3、5、7四位的偶校验决定校验位1的内容;

校验位2:由2、3、6、7四位的偶校验决定校验位2的内容;

校验位4:由4、5、6、7四位的偶校验决定校验位4的内容。

也就是说,如校验位1,若3、5、7三位中"1"的个数为奇数,则校验位1置为"1";若3、5、7三位中"1"的个数为偶数,则校验位1置为"0",其余类推。

这样形成的7位代码发送出去以后,若到了接收方发生错误,就能检测出来并可自动纠正。举例说,发送的数是"6",应为1100110,但接收到的却是1110110,则通过对上述三组4位代码的偶校验,发现第1组和第2组中"1"的个数都为奇数,可断定发生错误;错的是哪一位呢?这可通过如下办法确定:哪一组的偶校验通过记为0,偶校验出错记为1,第一组到第三组按从右到左的次序排列所形成的二进制数就确定了出错列的位置。这里是"011",即3,可断定左起第3位出了错,把它反过来(这里是把“1”变成“0”)就是了。同理,若接收结果为1100111,则三组偶校验均出错,记为“111”,指明第7位出错,把它反过来即可。

大家看,多么巧妙!当然这个例子仅仅是最简单的情况。现在,包括哈明码在内的整个编码学已建立在十分复杂而严格的数学理论基础之上,要用到抽象代数(abstract algebra),包括伽罗瓦理论(Galois theory)等。

哈明码的发明是为了解决通信中的误码问题,但对计算机同样有用。因为计算机的CPU、内外存、各种外部设备之间的代码传送同样存在着误码的可能。例如,计算机的存储器差错校验(memory error checking and correction)就常常采用哈明码校验。在计算机联成网络的情况下,数据通信的可靠性问题更为突出。ACM在将图灵奖授予哈明的1968年,计算机网络的研究刚刚开始不久,Internet的始祖ARPANET是1969年才将最早的4个站点连通的。从这点看,ACM在图灵奖的评奖中是很有远见的。

作为一名数学家,哈明的专长是数值方法、编码与信息论、统计学和数字滤波器等。这些学科中有不少名词术语是由哈明定义的,因此用哈明命名的,除“哈明码”外,常见的还有:

“哈明间距”(Hamming distance):指同样长度的两个码中,对应位不同的码的个数。如01010和11001,哈明间距为3。

“哈明权”(Hamming weight):指代码中1的个数。如01110的哈明权为3。

“哈明窗口”(Hamming window):指一种滤波器的通频带,其传递函数的解析式为

$$W(n)=\begin{cases}0.54-0.46\cos\dfrac{2\pi n}{l-1}, & 0\leqslant n\leqslant l-1\\ 0, & n\text{ 为其他值}\end{cases}$$

哈明的论著颇丰,主要有:

《科学家和工程师用的数值方法》(*Numerical Methods for Scientists and Engineers*,McGraw-Hill,1973,第2版)

《数字滤波器》(*Digital Filter*,Prentice-Hall,1977,1983,1989)

《编码和信息论》(*Coding and Information Theory*, Prentice-Hall, 1980,1986。该书中译本由科学出版社出版,译者为朱雪龙)

《用于微积分、概率论和统计学的数学方法》(*Methods of Mathematics Applied to Calculus,Probability,and Statistics*,Prentice-Hall, 1985)

《计算机与社会》(*Computers and Society*,McGraw-Hill,1972)

《实用数值分析导论》(*Introduction to Applied Numerical Analysis*, Hemisphere Publisher,1989)

《概率论的技巧》(*The Art of Probability*,Addison-Wesley,1991)

《从事科技工作的技巧》(*The Art of Doing Science and Engineering*, Gorden and Breach Science Publisher,1997)

哈明有一句名言:"计算的目的不在于数据,而在于洞察事物。"(The purpose of computing is insight,not numbers.)此外,他还非常欣赏孔子的话:"学而时习之,不亦说乎",把这句话印在他著的《科学家和工程师用的数值方法》那本书的卷首作为座右铭(英文是 To study,and when the occasion arises to what one has learned into practice—is that not deeply satisfying?)。纵观哈明的一生,他自己就是实践这两句话的一生。

哈明是美国工程院院士,1958—1960年曾出任ACM的第七届主席。除获得图灵奖外,1979 年他获得 IEEE 的 Piore 奖,1981 年获得 Pender 奖(这是宾夕法尼亚大学所设立的一个奖项),1996 年获得 Rhein 基金会奖。有趣的是,IEEE 设立了一种以哈明命名的奖章,1991 年把该奖章颁给了哈明本人。

哈明在接受图灵奖时发表了题为"我对计算机科学的看法"(*One Man's View of Computer Science*)的演说,刊载于 *Journal of the ACM*,1969 年 1 月,3-12 页,也可见《前 20 年的 ACM 图灵奖演说集(1966—1985)》(*ACM Turing Award Lectures—The First Twenty Years*:1966-1985,ACM Press),207-218 页。他在演说中提出的以下一些观点,如计算机科学家必须具有良好的数学训练,应该由相关的系而不是由计算机系来教授计算机应用方面的课程,应该注重计算机程序设计风格的教育,等等,至今仍具有十分重要的意义。最后,他还指出与计算机有关的一些事是涉及伦理学与道德方面的棘手问题,在盗版现象严重、黑客猖獗以及计算机犯罪层出不穷的今天,哈明的先知先觉真令人感慨。

1969年图灵奖获得者：
马文·明斯基
——“人工智能之父”和框架理论的创立者

马文·明斯基

和麦卡锡(J. McCarthy)一起在1956年发起“达特茅斯会议”并提出人工智能(artificial intelligence)概念的计算机科学家马文·明斯基(Marvin Lee Minsky)被授予1969年图灵奖。这是第一位获此殊荣的人工智能学者。其后,约翰·麦卡锡(1971年),赫伯特·西蒙(Herbert Simon)和艾伦·纽厄尔(Allen Newell, 1975年),爱德华·费根鲍姆(Edward Albert Feigenbaum)和劳伊·雷迪(Raj Reddy,1994年),朱迪·珀尔(Judea Pearl,2011年),约书亚·本吉奥(Yoshua Bengio),杰弗里·辛顿(Geoffrey Hinton)和杨立昆(Yann LeCun,2018年)等9名人工智能学者先后获奖,在至今获得图灵奖的79名学者中占了1/10以上,可见人工智能学科影响之深远。

明斯基1927年8月9日生于纽约市。他的父亲是一名眼科医生,同时又是一位艺术家。他的母亲则是一个活跃的犹太复国主义者(真是有趣的巧合:麦卡锡的母亲是来自立陶宛的犹太人,活跃的女权主义者)。明斯基小学和中学上的是私立学校,对电子学和化学表现出兴趣。他的活动范围基本上是知识分子阶层。1945年高中毕业后明斯基应征入伍,在芝加哥北边的大湖海军培训中心(Great Lakes Naval Training Center)和其他约 120 名新兵一起接受了训练。按明斯基本人后来的说法,这是他第一次也是最后一次和非学术界的人员混在一起。退伍后,1946 年他进入哈佛大学主修物理,但他选修的课程相当广泛,从电气工程、数学,到遗传学等涉及多个学科专业,有一段时间他还在心理学系参加过课题研究。当时流行的一些关于心智起源的学说与理论使他难以接受,如新行为主义心理学家斯金纳(Burrhus Frederic Skinner,1904—1990)根据一些动物行为的事实提出理论,把人的学习与动物的学习等同起来,明斯基就不以为然,并激发了他要把这个难题弄清楚的决心。后来他放弃物理改修数学,并于 1950 年毕业,之后进入普林斯顿大学研究生院深造。第二次世界大战以前,图灵正是在这里开始研究机器是否可以思考这个问题的,明斯基也在这里开始研究同一问题。1951 年他提出了关于思维如何萌发并形成的一些基本理论,同时建造了一台学习机,名为 Snarc。Snarc 是世界上第一个神经网络模拟器,其目的是学习如何穿过迷宫,它包括 40 个 agent(“代理”,国内资料也有把它译为“主体”“智能体”的)和一个对成功给予奖励的系统。基于 agent 的计算和分布式智能是人工智能研究中的一个热点,明斯基也许是最早提出 agent 概念的学者之一。Snarc 虽然还比较粗糙且不够灵活,但毕竟是人工智能研究中最早的尝试之一。在 Snarc 的基础上,明斯基综合利用多学科的知识,解决了使机器能基于对过去行为的知识预测其当前行为的结果这一问题,并以《神经网络和脑模型问题》(*Neural Nets and the Brain Model Problem*)为题完成了他的博士论文,1954 年取得博士学位。学成以后,他留校工作三年,其间他与麦卡锡、香农等人一起发起并组织了成为人工智能起点的“达特茅斯会议”,在这个具有历史意义的会议上,明斯基的 Snarc,麦卡锡的 α-β 搜索法,以及西蒙和纽厄尔的“逻辑理论家”(Logic Theorist,LT)是会议的三个亮点。1958 年,明斯基转至麻省理工学院,同时麦卡锡也由达特茅斯学院来到麻省理工学院与他会合,他们在这里共同创建了世界上第一个人工智能实验室。

明斯基在人工智能方面的贡献是多方面的。1975 年他首创框架理论(frame theory)。框架理论的核心是以框架这种形式来表示知识。框架的顶层是固定的,表示固定的概念、对象或事件。下层由若干槽(slot)组成,其中可填入具体值,以描述具体事物特征。每个槽可有若干侧面(facet),对槽做附加说明,如槽的取值范围、求值方法等。这样,框架就可以包含各种各样的信息,例如描述事物的信息,如何使用框架的信息,对下一步发生什么的期望,期望如果没有发生该怎么办,等等。利用多个有一定关联的框架组成框架系统,就可以完整而确切地把知识表示出来。例如,有一个关于汽车的框架如下:

name: 汽车

super-class: 交通工具

sub-class: 轿车,面包车,吉普车

车轮个数:

  value-class: 整数

  default: 4

  value: 未知

车身长度:

  value-class: 浮点数

  unit: 米

  value: 未知

  ⋮

其中 super-class 和 sub-class 分别表示该对象的父类和子类,“车轮个数”和“车身长度”是两个槽,反映汽车的结构属性,分别由若干侧面组

成,例中 value 表示属性的值,value-class(或 type)表示属性值的类型,default 表示默认的属性值,等等。

明斯基最初是把框架作为视觉感知、自然语言对话和其他复杂行为的基础提出来的,但一经提出,就因为它既是层次化的,又是模块化的,在人工智能界引起了极大的反响,成为通用的知识表示方法而被广泛接受和应用。不但如此,它的一些基本概念和结构,也为后来兴起的面向对象技术和方法所采用。此外,明斯基的框架理论也成为当前流行的一些专家系统开发工具和人工智能语言的基础。例如,著名的 KRL(Knowledge Representation Language)就是 1979 年由鲍勃罗夫(D.G.Boborow,他也是 1992 年获得 ACM 软件系统奖的 InterLISP 的主要开发者之一)基于框架结构设计并实现的。框架理论的另外两个特殊贡献是:第一,它最早提出了"缺省"(default)的概念,成为常识知识表示的重要研究对象。第二,从框架发展出"脚本"表示方法,可以描述事件及时间顺序,并成为基于示例的推理(case-based reasoning,CBR)的基础之一。

明斯基还把人工智能技术和机器人技术结合起来,开发出了世界上最早的能够模拟人活动的机器人 Robot C,使机器人技术跃上了一个新台阶。明斯基的另一个大举措是创建了著名的"思维机公司"(Thinking Machines Inc.),开发具有智能的计算机。20 世纪 80 年代中期,思维机公司开始推出著名的"连接机"(connection machine)系列 CM-1、CM-2 和 CM-5,把大量简单的存储-处理单元连接成一个多维结构,在宏观上构成大容量的智能存储器,再通过常规计算机执行控制、I/O 和用户接口功能,能有效地用于智能信息处理。CM-1 由 4 个象限组成,每个象限包含多达 16 384 个一位处理器,全部处理器则分为 4096 组,组间形成 12 维超立方体结构,其集成峰值速度达到每秒 600 亿次。CM-5 的结点数更多,功能更强。

明斯基也是“虚拟现实”的倡导者,“虚拟现实”这个名词与概念是20世纪90年代才出现与明朗起来的。早在20世纪60年代,明斯基就自己造了一个名词,叫telepresence,直译应为“遥远的存在”或“远距离介入”。明斯基所谓的telepresence是这样一种设备或环境:它允许人体验某种事件,而不需要真正介入这种事件,如感觉自己在驾驶飞机,在战场上参加战斗,在水下游泳,等等,实际上这些事都没有发生。明斯基提出过利用微型摄像机、运动传感器等设备来实现telep-resence的一些方案。明斯基的telepresence不是和现在研究的虚拟现实如出一辙么?

明斯基作为人工智能的倡导者之一,坚信人的思维过程可以用机器去模拟,机器也可以有智能。他的一句流传颇广的话就是:“大脑无非是肉做的机器而已。”(The brain happens to be a meat machine.)我们前面已经提到,他的这种观点遭到了另一位图灵奖获得者威尔克斯针锋相对的抨击,孰是孰非有待进一步的科学研究和实践去判断。

明斯基的主要著作有:

《计算:有限与无限的机器》(*Computation: Finite and Infinite Machines*, Prentice-Hall, 1967)

《语义信息处理》(*Semantic Information Processing*, MIT Press, 1968)

《感知器》(*Perceptrons*, MIT Press, 1969; expanded edition, 1988)

《表示知识的框架》(*A Framework for Representating Knowledge*, McGraw-Hill, 1975)

《心智的社会》(*The Society of Mind*, Simon & Schuster, 1986)

《机器人学》(*Robotics*, Anchor Press/Doubleday, 1985)

《感情机器——人类思维与人工智能的未来》(*The Emotion Machine: Commonsense Thinking, Artificial Intelligence, and the Future of the Human Mind*, Simon & Chuster, 2007)

明斯基是美国科学院和美国工程院院士。他曾出任美国人工智能学会(AAAI)的第三任主席(1981—1982)。除获得图灵奖外,1989年他还获得麻省理工学院授予的 Killian 奖,1990年他获得日本政府设立的"日本奖"。

明斯基已于2016年1月24日因脑出血在波士顿的一家医院去世,享年89岁。据说,他的遗体被一个叫"阿尔考"的延长生命基金会(Alcor Life Extension Foundation,总部位于亚利桑那州,明斯基生前是这个基金会的科学顾问委员会委员)冷冻、保存,拟于2045年复活。出于对个人隐私的保护,该基金会对这个说法既不肯定,也不否定。

1970年图灵奖获得者：
詹姆斯·威尔金森
——数值分析专家和研制ACE计算机的功臣

詹姆斯·威尔金森

大家知道，计算机的应用有两大领域：数值应用和非数值应用。所谓数值应用，是指解各种方程和函数，求得它们的数值解，处理对象是数值数据；所谓非数值应用，主要指大家熟悉的数据管理和数据处理，其他如过程控制、定理证明、推理等也属于这一类，处理对象是非数值数据。早期的计算机由于尚未解决字母、字符的表示，也没有大容量的存储器，只能用于科学与工程计算。非数值应用是在20世纪50年代中期发明了字符发生器(character generator)和磁盘存储器以后才逐渐发展起来的。在数值应用方面，计算机实际上只能做最简单的加、减、乘、除等四则运算，并不能直接解诸如微分方程或求各种复杂的函数；遇到它们，要先由数学家利用各种数学变换方法把它们转变为一系列算术运算，这叫作"数值分析"或"计算方法"。由于20世纪50~60年代计算机以数值应用为主，因此将1970年图灵奖授予一位在发展数值分析技术和方法方面做出杰出贡献的数学家就不足为奇了，他就是英国皇家学会院士、著名的数值分析专家詹姆斯·威尔金森(James Hardy Wilkinson，1919—1986)。但令人惊奇的是，这位数学家在建造由图灵设计的ACE计算机中竟然扮演了举足轻重甚至最关键的角色。

威尔金森1919年9月27日生于英国肯特郡的斯特洛特(Strood, Kent)。他的初等教育阶段是在位于伦敦东郊的罗彻斯特的一所由著名的数学家约瑟夫·威廉姆松(Joseph Williamson)爵士创办的数学学校中度过的。他成绩出众,16岁时参加一次中学生知识竞赛并取得优胜,赢得三圣学院头等奖学金的奖励——Trinity Major Scholarship,因而免试进入剑桥大学。1939年威尔金森获得一等荣誉奖章从剑桥毕业时年仅19岁。由于第二次世界大战,他毕业后进入剑桥数学实验室的军械研究所(Armament Research Department)工作,研究与解决有关弹道方面的问题,开始对计算数学产生兴趣。也是在那里,他遇到了他未来的终身伴侣、也在剑桥大学获得过一等荣誉奖章的女数学家韦尔(H.N.Ware),他们于1945年结婚。

战后,他进入英国最著名的学术机构之一——国家物理实验室(NPL)的数学部,一半时间在台式计算机处工作,一半时间协助图灵设计ACE计算机。关于ACE计算机的研制情况,我们在前面介绍图灵时已经提到过了,这里不再赘述。需要指出的是,在图灵离开NPL,由威尔金森接手负责该项目后,威尔金森总结了前阶段设计与实施ACE的经验教训,果断地采取了两项措施:一是与工程小组加强联系、交流、沟通、合作,改变过去那种隔绝甚至对峙的局面;二是决定放弃原先过于庞大的计划和过于庞大的规模,改搞试验性的ACE,即Pilot ACE。当图灵离开NPL时,他设计的ACE已是第8版,单是水银延迟线存储器就要用200根延迟线。威尔金森实事求是地估计了延迟线加工上的困难和它工作的不可靠性,决定在将Pilot ACE退回到ACE第5版的基础上,把延迟线减少到32根,把整个机器的设计目标降到能用高斯消去法解8~10个联立线性方程。幸运的是,这时原先负责工程的托马斯也离开了NPL,接替他的是老资格的无线电工程师科尔布鲁克(F.

M.Colebrook)，他虽然对脉冲技术并不熟悉，却擅长项目组织，主动邀请包括威尔金森在内的 4 位高级设计师以半固定的方式参加电子学小组的工作，从而进一步密切了双方的关系。同时，新调来的电子学小组的技术负责人纽曼(E.Newman)是大战时参加过 H2S 机载雷达系统工作的专家，同威尔金森相处得也很好。这样，工程进展明显加快，1950 年 5 月 10 日，Pilot ACE 第一次正式试运行成功，1950 年 11 月，NPL 举行了隆重的“开放日”(Open Day)，邀请新闻界和一批知名的 VIP (Very Important Person)参观 ACE，ACE 成功地演示了 3 个程序：由参观者任意给出一个 6 位数，机器判定它是不是素数，如果不是素数，则给出其一个因子；由参观者任意说出公元 0—9999 年的任意一个日期，由机器给出这天是星期几；由机器跟踪光线通过一组棱镜后的偏振光。ACE 计算机研制成功以后，由 EEC(English Electric Company)批量生产了约 30 台，其商业名称为 DEUCE。DEUCE 和剑桥大学研制的 EDSAC 计算机一起，使 20 世纪 50 年代的英国计算机技术处于世界领先水平，能和美国平起平坐。第一台 Pilot ACE 现在在伦敦的肯辛顿科学博物馆保存、展览。1984 年 7 月 13 日，在滑铁卢大学举行的一次国际学术会议期间，威尔金森接受了 *BYTE* 杂志安排的一次采访，详细回忆了 ACE 计算机诞生的过程。有兴趣的读者可参阅该刊 1985 年2 月，177-194 页，《一台计算机的诞生》(*The Birth of a Computer*)。

当然，作为一名数学家，威尔金森的主要贡献还是在数值分析方面，尤其是在数值线性代数方面。1960 年，他提出“向后误差分析法”(backward error analysis)，成为数学误差理论中最基本的方法之一。向后误差分析是一种先验性估计，下面对它做一简要介绍。

假设结果 x 由已知量(原始数据或先前已算出的量)$a_1, a_2, a_3, \cdots, a_n$ 经过基本算术运算确定，写成

$$x=f(a_1, a_2, a_3, \cdots, a_n)$$

由于计算中产生舍入误差(rounding error),实际算出的值 a 与准确值 x 不同。向后误差分析法把舍入误差与导出 a 的已知量 $a_1, a_2, a_3, \cdots, a_n$ 的某种摄动(即微小误差)联系起来,即对某个 a_i 引进摄动量 ε_i,使得由浮点运算得到等式:

$$a=f(a_1+\varepsilon_1, a_2+\varepsilon_2, a_3+\varepsilon_3, \cdots, a_n+\varepsilon_n)$$

再推出这些 ε_i 的界(ε_i 不是唯一的,且无须求出 ε_i 的具体值),最后利用摄动理论(perturbation theory)估计最后舍入误差 $|x-a|$ 的界。

向后误差分析是威尔金森 20 世纪 60 年代初在研究矩阵计算的误差时做了系统分析而提出的,至今仍是计算机上各种数值计算最常用的误差分析手段。

20 世纪 60 年代,威尔金森在 NPL 组织开发了一个用于测试系统浮点运算能力的基准程序(benchmark),叫作 Whetstone。Whetstone 规模不大,对存储器容量要求较小,主要使用高速缓冲存储器,适用于评估小型的科学、工程应用系统。Whetstone 除可以测试机器的硬件性能外,还可以用来评估系统数学程序集、语言编译器及其处理效率,其测试结果用 KWIPS(每秒执行 1000 条 Whetstone 指令)或 MWIPS(每秒执行 1 000 000 条 Whetstone 指令)表示。1976 年 Whetstone 被作为英国的官方测试标准公布,已有 FORTRAN、PASCAL 等多种版本,常被用作工作站的测试程序。

1976 年,威尔金森积极参与并推动成立了一个非营利性的名为 NAG 的公司(Numerical Algorithms Group Ltd.),以开发和推广数值分析和统计分析的软件包。这吸引了世界上许多大学和政府研究机构的专家共同合作。NAG 已经为 68 种型号的计算机配备了 FORTRAN 库,Ada、PASCAL、C 的通用数学库也已上市。NAG 推出的 MARK 15 版数学库中已包括用户可调用的程序模块 1045 个,是同类数学库中规模最大也最先进的一个,威尔金森在其中发挥了重要的作用。此外,在由美国阿尔贡(Argonne)实验室 NATS(National Activity to Test Software)小组于 1972 年开发的 EISPACK 软件包计划中,威尔金森也曾积极参与并贡献过力量,目前它是计算矩阵特征值最常用的数学库。

威尔金森出版的几部数学专著,如《代数过程的舍入误差》(*Rounding Errors in Algebraic Processes*,Prentice-Hall,1964。该书中译本由人民教育出版社出版,译者为黄开斌),《代数特征值问题》(*The Algebraic Eigenvalue Problem*,Clarendon Press,1965,中译本由石钟慈等译,科学出版社出版),《自动计算手册 卷 2: 线性代数》(*Handbook for Automatic Computation*,*Vol.2*, *Linear Algebra*,Springer,1971,与 C.Reinsch 合著),都在学术界有很大影响,被视为经典和必备的参考书。

威尔金森从 1946 年进入 NPL 到 1980 年正式退休,为 NPL 服务长达 34 年,其间曾长期担任 NPL 的学术长官,并荣获“有特殊贡献的首席科学长官”(Special Merit Chief Scientific Officer)这一殊荣,这在英国的行政机构中是一个极高而极少被授予的荣誉称号。这除了由于其个人在学术上的造诣和贡献外,还由于他在 NPL 营造了一个浓厚而民主的学术氛围,能使有才华的年轻人脱颖而出,敢于创新。在很长时间里,NPL 都是欧洲乃至全世界最有创新精神的研究所之一,也是水平最高的研究机构之一。例如,20 世纪 60 年代在开展计算机联网技术的研究中,NPL 的数据网络计划(data network project)就率先采用了“包交换技术”(packet-switching),成为当今包括 Internet 在内的各种类型计算机网络信息传输的技术基础。把“报文分组”通俗而形象地叫作“包”的就是 NPL,由当时自动化部的年轻主任戴维斯(D.W.Davies)创造。

威尔金森除获得图灵奖以外,还获得许多荣誉与奖项。1963 年剑桥大学授予他名誉博士学位;1969 年他当选为英国皇家学会院士;1970 年工业和应用数学会(SIAM)授予他冯·诺依曼奖;1987 年他获得美国数学会的 Chauvenet 奖。著名的美国阿尔贡国家实验室曾聘威尔金森为荣誉高级研究员并两次向他授奖。

威尔金森在接受图灵奖时发表了题为“一个数值分析家的若干意见”(*Some Comments from a Numerical Analyst*)的演说,刊载于 *Journal of the ACM*,1971 年 4 月,137-147 页,也可见《前 20 年的 ACM 图灵奖演说集(1966—1985)》(*ACM Turing Award Lectures—The First Twenty Years*: 1966-1985, ACM Press),243-256 页。他的最后一篇论文 *The Perfidious Polynomial* 被收入由 G. Coolub 编辑的 *Studies in Numerical Analysis*(MAA,1984)一书中,由于其分析的精辟和见解的深刻而荣获 Chauvenet 奖,但由于威尔金森此时已病重而未能亲自领奖。

威尔金森 1980 年退休后担任斯坦福大学客座教授,1986 年 10 月 5 日在英国坦丁顿的家中不幸病逝,享年 67 岁。

1971年图灵奖获得者：
约翰·麦卡锡
——“人工智能之父”和LISP语言的发明人

约翰·麦卡锡

1971年图灵奖授予提出“人工智能”这一术语并使之成为一个重要的学科领域的斯坦福大学教授约翰·麦卡锡(John McCarthy)。

麦卡锡1927年9月4日生于波士顿。他的父亲是一个爱尔兰移民，做过木匠和渔夫，同时也是一个发明家和工会积极分子，拥有捻船缝机和橘汁冷冻机两项专利。麦卡锡的母亲是来自立陶宛的犹太人，热心于女权运动，当过记者。夫妻两人在20世纪30年代都曾参加美国共产党。受父母的影响，麦卡锡对社会问题也比较关注，参与过在加州的Palo Alto创办自由大学的活动，倡议过修改《权利法案》(*The Bill of Rights*，这是美国于1789年通过的对美国宪法的第一次修正案)。但与他在计算机科学上所做的工作和贡献相比，麦卡锡主要还是一个科学家而非社会活动家。此外，麦卡锡还喜欢攀岩、跳伞、驾驶滑翔机等有刺激性和危险性的运动，曾和他的第二任妻子维拉·沃森(Vera Watson)一起攀登过世界上不少的大山高峰。沃森是一位程序员，也是世界知名的女登山运动员，是第一位独自攀上西半球第一高峰、位于阿根廷和智利边界的安第斯山脉的阿空加瓜山

(海拔 6960m)的女性,后来在一次攀登位于尼泊尔中部的阿那波尔那峰(海拔 8075m)的妇女探险活动中不幸遇难。

麦卡锡是一个天赋很高的人,还在上初中时,他就弄了一份加州理工大学的课程目录,按目录自学了大学低年级的高等数学教材,做了教材上的所有练习题。这使他 1944 年进入加州理工学院以后可以免修头两年的数学,并使他虽因战时环境(第二次世界大战当时正在进行之中,美国也在珍珠港事件后宣布参战)要在军队中充任一个小职员,占去了部分时间,仍得以在 1948 年按时完成学业。然后他到普林斯顿大学研究生院深造,于 1951 年取得数学博士学位。麦卡锡留校工作两年以后转至斯坦福大学,也只待了两年就去达特茅斯学院任教(达特茅斯学院位于新罕布什尔州的汉诺威)。在那里,他发起并成功举办了成为人工智能起点的有历史意义的“达特茅斯会议”。1958 年麦卡锡到麻省理工学院任职,与明斯基(1969 年图灵奖获得者)一起组建了世界上第一个人工智能实验室,并首次提出了将计算机的批处理方式改造成为能同时允许数十甚至上百用户使用的分时方式(time-sharing)的建议,并推动麻省理工学院成立相关组织开展研究。其结果就是实现了世界上最早的分时系统——基于 IBM 7094 的 CTSS 和其后的 MULTICS。麦卡锡虽因与主持该课题的负责人产生矛盾而于 1962 年离开麻省理工学院重返斯坦福大学,未能将此项目坚持到底,但学术界仍公认他是分时概念的创始人。麦卡锡到斯坦福大学后参加了一个基于 DEC PDP-1 的分时系统的开发,并在那里组建了第二个人工智能实验室。

麦卡锡对人工智能的兴趣始于他当研究生的时候。1948 年 9 月,他参加了一个“脑行为机制”的专题讨论会,会上,冯·诺依曼发表了一篇关于自复制自动机的论文,提出了可以复制自身的机器的设想,这激起了麦卡锡的极大兴趣和好奇心,自此他就开始尝试在计算机上模拟人的智能。1949 年他向冯·诺依曼谈了自己的想法，后者极表赞成和支持，鼓励他搞下去。在达特茅斯会议前后，麦卡锡的主要研究方向是计算机下棋。下棋程序的关键之一是如何减少计算机需要考虑的棋步。麦卡锡经过艰苦探索，终于发明了著名的 α-β 搜索法，使搜索能有效进行。在 α-β 搜索法中，麦卡锡将结点的产生与求评价函数值（或称返上值或倒推值）两者巧妙地结合起来，从而使某些子树结点根本不必产生与搜索（谓之“修剪”——pruning 或 cut-off）。之所以称为 α-β 搜索法，是因为将处于取最大值级的结点的返上值或候选返上值（Provisional Back-up Value，PBV）称为该结点的 α 值，而将处于取最小值级的结点的返上值或候选返上值称为该结点的 β 值。这样，在求得某结点的 α 值后，就可与其先辈结点的 β 值相比较，若 $\alpha \geqslant \beta$，则可终止该结点以下的搜索，即从该结点处加以修剪，这叫 β 修剪；而在求得某结点的 β 值后，就可与其先辈结点的 α 值相比较，若 $\beta \leqslant \alpha$，则可终止该结点以下的搜索，即从该结点处加以修剪，这叫 α 修剪。为了说明 α-β 修剪，我们举一个最简单的例子。设在取火柴棍的游戏中，A、B 两人轮流从 N 根火柴中取 1 根或 2 根，不得多取，也不能不取。取走最后一根火柴者胜。用 A(n)，B(n) 表示轮到 A 或 B 时有 n 根火柴的状态，当 $n=5$ 时轮到 A 取，则如下图所示，A 有两种可能，一是取 2 根火柴进入 B(3)，另一个是取 1 根火柴进入 B(4)。显然，进入 B(3) 后，不管 B 取几根，A 必胜，故 A 必走这一步，余下的分支不必再搜索了。α-β 搜索法至今仍是解决人工智能问题中一种常用的高效方法。

至于达特茅斯会议，当东道主的麦卡锡是主要发起人，另外 3 个发起人是当时在哈佛大学的明斯基（1969 年图灵奖获得者）、IBM 公司的罗彻斯特（N.Rochster）和信息论的创始人香农。麦卡锡发起这个会议时的目标非常宏伟，是想通过 10 来个人 2 个月的共同努力设计出一台具有真正智能的机器。会议的经费是洛克菲勒基金会资助的，包括每

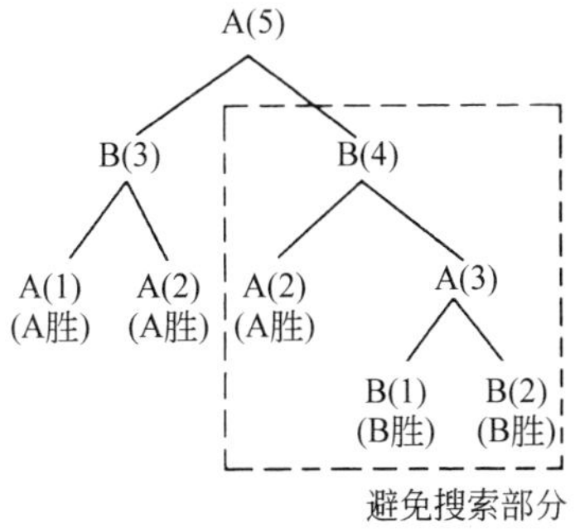

个代表1200美元加上外地代表的往返车票。会议的原始目标虽然由于不切实际而不可能实现,但由于麦卡锡在下棋程序尤其是 α-β 搜索法上所取得的成功,以及卡内基-梅隆大学的西蒙(H.A.Simon)和纽厄尔(A.Newell,这两人是1975年图灵奖获得者)带来了已能证明数学名著《数学原理》一书第二章52个定理中的38个定理的启发式程序"逻辑理论家"(Logic Theorist,LT),明斯基带来的名为Snarc的学习机的雏形(主要学习如何通过迷宫),这使会议参加者仍能充满信心地宣布"人工智能"这一崭新学科的诞生。

1959年,麦卡锡基于阿隆索·邱奇(Alonzo Church)的 λ 演算和西蒙、纽厄尔首创的"表结构",开发了著名的LISP语言(LISt Processing language),成为人工智能界第一个广泛流行的语言。LISP语言是一种函数式的符号处理语言,其程序由一些函数子程序组成。在函数的构造上,和数学上的递归函数的构造方法十分类似,即从几个基本函数出发,通过一定的手段构成新的函数。LISP语言还具有自编译能力。具体说来,LISP语言有以下几个主要特点:

(1)计算用的是符号表达式而不是数;

(2)具有表处理能力,即用链表形式表示所有的数据;

(3)控制结构基于函数的复合,以形成更复杂的函数;

(4) 用递归作为描述问题和过程的方法;

(5) 用LISP语言书写的EVAL函数既可以作为LISP语言的解释程序,又可以作为语言本身的形式定义;

(6) 程序本身也同其他所有数据一样用表结构形式表示。

已经证明,LISP语言的这些特点是解决人工智能核心问题的关键。此外,精巧的表机制也是进一步简化LISP程序设计的方便而有力的工具。因此,LISP语言自发明以来,已经被广泛用于数学中的符号微积分计算、定理证明、谓词演算和博弈论等领域。它和后来由英国伦敦大学的青年学生柯瓦连斯基(R.Kowaliski)提出、由法国马赛大学的考尔麦劳厄(A.Colmerauer)所领导的研究小组于1973年首先实现的逻辑编程(Programming in Logic,PROLOG)语言并称为人工智能的两大语言,对人工智能的发展起到了十分深远的影响。LISP语言所蕴含的丰富的思想和深刻的意义也吸引了负责设计ALGOL的国际委员会,麦卡锡因此而被吸收为该委员会的成员。ALGOL后来采纳了LISP语言关于递归和条件表达式的思想。

麦卡锡在20世纪50年代末研究的另一个课题是如何使程序能接受劝告从而改善其自身的性能。为此他提出过一个名为Advice Taker的系统的设想。有资料说,这是世界上第一个体现知识获取工具思想的系统,于1968年建成。实际上,这个系统并未最后完成,只是完成了一部分,用LISP语言建立起了一个具有常识(common sense)的软件,它能理解人们告诉的是什么,并能评估其行动的后果。但正是在Advice Taker的开发过程中,启发麦卡锡提出了用“分时系统”代替“批处理系统”的建议,引发了计算机使用方式的一场革命。

除人工智能方面的研究和贡献之外,麦卡锡也是最早对程序逻辑进行研究并取得成果的学者之一。1963年他发表的论文《计算的数学理论的一个基础》(收录于P.Braffort和D.Hirschberg编辑的《计算机程序设计和形式系统》(*Computer Programming and Formal Systems*, North Holland, 33-70 页)集中反映了他这方面的成果。麦卡锡在这篇论文中系统地论述了程序设计语言语义形式化的重要性,以及它同程序正确性、语言的正确实现等问题的关系,并提出了在形式语义研究中使用抽象语法和状态向量等方法,开创了"程序逻辑"(logics of programs)研究的先河。程序逻辑就是一种"语言",用这种语言可以无二义地表达程序的各种性质,其语义规定了该语言中各种表达式的意义,而它的一组规则则用与意义相关的方式去操作这些表达式以计算该语言中的各种断言(assertation)的真值。研究程序的逻辑对于帮助人们了解软件是否合理十分重要,它可以用于程序验证(program verification)、自动程序设计、为优化和审计而进行的程序分析等方面。麦卡锡在上述论文中提出的方法是以递归函数作为程序的模型。他以两个链表(list)的"附加"(append)操作为例说明可以用递归的方法定义这个函数,以及用形式化的方法证明链表的附加操作是满足结合律(associative law)的,即 $x@(y@z)=(x@y)@z$。麦卡锡进而证明了用一系列递归定义的函数完全可能建造大型的软件系统,并用归纳法证明了这些系统所具有的性质。麦卡锡所提出的方法是有关程序逻辑研究中第一个比较系统而成熟的方法,曾被广泛地采用。

20 世纪 70 年代以后,麦卡锡又开始研究非单调逻辑。在经典逻辑中,由已知事实推出的结论,绝不会在已知事实增加时反而丧失其有效性,因此是"单调的"(monotonic)。但在人类思维过程中,由于信息的不完全性和认识的局限性,常常会出现随着事物的发展变化,原有结论被否定和取消的情况,这就导致了所谓"非单调逻辑"(non-monotonic logic)。非单调逻辑中有一类是基于最小化语义的最小化非单调逻辑。1980 年,麦卡锡在一篇论文中提出了"限制逻辑"或称

“限界逻辑”,成为这类非单调逻辑中比较成功的一个体系(见 J.McCarthy:*Circumscription—A Form of Nonmonotonic Reasoning*,*Artificial Intelligence*,Vol.13,1980,27-39 页)。限制逻辑的基本思想是:“限制”某个谓词 *P* 也就是排除以 *P* 的原有事实为基础所建立的大部分模型,而只保留有关 *P* 的最小模型。这与人类思考问题时总是在某些条件限制下考虑,也就是只考虑所涉及的个体或关系,而绝不去涉及其他个体或关系,是比较相符的。1986 年,麦卡锡在 *Artificial Intelligence* 杂志上就限制逻辑的应用发表了进一步的研究论文:《限制逻辑在常识知识形式化中的应用》(*Applications of Circumscription to Formalizing Common Sense Knowledge*,*Artificial Intelligence*, Vol.28,1986,89-116 页),对倡导常识推理和常识研究起到了十分重要的作用。

麦卡锡的主要著作有:

《自动机研究》(*Automata Studies*,Princeton University Press,1956,与香农合编)

《信息学:科学美国人之书》(*Information*:*A Scientific American Book*,Freeman,1966)

《形式化的常识:麦卡锡论文选集》(*Formalizing Common Sense*:*Papers by John McCarthy*,Ablex Pub.Co.,1990,由 V.Lifschitz 编辑)

除获得图灵奖以外,麦卡锡在 1988 年获得由日本 INAMORI 基金会所设立的京都奖(Kyoto Prize),这个奖主要奖励在高科技方面做出杰出贡献的科学家,麦卡锡是这个奖的第 5 位获得者。1990 年麦卡锡获得美国国家科学奖章(National Medal of Science)。

麦卡锡的图灵奖演说题为“人工智能研究的现状”(*The Present State of Research on Artificial Intelligence*)。但不知什么原因,这篇演说没有发表。在《前 20 年的 ACM 图灵奖演说集(1966—1985)》(*ACM Turing Award Lectures—The First Twenty Years*:1966-1985,ACM Press)

中,以“附录”(postscript)的形式约请麦卡锡另写了一篇《人工智能的一般原理》(*Generality in Artificial Intelligence*),刊于该书 257-268 页。

麦卡锡 1987 年当选为美国工程院院士,1989 年当选为美国科学院院士。

2011 年 10 月 23 日,麦卡锡在斯坦福大学去世,享年 84 岁。

1972年图灵奖获得者：埃德斯加·迪杰斯特拉

——最先察觉“goto有害”的计算机科学大师

1972年图灵奖授予荷兰的计算机科学家埃德斯加·迪杰斯特拉(Edsgar Wybe Dijkstra)。迪杰斯特拉因最早指出“goto是有害的”以及首创结构化程序设计而闻名于世。事实上，他对计算机科学的贡献并不仅仅限于程序设计技术。在算法和算法理论、编译器、操作系统诸多方面，迪杰斯特拉都有许多创造，做出了杰出贡献。1983年，ACM为纪念*Communications of the ACM*创刊25周年，评选出1958—1982年的1/4个世纪中在该杂志上发表的25篇具有里程碑意义的论文，每年一篇，迪杰斯特拉一人就有两篇入选，是仅有的这样的两位学者之一(另一位是英国学者霍尔(C.A.R.Hoare)，1980年图灵奖获得者)。

埃德斯加·迪杰斯特拉

迪杰斯特拉1930年5月11日生于荷兰鹿特丹的一个知识分子家庭，在兄弟姊妹4人中排行第三。他的父亲是一名化学家和发明家，曾担任荷兰皇家化学会主席。他母亲则是一位数学家。迪杰斯特拉的少年时代是在德国法西斯占领军的铁蹄下度过的。由于食物短缺，他被送到乡下他父亲的一个朋友那里。德国投降后，1945年7月，十分虚弱的迪杰斯特拉才和家人重新团聚。迪杰斯特拉原打算学法律，毕业后到联合国工作，为维护世界和平服务。但他中学毕业时，数理化成绩都特别好,因此他父亲说服了他,1948 年进入莱顿大学学习数学与物理。在学习理论物理的过程中,迪杰斯特拉发现这个领域中的许多问题都需要进行大量复杂的计算,于是决定学习计算机编程。1951 年,他自费赴英参加了剑桥大学举办的一个程序设计培训班,学习在EDSAC(Electronic Delay Storage Automatic Calculator,这是由 1967 年图灵奖获得者威尔克斯主持设计与开发的世界上第一台存储程序式电子计算机)上的编程方法,这使他成为世界上第一批程序员之一。第二年,阿姆斯特丹数学中心了解这一情况后,拟聘他为兼职程序员。迪杰斯特拉开始时有些犹豫,因为世界上当时还没有"程序员"这一职业。数学中心的计算部主任、ALGOL 的设计者之一、荷兰的计算技术先驱维京格尔藤(Andrian van Wijingaarden,1916—1987,因在设计ALGOL 68 时,为解决上下文有关性这一难题而提出了一种具有很强描述能力的新的文法,叫作二级文法,又称为 W 文法而闻名。他也曾对 1984 年图灵奖获得者沃思的研究产生过影响)对他说,目前程序设计虽然还没有成为学科,不被重视,但既然计算机已经有了,正处于开创阶段,你未来就有可能使程序设计成为一个受人尊敬的学科。这段话说服了迪杰斯特拉,他接受了这个职位,而且越干越有兴趣,这样他在第二年就结束了在莱顿大学的学业,成为数学中心全日制的工作人员,从此进入计算机领域,并且正如维京格尔藤所预言的那样,逐渐成为该领域的知名专家,创造出了许许多多的"第一"。

1956 年,他成功地设计并实现了在有障碍物的两个地点之间找出一条最短路径的高效算法,这个算法被命名为"迪杰斯特拉算法",解决了机器人学中的一个十分关键的问题,即运动路径规划问题,至今仍被广泛应用。

1959 年,在数学中心 ARMAC 计算机进行升级的过程中,迪杰斯特拉设计了一种处理程序,成功地解决了"实时中断"(real-time interrupt)问题。迪杰斯特拉的博士论文就是以此为课题完成的,并在阿姆斯特丹大学通过论文答辩而获得博士学位。

1960年8月,ALGOL 60文本推出刚刚半年多,迪杰斯特拉和他在数学中心的同事仲纳凡尔特(J.A.Zonneveld)一起就率先实现了世界上第一个ALGOL 60编译器,比欧美其他各国学者实现ALGOL 60早一年还多。这一成就引起各国计算机学者的惊叹,并因此奠定了迪杰斯特拉作为世界一流计算机学者在科学界的地位。

1962年,迪杰斯特拉离开数学中心,进入位于荷兰南部的埃因霍温技术大学(Eindhoven Technical University)任数学教授。在这里,他参加了X8计算机的开发,设计与实现了具有多道程序运行能力的操作系统——THE Multiprogramming System。THE是埃因霍温技术大学的荷兰文Technische Hoogeschool Eindhoven的词头缩写。迪杰斯特拉在THE这个系统中所提出的一系列方法和技术奠定了计算机现代操作系统的基础,尤其是关于多层体系结构、顺序进程之间的同步和互斥机制这样一些重要的思想和概念都是迪杰斯特拉在THE中首先提出,并为以后的操作系统如UNIX等所采用。为了在单处理机的情况下确定进程(process)能否占有处理机,迪杰斯特拉将每个进程分为"就绪"(ready)、"运行"(running)和"阻塞"(blocking)三个工作状态。由于在任一时刻最多只有一个进程可以使用处理机,正占用着处理机的进程称为"运行"进程。若某进程已具备了使用处理机的条件,而当前又没有处理机供其使用,则使该进程处于"就绪"状态。若运行进程由于某种原因而无法继续运行下去,就停止其占用处理机,使之进入"阻塞"状态。待造成其退出运行的条件解除,再进入"就绪"状态。而对系统中所有同时运行的进程之间所存在的相互制约的同步(synchronization,指为了避免错误,在一个进程访问共享数据时,另一个进程不访问该数据)和互斥(mutually exclusive,指两个进程不能同时在一个临界区中使用同一个可重复使用的资源,诸如读写缓冲区)两个关系,迪杰斯特拉巧妙地利用火车运行控制系统中的“信号灯”(semaphore,或叫“信号量”)概念加以解决。所谓信号灯,实际上就是用来控制进程状态的一个代表某一资源的存储单元。例如,P1 和 P2 是分别将数据送入缓冲 B 和从缓冲 B 读出数据的两个进程,为了防止这两个进程并发时产生错误,迪杰斯特拉设计了一种同步机制叫作“PV 操作”,P 操作和 V 操作是执行时不被打断的两个操作系统原语。执行 P 操作 P(S)时信号量 S 的值减 1,若结果不为负则 P(S)执行完毕;否则执行 P 操作的进程暂停以等待释放。执行 V 操作 V(S)时,S 的值加 1,若结果不大于 0 则释放一个因执行 P(S)而等待的进程。对 P1 和 P2 可定义两个信号量 S1 和 S2,初值分别为 1 和 0。进程 P1 在向缓冲 B 送入数据前执行 P 操作 P(S1),在送入数据后执行 V 操作 V(S2)。进程 P2 在从缓冲 B 读取数据前先执行 P 操作 P(S2),在读出数据后执行 V 操作 V(S1)。当 P1 往缓冲 B 送入一数据后信号量 S1 之值变为 0,在该数据读出后 S1 之值才又变为 1,因此在前一数未读出前,后一数不会送入,从而保证了 P1 和 P2 之间的同步。我国读者常常不明白这一同步机制为什么叫 PV 操作,原来这是迪杰斯特拉用荷兰文定义的,因为在荷兰文中,通过叫 Passeren,释放叫 Vrijgeven,PV 操作因此得名。这是在计算机术语中非英语表达的极少数的例子之一。

THE 还有许多特色和创新:

(1) 对短程序予以特殊处理,以减少其周转时间,从而提高整个系统的效率;

(2) 在使用外围设备方面采取了一系列特殊手段,使之更加经济;

(3) 能对与 CPU 相连的后援存储器进行自动控制;

(4) 设计中既考虑了方便程序员使用,也考虑了方便操作员使用和维护计算机系统。

THE 是在程序设计中最先引入并发概念的系统,开创了并发程序设计的先河。因此,当 1967 年迪杰斯特拉在 ACM 召开的第一届操作系统原理讨论会上提交的《THE 多道程序系统的结构》论文中介绍了该系统后,引起与会者的极大兴趣和重视。该文后来刊载于 1968 年 5 月的 *Communications of the ACM* 上,就是被评为具有里程碑意义的 25 篇论文之一。迪杰斯特拉的另一篇具有里程碑意义的论文是《并发程序控制中的一个问题的解决》(*Solution of a Problem in Concurrent Programming Control*),是 1965 年 9 月发表的。

1968 年 3 月,*Communications of the ACM* 登出了迪杰斯特拉的那封影响深远的信,在信中他根据自己编程的实际经验和大量观察,得出如下结论:一个程序的易读性和易理解性同其中所包含的无条件转移控制的个数呈反比关系,也就是说,转向语句的个数愈多,程序就愈难读、难懂。因此他认为"goto 是有害的",从而启发了结构化程序设计的思想。1972 年,他与当时在爱尔兰昆士大学任教的英国计算机科学家、1980 年图灵奖获得者霍尔(C. A. R. Hoare)合著了《结构化程序设计》(*Structured Programming*, Academic Press)一书,进一步发展与完善了这一思想,并且提出了另一个著名的论断:"程序测试只能用来证明有错,绝不能证明无错!"(Program testing can be used to show the presence of bugs, but never to show their absence!)

1973 年 8 月,迪杰斯特拉离开埃因霍温技术大学,应聘担任著名的美国宝来(Burroughs)公司的高级研究员,但宝来公司并不要求他到密歇根州的底特律总部或世界各地的任一分支机构去上班,而是给予他最大的自由:留在荷兰家里做自己感兴趣的任何事情,或到世界各地旅行、考察、参加会议……唯一的要求是让他经常把自己的行踪、见闻、观感、心得和看法以书面形式向公司报告。迪杰斯特拉于是当了约 10 年的"自由"研究员,其间他去过德国、英国、安哥拉、瑞士、加拿大、波兰、苏联、日本、法国、澳大利亚等许多国家,参加了许多学术会议、讨论会或培训班,当然也继续做研究工作。他向宝来公司发去的信件有500多篇,内容十分丰富。迪杰斯特拉对计算机科学做出的最重要的贡献,就是1975年他提出了公理化语义描述的一种方法,叫"最弱前置条件方法"(weakest pre-condition method),这种方法是在霍尔所提出的前后断言(assertion)的基础上形成的。其基本思想是:将程序设计看作是"面向目标"的活动,编程就是从预先给定的"后断言"出发,逆向地逐步推导出满足它的程序,同时计算出所需的最弱前置条件。它是一个谓词公式,用 $wp(S,R)$ 表示,其中 R 是语句 S 执行后所期望的结果,也就是后断言或称结果断言。例如,赋值语句(assignment statement)的语义可表示如下:

$$wp(x:=e,R) \equiv R[x/e]$$

其意义是将 R 中 x 的所有自由出现同时代换成 e。

假定将 $x*x$ 赋给 x 后,$x^4=10$,则可表示成:

$$wp(\text{"}x;=x*x\text{"},x^4=10) \equiv ((x*x)^4=10) \equiv (x^8=10)$$

为了证明循环的终止性,迪杰斯特拉引入了循环不变式和界函数。一般说来,一个循环呈如下形式:

{invariant:P} ——进入循环前,不变式 P 为真

{bound:t} ——并且当 B 为真时,$t>0$,t 是循环次数的上界

do B→Decrease t,S true od

——当 B 真时,使 t 递减并执行 S,S 执行过程中保持 P 真

{$P \wedge \neg B$} ——则循环必然终止且终止时 P 为真,B 为假

若 Q 是 S 的执行能在有限时间内中止并满足 R 的任一前提条件,则必有 $Q \Rightarrow wp(S,R)$。因此,证明前后断言 $O\{S\}R$ 只需先求出最弱前置断言 $wp(S,R)$,再证明 $Q \Rightarrow wp(S,R)$。

当给定了 Q 和 R,根据 Q,R 的结构,通过推导 $wp(S,R)$,可推出 S 的结构,从而将程序设计的过程变成数学推导的过程。例如,要设计一个循环 do,使得若满足前置断言 Q 和结果断言 R,则 P,t 和 B 应满足 $Q \Rightarrow P \wedge \text{bound}: t, t \leqslant 0 \Rightarrow \neg B$ 及 $P \wedge \neg B \Rightarrow R$。这实际上给出了循环语句设计的原则。

迪杰斯特拉所提出的最弱前置条件的概念及相应的程序设计演算,使得程序的设计和程序的验证可同时进行,具有十分重要的理论意义和实际价值,极大地促进了程序设计作为科学的进程。

迪杰斯特拉于1984年结束了宝来公司自由研究员的生活,应邀出任位于奥斯汀的得克萨斯大学计算机科学系名誉主任。

迪杰斯特拉论著极多,主要有:

《ALGOL 60程序设计入门》(*A Primer of ALGOL 60 Programming*, Academic Press,1962)

《程序设计的训练方法》(*A Discipline of Programming*,Prentice Hall,1976)

《论程序设计的教学就是思维方法的教学》(*On the Teaching of Programing, i.e. On the Teaching of Thinking*, Springer, 1976)

《关于计算的论著选集:个人的观点》(*Selected Writing on Computing: A Personal Perspective*,Springer,1982。本书是由从他发给宝来公司的大量通信中选出的最重要、最有意义的60余件通信材料编纂而成的,集中反映了他那个时期的观点和研究成果)

《程序设计方法》(*A Method of Programming*, Addison-Wesley,1988)

《程序与证明的形式开发》(*Formal Development of Programs and Proofs*,Addison-Wesley,1990)

《谓词演算与程序语义》(*Predicate Calculus and Program Semantics*, Springer,1990)

除获得图灵奖外,迪杰斯特拉还在 1974 年获得 AFIPS 的 Harry Goode 奖。

迪杰斯特拉是在 1972 年 8 月 14 日于波士顿召开的 ACM 年会上接受图灵奖的。他发表了题为“智力低下的程序员”(*The Humble Programmer*)的图灵奖演说,刊于 *Communications of the ACM*,1973 年 10 月,859-866 页。也可见《前 20 年的 ACM 图灵奖演说集(1916—1985)》(*ACM Turing Award Lectures—The First Twenty Years*: 1966-1985,ACM Press),17-32 页。演说中他肯定了 FORTRAN、ALGOL、LISP 等语言,而对于 PL/I,他认为是失败的。演说的重点是如何建立可靠的软件,如何在编程时就尽力避免引入错误,而不是以后再去消除错误,这不单具有技术上的意义,而且在经济上也是十分重要的。迪杰斯特拉的上述观点赢得了愈来愈多的人的理解与支持。

1989 年,为了庆祝迪杰斯特拉 60 寿辰,由著名计算机学者、迪杰斯特拉的长期合作者费京(W.H.J.Feijin)等联合编纂了一本纪念性文集,书名引用了迪杰斯特拉的另一句名言:《完美是我们的追求》(*Beauty is Our Business*,*Springer*,1990)。书中包括他的同事、朋友、学生们写的 53 篇文章,其中有 4 位图灵奖获得者,即霍尔(C.A.R.Hoare,1980)、克努特(D.Knuth,1974)、沃思(N.Wirth,1984)和伯努利(A.Pnueli,1996)。有趣的是,克努特在 1966 年曾经对迪杰斯特拉《并发程序控制中一个问题的解决》一文中所提出的方案进行批评,认为该方案有可能使特定进程“饿死”,即永远被阻塞而无法获得所需资源。他提出了一种“不会饿死”的方案。但有评论指出,克努特的方案比迪杰斯特拉的方案更加复杂而未见得更加可靠。显然,学术上的争论并不妨碍这两位大师级的计算机科学家成为好朋友。

迪杰斯特拉是荷兰皇家科学院院士。

迪杰斯特拉于1999年退休。在身患癌症,同疾病做了长期斗争以后,2002年8月6日,这位被同行誉为苏格拉底式的智者和哲人在他荷兰的家中去世。他留给后人的遗产是1300多篇学术论文,全部收集在得克萨斯大学的网站上。去世前不久,当一些年轻的科技工作者问他如何选择研究课题时,他给了如下忠告:“只做只有你能做的事。”(Do only what only you can do.)我们过去熟知的成语是“量力而行”(Do what you can do)。迪杰斯特拉巧妙地在其中加进两个“only”,使它变成了鼓励青年不落窠臼,不拾人牙慧,努力创新,不断创新的新成语,值得我们深思和牢记。

2021年3月,在迪杰斯特拉去世18年后,克日什托夫·阿普特(Krzysztof R. Apt)和托尼·霍尔(Tony Hoare)牵头编辑了一本纪念迪杰斯特拉的文集,文集由目前在世的迪杰斯特拉的朋友、同事和学生撰写。在这20多篇文章中,大家各自回忆了和迪杰斯特拉在一起的日子,多方面展现了迪杰斯特拉的独特个性、习惯和风格,以及作为研究员和教师对其他计算机科学家的影响。图灵奖获得者霍尔、克努特和沃思也再次参加撰写文章。

1973 年图灵奖获得者：
查尔斯·巴赫曼
——“网状数据库之父”

查尔斯·巴赫曼

20 世纪 60 年代中期以来，数据库技术的形成、发展和日趋成熟，使计算机数据处理技术跃上了一个新台阶，从而极大地推动了计算机的普及与应用。因此，1973 年图灵奖首次授予在这方面做出杰出贡献的数据库先驱查尔斯·巴赫曼(Charles W.Bachman)。

为了说明巴赫曼的功绩，让我们先简要回顾一下计算机数据处理发展的历史。

计算机在 20 世纪 40 年代诞生之初只用于科学与工程计算，不能用于数据处理，因为当时的计算机还只能处理数字，不能处理字母和符号，而字母和符号恰是数据处理中的主要处理对象。此外，当时的计算机也还没有数据处理所需要的大容量存储器。20 世纪 50 年代初，人们发明了字符发生器(character generator)，使计算机具有了能显示、存储与处理字母及各种符号的能力，又成功地将高速磁带机用于计算机存储器，这是对计算机进入数据处理领域具有决定意义的两大技术进展。但是磁带只能顺序读写，速度也较慢，不是理想的存储设备。1956 年，IBM 公司和 Remington Rand 公司先后实验成功磁盘存储器方案，推出了商用磁盘系统。磁盘不但转速快，容量大，还可以随机读写，为数据处理提供了更加理想的大容量快速存储设备。有了这些硬件的支持，计算机数据处理便日益发展起来。

但是,初期的数据处理软件只有文件管理(file management)这种形式,数据文件和应用程序一一对应,造成数据冗余、数据不一致性和数据依赖(data dependence)等问题。所谓数据依赖就是编写程序依赖于具体数据,拿 COBOL 这种常用的商用语言来说,程序员必须在数据部的文件节(DATA DIVISION,FILE SECTION)中详细说明文件中各数据项的类型和长度、格式,在设备部的输入输出节(ENVIRONMENT DIVISION, INPUT-OUTPUT SECTION)中还要通过 SELECT 语句和 ASSIGN语句把文件和具体设备联系起来,并使用 ORGANIZATION 语句和 ACCESS MODE 语句严格规定文件的组织方式和存取方式。根据这些具体规定,程序员再在过程部(PROCEDURE DIVISION)中用一系列命令语句导航,才能使系统完成预期的数据处理任务。应用程序与数据的存储、存取方式密切相关的这种状况给程序的编制、维护都造成很大的麻烦。

后来出现了文件管理系统(File Management System,FMS)作为应用程序和数据文件之间的接口,一个应用程序通过 FMS 可以和若干文件打交道,在一定程度上增加了数据处理的灵活性。但这种方式仍以分散、互相独立的数据文件为基础,数据冗余、数据不一致性、处理效率低等问题仍不可避免。这些缺点在较大规模的系统中尤为突出。以美国在 20 世纪 60 年代初制订的阿波罗登月计划为例,阿波罗飞船由约 200 万个零部件组成,它们分散在世界各地制造生产。为了掌握计划进度及协调工程进展,阿波罗计划的主要合约者 Rockwell 公司曾研制、开发了一个基于磁带的零部件生产计算机管理系统,该系统共用了 18 盘磁带,虽然可以工作,但效率极低,18 盘磁带中 60%是冗余数据,维护起来十分困难。这个系统的状况曾一度成为实现阿波罗计划的重大障碍之一。

针对上述问题,各国学者、计算机公司、计算机用户以及计算机学术团体纷纷开展研究,为改革数据处理系统进行探索与试验,其目标主要就是突破文件系统分散管理的弱点,实现对数据的集中控制、统一管理。结果出现了一种全新而高效的管理技术——数据库技术。Rockwell 公司与 IBM 公司合作,在当时新推出的 IBM 360 系列上研制成功了世界上最早的数据库管理系统(DataBase Management System, DBMS)之一——IMS(Information Man-agement System),为保证阿波罗飞船 1969 年顺利登月做出了贡献。IMS 是基于层次模型的。几乎同时,巴赫曼在通用电气公司主持设计与实现了网状的数据库管理系统 IDS(Integrated Data System)。

巴赫曼 1924 年 12 月 11 日生于美国堪萨斯州的曼哈顿。他的父亲是曼哈顿堪萨斯农业学院的首席足球教练,后来全家跟随父亲工作变动,先后到了佛罗里达大学和密歇根州立大学,父亲还是担任学校的主教练工作。到 1943 年 1 月,巴赫曼高中毕业,进入密歇根州立大学学习,但他只完成了大学的第一年课程学习,旋即加入了美国陆军防空高炮师,第二次世界大战期间在太平洋战区服役。巴赫曼先后到过新几内亚、澳大利亚和菲律宾群岛等地。服役期间,他首次使用 90mm 炮弹的火力控制系统。1946 年退伍后,巴赫曼回到密歇根州立大学,并于两年后获得机械工程学士学位。1950 年他在宾夕法尼亚大学取得硕士学位。同年,他在沃顿商学院完成了三个季度的学习,获取 MBA 学位。20 世纪 50 年代他在 Dow 化工公司工作,1961—1970 年在通用电气公司任程序设计部门经理,1970—1981 年在 Honeywell 公司任总工程师,同时兼任 Cullinet 软件公司的副总裁和产品经理。Cullinet 公司对中国人来说知之者不多,但这家公司当时在美国很有名气,它是 1978 年第一家在纽约股票交易所上市的软件公司;当时微软公司在新墨西哥州的阿尔伯克基刚开张不久,鲜为人知,其股票是 1986 年上市的，比 Cullinet 晚 8 年之久。但 Cullinet 最终被 CA 公司购并。1983 年巴赫曼创办了自己的公司 Bachman Information System Inc.。

巴赫曼在数据库方面的主要贡献有两项：第一就是前面所说的，在通用电气公司任程序设计部门经理期间，主持设计与开发了最早的网状数据库管理系统 IDS。IDS 于 1964 年推出后，成为最受欢迎的数据库产品之一，而且它的设计思想和实现技术被后来的许多数据库产品所仿效。第二就是巴赫曼积极推动与促成了数据库标准的制定，那就是美国数据系统语言委员会 CODASYL 下属的数据库任务组 DBTG 提出的网状数据库模型以及数据定义和数据操纵语言即 DDL 和 DML 的规范说明，于 1971 年推出了第一个正式报告——DBTG 报告，成为数据库历史上具有里程碑意义的文献。该报告中基于 IDS 的经验所确定的方法称为 DBTG 方法或 CODASYL 方法，所描述的网状模型称为 DBTG 模型或 CODASYL 模型。DBTG 曾希望美国国家标准协会 ANSI 接受 DBTG 报告并将其作为数据库管理系统的国家标准，但是没有成功。1971 年报告之后，又出现了一系列新的版本，如 1973 年、1978 年、1981 年和 1984 年的修改版本。DBTG 后来改名为 DBLTG（Data Base Language Task Group，数据库语言工作小组）。DBTG 首次确定了数据库的三层体系结构，明确了数据库管理员（DataBase Administrator，DBA）的概念，规定了 DBA 的作用与地位。DBTG 系统虽然是一种方案而非实际的数据库，但它所提出的基本概念却具有普遍意义，不但国际上大多数网状数据库管理系统，如 IDMS、PRIME DBMS、DMS 170、DMS Ⅱ和 DMS 1100 等都遵循或基本遵循 DBTG 模型，而且对后来关系数据库技术的产生和发展也有很重要的影响，其体系结构也遵循 DBTG 的三级模式（虽然名称有所不同）。下面我们简要介绍一下 DBTG 的系统结构。

DBTG 的系统结构如下图所示，主要包括模式（schema）、子模式（subschema）、物理模式（physical schema）、数据操纵和数据库管理系统

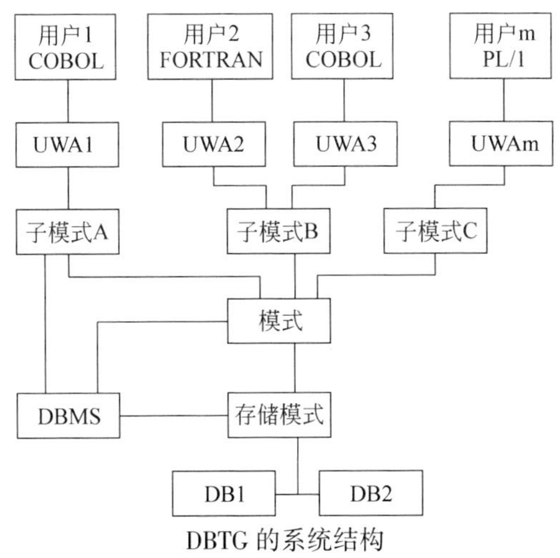

DBTG 的系统结构

等部分。模式是对数据库整体数据逻辑结构的描述,它对应数据库的概念层,由数据库管理员借助模式数据描述语言(Data Description Language,DDL)建立。子模式是某一用户对他所关心的那部分数据的数据结构的描述,对应于数据库的外层或用户视图(user view),是由该用户自己或委托数据库管理员借助子模式数据描述语言加以定义的。物理模式或叫存储模式(storage schema)是对数据库数据的存储组织方式的描述,对应于数据库的物理层,由数据库管理员通过数据存储描述语言(Data Storage Description Language,DSDL)加以定义(DSDL 是 DBTG 报告的 1978 年版本提出的,之前的报告用的名称为数据介质控制语言,即 Data Media Control Language,DMCL)。数据库可由多个用户、多个应用共享,数据库应用程序利用数据操纵语言(Data Manupilation Language,DML)实现对数据库数据的操纵,但一个应用程序必须援引某一模式的某一子模式(也就是说,它操作的数据限于某一用户视图中的数据)。DML 语句可以嵌在宿主语言(如 COBOL、FORTRAN 等)中,在数据库管理系统的控制下访问数据库中的数据,并通过一个称为用户工作区(User Work Area,UWA)的缓冲区与数据库通信,完成对数据库的操作。数据库管理系统的其他功能包括维护数据库中数据的一致性(consistency)、完整性(integrity)、安全性(security)和出现故障情况下的恢复(recovery),以及在多个应用程序同时存取同一数据单元时处理的并发性(concurrency),以避免出现"脏数据"(dirty data)或"丢失更新"(lose update)等不正常现象。由此可见,有关模式的数据描述语言是建立数据库的工具,数据操纵语言是操作数据库、存取其中数据的工具,而数据库管理系统则是执行这种操作并负责维护与管理数据库的工具,它们各司其职,完成数据库整个生命周期中的一切活动。

由于在以上两方面的杰出贡献,巴赫曼被理所当然地公认为"网状数据库之父"或"DBTG之父",在数据库技术的产生、发展与推广应用等各方面都发挥了巨大的作用。

在数据库的文档资料中,有一种描述网状数据库模型的数据结构图,这种图解技术是巴赫曼发明的,通常被称为"巴赫曼图"(Bachman diagram)。此外,在担任ISO/TC 97/SC-16主席时,巴赫曼还主持制定了著名的"开放系统互连"标准,即OSI(Open System Interconnection)。OSI为计算机、终端设备、人员、进程或网络之间的数据交换提供一个标准规程,实现各系统之间达到彼此互相开放具有重要的意义。巴赫曼也是建立在美国波士顿的计算机博物馆的创始人之一。

20世纪70年代以后,由于关系数据库的兴起,网状数据库受到冷落。但随着面向对象技术的发展,有人预言网状数据库将有可能重新受到人们的青睐。但无论这个预言是否实现,巴赫曼作为数据库技术先驱的历史作用和地位是学术界和产业界普遍承认的。2011年第4期*IEEE Annals of the History of Computing*杂志还刊登了威斯康星大学的Thomas Haigh所撰写的关于巴赫曼的长篇传记,称颂他为"数据库

个单词,比裁判掌握的2000个单词多出一倍多,一举为他所在的班夺得冠军,赢得一台电视机和每人一块Giant Bar,而克努特本人则赢得一副雪橇。

在数学上,克努特也很早就表现出极高的天分。高中一年级时,他发明了一种方法,利用这种方法,对于任意画出的两条相交直线,他能立即给出相应的方程。

1956年,克努特以各科平均97.5的创纪录的高分从密尔沃基路德兰高级中学毕业,进入俄亥俄州克利夫兰的开思理工学院(Case Institute of Technology)攻读物理。这一年,他在中学时就创作的一篇出色的科学幻想小说《普茨比度量衡体系》(*The Potrzebie System of Weights and Measures*)在美国著名的《疯狂》(*Mad*)杂志上发表,克努特获得了他的第一笔稿费25美元,并因此获得西屋科学天才的提名奖。在这篇小说中,克努特风趣而富于幻想地提出了替代公制的一种新的计量制度,如以一本流行杂志的厚度为长度单位,虽然滑稽可笑,却设计得严密周到,天衣无缝,其中甚至还包括一种新的历法。文章刊出后大受欢迎,多次重印,1991年还重印过一次,其时作者克努特即将退休。

大学一年级结束后的暑假,克努特在学校打工,负责把统计数字画成图表。碰巧他工作室隔壁的计算机房新到了一台IBM 650。当时的计算机体积都很庞大,有供输入和调试的控制台,上面排列着一排排的开关和指示灯,计算机工作时指示灯就快速闪烁变化出不同的图案,这引起克努特极大的好奇与兴趣,他接连好几天彻夜不眠地待在机房,观察它的工作,钻研使用手册,探究计算机的奥秘。一年以后,他终于改学数学,与计算机结缘。这段经历对于克努特是如此重要和关键,以致他在《计算机程序设计艺术》第1卷的卷首,不像别的作者那样一般写上"献给自己的父母"或"献给自己的妻子",而是写着"献给曾经安装在开思理工学院的 650 型计算机”,以纪念那些愉快的夜晚。他的第一个计算机应用程序也是在 650 型计算机上实现的：他为他所在的校篮球队(克努特人高马大,也喜爱运动)设计了一个复杂的公式,根据球员在每场比赛中的得分、助攻、抢断、篮板球、盖帽等多项统计数字对球员进行综合评估。球队教练根据克努特的程序挑选和使用球员,使开思理工学院在 1960 年赢得了联赛冠军,克努特的“神奇的公式和程序”也被当地报纸和广播传为美谈。1960 年,克努特从开思理工学院毕业,不但被授予学士学位,而且还同时被破例授予硕士学位。之后他进入加州理工学院研究生院,1963 年获得博士学位,留校工作至 1968 年,然后转入斯坦福大学任教,其间,1972—1973 年曾经在奥斯陆大学担任客座教授。

克努特至今进行了两大工程,一个已经完成,另一个尚未完成。第一个大工程就是《计算机程序设计艺术》系列,开始于他念博士期间,计划出 7 卷,第 1 卷《基本算法》于 1968 年出版,第 2 卷《半数值算法》于 1969 年出版,第 3 卷《排序与搜索》于 1973 年出版,第 4 卷《组合算法》仅出版部分分册。这个工程为什么前紧后松,长期停顿呢？原来,前 3 卷书出版以后,克努特根据自己在校对清样时的感受,决心对排版技术进行彻底改造,因此中止了第一个工程,而开始其第二个工程。这个工程花费了克努特整整 9 年的时间和精力,结果就是对整个西文印刷行业带来了革命性变革的 $\mathrm{T_EX}$ 排版软件和 METAFONT 字型设计软件。这两个软件为克努特赢得了 ACM 的另一个奖项：1986 年度的软件系统奖(Software System Award)。但是这两个软件并没有为克努特和斯坦福大学赚过一分钱：克努特把它们作为自由软件无偿提供给用户。这比理查德·斯托尔曼(Richard Stallman,1990 年 ACM Hopper 奖获得者)在 1984 年发起自由软件运动早了五六年。克努特说：“我写这两个程序是出于对书籍的热爱,也想给这个领域以必要的推动。我已经有些名气了，我的书卖得也不错。所以我不需要为我出于热爱而做的事保留专卖权。此外，数学家通常是不为他们发现的定理获取报酬的。”1979 年，克努特还创建了 T_EX 用户组，细心的读者也许会注意到，许多西文书版权页的下部注明“本书用 T_EX 系统排版”。

克努特的两大工程（虽然其中之一尚未最后完成）都是取得很大成功的。《计算机程序设计艺术》一书以其内容的丰富和深刻被喻为经典，有人甚至称之为“计算机的圣经”，这本书被译为俄、日、西、葡、匈牙利、罗马尼亚等多种文字在世界各国广泛流传，其发行量创造了计算机类图书的最高纪录，直至 20 世纪 80 年代中期，都一直保持着月销售量每卷达 2000 册的势头，成为 Addison-Wesley 出版社成立以来销售最好的图书。在我国也有译本。此外，克努特还有许多“小创造”。计算机科学技术中两个最基本的概念：“算法”（algorithm）和“数据结构”（data structure）就是克努特在 29 岁时提出来的。1973 年他首创双向链表。在编译器设计方面，著名的 LR(k) 文法也是克努特在对自左至右、自底向上的移进-归约分析进行了深刻剖析的基础上，经过高度概括和集中以后发明的，它表示具有从左（L）到右（R）的分析而向前看 k 个符号，以确定所要进行的归约和应用何种语法解释。LR(k) 文法的识别效率高，在从左至右扫描输入串时，就能发现其中的语法错误，并能准确地指出出错位置，因此被广泛应用。此外，利用 LR(k) 文法还能正确区分像 Flying planes is fun 和 Flying planes can crash 这类句子（前一个句子“开飞机很有趣”中 Flying 是动名词，而后一个句子“飞行中的飞机可能出事”中 Flying 是现在分词当形容词）。以著名的巴克斯-诺尔范式为基础的“属性文法”（attribute grammar）也是克努特首先提出来的。属性文法在普通的上下文无关文法（contextfree grammar）的基础上，对每一个终结点或非终结点加上一些属性及对这些属性进行估值的语义规则集，从而形成一种新的、有更强表达与描述能力的文法。

其中属性是由<属性名、属性值>的有序偶对组成的。属性的内容则可包括模式标识符表等。

在算法方面,他和他的学生共同设计了 Knuth-Bendix 算法和 Knuth-Morris-Pratt 算法,前者是为了考查数学公理及其推论是否"完全"而构造标准重写规则集(rewriting rule set)的算法,曾成功地用它解决了群论中等式的证明问题,是定理机器证明的一个范例。后者是在文本中查找字符串的简单而高效的算法。此外,克努特还设计与实现过最早的随机数发生器(random number generator)。

20 世纪 70 年代中期,克努特和其他一些计算机科学家曾经设想在未来 10 年中将产生一种比现有程序设计语言更加强大、更加优美的新型语言,并预先命名它为"乌托邦 84"(Utopia 84)语言。乌托邦原是托马斯所著 *Utopia* 一书中描述的人间理想王国,克努特借用过来代表一种未来的理想语言,希望它有更好的数据结构和控制结构,更符合结构化程序设计的思想,等等。克努特提出的 Utopia 84 已经过去 20 多年了,虽然程序设计语言在不断地发展与完善,但"理想语言"并未出现,可能永远也不会出现。但新一代人会不断进取。克努特在 20 世纪 80 年代所倡导的"作文式程序设计"(literate programming,国内有人将它译为"文化程序设计")就是这一努力的又一体现和成果。我们从上小学起不就学写作文吗?作文首先要构思好故事,把事情的来龙去脉交代清楚,这相当于编程时先要把程序逻辑弄好。其次要围绕故事情节尽可能把有关的人物、环境等细节描写得清清楚楚、生动活泼,这相当于在程序中加入必要的注释和说明,以便阅读和理解。所谓作文式程序设计就是要像写作文那样进行编程,从完成的"源程序"中既能提炼出可执行的程序代码,又能生成程序文档,"毕其功于一役"。作文还有一个要点是分段,一篇作文要分成若干段落,以便层次分明,铺陈有序。作文式程序设计也是这样,一个复杂的程序是由若干较简单的片段构成的,较大的片段还可分为更简单的一些小片段。1983 年,克努特推出了第一个这样的程序设计系统 WEB。WEB 包括两个子系统:一个子系统从 WEB 程序中自动地抽出描述算法的部分,并且加工成 PASCAL 编译器所能接受的形式,然后据此得到可在计算机上执行的代码;另一个子系统则把 WEB 程序加工为 $\mathrm{T_EX}$ 系统所能接受的形式,并据此得到具有高度可读性的完整的程序文档。显然,WEB 就是一个完成"PASCAL 作文"的工具。继 WEB 之后,提姆勃莱比(H. W. Thimbleby)开发出 CWEB,和 WEB 类似,但它是一个完成"C 作文"的工具。WEB 和 CWEB 都是自由软件,可以从 Internet 上下载。

为了说明作文式程序设计的特色,下面给出采用这种方法编写的源程序的一个片段。

```
@ * Insertion sort
This is the standard insertion sort algorithm.
Assumes a sentinel at $a[0]$.
@ p
for i:=2 to N do
begin v: =a[i];j: =i;
@ <Insert...@ >
end
@
@ <Insert $v$ in the array@ >=
while a[j-1]>v do
begin a[j]: =a[j-1];j: =j-1 end;
a[j]: =v
```

这个片段采用标准的插入排序算法对一个数组中的元素进行排序。片段中的@符号是系统约定,用以引入作文式程序设计中的各种特征。符号 $ 则通知系统交叉引用某段文本作为代码而非注解。片段中有一个“宏”(macro),就是<Insert $ v $ in the array@>。宏允许缩写,上述宏就可缩写为<Insert...>,因此是很方便和精练的。这个片段经过处理以后获得的代码和可供印刷的文档分别如下。

```
for i: =2 to N do
begin v: =a[i];j: =i;
while a[j-1]>v do
begin a[j]: =a[j-1];
j: =j-1 end;
a[j]: =v
```

31. **Insertion sort.** This is the standard insertion sort algorithm. Assumes a sentinel at $a[0]$.

for i: =2 **to** N **do**

begin

v: =$a[i]$; j: =i;

⟨Insert v in the array.32⟩

end

32. ⟨Insert v in the array.32⟩ ≡

while $a[j-1] > v$ **do**

begin $a[j]$: =$a[j-1]$; j: =$j-1$ **end**;

$a[j]$: =v;

Used in section 31.

整个 WEB 程序还将自动产生目录和索引。大家都知道或有过亲身体验,在软件开发中,文档编写在整个过程中占着相当大的比重,是一件十分重要而又非常烦琐的工作。作文式程序设计将大大减轻这方面的负担,并提高文档质量。因此,像我们从小学起就要学习写作文那样,学习并掌握用作文式程序设计进行编程实在是一件非常有意义、非常重要的事。

克努特的著作很多,除了已由 Addison-Wesley 出版社出版的 3 卷《计算机程序设计艺术》(*The Art of Computer Programming*)(由苏运霖译成中文,国防工业出版社出版),介绍 T_EX 和 METAFONT 的 5 卷《计算机与排版》(*Computers and Typesetting*)早已流传于世外,还有以下一些主要著作:

《超现实数》(*Surreal Numbers*,Addison-Wesley,1974)

《二合一数学:计算机科学的基础》(*Concrete Mathematics:A Foundation for Computer Science*,Addison-Wesley,1989。书名中的 concrete 是由连续数学的 continuous 取词头 con、离散数学的 discrete 取词尾 crete 合并而成的,因此不能译为“具体数学”)

《数学论著集》(*Mathematical Writings*,MAA,1989)

《用于算法分析的数学》(*Mathematics for the Analysis of Algorithms*,Birkhauser,1990,第 3 版)

《作文式程序设计》(*Literate Programming*,CSLI,1992)

《公理与外壳》(*Axioms and Hulls*,Springer,1992)

《斯坦福的 GraphBase:组合计算用的平台》(*The Stanford GraphBase:A Platform for Combinatorial Computing*,ACM Press,1993)

其中,《超现实数》一书介绍了剑桥大学的康韦(J.H.Conway)所发明的一种新的数制,是克努特听了康韦向他做的介绍后,用了一周时间写成的小说体裁的作品。有评论家指出,这是历史上第一次一个重大的数学发现以小说的形式向公众进行介绍。由此可见,克努特的艺术才华同样是非凡的,要不是计算机深深吸引了他,克努特很可能会成为出色的小说家或音乐家(前面说过他喜欢音乐,会自己制作管风琴,会创作不错的乐曲)。

克努特获得的荣誉与奖项极多。ACM 除了授予他图灵奖和软件系统奖外,还在 1971 年授予过他以 COBOL 的发明人、女计算机科学家霍珀(Grace Marray Hopper)命名的奖项,这个奖项是专门奖励 30 岁以下的优秀青年计算机科学家的。这样,克努特一人就先后获得 ACM 的 3 个奖项,在 1999 年以前,这是计算机科学家中仅有的一位(1999 年,布鲁克斯获得图灵奖,从而也拥有 ACM 的 3 个奖项,平了克努特的纪录)。无独有偶,美国数学学会也先后授予克努特 3 个奖项,即 Lester R.Ford 奖(1975)、J.B.Priestley 奖(1981)和 Steele 奖(1986)。1979 年,当时的美国总统卡特向他颁发了美国国家科学奖章。IEEE 授予过他两个奖:McDowell 奖(1980)和计算机先驱奖(1982)。1994 年,瑞典科学院授予克努特 Adelskold 奖。1995 年他获得冯·诺依曼奖和 Harvey 奖。1996 年他获得日本 INAMORI 基金会设立的京都奖(Kyoto Prize),这个奖是专门奖励在高科技领域做出贡献的科学家的。面对这么多荣誉,克努特都以平常心对待,据说,纪念他获得图灵奖的奖杯碗现在只是被他用来盛放水果。

ACM 于 1974 年 11 月 11 日在加利福尼亚州南部濒临太平洋的海港城市圣迭戈举行的年会上向克努特颁发图灵奖。克努特发表了题为“作为一种艺术的计算机程序设计”(*Computer Programming as an Art*)的演说。在演说中,一如我们在阅读他的著作时所感受的那样,克努特旁征博引,有根有据,入情入理,娓娓道来,把“科学”与“艺术”的不可分割的关系说得清清楚楚,令人心服口服。演说刊于 *Communications of the ACM*,1975 年 12 月,667-673 页,或见《前 20 年的 ACM 图灵奖演说集(1966—1985)》(*ACM Turing Award Lectures—The First Twenty Years*:1966-1985,ACM Press),33-46 页。

克努特已于 1992 年在斯坦福大学荣誉退休,以便集中精力进行写作。他的《计算机程序设计艺术》一书虽然尚未完工,但 1999 年 12 月的《美国科学家》(*American Scientists*)杂志在“塑造20世纪科学的100本书”一文中,已把它同爱因斯坦的《相对论》、维纳的《控制论》、狄拉克的《量子力学》等经典名著一起列为20世纪最有影响的12部科学专著。

我们前面提到,《计算机程序设计艺术》第4卷至今尚未完成。但从2005年起,我们高兴地看到,克努特已经以分册(fascicles)的形式陆续公布其部分内容(目前,部分分册已出版):分册2是《生成所有元组和排列》(*Generating All Tuples and Permutations*),分册3是《生成所有组合和分划》(*Generating All Combinations and Partitions*),分册4是《生成所有树:组合生成的历史》(*Generating All Trees: History of Combinatorial Generation*)。而作为其算法基础,由克努特自己设计的64位虚拟机MMIX(用来代替原先的32位虚拟机MIX),则作为第1卷的第1分册:《MMIX:用于新千年的RISC计算机》出版。这些分册已由机械工业出版社引进,由苏运霖翻译,出版了双语版。实际上,克努特对MMIX的开发很早就完成了,1999年就由斯普林格出版社出版了介绍它的专著:*MMIXware: a RISC Computer for the Third Millennium*。

克努特是美国两院院士:1975年当选美国科学院院士,时年37岁,成为美国科学院最年轻的院士;1981年当选美国工程院院士。说来有趣,这样一位大科学家,却是虔诚的基督教徒。2000年,克努特应邀在斯坦福大学举办了一个以“上帝和计算机”为主题的系列讲座,做了6个演讲,内容是有关上帝、灵魂、自由意志、美等,吸引了许多知名学者和学生。后来,克努特把这些演讲和演讲后同听众的讨论汇编成一本书:*Things a Computer Scientist Rarely Talks about*(CSLI Publications,2001)。笔者对宗教没有研究,无法对克努特的观点发表看法。有兴趣的读者不妨读一读这本书。

最后应该指出,克努特对中国文化和中国文字都十分感兴趣。他请华裔计算机科学家、2000年图灵奖获得者姚期智的夫人储枫为自己起了个中文名字“高德纳”，还为儿子和女儿分别取名“高小强”和“高小珍”。在他的著作中，我们经常可以看到他引用中国典故和中国成语。克努特于2006年被诊断出患有前列腺癌（prostate cancer），当年年底做了手术，目前情况稳定。2021年，克努特在接受*Quanta Magazine*杂志专访时说：“我平均每周写5个新程序。诗人必须写诗，而我必须写计算机程序。”他曾表示，除了《计算机程序设计艺术》系列书，自己已完成了所有的人生目标，对于第5卷《句法算法》，他预计将于2025年准备就绪。

1975 年图灵奖获得者：
赫伯特·西蒙和艾伦·纽厄尔
——人工智能符号主义学派的创始人

赫伯特·西蒙

艾伦·纽厄尔

1975 年图灵奖授予了卡内基-梅隆大学的两位教授：赫伯特·西蒙(Herbert Alexander Simon)和艾伦·纽厄尔(Allen Newell)。他们两人曾是师生，后来成为极其亲密的合作者，共事长达 42 年，直至纽厄尔于 1992 年去世。这是图灵奖首次同时授予两位学者。

西蒙是一位令人敬佩而惊叹的学者，具有传奇般的经历。他多才多艺，兴趣广泛，会绘画，会弹钢琴，既爱爬山、旅行，又爱学习各种外语，能流利地说多种语言。作为科学家，他涉足的领域之多，成果之丰，影响之深远，令人叹为观止。他和纽厄尔同获图灵奖，是因为他们在创立和发展人工智能方面的杰出贡献，从这一点来看，他当然是计算机科学家。但是西蒙在 1978 年更荣获诺贝尔经济学奖，不言而喻是世界一流的大经济学家。1986 年他又因为在行为科学上的出色贡献而荣获美国国家科学奖章(National Medal of Science)。1969年,美国心理学会由于西蒙在心理学上的贡献而授予他杰出科学贡献奖(Distinguished Scientific Contributions Award)。而他1943年在芝加哥大学研究生院毕业时被授予的是政治学博士学位!西蒙在他1991年出版的自传《我的生活的模型》(*Models of My Life*, Basic Books)一书中这样描写自己:"我诚然是一个科学家,但是是许多学科的科学家。我曾经在许多科学迷宫中探索,这些迷宫并未连成一体。我的抱负未能扩大到如此程度,使我的一生有连贯性。我扮演了许多不同的角色,角色之间有时难免互相借用。但我对我所扮演的每一种角色都是尽了力的,从而是有信誉的,这也就足够了。"

西蒙1916年6月15日生于美国威斯康星州密歇根湖畔的密尔沃基(Milwaukee),他的父亲是一个在德国出生的电气工程师,母亲则是颇为成功的钢琴演奏家(西蒙弹得一手好钢琴恐怕就来自家教吧)。西蒙从小就很聪明好学,在密尔沃基的公立学校上学时跳了两级,因此在芝加哥大学注册入学时年仅17岁。还在上大学时,西蒙就对密尔沃基市游乐处的组织管理工作进行过调查研究,这项研究激发了西蒙对行政管理人员如何进行决策这一问题的兴趣,这个课题从此成为他一生事业中的焦点。1936年他从芝加哥大学毕业,取得政治学学士学位以后,应聘到国际城市管理者协会(International City Managers' Association, ICMA)工作,很快成为用数学方法衡量城市公用事业效率的专家。在那里,他第一次用上了计算机(当然还只是机电式的),因为他作为《城市年鉴》(*Municipal Yearbook*)的助理编辑,需要在计算机上对数据进行统计、分类、排序和制表。对计算机的兴趣和实践经验对他后来的事业产生了重要的影响。

1939年,他转至加州大学伯克利分校,开始负责由洛克菲勒基金会资助的一个项目,这个项目是对地方政府的工作和活动进行研究。

其间,他完成了博士论文,内容就是关于组织机构是如何决策的。经他的母校芝加哥大学进行评审与答辩后,被授予政治学博士学位。

1942 年,在完成洛克菲勒基金项目以后,西蒙转至伊利诺伊理工学院政治科学系,在那里工作了 7 年,其间还担任过该系系主任。1949 年他来到他最后一个落脚点卡内基-梅隆大学(当时还叫学院),在新建的经济管理研究生院任教。他一生中最辉煌的成就就是在这里做出的。20 世纪 50 年代,他和纽厄尔以及另一位著名学者约翰·肖(John Cliff Shaw)一起,成功开发了世界上最早的启发式程序逻辑理论家(Logic Theorist,LT)。逻辑理论家证明了数学名著《数学原理》一书第二章 52 个定理中的 38 个定理(1963 年对逻辑理论家进行改进后可证明全部 52 个定理),受到了人们的高度评价,认为是用计算机探讨人类智力活动的第一个真正的成果,也是图灵关于机器可以具有智能这一论断的第一个实际的证明。同时,逻辑理论家也开创了机器定理证明(mechanical theorem proving)这一新的学科领域。1956 年夏天,数十名来自数学、心理学、神经学、计算机科学与电气工程等领域的学者聚集在位于美国新罕布什尔州汉诺威市的达特茅斯学院(Dartmouth College,这个学院还因后来在 1966 年由 John G.Kemeny 和 T.E.Kurtz 发明简单易学、使用方便的交互式语言 BASIC 而闻名于世),讨论如何用计算机模拟人的智能,并根据麦卡锡(J.McCarthy,1971 年图灵奖获得者)的建议,正式把这一学科领域命名为“人工智能”(Artificial Intelligence,AI)。西蒙和纽厄尔参加了这个具有历史意义的会议,而且他们带到会议上去的逻辑理论家是当时唯一可以工作的人工智能软件,引起了与会代表的极大兴趣与关注。因此,西蒙、纽厄尔以及达特茅斯会议的发起人麦卡锡(J.McCarthy,1971 年图灵奖获得者)和明斯基(M.L. Minsky,1969 年图灵奖获得者)被公认为是人工智能的奠基人,被称为“人工智能之父”。

西蒙、纽厄尔和肖合作,还在 1957 年开发了 IPL(Information Processing Language)。这是最早的一种 AI 程序设计语言,其基本元素是符号,并首次引进表处理方法。IPL 的基本数据有两个组分,每个组分要么是元素,要么是指向另一元素的指针,也就是说,IPL 最基本的数据结构是表结构,可用以代替存储地址或有规则的数组,这有助于将程序员从烦琐的细节中释放出来而在更高的水平上思考问题。IPL 的另一特点是引进了生成器,每次产生一个值,然后挂起,下次调用即从停止的地方开始。早期的很多 AI 程序都是用 IPL 编制而成的。IPL 本身也经历了一个发展与完善的过程,其最后一个版本 IPL V 可以处理树形结构的表。

1960 年,西蒙夫妇做了一个有趣的心理学实验,这个实验表明人类解决问题的过程是一个搜索的过程,其效率取决于启发式函数(heuristic function)。在这个实验的基础上,西蒙、纽厄尔和肖又一次成功地合作开发了通用问题求解器(General Problem Solver,GPS)。GPS 是根据人在解题中的共同思维规律编制而成的,可以解 11 种不同类型的问题,从而使启发式程序有了更普遍的意义。

西蒙曾多次强调指出,科学发现只是一种特殊类型的问题求解,因此也可以用计算机程序实现。1976—1983 年,西蒙和兰利(Pat W. Langley)、布拉德肖(Gary L.Bradshaw)合作,设计了有 6 个版本的 BACON 系统发现程序,重新发现了一系列著名的物理、化学定律,证明了西蒙的上述论点。

逻辑理论家和通用问题求解器都是针对有"良结构"(well structured)的问题设计的。西蒙后来又和海斯(J.R.Hayes)合作,开发了一个名为"理解"(Understand)的 AI 程序,可以解决结构不良的问题(poorly structured problem),进一步发展了推理技术。西蒙和纽厄尔还明确界定了这两类问题,即满足以下 3 个条件的问题被称为良结构问题:

(1) 问题能以定量方式进行描述;

(2) 问题有一个特定的目标函数;

(3) 问题有能求得最优解的有效算法。

不能满足以上 3 个条件的全部或部分的问题则称为结构不良的问题。

1966 年,西蒙、纽厄尔和贝勒(George W. Baylor)合作开发了最早的下棋程序之一 MATER。由于下棋是人的智力活动中最复杂和高级的一种活动,西蒙对计算机下棋始终十分关切。1997 年,IBM 的"深蓝"(Deep Blue)计算机打败了国际特级大师卡斯帕罗夫以后,西蒙(时年 81 岁)还和在克利夫兰的俄亥俄州立大学当教授的日本知名人工智能专家 T. Munakata 一起,在 *Communications of the ACM* 杂志的 8 月号上发表了《人工智能给我们的教训》(*AI Lessons*)一文,就此事进行了评论,发表了看法。

"深蓝"(Deep Blue)与卡斯帕罗夫(左)比赛

以上介绍的是西蒙和纽厄尔在人工智能系统实现和开发中所做的一些具体工作和成果。他们两人在人工智能中做出的最基本的贡献则在于他们提出了物理符号系统假说(Physical Symbol System Hypothesis, PSSH),成为人工智能中影响最大的符号主义学派的创始人和代表人物,而这一学说则鼓励着人们对人工智能进行伟大的探索。那么,什么叫物理符号系统呢?所谓物理符号系统,按照西蒙和纽厄尔1976年给出的定义,就是由一组称为符号的实体组成的系统,这些符号实体都是物理模型,可作为组分出现在另一符号实体之中。任何时候,系统内部均有一组符号结构,以及作用在这些符号结构上以生成其他符号结构的一组过程,包括建立、复制、删除等。所以一个物理符号系统也就是逐渐生成一组符号的生成器。根据这一假设,物理符号系统也就是对一般智能行为具有充分而必要手段的系统,即任一物理符号系统如果是有智能的,则必能执行对符号的输入、输出、存储、复制、条件转移和建立符号结构这样6种操作。反之,能执行这6种操作的任何系统,也就一定能够表现出智能。根据这个假设,我们可以获得以下3个推论:

(1) 人是具有智能的,因此人是一个物理符号系统;

(2) 计算机是一个物理符号系统,因此它必具有智能;

(3) 计算机能模拟人,或者说能模拟人的大脑。

读者们能够接受这些假设,并认为这些假设符合逻辑吗?

西蒙在人工智能方面的另一个贡献,是发展与完善了语义网络的概念和方法,把它作为知识表示(knowledge representation)的一种通用手段,并取得了很大成功。

大家知道,在知识表示方法中,语义网络(semantic network)是一种重要而有效的方法。这种表示法是奎林(M.R.Quillian)在20世纪60年代后期作为人类联想记忆的一个心理学模型最先提出来的,奎林在开发TLC(Teachable Language Comprehender)系统中用它来描述英语的词义,模拟人类的联想记忆。但用语义网络作为一般的知识表示方法,其各种概念则是西蒙在1970年研究自然语言理解的过程中基本明确下来的。语义网络由结点和结点之间的弧组成。一般来说,结点用于表示物理实体、概念或状态,弧表示它们之间的相互关系。例如,下图为描述“我的椅子”(MY-CHAIR)的一个语义网络。其中,结点 MY-CHAIR 以上的部分表示“我的椅子是一个椅子”,“椅子是一种家具(FURNITURE)”,“座位(SEAT)是椅子的一部分”等概念。MY-CHAIR 以左的部分表示“我的椅子的所有者(OWNER)是我”,“我是一个人(PERSON)”等概念。MY-CHAIR 以右的部分表示“我的椅子的颜色(COLOR)是棕褐色(TAN)”,“棕褐色是一种褐色(BROWN)”等概念。MY-CHAIR 以下的部分表示“我的椅子覆盖着(COVERING)皮革(LEATHER)”这一概念。图中 ISA 和 AKO 是语义网络中常用的关系,ISA 表示某一个体是某一集合的一个元素,读作“是……的一个实例”。AKO 是 A-KIND-OF 的缩写,表示一个集合是另一个集合的子集,也可用 ARE 代替 AKO。图中的其他关系 ISPART、OWNER、COLOR、COVERING分别表示结点对象的其他一些属性。由此可见,语义网络特别适合于根据非常复杂的分类进行推理的领域以及表示事件的性质、状况以及动作之间关系的领域,它的主要优点有:

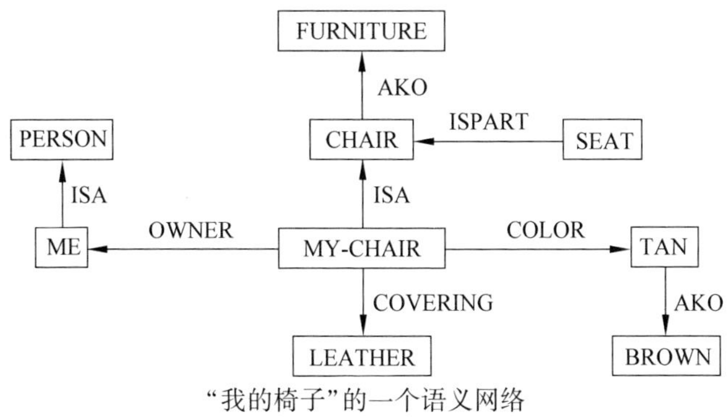

“我的椅子”的一个语义网络

(1) 重要相关性能被明确而清晰地表示出来;

(2) 相关事实可以通过直接相连的结点推导出来;

(3) 能利用 ISA 和子集链在网络中建立性质继承层次;

(4) 易于对继承层次进行演绎推理;

(5) 能利用少量的基本概念标记建立状态和动作的描述。

由于以上各种优点,语义网络已被许多AI系统采用。经过适当扩充,它在数据库技术中被用作数据模型,称为“语义网络数据模型”(semantic network data model)。

20世纪70年代中期,西蒙和CAD专家伊斯门(C.M.Eastman)合作,研究住宅的自动空间集成取得成果,不仅开启了“智能大厦”(intelligent building)的先河,还成为智能CAD即ICAD研究的开端。在此基础上,卡内基-梅隆大学于1986年成立了跨系的工程设计研究中心(Engineering Design and Research Center),其成果举世瞩目。

起源于20世纪60年代末70年代初,当前受到极大重视的决策支持系统(Decision Support System,DSS),其概念的核心是关于决策模式的理论,而这个理论也是由西蒙奠定基础的。西蒙提出了著名的决策过程模型,指出以决策者为主体的管理决策过程经历了以下3个阶段:

(1) 情报,即进行情报的收集与加工,研究决策环境,分析和确定影响决策的因素或条件;

(2) 设计,即发现、开发以及分析各种可行方案;

(3) 选择,即确定方案并予以实施和审计。

西蒙所提出的决策模式既概括了宏观决策,又包含了微观决策的基本特征,是普遍有效的一般决策过程的总结,对开发DSS具有十分重要的指导意义。基于西蒙关于决策模式的理论,基恩(P.G.Keen)提出了一种名为DSS的设计方法,称为“自适应法”(self-adaptive method),把DSS当成一种自适应系统,由DSS应用系统、DSS生成系统和DSS工具3个技术层次组成,由决策者运行,且能适应时间的变化。西蒙曾称赞这样的系统“能适应3个时间范围内的各种变化,即在短期运行中,系统能在一个相对狭窄的范围内寻求答案;在中期时间内,系统能通过修改其功能和活动(范围或领域的变化)而学会适应;在长期运行中,系统能发展到适应差别极大的行为风格和功能”。

除了 DSS 以外,研究产生得更早、应用更加广泛的管理信息系统(Management Information System,MIS)的学者,也普遍认为西蒙关于以决策制定为基础的管理理论是 MIS 的核心和灵魂。

下面我们简要介绍一下西蒙获得诺贝尔奖的原因,虽然这和他获得图灵奖没有什么直接关系,但通过以上叙述,我们不难发现,西蒙自称“扮演了许多不同角色,角色之间有时难免互相借用”是很客观和实事求是的。

导致西蒙获得诺贝尔奖的是他在管理行为学的研究中提出了一个全新的观点。经典的经济学理论认为,企业的决策者能获取有关的所有信息,从而做出合理的决策,以期获得最大利润。西蒙经过深入研究发现,企业的决策者实际上不可能获得所需的全部信息,因此大多数企业只能试图设定一个并不很理想、然而可以接受的“比较满意”的目标。西蒙的这个研究结果在他的第 2 版的《管理行为:对管理机构决策过程的研究》(*Administrative Behavior: A Study of Decision-making Processes in Administrative Organization*, Macmillan, 1957)中发表以后,引发了经济学界的一场大争论,最后终于被认定是符合客观实际的一个革命性的理论,成为经济学的一个十分重要的原理。

西蒙的著述极多,至今他共出版专著 15 部,发表论文约 600 篇。他的学术研究成果集中反映在他的几部以《……的模型》为书名的著作中,如

《人的模型》(*Models of Man*, Wiley, 1957)

《发现的模型》(*Models of Discovery*, Reidel, 1978)

《思维的模型》(*Models of Thought*, Yale University Press, 第 1 卷 1979, 第 2 卷 1989)

《有限合理性的模型》(*Models of Bounded Rationality*, MIT Press, 1982)

前面提到他有一本自传式的 *Models of My Life*,也许这是西蒙的最后一个模型(本书已由曹南燕、秦裕林译成中文,由东方出版中心出版,中译本书名为《我生活的种种模式》)。

由于成果丰硕,西蒙获得的奖励与荣誉很多。除了前面已经提到的几项大奖外,他还获得过以下一些奖项:Procter 奖(1970),Mosher 奖(1974),Dow-Jones 奖(1983),James Madison 奖(1984),Dwight Waldo 奖(1995)。西蒙是美国科学院院士,美国研究院(National Research Council)行为科学部主席。1968 年,他被任命为总统科学顾问委员会委员。他是许多学术团体的高级会员和知名大学的名誉博士或名誉教授,其中包括我国天津大学于 1980 年聘任西蒙为该校名誉教授,并派出一些学者在西蒙指导下进行短期记忆方面的研究。西蒙曾 10 次到中国访问,而且是"乒乓外交"后,最早(1972 年 7 月)到中国访问的美国计算机科学家代表团成员之一。在 *Models of My Life* 中,西蒙记叙了那次历史性访问中的一些有趣的故事。1994 年,他当选为首批中国科学院外籍院士。他还给自己起了个中国名字"司马贺",反映了他对中国文化的仰慕和热爱。

西蒙在 1997 年出版了他的最后一部专著 *An Empirically Based Microeconomics*(Cambridge University Press)。2001 年 2 月 9 日,西蒙不幸病逝。这位科学家和"业余外交家"(Amateur Diplomat,他在 *Models of My Life* 中的自称)的光辉一生,永远值得人们怀念。他去世后,由亨特·克劳瑟-海克(Hnnter Crowther-Heyck)撰写了记述其传奇人生的传记《穿越歧路花园》(*The Bounds of Reason in Mordern America*,该书已由黄军英等翻译成中文出版,上海科技教育出版社,2009)。

纽厄尔 1927 年 3 月 19 日生于美国旧金山,其父是斯坦福大学医学院放射学教授,精通物理和古典文学,也十分能干,会钓鱼,会淘金,会做木工,甚至在山上亲手盖了一座小木屋。纽厄尔对父亲十分崇拜,称他是“一个十全十美的知识分子”。第二次世界大战期间,纽厄尔在海军服了两年预备役,表现出色。战后他进入斯坦福大学学习物理,1949 年获得学士学位。之后他在普林斯顿大学研究生院攻读数学,一年以后辍学到 Rand 公司工作,和空军合作开发早期预警系统。系统需要模拟在雷达显示屏前工作的操作人员在各种情况下的反应,这导致纽厄尔对“人如何思维”这一问题产生兴趣。也正是从这个课题开始,纽厄尔和卡内基-梅隆大学的西蒙建立起了合作关系,提出了“中间结局分析法”(means-ends analysis,也有译为“手段目的分析法”的)作为求解人工智能问题的一种技术。这种方法找出目标要求与当前态势之间的差异,选择有利于消除差异的操作以逐步缩小差异并最终达到目标。利用这种方法,他们开发成功了最早的启发式程序——逻辑理论家和通用问题求解器。在开发逻辑理论家的过程中,他们首次提出并成功应用了“链表”(list)作为基本的数据结构,并设计与实现了表处理语言 IPL。IPL 是所有表处理语言的始祖,也是最早使用递归子程序的语言。在合作过程中,纽厄尔所表现出的才能与创新精神深得西蒙的赞赏,在西蒙的竭力推荐下,纽厄尔得以在卡内基-梅隆大学注册为研究生,并在西蒙指导下完成其博士论文,于 1957 年获得博士学位。1961 年纽厄尔离开 Rand 公司,正式加盟卡内基-梅隆大学,和西蒙及佩利(Alan J.Perlis,首届图灵奖获得者)一起筹建了该所大学的计算机科学系,这是美国甚至全世界第一批建立的计算机系之一,纽厄尔和西蒙、佩利一起并称为卡内基-梅隆大学计算机科学系的“三驾马车”。据 20 世纪 70 年代任该系系主任达 9 年之久的乔依·特劳勃教授(Joe F. Traub,现为纽约哥伦比亚大学计算机科学系教授)在悼念纽厄尔的文章中回忆,这“三驾马车”中,纽厄尔在建设和发展这个系中所起的作用最为突出,因为佩利早在1971年就应聘去耶鲁大学任教,离开了卡内基-梅隆大学;西蒙和纽厄尔两人则有个约定,西蒙把主要精力放在心理学系,纽厄尔把主要精力放在计算机科学系。因此,为卡内基-梅隆大学计算机科学系的建设与发展倾注了最大(甚至可以说毕生)精力、做出最大贡献的是纽厄尔。值得一提的是,纽厄尔、西蒙等计算机先驱在全力发展这个学科时有一个更远大的抱负、更深层次的考虑,即通过发展计算机科学改变整个学校,甚至改变匹兹堡和宾夕法尼亚西部整个地区的面貌,因为第二次世界大战以后,匹兹堡虽然获得了复兴,但在20世纪70年代初仍然是一个工业城市,以劳动密集型产业为主,城市污染严重。特劳勃回忆说,纽厄尔、西蒙和他经常在一起满怀希望地谈论如何通过计算机科学"绿化"校园,把匹兹堡改造成为科技密集型的新城市,把宾夕法尼亚西部地区改造成为人类的美好家园。他们的这个理想现在已经实现了。卡内基-梅隆大学的计算机科学系长期以来在业界享有极高的声誉,拥有像西蒙和第二代AI学者中的佼佼者雷迪(R.Reddy,1994年图灵奖获得者)等一批高水平的研究人员,而匹兹堡和宾夕法尼亚州西部地区也早已成为在美国除硅谷之外最重要的IT产业基地之一了。在西蒙和纽厄尔这样一些"领头羊"的领导下,卡内基-梅隆大学曾经研制与开发过一些著名的计算机系统,对计算机技术的发展产生了重要的影响。例如,C.mmp多小型机系统,C_m^*多微型机系统,容错的多处理机系统C.vmp,脉动阵列(systotic array,由美籍华人学者孔祥重——H.T.Kung首先提出的)计算机Warp及与Intel合作实现的商品化的iWarp,产生式人工智能语言或叫专家系统工具(expert system tool)OPS(Official Production System),超媒体系统ZOG和KMS,为美国宇航局研制的六腿漫步机器人Ambler(拟用于在外星球表面观察和收集有关物理、气象和生物——如果存在的话——的种种资料)……真是不胜枚举。

纽厄尔生前最后一个重大研究开发项目是和曾经是他的学生的莱尔德(J.Laird)和罗森布卢姆(P.Rosenbloom)一起完成的更灵巧的AI软件SOAR(State, Operator, and Result)。SOAR是一个通用的问题求解程序,具有从经验中学习的功能,即能够记住自己是如何解决问题的,并把这种经验和知识用于以后的问题求解过程之中,所以和人类的智能更加接近。SOAR已被前述卡内基-梅隆大学的EDRC用于检索设计中的学习行为和灵活搜索行为。

纽厄尔也有许多著作问世,与西蒙合著的有:

《逻辑理论机:复杂的信息处理系统》(*The Logic Theory Machine: A Complex Information Processing System*, RAND, 1956)

《人怎样解题》(*Human Problem Solving*, Prentice-Hall, 1972)

与恩斯特(G.W.Ernst)合著了《GPS:概念生成和问题求解的案例研究》(*GPS: A Case Study in Generality and Problem Solving*, Academic Press, 1969)

与卡德(S.Card)等合著了《人类计算机的心理学》(*The Psychology of Human Computer*, Lawrence Erlbaum Associates, 1983)

纽厄尔个人编写出版的主要专著有:

《IPL V 语言手册》(*Information Processing Language V Manual*, Prentice-Hall, 1961)

《计算机结构》(*Computer Structures*, McGraw-Hill, 1971)

《计算机与数字系统设计》(*Designing Computers and Digital Systems*, McGraw-Hill Book Company, 1972)

《认知的统一理论》(*Unified Theories of Cognition*, Harvard University Press, 1990)

《SOAR:一般智能的体系结构》(*SOAR: An Architecture for General Intelligence*, MIT Press, 1990)

纽厄尔生前是美国科学院院士,又是美国工程院院士。他是美国人工智能学会 AAAI 的发起人之一,并曾任该会主席(1979—1980)。他还曾出任美国认知科学学会(Cognitive Science Society)的主席。除了和西蒙共享 1975 年的图灵奖外,1971 年 AFIPS 授予他 Harry Goode 奖,1992 年 6 月,当时的美国总统布什向他颁发了美国国家科学奖章(National Medal of Science)。在接受了美国科学界的这个最高荣誉之后一个月,即 7 月 19 日,纽厄尔因癌症去世,享年 65 岁。学术界为了悼念他,由米琼(J. A. Michon)编辑出版了一本纪念文集,书名为《SOAR:对认知体系结构的展望:悼念艾伦·纽厄尔》(*SOAR:A Cognitive Architecture in Perspective:A Tribute to Allen Newell*, MIT Press, 1992)。书中,他的同事、学生、朋友以不同方式表达了对这位敏于思考和发现,又虚怀若谷、平易近人的长者的尊敬和思念。

ACM 是 1975 年 10 月 20 日在明尼苏达州的明尼阿波利斯(Minneapolis)举行的年会上向西蒙和纽厄尔颁发图灵奖的。西蒙和纽厄尔联合发表了演说,题为"计算机科学作为按经验进行探索的科学:符号和搜索"(*Computer Science as Empirical Inquiry:Symbols and Search*),刊载于 *Communications of the ACM*,1976 年 3 月,113-126 页,也可见《前 20 年的 ACM 图灵奖演说集(1966—1985)》(*ACM Turing Award Lectures—The First Twenty Years*:1966-1985, ACM Press),287-318 页。演说中,西蒙和纽厄尔解释了他们之所以把计算机科学定义为"按经验进行探索"的科学的理由,因为在他们看来,现实世界中所存在的对象和过程都是可以用符号来描述和解释的,而包含着对象和过程的各种各样"问题"都能够以启发式搜索为主要手段去获得答案。对这种搜索进行公式化的技术则取决于对对象和过程理解的深度。根据上述概念,西蒙和纽厄尔认为程序可以在专家水平上,或者在有能力的业余爱好者的水平上去解决问题。

1976年图灵奖获得者：

米凯尔·拉宾和达纳·斯科特

——非确定性有限状态自动机理论的开创者

米凯尔·拉宾

达纳·斯科特

1976年图灵奖由当时在以色列希伯来大学任教授的米凯尔·拉宾(Michael O.Rabin)和在英国牛津大学任数理逻辑教授的达纳·斯科特(Dana Steward Scott)共同获得。拉宾和斯科特是师兄弟,两人在20世纪50年代中期先后师从著名的逻辑学家和计算机专家阿隆索·邱奇(Alonzo Church,他因与Curry一起发明了λ演算以及提出了"任何计算,如果存在一有效过程,它就能被图灵机所实现"这一被称为"邱奇论题"的命题而闻名于世),并在有限自动机及其判定问题的研究中进行合作,奠定了非确定性有限状态自动机的理论基础。之后,他们的研究方向不尽相同,拉宾侧重于计算理论,而斯科特侧重于逻辑学在计算机科学中的应用,在各自的领域中又都分别获得重大成果,做出了创造性的贡献。

拉宾1931年9月1日生于德国的布雷斯劳(Breslau,第二次世界大战以后成为波兰的城市并改名为弗罗茨瓦夫)。他父亲是一名犹太教教士,也是一位博士,在当时很著名的布雷斯劳神学院教犹太历史和哲学,还当过院长。拉宾的母亲也是知识分子,有文学博士学位,年轻时即开始从事儿童文学创作。拉宾曾经在俄罗斯待过,凭着政治敏锐性,预感到会有动荡和麻烦,曾建议全家于1935年迁回了巴勒斯坦。1948年以色列建国以后,他们成为以色列公民。

拉宾在濒临地中海的港口城市海法度过了他的童年和少年时代。由于阅读了著名微生物学家保罗·德克吕夫(Paul de Kruif)所著的《微型猎人》一书,激起了拉宾的想象,幻想自己成为微生物学家。一次他和比他高好几级的学生比试解欧几里得几何题,他赢了,这又使他对数学产生了兴趣,因此,从莱利学院(Reali Collegc)毕业以后,他进入希伯来大学学习数学,在那里,他通过数学家克林(S.C.Kleene,因提出不动点定理(theorem on fixpoint)及正则集定理(theorem on regular set)而闻名于世)所著的《元数学》一书首次接触到图灵关于可计算性的概念和图灵机这一理论计算模型,立即被深深吸引。但为了打好自己的数学基础,他的硕士论文没有以此为课题,而选择了当时由德国女数学家埃米·诺特(Emmy Noether,1882—1932)创立不久的抽象代数中关于可交换环理论中的一个问题。获得数学硕士学位以后,拉宾去了美国,因为20世纪50年代初,以色列建国伊始,经济与科技都还不够发达,很少有人研究计算这类问题,甚至连计算机都没有。拉宾到美国后,先在宾夕法尼亚大学,后来转到普林斯顿大学攻读博士学位。拉宾的博士论文课题将他所熟悉的抽象代数和他感兴趣的可计算性问题联系在一起:群(group)的可计算性问题。拉宾在论文中证明了与群有关的许多问题,如群是否符合交换律等,都是不能由计算机解答的。

但是使拉宾成名的并非其博士论文,而是源于IBM研究中心于

1957 年向他和他的师弟斯科特提供的一份暑期工作。公司允许他们做他们感兴趣的任何工作,于是拉宾和斯科特就联手研究图灵提出的计算模型,也就是图灵机。图灵机又叫有限状态自动机(Finite State Automata,FSA)。图灵在研究这种机器时的基本信条是:机器在输入相同时,其"心智状态"也相同,即对于具有给定指令集的机器而言,一定输入的机器总是按同一方式运行的。拉宾和斯科特认为,这种具有"确定性"行为的机器带来了局限性。因此,他们定义了一种新的、"非确定性"的有限状态自动机(Nondeterministic Finite State Automata,NDFSA),这种机器在读取一定的输入后,有一个可能的新状态的"菜单"可供选择,这样对给定的输入计算便不再单一,每个选择代表一种可能的计算。拉宾和斯科特将图灵的有限状态自动机从确定性的一种形态扩展到非确定性的另一种形态,极大地推动了有限状态自动机理论的发展。虽然非确定性有限状态自动机的能力并不比确定性的有任何增加(拉宾和斯科特自己已经证明任何可以用非确定性机器解决的问题都可以在确定性机器上解决,而且提出了将非确定性机器转换为确定性机器的方法问题),但是它可以简化机器描述和加快解题速度。后来的实践证明,非确定性有限状态自动机在机器翻译、文献检索和字处理程序等应用中都起到了重要的作用。拉宾和斯科特的研究成果过了两年才在 IBM 公司的研究和开发杂志上发表,这就是论文《有限自动机及其判定问题》(*Finite Antomata and Their Decision Problems*, *IBM Journal of Research and Development*,1959(3),114-125 页)。

1958 年夏天,拉宾又一次来到 IBM 公司。当时,"人工智能之父"麦卡锡(J. McCarthy,1971 年图灵奖获得者)正在那儿研究在巴克斯(J.Backus,1977 年图灵奖获得者)发明不久的 FORTRAN 语言中加入表处理功能。他给拉宾出了一道难题:设计一种口令,即使口令被敌方窃取去,敌方也无法进入系统。拉宾经过艰苦探索,终于利用由冯·诺依曼开发的一个单向函数解决了这个问题。所谓单向函数，简单来说就是正向极易于计算而反向极难计算的函数，例如“平方取中”：

$$y=[x^2 \text{ 中间一半的位组成的数}]$$

这样，当 x 为 100 位的数时，x^2 为 200 位的数，y 则为这 200 位的中间 100 位组成的数。由 x 算出 y 是容易的，而由 y 求出 x 则非常困难，因为可能的 x 非常之多。正是这个问题促使拉宾进一步研究计算任务的最小计算量这一一般性问题，也就是计算的固有难度问题，从而成为最早研究计算复杂性问题的先驱之一。1959 年和 1960 年，拉宾在耶路撒冷先后发表了有关此问题的两篇论文，即《计算速度和递归集合的分类》(*Speed of Computation and Classification of Recursive Sets*, 3rd Convention of Sci.Sco., lsrael, 1959)及《函数的计算难度和递归集合的偏序》(*Degree of Difficulty of Computing a Function and a Partial Ordering Ofrecursive Sets*, Tech.Rep.No.1, O.N.R., Jerusalem, 1960)。论文虽然没有用“计算复杂性”这个名词而用了“计算速度”和“计算难度”这类名词，但学术界公认这两篇论文是研究计算复杂性的最早、最权威的论文中的两篇，对 1964 年正式提出“计算复杂性”这一术语的哈特马尼斯(J.Hartmanis)和斯特恩斯(R.E.Stearns，这两人是 1993 年图灵奖获得者)以及计算复杂性理论的另一奠基人布卢姆(M.Blum，1995 年图灵奖获得者)都曾产生过深刻影响。其中布卢姆正是听了拉宾的有关演说才开始研究计算复杂性并完成其博士论文的。

拉宾的研究成果在一定程度上改变了人们的研究方向。例如，波兰数学家普里斯伯克(M.Presburger)在 1930 年于华沙举行的一次国际数学家会议上所发表的论文中提出了这样一个命题：只包括自然数相加运算的数学系统是完备的，也就是说，这样的系统在图灵机上都是可计算的。因此这被称为普里斯伯克算术系统，不少计算机科学家试图编写出能证明这个系统中的定理的计算机程序。但拉宾指出,这是极其困难而无法实现的。对于只有 100 个符号的这样的系统,即使是 1 万亿台每秒运行 1 万亿次的计算机,也要运行 1 万亿年才能得出结果!1974 年在斯德哥尔摩的 IFIP 大会上他做了一次学术演讲,公布了他和耶鲁大学的菲舍尔(M.Fisher)的这项研究成果,宣称“这就是通向人工智能的理论障碍”。拉宾演说那天,正好是美国总统尼克松因水门事件被迫宣布辞职这一天,拉宾原以为代表们都去看尼克松演说的电视转播而不会有多少人来听讲,却不料演说一开始人们就潮水一样涌了进来,对演讲的反应十分强烈,拉宾讲完以后,人们在麦克风前排成长队向他提问。对于从事普里斯伯克系统研究的许多人来说,他们听了拉宾演讲以后的感觉是非常难受的,似乎“世界末日”到了。但拉宾本人则并不悲观,他认为应该放弃的只是以完全确定的方式去获得结果的企图,但完全可以利用随机性以某种方式很快获得结果,这种结果可能出错,然而出错的可能性微乎其微,也就是说可以把概率算法(probabi-listic algorithm,或叫随机算法,randomize algorithm)用到这类问题中来,这是拉宾的又一个贡献。

所谓概率算法,就是带有随机操作的一类算法。这种算法在计算的某一步或某些步产生符合规定要求的随机数后,根据产生出的随机数决定下一步的计算。例如,在计算的某一步有两种选择:执行 A 或执行 B。此时随机产生一个 0 或 1。若产生的是 0 则执行 A,若产生的是 1 则执行 B。这相当于根据掷一枚硬币的结果(正面或反面)决定下一步的计算。

将概率的思想用到算法中始于数值计算,在计算方法中通常称作蒙特卡罗法,是在 20 世纪 40 年代中叶提出的。它的基本思想是建立概率模型,通过统计模拟或抽样得到问题的近似解。通常要求计算结果的期望值等于问题的精确解,并且计算误差的期望值随可供使用的时间增加而减小。概率算法在非数值计算中得到很好的应用。例如，已经设计出关于排序和搜索、素数判定、有限域上的多项式分解和求根、字符串的模式匹配等方面的有效概率算法。概率算法同样也应用到并行计算中，得到概率并行算法。

拉宾在1974年斯德哥尔摩演说时就已有了利用这种概率算法的思想的萌芽，但还不够成熟。第二年休假时他去了麻省理工学院，得知了加里·米勒(Gary Miller)的研究工作。米勒证明，利用著名的黎曼假设(G.F.B.Riemann，1826—1866，德国的数学家兼物理学家)，可以用一般的确定性算法判断很大的数是不是素数。拉宾利用米勒的研究结果和数论中关于素数密度的理论，终于在1976年提出了一个判定素数的概率算法，取得了极大成功。这个算法的理论依据是：当n是合数时，在1到$n-1$的整数中有一半以上是n为合数的"见证人"。算法的基本做法是：随机产生一个1与$n-1$之间的整数b，检查b是不是n为合数的"见证人"。若b是"见证人"，则计算结束并得出n为合数的结论；否则重复这个过程。至多进行k次，若产生的k个随机数b都不是n为合数的"见证人"，则得出n为素数的结论。算法所需要的时间为$O(\log^3 n)$。当计算的结果是n为合数时，结果肯定是正确的。但是，"n为素数"的结果有可能是错误的。此时，n为合数的概率，即得出错误结果的概率不超过1/2。当k足够大时，这是一个很小的数。譬如，取$k=10$，错误的概率小于0.001。这已经是在实验中不大可能发生的事件了。实验表明，算法在实际使用中几乎不会给出错误的结论。

拉宾的一个同事普拉特(V.R.Pratt)用拉宾的算法编写了一个程序，在1975年冬找到了2^{400}以内最大的素数$2^{400}-593$以及最大的孪生素数$k\times338+821$和$k\times338+823$(k是小于300的所有素数的乘积)，创造了世界纪录。拉宾的算法目前仍然是寻找素数的最快算法之一。

概率算法在分布式计算、通信、信息检索、计算几何、密码学等方面都有着广泛的应用。目前,在连接高度并行的计算机的专用网络上发送信息的算法就是拉宾的另一个同事瓦利安特(L.Valiant)所设计的一种随机算法,这种算法不将信息直接发往目的地,而是先发送到任意一个结点,然后再由该结点发往目的地。瓦里安特证明这种看上去似乎疯了的方法能有效地减少网络中的竞争,避免阻塞。这正是随机化的威力和魅力所在。在密码技术中目前广泛采用的公钥体制(public key)和RSA算法(Rivest-Shamir-Adleman algorithm)也使用了拉宾的随机化和概率技术。当然,好的技术也可以用来干坏事:1988年11月在Internet上广泛传播的病毒正是拉宾在哈佛大学时的一个学生罗伯特·莫里斯(Robert Tappan Morris)利用学到的随机化技术设计出来并加以传播的。

斯科特比拉宾小一岁,1932年10月11日生于美国加利福尼亚州,在加州大学伯克利分校获得学士学位以后,进入普林斯顿大学研究生院深造,与拉宾一起师从阿隆索·邱奇。邱奇对学生要求很严,布置的问题也很难,斯科特开始时难以适应,精神很紧张,经常夜里做噩梦。但经过努力,终于可以从容应对。1957年暑假他与师兄拉宾一起完成了对图灵机的研究,提出非确定性有限状态自动机的理论,并于1958年取得博士学位。之后他先后在芝加哥大学、加州大学伯克利分校、斯坦福大学、阿姆斯特丹大学、普林斯顿大学和牛津大学等国际知名的高等学府任教。1981年被卡内基-梅隆大学聘为计算机科学、数理逻辑和哲学教授。

斯科特的主要兴趣和研究方向是逻辑学。他对逻辑学的研究涉及面很广,包括集合论、模型论、自动机理论、非经典逻辑中的模态逻辑(modal logic,表达“必然”与“可能”这样一些概念的逻辑)和直觉主义逻辑(intuitionism logic)。直觉主义逻辑是为克服数学研究中出现的悖论而提出的,由荷兰数学家布劳维尔(L.E.J.Brawer,1881—1966)所创立。直觉主义逻辑认为数学是第一位的,逻辑是第二位的,逻辑只是数学思维的抽象,是正确的数学实践的反映。而数学的唯一来源是数学思维中固有的一种带构造性的直觉。这些观点和现今计算机科学与人工智能的研究相吻合,因而受到计算机科学家和人工智能专家的极大重视。斯科特在这些领域中都有不同程度的贡献。

但斯科特的最大贡献则是他与斯特雷奇(C.Strachey,1916—1975)合作,在 20 世纪 60 年代提出了程序设计语言的"标志语义模型"(denotational semantic model),为标志语义学(denotational semantics),又称数学语义学(mathematical semantics),奠定了坚实的基础。在标志语义学出现之前,英国学者霍尔(C.A.R.Hoare,1980 年图灵奖获得者)已经在对一阶谓词演算扩充了一组公理和一组推导规则的情况下建立起了公理语义学(axiomatic semantics)作为程序设计语言语义形式化的一种方法,并曾被成功地用来描述 PASCAL 等语言。但公理语义学是不完备的。标志语义学把语言中的每一成分与一个数学对象相对应,称为从前者到后者的映射,后者即称为前者的"标志"(标志语义学的名称即由此而来)。这个数学对象是某个区域的元素,该区域从数学上来说是一个"格"(lattice),格中的偏序以"定义范围小于或等于"来确定。标志语义学还规定,这种映射是层次结构的,映射函数则往往是递归的。这样,语言中的每一元素既可以解释为一个函数,又可以解释为一个数据元素,这正好与程序的以下特性相吻合:既可把程序当作函数予以执行,又可把程序当作二进制位串加以处理。标志语义学一经诞生,就获得了学术界广泛的欢迎,不但被成功地用来定义 Ada 等大型程序设计语言,还被成功地用来定义大型数据库和大型操作系统等,充分显示了它的生命力。IBM 公司的维也纳实验室后来还开发出元语言 META Ⅳ,成为用标志语义描述大型软件的强有力工具。后来它进一步发展为维也纳开发方法(Vienna Development Method,VDM),成为支持程序开发的一般的形式化方式。国际标准化组织ISO正在制定有关VDM的规约语言(VDM-Specification Language,VDM-SL)。

在建立标志语义学的过程中,为了奠定其数学基础,斯科特还创建了域论(domain theory),以回答语义域方程是否有数学对象作为它的一个解,以及是否存在一种有效的方法,可以定义这种数学对象上的可计算函数,并且把描述程序设计语言的标志语义所需的函数都包括在内这样一些问题。域论虽然是斯科特研究标志语义学的“副产品”,但它本身由于其重要性已成为一门独立的数学分支学科,受到广泛的重视。(在有些文献资料中,标志语义学被译成“指称语义学”。)

在获得图灵奖之前,拉宾曾于1974年获得由Rothschild基金会所颁发的数学奖,斯科特则于1972年因在数理逻辑方面的出色贡献而获得美国数学会的Leroy P.Steele奖。1980年拉宾又被授予哈维科学和技术奖(Harvey Prize in Science and Technology)。

拉宾和斯科特是在1976年10月20日于休斯敦举行的ACM年会上被授予图灵奖的。两人分别发表了图灵奖演说,拉宾的演说题为“计算复杂性”(*Complexity of Computations*),斯科特的演说题为“逻辑与程序设计语言”(*Logic and Programming Language*),它们刊载于*Communications of the ACM*,1977年9月,625-641页,也可见《前20年的ACM图灵奖演说集(1966—1985)》(*ACM Turing Award Lectures—The First Twenty Years*:1966-1985,ACM Press),47-62页及319-338页。

拉宾目前既是美国哈佛大学教授,又是耶路撒冷希伯来大学教授,2010年他因为“在计算机和通信方面的贡献”获得特拉维夫大学的丹·大卫奖章(Dan David Prize)。斯科特目前已从卡内基-梅隆大学计算机科学系退休。

斯科特是美国科学院院士。他向年轻人提出的忠告非常实际:“当你年轻时要尽可能地多学习,因为这之后你的生活将变得十分繁忙。”(Learn as much as you can while you are young, since life becomes too busy later.)

1977年图灵奖获得者：
约翰·巴克斯
——FORTRAN和BNF的发明者

约翰·巴克斯

世界是复杂的，世界上的人和事更是处在瞬息万变之中，叫人捉摸不定。世界上第一个高级程序设计语言FORTRAN和最广泛流行的元语言BNF的发明人约翰·巴克斯(John Warner Backus)获得1977年图灵奖显然是绝对当之无愧和众望所归的。但是谁能想到，20岁之前的巴克斯却是个不爱学习、喜欢游荡的纨绔子弟，曾经被大学逐出门外呢？

巴克斯1924年12月3日生于美国的历史名城费城，其父是阿特拉斯火药公司的职工。当时工厂常常出事故，发生爆炸，产量也上不去，但是谁也找不出原因。老巴克斯是一个机灵的人，他分析问题极有可能与从德国进口的昂贵的温度计并不那么精确有关，于是说服公司派他远渡大西洋去德国了解和学习温度计的制造工艺，最后带回了一批好的温度计，终于解决了工厂的安全作业问题，他自己也由一名普通员工被提升为公司的首席化学家。第一次世界大战期间，美国的军工企业都开足马力生产，大捞了一把，老巴克斯也因此显赫一时。战后，由于他没有获得原来许诺给他的在杜邦公司的职务，愤而离开化工界、军工界，改做证券经纪人，也发了一笔大财。因此，童年和少年时代的巴克斯生活条件相当优越，过得无忧无虑。在东海岸特拉华湾的海滨城市威尔明顿度过童年以后,巴克斯就学于宾夕法尼亚州波茨敦市很有名望的希尔学校,但他不爱学习,只盼望暑假到新罕布什尔州的暑期学校,在那里可以划船、嬉戏,度过美好的时光,因此巴克斯的学习成绩从来就不及格,拖了两年才勉强毕业,于1942年进了弗吉尼亚大学。由于本来就不爱学习,加上第二次世界大战已经爆发,1941年12月7日日本偷袭珍珠港以后,美国正式宣布参战,巴克斯更是只等着应征入伍,不思学习,把大多数时间花在舞会上,每周只去上一节轻松的音乐欣赏课,终于被学校处分,扫地出门。1943年巴克斯参军入伍,在佐治亚州服役,当了一名下士,率领一个防空小队。在部队组织的一次能力测试中,巴克斯不经意地显露出了他的聪明和才能,受到上级赏识,陆军决定送他上学深造。这样,当他的战友们都被送往第二次世界大战的战场上时,巴克斯却上了哈弗福德学院(Haverford College)的医学院预科。但巴克斯对医学不感兴趣,也不喜欢那里的人,觉得他们只会背书而不会思考。因此巴克斯只学了9个月的医学就离开了那里,转到哥伦比亚大学学习数学。经过这番磨炼,巴克斯已经从混沌走向清醒,开始正经学习。1949年他取得学士学位。但毕业时,巴克斯对自己的未来仍然没有什么打算,不知道到哪里去,也不知道干什么好。幸好一个偶然的机会,他到IBM公司的计算中心参观,在那里见到了IBM公司早期的计算机SSEC(Selective Sequence Electronic Calculator)。SSEC是一台电子管计算机,几个大柜子占满了一间大屋子,到处都是电子管和电缆、电线。由于程序必须通过穿孔纸带输入,机器的成千上万个电子机械部件又不可靠,经常出故障,因此机房里的操作员、管理员、程序员们忙成一团,查线路的,查手册的,讨论和争论问题的……气氛忙乱而热烈。巴克斯当时并不了解SSEC还不是真正意义上的电子计算机,它连存储程序的存储器都没有,但看到现场的环境和气氛,立刻心里一亮:这正是他要找的工作!这正是适合他性格的富于挑战性的工作!于是,第二天他便向 IBM 公司的主管提出求职申请,经过一次测试顺利通过,巴克斯从此开始在 SSEC 工作。

人们称巴克斯为“不知疲倦的发明家”。事实确实如此。进入 IBM 公司以后,巴克斯就全身心地投入工作。他接手的第一个较大的项目是计算“月历”,这是一个相当复杂而困难的问题,因为月历要能给出一年中任一时刻月亮所处的精确位置坐标,但巴克斯出色地完成了任务。接着,巴克斯和同事海尔里克(H.Herrick)一起又成功地开发出了一个叫 Speedcoding 的程序,用于浮点数运算。大家知道,浮点运算比定点运算复杂得多,浮点运算部件的设计与实现也困难得多,因此早期计算机大多没有浮点运算部件。但许多科学与工程计算问题又需要处理非常小的数或非常大的数,这怎么办呢?计算机的先驱冯·诺依曼提出对定点数附以“比例因子”使之成为浮点数,从原则上解决了这个问题,但却给程序员出了难题:在不能确切知道计算的中间结果和最后结果范围的情况下,如何设定比例因子?比例因子取小了,运算会发生溢出;比例因子取大了,又会影响结果精度。这成了当时程序设计的一大难题。巴克斯和海尔里克的 Speedcoding 成功地解决了这个难题,可以根据问题自动设置和调整比例因子,免除了程序员在这方面的麻烦。

月历程序和 Speedcoding 程序的成功奠定了巴克斯作为出色的程序员在公司的地位,赢得了同事的尊敬和上司的器重。但巴克斯是一个永远不满足于现状、总想变革现实的人。鉴于当时用机器语言,也就是二进制代码 0 和 1,进行编程和调试程序所带来的种种弊端——效率低,难于检查和发现问题,不便于交流,以及由此而导致的软件开发费用高昂,等等,经过深思熟虑,巴克斯于 1953 年向其上级卡斯伯特·

赫德(Cuthbert Hurd)提交了一个备忘录,建议设计一种接近人类语言的编程语言代替机器语言,以从根本上提高编程效率,降低编程费用。意想不到的是,巴克斯这一对计算技术的发展起了如此重大影响的历史性建议遭到了当时任 IBM 公司顾问的冯·诺依曼的强烈反对。由于对程序设计的高昂费用和代价不太了解,冯·诺依曼认为巴克斯的建议是没有必要的,也是不切实际的。好在赫德比较开明而有远见,虽然冯·诺依曼的声望和地位远比巴克斯高,但他还是支持了巴克斯,批准了巴克斯的计划,使 FORTRAN 的诞生成为可能。1957 年 4 月,经过巴克斯和他的同事们的艰苦努力,FORTRAN(由"公式翻译器",即 formula translator 各取前几个字母组合而成)的编译器第一次在西屋电气公司订购的 704 计算机上成功运行,标志着一个时代(机器语言编程时代)的结束,另一个时代(高级语言编程时代)的开始。FORTRAN 语言主要用于数值计算,它的特点是接近数学公式,简单易用,功能逐步扩大,如允许复型和双精度浮点运算,子程序定义机制,输入输出的格式说明,允许布尔表达式,函数和子例程名可以作为参数传递,等等。作为世界上第一个高级程序设计语言,它对其后出现的上千种高级程序设计语言都有或大或小的影响,它本身也经历了许多重大的变革,有许多版本。据不完全统计,从 20 世纪 50 年代诞生至今,FORTRAN 共出现过 90 多个版本,其中曾经流行的主要版本有 FORTRAN Ⅰ,1958 年推出的能处理子程序并可与汇编语言相连的 FORTRAN Ⅱ,1962 年问世的 FORTRAN Ⅲ,1966 年推出的第一个 FORTRAN 语言标准称为 FORTRAN 66,20 世纪 70 年代修订为 FORTRAN 77,1991 年 ISO 批准新的 FORTRAN 标准称为 FORTRAN 90,等等。在 FORTRAN 90 中,又有如下一系列的扩充与改进:

(1) 数组运算机制;

(2) 改善了数值计算;

(3) 数据类型参数化,允许使用多种字符类型,满足各国字符处理的需要;

(4) 从6种内部数据类型中派生出用户定义的数据类型;

(5) 模块化数据与过程定义机制,提供了一种数据与过程包装的强有力的而又安全的形式;

(6) 指针机制,允许创建和操作动态数据结构;

(7) 增加自由形式的源程序形式;

(8) 提供了过程的递归调用机制;

(9) 提供了附加的控制结构,如do…end do,do while<condition>等。

此外,还有许多为了满足解决特定问题的需要而对FORTRAN加以补充或修改而形成的高级程序设计语言,其中比较著名的有美国阿姆斯研究中心计算流体动力学分部对FORTRAN进行逻辑扩充、在ILLIACⅢ计算机上实现的CFD(Computational Fluid Dynamics,即计算流体动力学)语言,这个语言依赖于能够执行向量及标量指令的机器语言,是与机器有关的;code and go FORTRAN,这是对FORTRANⅢ的一种改进版本,主要为了快速编译和执行;CONTRAN(CONTrol TRANs-lator)语言,这是综合了FORTRANⅢ和ALGOL 60语言的许多特点而形成的高级语言;LRLTRAN(Lawrence Radiation Laboratory Translator,劳伦斯辐射实验室翻译程序),这是著名的劳伦斯辐射实验室根据其特定需要在CDC公司的STAR-100计算机(这是20世纪70年代中期推出的一种大型快速计算机,其中央处理器包含两条浮点流水线和用于处理十进制数和字符串的行部件,指令系统中有硬件宏指令,能处理向量、稀疏向量及行,有磁芯存储器、页面调度的磁鼓和磁盘存储器三级存储器,有4~12个16位的输入输出通道和一个128位的直接快速存取通道,是当时典型的单指令流多数据流系统)上开发的一种基于FORTRAN,但具有向量运算、位和字节操作以及指针操作的高级语言,特别适合于科学计算和系统程序设计。另外,在宝来(Burroughs)公司20世纪70年代为美国国防部用于弹道导弹防卫数据实时处理而研制的著名PEPE计算机系统(Parallel Element Processing Ensemble,并行单元处理组合,实际上就是由多达1000个处理单元组成的多处理机并行计算机系统)中,其核心软件是一种称为PFOR的并行的FORTRAN语言。此外,还有适合于有理函数计算的ALTRAN、适合于处理向量与矩阵的VECTRAN,等等,无不都是在FORTRAN的基础上设计、开发出来的,都可以认为是FORTRAN家族中的成员,而FORTRAN则是这个庞大家族的"始祖"。还应该特别指出的是,曾经出现的成百上千个高级程序设计语言,绝大多数自从出世就没有流行过;有许多则风行一阵以后就很快销声匿迹,而FORTRAN则至今长盛不衰,保持着强大的生命力,这说明它在设计与实现两方面都是成功的。附带说一句,冯·诺依曼于1957年不幸英年早逝,没有看到FORTRAN正式投入使用,但这位出生在匈牙利的天才科学家后来意识到了自己在这件事上的错误,没有坚持反对巴克斯的计划。

基于FORTRAN的巨大成功,在1958年5月于苏黎世举行的一次国际性计算机会议上,决定成立一个委员会,以FORTRAN为基础,对它做进一步改进,以形成一种单一的、标准化的计算机高级程序设计语言。许多著名的计算机科学家都参加了这个委员会。它的工作成果就是ALGOL 58及随后的ALGOL 60等一系列版本。巴克斯也参加了这个委员会,而且对ALGOL融入了一些新概念、新思想、新功能,如局部变量、递归等由衷地感到高兴。但这时,基于开发FORTRAN的经验,巴克斯关注的重点已由定义语言本身转为如何清晰地描述和表达语言这个问题上,也就是要创建一个"元语言"(metalanguage)。经过不懈的探索,1959年6月,在联合国教科文组织即UNESCO于巴黎召开的一个讨论程序设计语言的语法和语义的会议上,巴克斯在他提交的一篇论文中提出了如今众所周知的“巴克斯范式”(Backus Normal Form,BNF)。巴克斯范式以递归方式描述语言中的各种成分,凡遵守其规则的程序就可以保证语法上的正确性。BNF 由于其简洁、明了、科学而被广泛接受,成为描述各种程序设计语言最常用的工具。我们现在看到的各种程序设计语言文本中所给出的 BNF,是 Backus-Naur Form,即巴克斯-诺尔范式,也就是经丹麦数学家彼得·诺尔(Peter Naur)改进与完善过的巴克斯范式,实际上其中绝大多数又是经瑞士著名的计算机科学家沃思(N. Wirth)扩充过的巴克斯-诺尔范式,即 EBNF(Extended BNF)。诺尔是 2005 年图灵奖获得者,沃思是 1984 年图灵奖获得者。

巴克斯范式的左部是一个非终结符,非终结符用尖括号括起。右部是由非终结符和终结符组成的一个任意符号串。具有相同左部的产生规则可以共用一个左部,各右部之间以竖直线“|”分开。例如定义“标识符”的一组 BNF 公式为:

<标识符>::=<字母>|<标识符><字母>|<标识符><数字>

<字母>::=a|b|c|…|x|y|z

<数字>::=0|1|2|3|…|8|9

我们目前常用的高级程序设计语言都是所谓冯·诺依曼型的语言,也就是面向过程的语言,是以“逐词逐句”的方式工作的。巴克斯后来致力于开发非冯·诺依曼型的语言,也就是函数式语言(functional language)。这种语言的主要成分是原始函数、函数型和定义函数。程序就是函数,程序作用在结构型数据上,产生结构型结果。用这种语言编写的程序结构清晰,便于使用代数方法研究程序的特性。巴克斯后来推出了一种名为 FP 的函数式程序设计系统,成为函数式语言的典型代表。此外,巴克斯也是归约机(reduction machine)这一不同于冯·

诺依曼型的新的计算机体系结构的首创者。1972年,巴克斯在其为IBM公司所撰写的研究报告“归约语言及无变元的程序设计”(*Reduction Languages and Variable Free Programming*)一文中最早提出了归约的概念。归约的基本思想是在函数的计算过程中通过替换不停地修改计算目标,直到计算目标已经是最小单元为止。这种方式不再具有变元的概念,所有的目标均是通过计算获得的。这一过程与纯函数的递归计算过程的代入方法相接近,因而可以把对归约机的研究与函数式程序设计语言的研究结合在一起。归约机的结构中一般包括递归机构和替换机构,归约方式则分为串归约和图归约两种,前者实现按值调用,后者实现按引用调用。在巴克斯论文发表以后,一批学者致力于归约机的研究与开发,相继推出了GMD(Berklin,1975)、Cellular(北卡罗来纳大学Mago,1979)、AMPS(R.M.Keller,1979)、ALICE(J.Darlington,1981)等一批各种类型的归约机。其中以树结构的Cellular最引人注意。

巴克斯由于以上介绍的一系列重大成就而获得许多荣誉和奖励。除图灵奖外,1967年他获得IEEE的McDowell奖;1975年被授予美国国家科学奖章(National Medal of Science);1982年IEEE授予他计算机先驱奖(Computer Pioneer Award);1994年美国工程院授予他查尔斯·斯塔克·德雷珀奖(Charles Stark Draper Prize)。巴克斯是美国科学院院士,也是美国工程院院士。

巴克斯是在1977年10月17日于西雅图举行的ACM年会上接受图灵奖的。ACM评奖委员会主席萨梅特(J.E.Sammet)致辞并授奖,巴克斯发表了演说,题为“程序设计能从冯·诺依曼形式中解脱出来吗?函数式风格及其程序的代数”(*Can Programming be Literated from the von Neumann Style? A Functional Style and Its Algebra of Programs*),对他所开发的FP及其意义做了详细的介绍。演说全文刊载于*Communica-*

tions of the ACM,1978 年 8 月,613-641 页,也可见《前 20 年的 ACM 图灵奖演说集(1966—1985)》(*ACM Turing Award Lectures—The First Twenty Years*: 1966-1985,ACM Press),63-130 页。

巴克斯于 1991 年退休。2007 年 3 月 17 日,他在美国俄勒冈州 Ashland 的家中去世,享年 83 岁。

1978 年图灵奖获得者：罗伯特·弗洛伊德

——归纳断言法的创始人

罗伯特·弗洛伊德

历届图灵奖得主基本上都有高学历、高学位，绝大多数有博士学位。这是可以理解的，因为创新型人才需要有很好的文化素养，丰富的知识底蕴，因而必须接受良好的教育。但事情总有例外，1978 年图灵奖获得者、斯坦福大学计算机科学系教授罗伯特·弗洛伊德（Robert W. Floyd）就是一位“自学成才的计算机科学家”（a self-taught computer scientist）。

弗洛伊德 1936 年 6 月 8 日生于纽约。说他“自学成才”并不是说他没有接受过高等教育，他是芝加哥大学的毕业生，但学的不是数学或电气工程等与计算机密切相关的专业，而是文学，1953 年获得文学士学位。20 世纪 50 年代初期美国经济不太景气，找工作比较困难，因学习文学而没有任何专门技能的弗洛伊德在就业上遇到很大麻烦，无奈之中到西屋电气公司当了一名计算机操作员，在 IBM 650 机房值夜班。我们知道，早期的计算机都是以批处理方式工作的，计算机操作员的任务就是把程序员编写好的程序在卡片穿孔机（这是脱机的辅助外部设备）上穿成卡片，然后把卡片叠放在读卡机上输入计算机，以便运行程序。因此，操作员的工作比较简单，同打字员类似，不需要懂计算机，也不需要懂程序设计。但弗洛伊德毕竟是一个受过高等教育的人,又是一个有心人,干了一段操作员,很快就对计算机产生了兴趣,决心弄懂它,掌握它,于是他借了有关书籍资料在值班空闲时间刻苦学习钻研,有问题就虚心向程序员请教。白天不值班时,他就又回母校去听有关课程。这样,他不但在 1958 年又获得了理科学士学位,而且逐渐从计算机的门外汉变成计算机的行家里手。1956 年他离开西屋电气公司,加入芝加哥的装甲研究基金会(Armour Research Foundation),开始还是当操作员,后来就当了程序员。1962 年他被马萨诸塞州的 Computer Associates 公司聘为分析员。1965 年他应聘成为卡内基-梅隆大学的副教授,3 年后转至斯坦福大学,1970 年被聘任为教授。之所以能这样快地步步高升,关键就在于弗洛伊德通过勤奋学习和深入研究,在计算机科学的诸多领域:算法、程序设计语言的逻辑和语义、自动程序综合、自动程序验证,以及编译器的理论和实现等方面都做出创造性的贡献。其中包括如下内容:1962 年,弗洛伊德完成了 ALGOL 60 编译器的开发,成功投入使用,这是世界上最早的 ALGOL 60 编译器之一,而且弗洛伊德在这个编译器的开发中率先融入了优化的思想,使编译所生成的目标代码占用空间少,运行时间短。弗洛伊德优化编译的思想对编译器技术的发展产生了深刻的影响。随后,他又对语法分析进行了系统研究,大家现在熟知的优先文法(precedence grammar)、限界上下文文法(bounded context grammar)等都是弗洛伊德在这个时期首先提出来的。优先文法解决了自底向上的语法分析中的首要任务:如何找到"句柄",也就是当前需要进行归约的符号串。弗洛伊德通过对不同的符号定义不同的优先级解决了这个问题。限界上下文文法则通过对上下文无关文法 G 中的两个推导:

$$S \overset{*}{\Rightarrow} \beta Ar \Rightarrow \beta\alpha\gamma$$

$$S \overset{+}{\Rightarrow} \delta\alpha\omega$$

进行比较以确定 α 是不是 $\delta\alpha\omega$ 的句柄，以及产生式 $A\to\alpha$ 是不是唯一可进行归约的产生式。弗洛伊德经过研究，给出其充分必要条件为：β 和 δ 的最后 m 个符号相同，γ 和 ω 的最初 n 个终结符相同。这样一个上下文无关文法 G 就称为 (m,n) 限界上下文文法。

在算法方面，弗洛伊德和威廉姆斯（J.Williams）在 1964 年共同发明了著名的堆排序算法 HEAPSORT，这是与英国学者霍尔（C.A.R Hoare，1980 年图灵奖获得者）发明的 QUICKSORT 齐名的高效排序算法之一。此外，还有直接以弗洛伊德命名的求最短路的算法，这是弗洛伊德利用动态规划（dynamic programming）的原理设计的一个高效算法。

在程序设计方面，计算机科学家非常关心的一个重要问题是如何表达和描述程序的逻辑，如何验证程序的正确性。1967 年，在美国数学会 AMS 举行的应用数学讨论会上，弗洛伊德发表了那篇引起轰动并产生了深远影响的论文，即《如何确定程序的意义》（*Assigning Meanings to Programs*）。这篇论文在程序逻辑研究的历史上，是继麦卡锡（J.McCarthy，1971 年图灵奖获得者）在 1963 年提出用递归函数作为程序的模型这一方法以后最重大的一个进展。麦卡锡倡导的方法对于一般程序，包括大型软件确实是行之有效的，但它有一个不足，即对于许多以命令方式编写的软件，其中包括赋值语句、条件语句、用 While 实现循环的语句……用递归定义的函数去证明其正确性就很不方便了。正是为了解决这个问题，弗洛伊德在上述论文中提出了一种基于流程图的表达程序逻辑的方法。这个方法的主要特点就是在流程图的每一弧线上放置一个“标记”（tag），也就是一个逻辑断言，并且保证只要当控制经过这个弧线时该断言一定成立。弗洛伊德的主要贡献在于解决了基于这种标记的形式系统的细节，证明了这种系统的完备性，解决了如何证明程序终结的问题。弗洛伊德还引入了验证条件的概念，包括流程图的一个组成部分(方框、圆框等)及其入口和出口处的标记。为了证明带标记的流程图的正确性,只要证明其中每一组成部分的验证条件成立就行了。弗洛伊德提出的方法被叫作“归纳断言法”(inductive assertion method),或“前后断言法”(pre and post assertion method)。在框图每个断点 i 上所加的逻辑断言即标记就叫作 i 点的归纳断言,用于说明程序执行经过此点时在各输入变量 x 和各程序变量 y 之间应存在的关系,以谓词 $P_i(x,y)$ 的形式表示。若程序从断点 i 经过路段 α 到下一断点 j 的验证条件以 $R_\alpha(x,y)$ 表示,y 的值在 α 上的变化以 $h_\alpha(x,y)$ 表示,则只要能证明下式恒真:

$$\forall x \forall y(P_i(x,y) \wedge R_\alpha(x,y) \supset P_j(x,h_\alpha(x,y)))$$

程序从 i 到 j 的部分正确性也就证明了。

虽然用归纳断言法不能证明程序的完全正确性,因为它必须以程序能够终结为前提,但由于弗洛伊德在论文中同时也考虑了如何证明程序终结的问题,因此弗洛伊德的归纳断言法也就有了普遍的意义。

弗洛伊德在同年发表于 *Journal of the ACM* 10 月号上的另一篇论文中,第一次把“不确定性”概念引入程序。所谓“不确定性程序”(nondeterministic program)就是根据操作规则有多种操作可供选择,而只选择其中之一搜索下去的程序。这对人工智能问题的研究具有十分重要的意义。

此外,弗洛伊德还和埃文斯(R.O.Evans,因设计世界上第一个类比推理程序 Analogy 而闻名于世的学者。Analogy 是可以判定几何图形是否类似的人工智能程序)一起设计了一种称为产生式语言的特殊的程序设计语言(Floyd-Evans Production Language,FPL),用来编写计算机语言的语法分析程序。之所以称它为产生式语言,是因为用它编写的程序由一系列产生式(或称归约式)组成。实际上,用 FPL 编写好语法分析程序以后,如果再插入语义子程序,就可以构成一个完整的编译

器。用FPL编写的程序简称FP程序,由以下5部分按自左至右的顺序组成:

(1) 标号(可有可无);

(2) 栈顶符号串;

(3) 前看符号串(或称窗口符号串);

(4) 归约符号;

(5) 语义动作。

执行一个FP程序的方法是:依次检视各FP的第3部分。若某FP的第3部分和输入的前看符号串一致,则进一步检视此FP的第4部分,若非空,则表示要进行归约,此时把它的第2部分和当前实际的栈顶符号串相比。如果能匹配上,则实行归约,即删去实际的栈顶符号串,用第4部分代替之,然后执行第5部分的动作。若此FP的第4部分为空,则表示当前无归约可做,直接执行第5部分的动作即可。

弗洛伊德是1978年12月4日在华盛顿举行的ACM年会上接受图灵奖的。他发表了题为"程序设计的风范"(*The Paradigms of Programming*)的演说。演说全文刊于*Communications of the ACM*,1979年8月,455-460页,也可见《前20年的ACM图灵奖演说集(1966—1985)》(*ACM Turing Award Lectures—The First Twenty Years*: 1966-1985,ACM Press),131-142页。弗洛伊德在演说中对结构化程序设计、递归协同例程(recursive coroutine)、动态程序设计、基于规则的系统、状态变换机制(state-transition mechanism)等各种不同的程序设计风范进行了比较,并介绍了自己在研究工作中如何根据具体情况应用不同风范的例子,给人以很大启示。时间虽然已过去很多年,他的例子也许有些过时,但他的观点至今仍然是有效的。

弗洛伊德因病于2001年9月25日在加州Palo Alto去世,享年65岁。弗洛伊德去世后,克努特在斯坦福大学系列讲座"计算机沉思录"

(*Computer Musings*)中回顾了弗洛伊德的生平和他对计算机科学所做出的杰出贡献,对弗洛伊德的不幸早逝表达了深切的哀悼。该演说稿经整理后发表在 2003 年 12 月的 *SIGACT News* 上,后来又刊登在 2004 年第二季度的 *IEEE Annals of the History of Computing* 上。在这篇长达 9 页的悼文中,克努特表示,没有任何人像弗洛伊德那样对他的科学生涯产生了如此大的影响——事实上,如果没有弗洛伊德,他也许根本不会成为计算机科学家。此外,克努特在这篇文章中还透露了他们交往中的许多有趣的往事,如克努特原先在文章中喜欢用许多惊叹号,弗洛伊德用“以毒攻毒”的方法巧妙地帮助克努特改变了这一不好的习惯,改进了文风。

1979年图灵奖获得者：
肯尼思·艾弗森
——大器晚成的科学家，APL的发明人

肯尼思·艾弗森

1979年图灵奖首次授予一位加拿大学者、时在IBM公司沃森研究中心工作的肯尼思·艾弗森（Kenneth Eugene Iverson）。他是因为在开发交互式程序设计语言APL中的开创性工作为程序设计语言的理论和实践做出卓越贡献而获此殊荣的。

艾弗森1920年12月17日生于加拿大艾伯塔省的卡姆罗斯（Camrose，Alberta）。第二次世界大战期间他因被应征入伍而中断学业。1946年退伍后艾弗森进入位于安大略湖畔的城市金斯顿（Kingstown）的昆士大学（Queen's University）学习，兼修数学和物理，1950年大学毕业获得学士学位时艾弗森年已30。但他立志继续深造，进入美国哈佛大学研究生院，先后于1951年和1954年拿下了应用数学的硕士学位和博士学位。他攻读博士学位时的导师是著名的数学家和计算机科学家、在20世纪30年代末40年代初设计了世界上第一台现代自动计算机MARK Ⅰ的艾肯教授（Howard Aiken，1900—1973）。当时的IBM公司总裁托马斯·沃森（Thomas Watson）正是由于支持艾肯的MARK Ⅰ计划而把IBM公司从制造商业机器的公司引向计算机产业而发展成为“蓝色巨人”的。艾弗森的博士论文课题是用计算机

求解线性微分方程时如何建立经济的I/O模型，这个论文课题诱导他设计与实现了著名的程序设计语言(a programming language, APL)。APL以现有的成熟的数学符号为基础，加入许多基于数组(array，这是APL中唯一的数据类型)的基本运算符，就可以用极少、极紧凑的语句定义非常复杂的表达式。APL的两大与众不同的特点是：

(1) 变量没有显式定义的类型。变量类型是由变量的具体用途确定的，这就是APL首创的所谓“弹性数据结构”(elastic data structure)。

(2) 没有一般语言所常用的控制结构，如while、for、if-then-else等。这类控制结构在APL中被递归函数、数组操作及控制转移符“→”所代替(APL中的“→”相当于其他语言中的goto)。此外，APL中所有的运算符都具有相同的优先级，一律按从右到左的顺序进行计算，这也是同一般语言很不一样的。

APL从构思到实现经历了一个比较曲折和漫长的过程。艾弗森在完成其博士论文的过程中就提出了APL的初稿，最初仅是为了清晰而精确地表达问题以利于书写和教学而提出的。博士论文答辩以后艾弗森留校工作，对APL进行完善与发展，并试图在计算机上实现，但一直缺乏支持和客观条件。因此艾弗森于1960年离开哈佛大学到IBM的沃森研究中心工作，在这里他说服了他的一些同事和他一起在IBM的主机上实现了APL，这已经是他提出APL以后约10年的事了。有趣的是，艾弗森实现APL的经历和他的导师艾肯实现MARK Ⅰ的经历十分相似：艾肯设计出MARK Ⅰ以后，也是由于在哈佛大学没有得到足够的支持而转向私人企业寻求支持最后与IBM公司签订合作协议的。

最早的APL版本采用解释方式而非编译方式，有人机交互功能，类似于台式的袖珍计算器，用起来很方便，因此在从事科学与工程计算、统计分析、财会等工作的人员中很受欢迎。在程序设计语言发展的历史上,曾经出现这样一件轰动一时的大事：1969年,IBM公司在其总部纽约州阿尔蒙克(Armonk)举行APL大会,出乎组织者意料来了500多人,而且群情激昂,要求IBM公司分发APL的副本,使IBM公司措手不及。这件事后来被人们称为“进军Armonk”(march to Armonk)。虽然作为一种通用程序设计语言,总体来说它不像FORTRAN、PASCAL、C等那样获得广泛采用,但它在早期程序设计语言的发展中起了积极的作用;此外,作为具有向量处理能力的一种语言,它也是后来对FORTRAN语言进行扩充,使之成为具有向量和矩阵处理能力的语言——VECTRAN(VECTOR FORTRAN)的重要基础。而FORTRAN 90则是VECTRAN的进一步发展。由此可见APL在计算机程序设计语言发展史上的地位和功劳。

在开发APL的过程中,艾弗森还发明了一组特殊的符号以描述计算机语言的形式结构,这组特殊的符号就被叫作“艾弗森记号”(Iverson notation)。艾弗森记号中运算符特别多,能对整个数组直接进行各种各样的运算。

艾弗森在接受图灵奖后的第二年,即1980年就离开IBM,返回他的祖国,加盟多伦多的I.P.Sharp Associates公司,这家公司主要提供APL的产品和服务。1987年艾弗森从I.P.Sharp公司退休。

艾弗逊退休后,致力于开发和推广一种新语言——J。艾弗逊开发J的本意是让它作为APL的更新换代产品,免费为用户提供一种简单易学易用的工具,以解决各种各样的数学问题。J语言首先在1989年夏推出了用C语言实现的DOS版本,之后陆续推出了Windows、UNIX、Linux版本。它特别适合于数学、统计学、数据阵列的逻辑分析等方面。但J和APL不同,并不采用特殊的符号,而采用标准的ASCII字符。J的一个十分与众不同的特点是用自然语言命名各种数学对象,如常量叫作“名词”(noun),变量叫作“代名词”(pronoun),函数叫作“动词”

(verb),算子叫作“连接词”(conjunction),向量叫作“列表”(list),矩阵叫作“表”(table),高维数组叫作“报表”(report),如此等等。为了推广J语言,艾弗逊还开发了许多名著的“指南”(companion),以证明J语言可以用来简化对这些名著的解读,艾弗逊软件公司(Iverson Software)1995年推出的Concrete Math Companion就是其中之一,它是对克努特的名著《具体数学:计算机科学基础》(*Concrete Mathematics: A Foundation for Computer Science*)的J语言解读。2004年,艾弗逊以84岁高龄雄心勃勃地着手对著名的数学家阿布拉莫维茨(Milton Abramowitz)和斯蒂贡(Irene A.Stegun)编纂的厚达1046页的《数学函数手册》(*Handbook of Mathematical Functions*)用J语言编写指南,但尚未完成,就于10月19日在多伦多与世长辞了。

艾弗森的主要著作有:

《程序设计语言APL》(*A Programming Language*, John Wiley & Sons,1962)

《初等函数》(*Elementary Functions*,SRA,1966)

《代数的算法处理》(*Algebra: An Algorithmic Treatment*, APL Press, 1972)

《初等分析》(*Elementary Analysis*,APL Press,1976)

《自动数据处理》(*Automatic Data Processing*, John Wiley & Sons, 1963,1969。本书是他与1999年图灵奖获得者布鲁克斯合著的)

《科学家和工程师用的APL导论》(*An Introduction to APL for Scientists and Engineers*,APL Press,1966)

艾弗森是在1979年10月29日于美国密歇根州的底特律召开的ACM年会上接受图灵奖的。艾弗森发表了题为“作为思维工具的符号”(*Notation as a Tool of Thought*)的长篇图灵奖演说,详细论述了APL的设计思想与特点,还给出了许多例子。演说全文刊载于*Com-*

munications of the ACM, 1980 年 8 月, 444-465 页, 也可见《前 20 年的 ACM 图灵奖演说集(1966—1985)》(*ACM Turing Award Lectures—The First Twenty Years*: 1966-1985, ACM Press), 339-390 页。

艾弗森生前是美国工程院院士。1975 年他获得 AFIPS 的 Harry Goode 奖, 1980 年 IEEE 授予他计算机先驱奖, 1991 年他荣获美国国家技术奖章(National Medal of Technology)。

1980 年图灵奖获得者：查尔斯·霍尔

——从 QUICKSORT、CASE 到程序设计语言的公理化

查尔斯·霍尔

学过“数据结构”或“算法设计与分析”的人都知道著名的快速排序算法 QUICKSORT；编过程序的人大概也都用过实现条件转移的最方便的语句——CASE 语句。但是你知道这个算法和这个语句是谁发明的吗？它们的发明者就是获得 1980 年图灵奖的英国牛津大学计算机科学家查尔斯·霍尔(Charles Antony Richard Hoare)。当然霍尔之所以获得图灵奖绝不仅仅是因为他发明了 QUICKSORT 和 CASE，而是因为他在计算机科学技术的发展中，尤其是在程序设计语言的定义和设计、数据结构和算法、操作系统等许多方面都起了重要的作用，有一系列发明创造，QUICKSORT 和 CASE 只是其中的一小部分而已。

霍尔 1934 年 1 月 11 日出生于斯里兰卡(当时是英属殖民地锡兰)的科伦坡，父母都是英国人，父亲在当地做公务员，母亲是茶园主的女儿。由于战争动荡，霍尔随着家庭曾经辗转多地上学，后来回到英国在坎特伯雷的国王学校接受中学教育。霍尔从小对语言就感兴趣，1956 年，霍尔获得牛津大学古典文学学士学位毕业。毕业后，去皇家海军服

役了18个月,其间被派去参加一个俄语课程学习,在当时学习俄语是出于军方情报工作需要。1958年,他重新回到牛津大学转而攻读统计学研究生证书课程。为便于进行语言分析研究,他开始学习计算机编程,并从此迷上了计算机。一年后,他作为英国文化协会的交换生前往莫斯科国立大学,在Andrey Kolmogorov的指导下学习机器翻译。1960年,霍尔回到英国,进入伦敦一家不大的计算机生产厂家Elliott Brothers公司,为该公司的Elliott 803计算机编写库子程序,从此开始他的计算机生涯。QUICKSORT就是他在那个时候用原有的SHELLSORT(以算法的发明人D.L.Shell命名的、通过调换并移动数据项实现排序的一种算法,发明于1959年)编程时分析了它的缺点而发明出来的。QUICKSORT具有"快刀斩乱麻"的特点,能迅速地对乱序做大幅度调整,特别适合于因多次追加、删除而变得杂乱无章的数据集合。QUICKSORT的发明是霍尔在计算机方面的天才的第一次显露,受到老板的赞赏和重视。第二年,霍尔接受了一个新的任务,为公司的新机型Elliott 503设计一种新的高级语言。但就在此时,他弄到了一份ALGOL 60报告的复印件,还参加了一个由迪杰斯特拉(E.W.Dijkstra,1972年图灵奖获得者)等在布赖顿举办的ALGOL 60培训班,感到与其自己没有把握地去设计一种新的语言,还不如将比较成熟的ALGOL 60在Elliott 503上加以实现。霍尔和他的同事们的这个想法获得公司同意以后,由霍尔主持设计与实现了ALGOL 60的一个子集的版本。霍尔在开发初首先制定了明确的目标,即系统要安全可靠,生成的目标码要简洁,工作区数据要紧凑,过程和函数的入口和出口要清晰、严密等,还明确了整个编译过程采用一次扫描等原则。这样,Elliott ALGOL的开发十分顺利与成功,它在1963年中推出以后大受欢迎,成为世界各国所开发的ALGOL 60的各种版本中在效率、可靠性和方便性等方面的性能指标都首屈一指的一个版本,霍尔本人也从此受到国际学术界的重视。国际信息处理联盟 IFIP 后来任命霍尔为 2.1 工作组(Working Group 2.1)的负责人,这个工作组的任务是维护和发展 ALGOL。霍尔果然不负众望,主持设计了 ALGOL X 以继承和发展 ALGOL 60。正是在 ALGOL X 的设计中,霍尔发明了 Case 语句。Case 语句具有如下形式的语法结构:

$$
\begin{array}{l}
\text{Case E of} \\
C_1: S_1; \\
C_2: S_2; \\
\vdots \\
C_{n-1}: S_{n-1}; \\
\text{otherwise}: S_n \\
\text{end}
\end{array}
$$

其中,E 是一个表达式,称为“选择子”(Selector);每个 C_i 的值为常数,称为“分情形标号”;S_i 则为可执行语句。CASE 语句的含义是:若 E 的值等于某个 C_i 的值,则执行其后的 $S_i(i=1,2,3,\cdots,n-1)$,否则执行 S_n。某个 S_i 或 S_n 执行完之后,整个 Case 语句也就执行完毕。由于 CASE 语句构成多路分支,程序结构清晰、直观,所以 Case 语句后来几乎成为程序设计语言的标准,被各种语言广泛采用。在 C 语言中,没有独立的 Case 语句,但它的 Switch 语句(开关语句)实际上是在 Case 语句的基础上形成的:

$$
\begin{array}{l}
\text{switch E} \\
\{\text{case } C_1: S_1; \\
\ \text{case } C_2: S_2; \\
\ \vdots \\
\ \text{case } C_{n-1}: S_{n-1}; \\
[\text{default}: S_n];\}
\end{array}
$$

不同之处有二：一是 C_i 可以是表达式，但计算结果必须仍是常数；二是 E 的结果若不等于某个 $C_i(i=1,2,3,\cdots,n-1)$ 的值，则视有无 default 子句，若有，则执行 S_n；若无，则什么也不执行，控制转向 Switch 后的语句。显然，这些都是对 Case 语句的进一步改进。

霍尔于 1968 年离开 Elliott，离开产业界，原因是作为学者，他对程序设计语言的形式化定义这类更偏重于学术性和理论性的课题更感兴趣。离开 Elliott 以后，他当过一年英国国家计算中心主任，发现自己也不适于从事行政管理工作，因此又转入爱尔兰的昆士大学（Queen's University），从事教学和研究，1977 年转入牛津大学。离开 Elliott 以后，霍尔在计算机科学理论的研究中发挥其特长，做出了许多创造性的重大贡献。首先是 1969 年 10 月，霍尔在 *Communications of the ACM* 上发表了他那篇有里程碑意义的论文《计算机程序设计的公理基础》（*An Axiomatic Basis for Computer Programming*）。在这篇论文中，霍尔提出了程序设计语言的公理化定义方法，即公理语义学（axiomatic semantics），也就是用一组公理和一组规则描写语言应有的性质，从而使语言与具体实现的机器无关，而且也易于证明程序的正确性。这是继麦卡锡（J.McCarthy，1971 年图灵奖获得者）在 1963 年提出用递归函数定义程序，弗洛伊德（R.W.Floyd，1978 年图灵奖获得者）在 1967 年提出基于程序流程图的归纳断言法后，在程序逻辑研究中所取得的又一个重大技术进展。霍尔提出的方法在逻辑上与弗洛伊德提出的方法类似，但不是用流程图而是用代数法，即控制流用以下一些结构表示：

begin $a_1;a_2;a_3;\cdots;a_n$ **end**

if p **then** a_1 **else** a_2

while p **do** a

后面为了方便，我们用到第一个结构时省略首尾的 begin 和 end。

相应于弗洛伊德的验证条件，霍尔引入下列符号：

$$p\{a\}q$$

其意义是：如果在执行 a 之前 p(叫作 precondition)成立，则当 a 执行完了后 q(叫作 postcondition)成立。

霍尔给出了以下一组证明规则(proof rule)(或称为推导规则)：

(1) $\dfrac{p'\to p \quad p\{a\}q \quad q\to q'}{p'\{a\}q'}$

这个规则中的 $p'\to p$ 和 $q\to q'$ 是普通数理逻辑中的断言命题，表示若 p'(或 q)成立，则 p(或 q')成立。这个规则表示，若横线以上的 $p'\to p$, $p\{a\}q$, $q\to q'$ 成立，则横线以下的 $p'\{a\}q'$ 成立。

(2) $\overline{p(e)\{x:=e\}p(x)}$

这个规则表示，如果在将 e 赋给 x 之前 $p(e)$ 成立，则其后 $p(x)$ 成立。

(3) $\dfrac{p\{a\}q \quad q\{b\}r}{p\{a;b\}r}$

这个规则表示的是"传递律"(transitive law)，即如果执行 a 之前 p 成立，a 执行完了以后 q 成立；而如果执行 b 之前 q 成立，b 执行完了以后 r 成立，则若在动作序列 a 和 b 执行之前 p 成立，则 a 和 b 执行完了以后 r 成立。

(4) $\dfrac{p\wedge r\{a\}q \quad p\wedge \sim r(b)q}{p\{\textbf{if } r \textbf{ then } a \textbf{ else } b\}q}$

这个规则中的 ∧ 和 ~ 是一般数理逻辑中的合取(conjunction)和否定(negation)连接词。这个规则定义了 if-then-else 的执行取决于 precondition r 的值。

(5) $\dfrac{p\wedge q\{a\}p}{p\{\textbf{while } q \textbf{ do } a\}p\wedge \sim q}$

这个规则定义了 while 循环：p 是循环不变量(loop invariant)，而 q 是终止循环的条件。

下面我们举一个例子说明如何用霍尔建立的系统验证程序的正确性。设有计算 n 的阶乘 $n!$ 的如下程序：

A：$x:=1$；B

B：**while** $y>0$ **do** C

C：$x:=y\times x; y:=y-1$

则通过下列霍尔断言可以证明上述程序是正确的，因为这些断言都是真的，而且在霍尔的系统中是可以被证明的，而最后一个断言正是我们所要寻求的结论，因此它们形成对上述阶乘程序正确性的证明。

① $y>0\wedge x\times y!=n!\{x:=y\times x\}y>0\wedge x\times(y-1)!=n!$

[首先 $y>0\wedge x\times y!=n!\rightarrow y>0\wedge(y\times x)\times(y-1)!=n!$，

然后利用规则(2)，用 x 代替 $y\times x$]

② $y>0\wedge x\times(y-1)!=n!\ \{y:=y-1\}y\geqslant 0\wedge x\times y!=n!$

[类似①，利用规则(2)]

③ $y>0\wedge x\times y!=n!\ \{C\}y\leqslant 0\wedge x\times y!=n!$

[对①和②，利用规则(3)]

④ $y\geqslant 0\wedge y=n\wedge x=1\{B\}x=n!$，

[因为 $y=n\wedge x=1\rightarrow x\times y!=n!$，

又因为 $0!=1$，所以 $y\geqslant 0\wedge x\times y!=n!\wedge y\leqslant 0\rightarrow y=0\wedge x=n!\rightarrow x\times y!=n!$，

根据③，利用规则(5)，令其中 $p=y\leqslant 0\wedge x\times y!=n!$，$q=y>0$，即可得④]

⑤ $y\geqslant 0\wedge y=n\{x:=1\}y\geqslant 0\wedge y!=n\wedge x=1$

[因为 $p\{x:=1\}p\wedge x=1$]

⑥ $y\geqslant 0\wedge y=n\{A\}x=n!$

[对⑤和⑥利用规则(3)]

因为⑥中的 precondition 正好是 n 的初始条件，而 postcondition 给

出了所需结果,这样就证明了程序可算出 $n!$。

为了给出证明,应该从程序的最后一行开始逐步后推。在这个例子中,③步是最关键的,其中 $y>0 \wedge x \times y! = n!$ 就是循环不变量或归纳假设(induction hypothesis)。

利用霍尔提出的这种方法,已经成功地描述了 PASCAL 等语言,说明了这个方法的巨大威力。但应该指出的是,霍尔的这个方法是不完备的,因为霍尔在开发和建立这个系统时并没有追求系统的完备性,而更多地追求系统的实用性。

在数据类型、数据结构和操作系统设计等方面,霍尔也做了许多开创性的工作。目前广泛流行与应用着的许多概念都源于霍尔的工作。例如,关于抽象数据类型的规格说明(specification,也叫规约)与其实现是否一致,就是由霍尔于 1972 年公式化了的。霍尔通过前后断言方法用已经定义了的(抽象)数据类型给出所要定义的新类型的抽象模型,这成为抽象数据类型规格说明的两种主要方法之一,即模型方法(另一方法为基于异调代数理论的代数方法)。在操作系统的设计与实现中十分关键的监控程序(monitor)的概念,也是由霍尔首先提出并界定了它的作用与功能,即作为操作系统的核心,在把操作系统看作虚拟机扩充时,监控程序是硬件的第一次扩充,它完成中断处理、进程控制与进程通信、存储区动态分配,建立软时钟、驱动设备通道,进行处理机调度。监控程序为外面各层的设计提供良好的环境,并提高系统的安全性。

20 世纪 70 年代后期,霍尔又深入研究了运行在不同机器上的若干程序之间如何互相通信、互相交换数据的问题,实现了面向分布式系统的程序设计语言 CSP。在该语言中,一个并发系统由若干并行运行的顺序进程组成,每个进程不能对其他进程的变量赋值。进程之间只能通过一对通信原语实现协作:$Q?x$ 表示从进程 Q 输入一个值到变

量 x 中;$P!e$ 表示把表达式 e 的值发送给进程 P。当 P 进程执行 $Q?x$ 且 Q 进程执行 $P!e$ 时发生通信,e 的值从 Q 进程传送给 P 进程的变量 x。CSP 语言后来成为著名的并行处理语言 OCCAM(由 INMOS 公司为 Transputer 开发)的基础。20 世纪 80 年代中期,霍尔又和布鲁克斯(S. Brooks)等合作,提出了"CSP 理论"(Theory of Communicating Sequential Processes,TCSP),它与上述 CSP 不同,但又有联系,这是一个代数演算系统,其基本成分是事件(或动作)。进程由事件和一组算子构造而成。TCSP 采用"广播式通信",而不像程序设计语言 CSP 中那样采用握手式通信,即只有当并行运行的各进程都执行同一动作时,才发生通信。此外,TCSP 采用失败等价作为确定进程等价的准则,这就是著名的"失败语义"。利用失败等价可以构造 TCSP 的指称模型。霍尔为失败等价建立了一些公理系统,可以对语义上的等价关系进行形式推导。霍尔在这方面的工作开创了用代数方法研究通信并发系统的先河,形成了所谓"进程代数"(process algebra)这一新的研究领域,产生了很重要的影响。

霍尔的论著极多,而且都很有分量,有很高的学术水平。有评论说,霍尔每发表一篇论文,几乎就要改变一次人们对程序设计的认识。这虽然是一种夸张的说法,但也说明霍尔的论著确实非常重要。ACM 在 1983 年评选出近 1/4 个世纪中发表在 *Communications of the ACM* 上的有里程碑式意义的 25 篇经典论文,只有 2 名学者各有 2 篇论文入选,霍尔就是其中之一(另一名是 1972 年图灵奖获得者迪杰斯特拉)。霍尔入选的两篇论文分别是 1969 年 10 月的《计算机程序设计的公理基础》(*An Axiomatic Basis for Computer Programming*,这篇论文的要点我们前面已经介绍过了),另一篇是 1978 年 8 月的《通信顺序进程》(*Communicating Sequential Processes*),该论文奠定了前述 CSP 语言的基础。由这篇论文扩展而来的专著已由周巢尘译成中文,由北京大学出版社出版。CSP 现在已推广为“混合通信顺序进程”(hybrid communicating sequential processes)。在这个语言中,有一种特殊的语句称为“连续构件”,可表示一个具体给定初值的微分方程;而原有的通信语句可用来表达事件的起源和发生;语言中的顺序算子、条件算子等则用来刻画连续构件和通信间的耦合关系。

值得指出的是,霍尔还由于 Esprit 的 ProCos 项目的需要和我国软件学者、中国科学院软件所的周巢尘研究员等合作,在 20 世纪 80 年代末对基于时态逻辑的逻辑型混合计算模型进行了研究,在这个模型中引入了时段和切变的概念,建立了时段演算,已引起该领域同行的广泛重视。时段用以刻画系统在一个时间区间上的连续变化,而切变则表示事件的发生(离散变量的变化)。在单个时段上,借助连续数学(微分方程理论)推导系统的行为;而在相邻时段间,则用时态逻辑中切变算子的规则,推导系统行为的转化。这种混合计算模型对于设计要求绝对安全的软件系统具有十分重大的意义。时段演算已在煤气燃烧器、铁路岔口控制、水位控制、自动导航、OCCAM 语言的实时语义、描述调度程序的实时行为和电路设计等方面获得成功应用。

霍尔出版的专著主要有以下几种:

《操作系统技术》(*Operating Systems Techniques*, Academic Press, 1972)

《数理逻辑和程序设计语言》(*Mathematical Logic and Programming Language*, Prentice-Hall, 1985)

《并发和通信的发展》(*Development in Concurrency and Communication*, Addison-Wesley, 1990)

《机器推理和硬件设计》(*Mechanized Reasoning and Hardware Design*, Prentice-Hall, 1992)

除获得图灵奖以外,霍尔还在 1981 年获得 AFIPS 的 Harry Goode

奖;1985 年获得英国 IEE 的法拉第奖章;1990 年被 IEEE 授予计算机先驱奖(Computer Pioneer Award)。霍尔曾应邀到过世界的许多国家讲学,中国科学院研究生院也曾于 1983 年邀请霍尔到北京讲学,并举办讨论班。

ACM 在 1980 年 10 月 27 日于美国田纳西州的娜什微拉(Nashville)召开的年会上举行了向霍尔授奖的仪式,由 ACM 评奖委员会主席卡尔松(W.Calson)致辞与授奖,霍尔则发表了题为"皇帝的旧衣"(*The Emperor's Old Clothes*)的演说。之所以用这样的标题,是因为霍尔不但在演说中叙述了自己的成功与经验,也回顾了他曾经遭遇过的失败与教训,他认为在失败中能够学到更多的东西。1995 年,他对形式化的规约语言 CSP 和 Z 未被工业界青睐和采纳进行过反思。2009 年,他为所发明的在应用中引起许多错误的 ALGOL W 设计中的 null reference(空引用)公开道歉,说明他的坦率和谦虚是一贯的。

1981年图灵奖获得者：
埃德加·科德
——关系数据库之父

在数据库技术发展的历史上，1970年是发生伟大转折的一年。这一年的6月，IBM圣约瑟研究实验室的高级研究员埃德加·科德（Edgar Frank Codd）在 *Communications of the ACM* 上发表了题为《用于大型共享数据库的关系数据模型》（*A Relational Model of Data for Large Shared Data Banks*）的文章。ACM后来在1983年把这篇论文列为从1958年以来的1/4个世纪中具有里程碑式意义的最重要的25篇研究论文之一，因为它首次明确而清晰地为数据库系统提出了一种崭新的模型，即关系模型。“关系”（relation）是数学中的一个基本概念，由集合中的任意元素组成的若干有序偶对（ordered pair）表示，用以反映客观事物之间所存在的一定关系，如数之间的大小关系、一个组织中成员之间的领导与被领导关系、商品流通中的购销关系，产品零部件之间的装配关系，等等。在自然界和社会中，关系是无处不在的。在计算机科学中，关系的概念也十分普遍，计算机的逻辑设计、编译程序设计、算法分析和程序结构、信息检索等，都应用了关系的概念。而用关系的概念来建立数据模型，以描述、设计与操纵数据库，则是科德1970年的这篇论文的创举。由于关系模型简单明了，有坚实的数学基础，一经提出，立即

埃德加·科德

引起学术界和产业界的广泛重视和响应,从理论与实践两个方面都对数据库技术产生了强烈的冲击。在关系模型提出之前已经存在多年的基于层次模型(hierarchical model)和网状模型(network model)的数据库产品很快走向衰败以至消亡,一大批关系数据库系统很快被开发出来并迅速商品化,占领了市场,其交替速度之快,除旧布新之彻底是软件史上所罕见的。基于20世纪70年代中后期和80年代初期这一十分引人注目的现象,1981年图灵奖很自然地授予了这位“关系数据库之父”。

科德原是英国人,1923年8月19日生于英格兰中部濒临大西洋的港口城市波特兰(Portland)。第二次世界大战爆发以后,年轻的科德应征入伍,在皇家空军服役,1942—1945年任机长,参与了许多惊心动魄的空战,为反法西斯战争立下了汗马功劳。第二次世界大战结束以后,科德上牛津大学学习数学,于1948年取得学士和硕士学位以后,远渡大西洋到美国谋求发展,先在IBM公司取得一个职位,为IBM公司初期的计算机之一SSEC(Selective Sequence Electronic Calculator)编制程序,为他的计算机生涯奠定了基础。1953年,他应聘到加拿大渥太华的Computing Device公司工作,出任加拿大开发导弹项目的经理。1957年科德重返美国IBM公司,任“多道程序设计系统”(multiprogramming systems)部门的主任,其间参加了IBM公司第一台科学计算机701,第一台大型晶体管计算机STRETCH的逻辑设计。STRETCH完成于1961年。STRETCH首次采用先行控制方式,最多可重叠执行6条连续的指令,是后来流水线方式的原型,因而被认为是第一台流水线计算机。它还采用交换器和多道程序技术,用多个存储器交叉工作等许多创新技术,因而在计算机发展史上有重要意义和影响。科德在STRETCH的研制中主持了第一个有多道程序设计能力的操作系统的开发。1959年11月,他在*Communications of the ACM*上发表的介绍

STRETCH 的多道程序操作系统的文章,是这方面最早的学术论文之一。而尤其难能可贵的是,科德由于在工作中发觉自己缺乏硬件知识,影响了在这些重大工程中发挥更大的作用,在 20 世纪 60 年代初毅然决定重返大学校园(当时他已年近 40 岁),到密歇根大学进修计算机与通信专业,并于 1963 年获得硕士学位,1965 年又获得博士学位。这使他的理论基础更加扎实,专业知识更加丰富,加上他在此之前十几年的实践经验的丰富积累,终于在 1970 年提出革命性创见,为数据库技术开辟了一个新时代。由于数据库是计算机各种应用的基础,关系模型的提出不仅为数据库技术的发展奠定了基础,同时也为计算机的普及应用提供了极大的动力。在科德提出关系模型以后,IBM 公司投巨资开展关系数据库管理系统的研究,其 System R 项目的研究成果极大地推动了关系数据库技术的发展,在此基础上推出的 DB2 和 SQL 等产品成为 IBM 公司的主流产品。System R 本身虽作为原型并未问世,但鉴于其作用与影响,ACM 把 1988 年的"软件系统奖"授予了 System R,获奖的开发小组 6 个成员中就包括后来在 1998 年荣获图灵奖的格雷(J.Gray)。这一年的软件系统奖还破例同时奖励了两个软件系统,另一个得奖软件也是关系数据库管理系统,即 INGRES。INGRES 是加州大学伯克利分校的斯通布雷克(M.Stonebracker)等人研制的,后来由美国关系技术公司 RTI 商品化。

1970 年以后,科德继续致力于完善和发展关系理论。1972 年,他提出了关系代数(relational algebra)和关系演算(relational calculus),定义了关系的并(union)、交(intersection)、差(difference)、投影(project)、选择(selection)、连接(join)等各种基本运算,为日后成为标准的结构化查询语言(Structured Query Language,SQL)奠定了基础。科德还创办了一个研究所——关系研究所(the Relational Institute)和一家公司——Codd & Associations,进行关系数据库产品的研发与销售。科德本人则是美国国内和国外许多企业的数据库技术顾问。1990 年,他编写出版了专著《数据库管理的关系模型: 第 2 版》(*The Relational Model for Database Management*: *Version 2*, Addison-Wesley),全面总结了他几十年的理论探索和实践经验。

科德是美国工程院院士。

向科德颁发图灵奖的仪式是于 1981 年 11 月 9 日在洛杉矶召开的 ACM 年会上举行的,由 ACM 主席邓宁(P. Denning)亲自授奖并致辞。科德发表了题为"关系数据库: 提高生产率的实际基础"(*Relational Database*: *A Practical Foundation for Productivity*)的演说,刊于 1982 年 2 月的 *Communications of the ACM*, 109-117 页,或见《前 20 年的 ACM 图灵奖演说集(1966—1985)》(*ACM Turing Award Lectures—The First Twenty Years*: 1966-1985, ACM Press), 391-410 页。演说中,科德说明了他当初提出关系模型的动机,强调了数据操纵语言既要有交互能力,又要能嵌入主语言程序的重要性,这是由信息系统特殊的应用方式所决定的。

科德于 1984 年从 IBM 公司退休, 2003 年 4 月 18 日去世,享年 79 岁。

1982 年图灵奖获得者：
斯蒂芬·库克
——NP 完全性理论的奠基人

加拿大多伦多大学教授斯蒂芬·库克(Stephen Arthur Cook)因在计算复杂性理论方面的贡献,尤其是在奠定 NP 完全性理论基础上的突出贡献而荣获 1982 年图灵奖。但库克实际上是美国科学家,1939

斯蒂芬·库克

年 12 月 14 日生于纽约州的布法罗(Buffalo),他的父亲是一名化学家,在著名的联合碳化物公司工作,同时在布法罗大学任教,有一份不错的收入。但库克的父亲喜欢农村的恬静生活和清新空气,因此在库克 10 岁时全家迁居到纽约州克拉伦斯的一个奶牛场。在这里,少年库克可以与牛羊为伴,还学会了挤奶。在乡村中学,库克的数学成绩比较好,但那时他并没有梦想当数学家。库克的另一个爱好是下棋,这帮助他发展了逻辑思维能力。在克拉伦斯,当时出现了一位传奇式的英雄,那就是威尔逊·格莱特巴赫(Wilson Greatbatch),他发明了可植入式心脏起搏器,挽救了世界上无数人的性命,使他远近闻名。库克对这位发明家也很敬仰和崇拜,暑假时曾到他手下去打工,帮他焊晶体管电路板。当时晶体管问世不久,是新鲜事物,库克对神奇的晶体管也很有兴趣,想当个电气工程师。1957年中学毕业后,库克离开克拉伦斯去上密歇根大学,专业是科学工程。一年级时他选了一门新开设的课程——程序设计,第一次接触计算机。作为作业,他编了一个ALGOL程序以验证哥德巴赫猜想,在机器允许的范围内,每个大于3的偶数都是2个素数之和。这使库克开始对计算机科学产生兴趣。1961年库克获得学士学位后,转入哈佛大学研究生院深造,第二年就取得了理科硕士学位。他接着攻读数学博士学位,原先的打算是研究代数学。然而这时他遇到了一些学者,对他产生了很大的影响,改变了他的兴趣和方向。当时哈佛大学研究生院对新兴学科十分重视,虽然计算复杂性理论这一学科分支其时还处于萌芽与初创时期,哈佛大学就邀请了这方面的一些先驱与奠基人,其中包括拉宾(M.O.Rabin,1976年图灵奖获得者)、哈特马尼斯(J.Hartmanis,1993年图灵奖获得者)和斯特恩斯(R.Stearns,1993年图灵奖获得者)等人前来讲学或作报告。库克对他们所研究和探索的问题产生了极大的兴趣,从而把自己的研究也定在这个方向。他的博士论文《论乘法的最小计算时间》(*On the Minimum Computation Time for Multiplication*)就是他涉足这一领域的初步尝试。但这个课题局限性太大,无法从中找出一般规律。这时,在哈佛大学应用科学研究所任教的美籍华人学者王浩的研究工作引起了库克的注意并启发了他。王浩是国际知名的数理逻辑专家和计算机科学家,他曾对图灵的计算理论进行深入研究并提出了图灵机的一种变形叫B机器(B-machine)。B机器的特点是总共只有4条指令,机器不能自我修改,即不能抹去带上的记号。B机器比图灵机更加接近于实际机器,它能计算的函数正好是部分递归函数。当时王浩正致力于研究自动定理证明,即由计算机自己去证明定理,具体而言是证明谓词演算中的定理,这就涉及可满足性问题(satisfiable),即是否存在一个真假值的赋值,使得给定的公式成立。如果存在,那么称这个公式是可满足的,否则就是不可满足的。一般谓词演算公式的可满足性问题,图灵早就解决了,他指出,甚至在无限的时间里,要想确定谓词演算中的某个公式是否可满足,在计算上都是不可能的。因此,王浩是从复杂性的角度去研究谓词演算的可满足性的。王浩的研究工作给了库克以极大的启发,他认识到,自动定理证明可以作为研究计算复杂性问题的一个很好的突破口。但是由于谓词演算涉及个体与群体,公式中包含所谓量词(quantifier),即全称量词 all(universal quantifier,用"∀"表示)和存在量词 exists(existential quantifier,用"∃"表示),使研究变得复杂而困难。因此,库克改从比较单纯和简单的命题演算公式的自动证明入手研究计算复杂性,果然获得成功:1971 年 5 月,他在 ACM 于俄亥俄州的 Shaker Heights 举行的第 3 届计算理论研讨会上发表了那篇著名的论文:《定理证明过程的复杂性》(*The Complexity of Theorem Proving Procedures*)。在这篇论文中,库克首次明确提出了 NP 完全性问题,并奠定了 NP 完全性理论的基础。所谓"NP 完全性"(NP-completeness)问题是这样一个问题:由于 P=?NP 问题难以解决,库克就另辟蹊径,从 NP 类的问题中分出复杂性最高的一个子类,把它叫作 NP 完全类。库克证明,任取 NP 类中的一个问题,再任取 NP 完全类中的一个问题,则一定存在一个确定性图灵机上的具有多项式时间复杂性的算法,可以把前者转化成后者。这就表明,只要能证明 NP 完全类中有一个问题是属于 P 类的,也就证明了 NP 类中的所有问题都是 P 类的,即证明了 P=NP。库克的这一研究成果为研究 P=?NP 的科学家们指明了一条捷径和一个方向,不必再像大海捞针似的去盲目探索了。虽然科学家们沿着库克指明的这条"捷径"仍在艰难地前进,至今没有达到光辉的终点(P=?NP 的问题至今仍未有结论,虽然 2010 年 8 月,惠普实验室的数学家 Vinay Deolalikar 宣称自己已经证明 P≠NP,引起学术界的轰动,但知名华裔数学家陶哲轩——他的英文名为 Terence Tao——等许多学者经过认真研究后,发现其论证中存在若干漏洞,因此最终被否定),但学术界公认库克的 NP 完全性理论是对计算复杂性理论的一个重大贡献。库克的论文只证明了命题演算的可满足性问题是 NP 完全的,但在它的启发下,卡普(R.Karp,1985 年图灵奖获得者)在第 2 年就证明了 21 个有关组合优化的问题也是 NP 完全的,从而加强和发展了 NP 完全性理论。

库克在建立 NP 完全性理论时,为研究复杂性类之间的关系提出的方法叫作“复杂性归约”(complexity reduction),用以比较问题的计算难度。库克所用的归约方法是多项式时间图灵归约,有时直接把它叫作库克归约。其要点如下:假设所考虑的问题都已编码成字母表 Σ 上的语言(实例的集合)。设 L_1,L_2 是 Σ 上的两个语言,若存在以 L_2 为 oracle 集的多项式时间图灵机 M,其接受的语言为 L_1,则称 L_1 多项式时间图灵归约到 L_2,记为 $L_1 \leqslant_T^p L_2$。这时,对 x 是否属于 L_1 的判别可转化为至多 $|x|$ 的多项式个元素是否属于 L_2 的判别,因此,$L_2 \in p$ 便导致 $L_1 \in p$。从这种相对的意义上说,L_1 的计算不比 L_2 难。$\leqslant_T^p$ 可以是定义在任何语言类 $\mathscr{D}$ 上的一种二元前序关系,如果存在 $L \in \mathscr{D}$,对于任何 $L' \in \mathscr{D}$,都有 $L' \leqslant_T^p L$,则 L 就是 $\mathscr{D}$ 中(在多项式时间图灵归约下)“最困难的”,称其为 $\mathscr{D}$-T 完全的。

在库克归约的基础上,其他计算机科学家又用其他各种计算模型定义了其他一些复杂性归约,如多一归约、对数空间归约、γ 归约、随机归约和真值表归约等。但库克归约仍然是最常用的归约方法之一。复杂性归约除用于判定问题外,还可以用于函数和搜索问题。

库克取得博士学位以后,在加州大学伯克利分校工作了几年,1970 年转至多伦多大学。

向库克颁发图灵奖的仪式是 1982 年 10 月 25 日在达拉斯举行的 ACM 年会上进行的。库克发表了题为“计算复杂性综述”(*An Overview of Computational Complexity*)的图灵奖演说,演说全面系统地回顾了计算复杂性理论从萌芽、发展到成熟所走过的历程以及面临的新的挑战,还给出了上百篇有价值的参考文献,值得关心这一学科的人细细阅读。演说全文刊载于 1983 年 6 月的 *Communications of the ACM*,400-408 页,也可见《前 20 年的 ACM 图灵奖演说集(1966—1985)》(*ACM Turing Award Lectures—The First Twenty Years*:1966-1985,ACM Press),411-432 页。

除获得图灵奖外,库克还获得 1999 年的 CRM-Fields-PIMS 奖,2012 年加拿大科学与工程金奖(NSERC Gerhard Herzberg),2016 年加拿大计算机科学协会终身成就奖,以及西班牙对外银行(BBVA)基金会颁发的信息和计算机技术知识前沿奖等。库克目前是伦敦皇家学会和加拿大皇家学会的院士,他也是美国国家科学院和美国艺术与科学院的院士。

库克与妻子定居多伦多,他们有两个儿子,平时库克喜欢拉小提琴和航海。

1983 年图灵奖获得者：

肯尼思·汤普森和丹尼斯·里奇

——C 语言和 UNIX 的发明者

肯尼思·汤普森

丹尼斯·里奇

在计算机发展的历史上，大概没有哪个程序设计语言像 C 那样如此广泛地流行；也没有哪个操作系统像 UNIX 那样获得计算机厂家和用户的普遍青睐和厚爱。它们对整个软件技术和软件产业都产生了深远的影响。而 C 语言和 UNIX 两者都是贝尔实验室的丹尼斯·里奇(Dennis MacAlistair Ritchie)和肯尼思·汤普森(Kenneth Lane Thompson)设计、开发的。因此，他们两人共同获得 1983 年图灵奖是情理中的事。我们先介绍汤普森，因为就 C 语言和 UNIX 两者的关系而言，UNIX 的开发在前，C 语言是为了使 UNIX 具有可移植性而后来研制的；就里奇和汤普森两人的关系而言，他们两人当然是亲密的合作者，但汤普森在 UNIX 的开发中起了主导的作用，而里奇则在 C 语言的设计中起的作用更大一些。

汤普森1943年2月4日生于路易斯安那州的新奥尔良，其父是美国海军战斗机的驾驶员。汤普森自幼的爱好有两个，一个是下棋，另一个是组装晶体管收音机。当时他父亲为了发展孩子的智力和能力，在晶体管问世不久，价格不菲(每个晶体管约售10美元)的情况下，很舍得为汤普森买晶体管让他摆弄。由于爱好无线电，汤普森上加州大学伯克利分校时学的专业是电气工程，于1965年取得学士学位，第二年又取得硕士学位。求学期间，他还参加了通用动力学公司(General Dynamics Corporation)在伯克利实行的半工半读计划(work-study program)，因此既增长了知识，又积累了不少实践经验。

毕业以后，汤普森加盟贝尔实验室。虽然他学的是电子学，主要是硬件课程，但由于他半工半读时在一个计算中心当过程序员，对软件也相当熟悉，而且更加偏爱，因此很快就和里奇一起被贝尔实验室派到麻省理工学院去参加由ARPA出巨资支持的MAC项目，开发第二代分时系统MULTICS。但就在项目完成前不久，贝尔因感到开发费用太大而成功的希望不大退出了该项目，把所有成员都调回贝尔实验室。这使汤普森和里奇深感沮丧。返回贝尔实验室以后，面对实验室中仍以批处理方式工作的落后的计算机环境，他们决心以他们在MAC项目中已学到的多用户、多任务技术来改造这种环境，以提高程序员的效率和设备的效率，便于人机交互和程序员之间的交互，用他们后来描写自己当时的心情和想法的话来说，就是“要创造一个舒适、愉快的工作环境”。但他们意识到，贝尔实验室领导人既然下决心退出MAC，就不可能支持他们的想法，不可能为之立项，提供资金和设备，他们只能悄悄干，自己去创造条件。1969年，万般无奈的汤普森在库房中偶然发现一台已弃置不用的PDP-7，大喜过望，立即开始用它来实施他们的设想。但开头是十分困难的，因为这台PDP-7除了有一个硬盘、一个图形显示终端和一台电传打字机这些硬件设备外,什么软件也没有。他们只能在一台GE 645大型机上编程、调试,调通以后穿孔在纸带上,再输入PDP-7。以这种"可怕的"工作方式开发两年以后,连这台PDP-7也损坏得不能再用了。这时,他们听到一个消息,实验室的专利部需要一个字处理系统以便处理专利申请书(贝尔实验室每年要提出不少专利申请),汤普森立即找到上级自告奋勇承担这一开发任务,在这个冠冕堂皇的借口下,他们申请到了一台新的、设备完善的PDP-11,这才使开发工作顺利地真正开展起来。

汤普森以极大的热情和极高的效率投入工作,开发基本上以每个月就完成一个模块(内核、文件系统、内存管理、I/O……)的速度向前推进,到1971年年底,UNIX基本成形。UNIX这个名称是从MULTICS演变而来的:他们变MULTI为UNI,变CS为X。为了向上级"交差",UNIX首先交给实验室的专利部使用,3个打字员利用UNIX输入贝尔实验室当年的专利申请表,交口称赞系统好用,大大提高了工作效率,这样,UNIX迅速从专利部推广到贝尔实验室的其他部门,又从贝尔实验室内部推向社会。贝尔实验室的领导人终于认识到了UNIX的巨大价值,把它注册成为商标(但有趣的是,由于法律上的原因,注册商标及版权被贝尔实验室的上属公司AT & T取得),推向市场。贝尔实验室的一个行政长官甚至宣称,在贝尔实验室的无数发明中,UNIX是继晶体管之后的最重要的一项发明。著名的国际咨询公司IDC的高级分析员Huie Bruce Kin估计,1985年单是美国就有27.7万个计算机系统使用UNIX,1990年这个数字增长至210万。目前世界上UNIX的安装数量超过500万套,用户数达到3000万。

UNIX之所以获得如此巨大的成功,主要是它采用了一系列先进的技术和措施,解决了一系列软件工程的问题,使系统具有功能简单实用、操作使用方便、结构灵活多样的特点。它是有史以来使用最广的操作系统之一,也是关键应用中的首选操作系统。UNIX 成为后来的操作系统的楷模,也是大学操作系统课程的“示范标本”。归纳起来,UNIX 的主要特性如下。

(1) 作为多用户多任务操作系统,每个用户都可同时运行多个进程。

(2) 提供了丰富的经过精心编选的系统调用。整个系统的实现紧凑、简洁、优美。

(3) 提供功能强大的可编程外壳(Shell)语言作为用户界面,具有简洁高效的特点。

(4) 采用树形文件结构,具有良好的安全性、保密性和可维护性。

(5) 提供多种通信机制,如管道通信、软中断通信、消息通信、共享存储器通信和信号灯通信。

(6) 采用进程对换内存管理机制和请求调页内存管理方式实现虚存,大大提高了内存使用效率。

(7) 系统主要用 C 语言编写,不但易读,易懂,易修改,而且极大地提高了可移植性。

由于以上特点,也由于看好 UNIX 的应用和前景,各大公司纷纷推出自己的 UNIX 版本,如 IBM 公司的 AIX,Sun 公司的 Solaris,HP 公司的 HP-UX,SCO 公司的 UNIXWare 和 Open Server,DEC 公司(后被 Compaq 公司收购)的 digital UNIX,以及加州大学伯克利分校的 UNIX BSD。这些 UNIX 各具特色,形成百花齐放的局面。UNIX 的标准化工作则经历了一个复杂的过程。最早是 UNIX 用户协会从 20 世纪 80 年代开始此项工作。1984 年颁布了试用标准。后来此工作被 IEEE 接收和继承,制定了多个基于 UNIX 的“易移植操作系统环境”标准,即 POSIX。而计算机厂家在 UNIX 标准上则分裂为两大阵营,即以 AT & T 和 Sun 公司为首的 UNIX 国际(UI)和以 IBM 公司、HP 公司、DEC 公司为首的开放系统基金会(OSF)。分裂和竞争一方面促进了 UNIX 技术的迅猛发展,另一方面则引起用户的困惑,不利于 UNIX 市场的健康发展。因此,1993 年 3 月,两大阵营终于走到一起,成立了“公共开发软件环境”组织(COSE),以实现 UNIX 系统的统一化。1993 年 10 月,Novell 公司将从 AT & T 购得的 UNIX 商标权无偿移交给开放系统标准化组织 X/OPEN,这样,UNIX 商标不再受某一厂商控制,而由中性的国际组织管理。1995 年,关于 UNIX 的两个重要标准 CDE(规定 UNIX 的图形界面)和 UNIX 95(规定 UNIX 的应用程序界面,也叫 Spec.1170)正式颁布,为整个 UNIX 的标准化打下了基础。1998 年,IBM 公司、Intel 公司和 SCO 公司三家业界巨头在加利福尼亚州的蒙特雷(Monterey)聚会,进一步商讨了 UNIX 统一问题,制订了蒙特雷计划。这个计划结合了 IBM 公司的 AIX、NUMA-Q 和 SCO 公司的 UNIXWare 技术,建立一条企业级商用 UNIX 产品线,使之能同时运行在 Intel IA-32、IA-64 和 IBM Pow-erPC 处理器之上,平台适用范围覆盖从部门级服务器到大型数据库中心的超级服务器。目前,AIX 和 UNIXWare 已经相互融合并达到了二进制级的互操作性。

由芬兰大学的 Linus Torvalds 推出的 Linux 本身实际上也是 UNIX 的一个变种。由于功能强劲,用途多样,使用方便,因此有人把 UNIX 称作软件中的“瑞士多用途折叠刀”(或叫“瑞士军刀”)。

汤普森本人围绕 UNIX 的开发工作于 1978 年结束。之后他从事过的项目有 Plan 9,这是另一个操作系统,旨在提高分布式计算的性能。Plan 9 用单一协议查询不同的资源、过程、程序和数据,并与之进行通信,为访问分布于由服务器、终端和其他设备组成的网络上的计算资源提供一个统一的方式,尤其适合于那些要求安全运行的 Web 服务器。Plan 9 的设计思路是惊人的,它小而功能强大,而且非常灵活,是 UNIX 和 Linux 的竞争产品。Plan 9 早在 20 世纪 80 年代后期就已设计成型,目前的 Plan 9 第 3 版是 1995 年推出的。但 Plan 9 长期只限于贝尔实验室内部使用,没有推广和流行。2000 年 6 月,贝尔实验室采取惊人措施,免费开放 Plan 9 源代码,以便让实验室以外的人使用 Plan 9。但贝尔实验室的这一举措并未像当年推出 UNIX 一样在软件界引起一次新的震荡。此外,鉴于汤普森自幼爱好下棋,他还建造过一台名为 Belle 的下棋计算机,还与康顿(Joseph Condon)合作,在 PDP-11/23 和 PDP-11/70 上编制了下棋程序,这个程序从 1979—1983 年在连续几届计算机下棋世界比赛中都独占鳌头,成为"四连冠",同时也成为被美国围棋联盟 USCF 授予"大师"称号的第一个下棋程序。这个程序每秒可观察 15 万个棋步,当然与 IBM 公司的"深蓝"无法相比,但在当时却是一个了不起的成就。

里奇比汤普森年长 2 岁,1941 年 9 月 9 日生于纽约州的布朗克斯维尔(Bronxville),但在 9 岁时移居新泽西州的塞米特。里奇的父亲是一个电气工程师,在贝尔实验室的交换系统工程实验室当主任,因此,里奇一家可谓"贝尔世家"。里奇中学毕业后进入哈佛大学学物理,并于 1963 年获得学士学位。其间,哈佛大学有了一台 UNIVAC Ⅰ,并给学生开设有关计算机系统的课程,里奇产生了很大的兴趣。毕业以后他在应用数学系攻读博士学位,完成了一个有关递归函数论方面的课题,写出了论文,但不知出于什么原因没有答辩,没有取得博士学位,他就离开了哈佛大学,于 1967 年进入贝尔实验室,与比他早一年到贝尔实验室的汤普森会合,从此开始了他们长达数十年的合作。

前面说过,UNIX 的开发是以汤普森为主的,那么,为什么文献资料中一提到 UNIX,都一致地说是里奇和汤普森共同开发的,而且在"排名"上往往是里奇在前,汤普森在后呢?包括他们在 1973 年由 ACM 主办、IBM 承办的操作系统原理讨论会上首次向社会推介 UNIX 的论文 *The UNIX Time-Sharing System* 的署名,里奇也是第一作者,汤普森则为第二作者。里奇在UNIX开发中有什么功劳呢?

这里有两个很重要的因素。首先,UNIX的成功应归功于它的创新。前面曾经提到,UNIX吸取与借鉴了MULTICS的经验,如内核、进程、层次式目录、面向流的I/O、把设备当作文件等。这是可以理解的,因为任何新事物必然是对原有事物的继承和发展。尤其是UNIX,毕竟没有正式立项,是汤普森、里奇等少数几个人偷偷干的,如果一切都要从头重新设计,那几乎是不可能的。但是UNIX在继承中又有创新,如UNIX采用一种无格式的文件结构,文件由字节串加句号组成。这带来两大好处:一是在说明文件时不必加进许多无关的"填充物"(类似于COBOL中的FILLER),二是任何程序的输出可直接用作其他任何程序的输入,不必经过转换。后面这一点叫作"流水"(piping),就是UNIX首创的。此外,像把设备当作文件,从而简化了设备管理这一操作系统设计中的难题,虽然不是UNIX的发明,但是在实现上它采用了一些新方法,比MULTICS更高明一些。正是在这些方面,里奇发挥了很重要的作用,使UNIX独具特色。

其次,UNIX成功的一个重要因素是它的可移植性。正是里奇竭尽全力开发了C语言,并把UNIX用C语言重写了一遍,这才使它具有了这一特性。汤普森是用汇编语言开发UNIX的,这种语言高度依赖于硬件,由它开发的软件只能在相同的硬件平台上运行。里奇在由剑桥大学的里查兹(M.Richards)于1969年开发的BCPL(Basic Combined Pro-gramming Language)的基础上,巧妙地对它进行改进、改造,形成了既具有像机器语言那样能直接操作二进制位和字符的能力,又具有高级语言许多复杂处理功能如循环、转移、分支等的一种简单易学而又灵活、高效的高级程序设计语言。他们把这种语言称为C,一方面指明了继承关系(因为BCPL的首字母是B。汤普森先根据BCPL开发了一种称为B的语言,再由里奇根据B语言开发了C语言),另一方面也反映了他们对软件追求简洁明了的一贯风格。C 语言开发成功以后,里奇用 C 语言把 UNIX 重写了一遍。我们这里用了"重写"这个词,因为文献资料在提到这件事时都是用的这一说法,显得很轻巧;实际上,里奇做的这件事本身就是"移植",即把汤普森用汇编语言实现的 UNIX 改用 C 语言来实现,这绝不是什么轻巧的工作,尤其是对 UNIX 这样的大型软件。这需要付出艰苦的劳动,也是一件需要创造性的工作。单是里奇此举就是可以大书特书的,而 C 语言作为可以不依附于 UNIX 的一个独立的软件产品,也自有其本身的巨大价值,在计算机发展史上可以写下浓重的一笔。C 语言已经实现标准化,即 ISO 于 1990 年公布的 ISO/IEC 9899,它以 ANSI C 为基础,是第一个支持多 8 位字符集的程序设计语言国际标准。

前述里奇和汤普森的论文 *The UNIX Time-Sharing Symtem* 后来发表于 *Communications of the ACM*,1974 年 7 月。ACM 在 1983 年纪念该刊创刊 25 周年时曾经评选出刊登于其上的 25 篇文章,称为具有里程碑式意义的研究论文,该文就是其中之一。

除论文以外,里奇还和凯尼汉(B.W.Kernighan)合著了一本介绍 C 语言的专著:《C 程序设计语言》(*The C Programming Language*, Prentice-Hall,1978,1988。中译本由徐宝文、李志译,机械工业出版社出版)。我们现在见到的大量论述 C 语言程序设计的教材和专著都是以本书为蓝本的。

汤普森和里奇在成名以后都没有走办公司、挣大钱的路,他们仍然在贝尔实验室做他们感兴趣的事,而且还一直保持着他们历来的生活习惯和作风,常常工作到深夜,在贝尔实验室是出名的"夜猫子"。里奇在接受记者采访时,就自称是"definitely a night person"。里奇在 1983 年接受图灵奖时已经 42 岁,但仍然单身。

ACM 在 1983 年 10 月举行的年会上向汤普森和里奇颁奖。有趣的是,ACM当年决定新设立一个奖项叫软件系统奖(Software System Award),奖励优秀的软件系统及其开发者。而首届软件系统奖评选结果中奖的也是UNIX。这样,这届年会上汤普森和里奇成了最受关注的大红人,他们同时接受了“图灵”和“软件系统”两个大奖,这在ACM历年的颁奖仪式上是从来没有过的。里奇发表的图灵奖演说题为“对软件研究的反思”(*Reflections on Software Research*),汤普森的演说题为“对深信不疑的信任的反思”(*Reflections on Trusting Trust*),它们刊载于*Communications of the ACM*,1984年8月,757-763页,或见《前20年的ACM图灵奖演说集(1966—1985)》(*ACM Turing Award Lectures—The First Twenty Years*: 1966-1985,ACM Press),163-178页。里奇在演说中强调了UNIX成功的因素,包括比较长的酝酿时期和他们在开发时没有商业上的压力。里奇认为,对研究工作而言,受到过分的关注反而会影响创造力和自由地交换意见。汤普森在演说中谦虚地自称是“程序员”(在他之前获图灵奖的迪杰斯特拉、霍尔、克努特和弗洛伊德也都这样称呼过自己)。同里奇一样,汤普森强调了开发程序系统时环境和背景的重要性。

除图灵奖外,汤普森和里奇还从两个著名的杂志那里获得奖励和荣誉。一是《电子学》(*Electronics*)周刊,它从1974年起设立成就奖(Achievement Award),奖励在电子线路、工艺、仪器设备等方面有重大发明创造的科学家,曾经获得该项奖励的人中包括著名的提出“摩尔定律”的Intel总裁摩尔(G.E.Moore),MOS工艺的发明者里奇曼(P. Richman),发明软盘的舒格特(A.F.Shugart)等。但由于UNIX和C语言的巨大成功和影响,使1982年的这个奖破例授予了软件开发者汤普森和里奇。二是读者面很广的*Datamation*月刊,它于1987年创刊30周年时建立了一个计算机名人堂(Hall of Fame),首批30位名人中包括图灵、冯·诺依曼及多位图灵奖得主,如克努特(D.Knuth)、巴克斯

(J.Backus)、麦卡锡(J.McCarthy)等。第二年首次增补名人,就选中了汤普森和里奇。

此外,汤普森和里奇还共同获得过以下荣誉和奖励:IEEE 的皮埃尔奖(Piore Award)、哈明奖章,日本的 C & C 奖,1998 年他们获得美国国家技术奖章。1999 年,汤普森获得 IEEE-CS 所设立的 Tsutomu Kanai 奖,用以奖励他在分布式计算机系统研究方面所做出的贡献。

汤普森是美国科学院和美国工程院的院士。他于 2000 年从贝尔实验室退休以后在 Google 公司工作。

2011 年 10 月 12 日,里奇在美国新泽西州伯克利海茨镇的家中去世,享年 70 岁。此前里奇的健康状况一直不佳,并且患有前列腺癌和心脏病。在里奇去世之后,计算机历史学家保罗·塞鲁齐(Paul Ceruzzi)评价说:“里奇的名字并不容易让人察觉,也不为人熟知,但是……假如有一个能够把计算机放大的显微镜,你会看到里面到处都是他的贡献。”

1984 年图灵奖获得者：
尼克劳斯·沃思
——PASCAL 之父及结构化程序设计的首创者

尼克劳斯·沃思

凡是学过一点计算机知识的人大概都知道“数据结构+算法=程序”这一著名公式。提出这一公式并以此作为其一本专著的书名的瑞士计算机科学家尼克劳斯·沃思(Niklaus Wirth)由于发明了多种影响深远的程序设计语言，并提出结构化程序设计这一革命性概念而获得了 1984 年图灵奖。他是至今唯一获此殊荣的瑞士学者。

沃思 1934 年 2 月 15 日生于瑞士北部离苏黎世不远的温特图尔(Winterthur)，其父瓦尔特是一位地理学教授。沃思小时就喜欢动手动脑，组装飞机模型是他的最大爱好。中学毕业以后，沃思进入在欧洲甚至全世界都很有名气的苏黎世工学院(ETH)，1958 年取得学士学位。之后他远渡大西洋到加拿大的莱维大学深造，于 1960 年取得硕士学位。之后他又一次迁移，来到美国加利福尼亚州，进入加州大学伯克利分校，于 1963 年获得博士学位。学成以后，沃思受聘到斯坦福大学刚刚成立的计算机科学系工作。著名的斯坦福大学门槛极高，怎么会看中了这个来自欧洲小国的毛头小伙子呢？原来在 20 世纪 50 年代末 60 年代初，沃思的计算机经验和成就相当引人注目：在苏黎世工学院时，他曾听过瑞士的计算机先驱斯帕塞

(A.P.Speiser,他曾出任 IFIP 主席)的课,用过由斯帕塞开发的计算机 ERMETH(虽然作为学生,机会并不多);在莱维大学时,沃思学了数值分析,用过 Alvac ⅢE 计算机(虽然这台计算机经常出故障而不能开机);在伯克利时,沃思先是有一台 Bendix G-15 计算机可用,后来又参加了为 IBM 704 开发 NELIAC 语言编译器的科研小组。NELIAC 的全称是 Navy Electronics Laboratory International ALGOL Compiler,即美国海军电子学实验室国际 ALGOL 编译程序语言,该语言用于数值计算和一些逻辑处理,其特点是用自己的语言写自己的编译程序,然后进行自编译,是一个类似于 ALGOL 58 但具有开创性意义的语言。沃思在撰写博士论文时,ALGOL 60 报告已经发表。这是第一个清晰定义的语言,其语法是用严格公式化的方法说明的。当时已有一些学者认识到,清晰的规格说明对于可靠而有效的实现是必需的,但是并不充分: ALGOL 60 报告中还存在一些缺陷和不足。沃思在和 ALGOL 的设计者之一、荷兰人范·维京格尔藤(Andrian van Wijingaarden,他曾任阿姆斯特丹数学中心计算部主任,在开发 ALGOL 68 中提出了二级文法,又叫 W 文法以解决上下文有关这一难题;他曾启发 1972 年图灵奖获得者迪杰斯特拉走上计算机科学之路)多次接触和讨论以后,决定对 ALGOL 60 做进一步改进,并以此作为自己的博士论文课题。这就诞生了由沃思所设计的第一个语言——Euler。Euler 虽然在实用性上考虑得并不十分周到,但在学术上却非常优美,为编译器的系统设计创造了一个很好的基础。此外,它还对 ALGOL 60 进行了若干扩充,主要是增加了表处理能力。正是由于以上原因,斯坦福大学看中了沃思。与此同时,IFIP 也注意到了 Euler 语言,决定吸收沃思参加对 ALGOL 进行完善与扩充的工作小组。当时,这个小组中有两派,一派主张设计一种新语言,以便树立一个新的里程碑;另一派则觉得时间太紧,主张对 ALGOL 60 进行适当扩充。沃思参加进去以后,自称同时属于这两派,并提交了一份建议书。这份建议书经过霍尔(Tony Hoare)等的修改、完善以后获得通过,这就是 ALGOL W(W 是沃思名字的首字母)。第二年,也就是 1966 年,ALGOL W 在斯坦福大学的第一台 IBM 360 上成功实现并正式应用。这中间还有一个小插曲:IBM 360 当时只提供汇编语言和 FORTRAN 语言,但沃思和他的学生都觉得这两者并不适宜于作为设计编译器的工具。于是,沃思用了两个星期写出了一个用来描写 ALGOL 编译器的新的语言的定义,然后用了 4 个月时间在宝来公司的 B-5000 计算机上完成了交叉编译程序,而沃思的一个学生则把这个交叉编译程序移植到 IBM 360 上去。这些额外的工作极大地加快了 ALGOL W 编译器的开发,同时催生了一种新的语言 PL 360。PL 360 虽然是作为辅助工具而设计、开发的,但后来却在许多地方获得应用,取得了意想不到的成功。

ALGOL W 及 PL 360 奠定了沃思作为世界级程序设计语言大师的地位,一举成名。但沃思是一个具有强烈爱国心的人,成名后的他谢绝了斯坦福大学的挽留,于 1967 年回到祖国,先在苏黎世大学任职,但第二年就回到他的母校苏黎世工学院。在这里,他首先设计与实现了 PASCAL(Philips Automatic Sequence CAlculator Language),这是在 CDC 6600 上开发成功的。PASCAL 在数据结构和过程控制结构方面都有很多创造。对于前者,除一般的整型、实型、布尔型数据外,PASCAL 还增加了字符型、子域类型、记录结构类型、文件类型、集合类型和指针类型;对于后者,除保留了无条件转移的 goto 语句外,又增加了 if-then-else、case、while、repeat 和 for 等多种控制结构,还允许复合语句和处理记录变量的分量使用 with 语句这种缩写形式。可以说,现代程序设计语言中常用的数据结构和控制结构绝大多数都是由 PASCAL 奠定基础的,因此它在程序设计语言的发展史上具有承上启下的重要里程碑意义。

说来有趣,沃思开发 PASCAL 的初衷是为了有一个适合于教学的语言,并没有想到商业应用。但一经推出,由于它的简洁明了,丰富的数据结构和控制结构为程序员提供了极大的方便与灵活性,也由于它特别适合于由微处理器组成的计算机系统,竟然大受欢迎,广泛地流传开来。在 C 语言问世以前,PASCAL 是风靡全球、最受欢迎的语言之一,创下了发行副本数最多的世界纪录。单是沃思的一个学生菲利浦·凯恩(Phillipe Kahn),从 ETH 毕业以后,在美国加利福尼亚州创办了一个软件公司,卖出了 100 多万个 PASCAL 副本,成为了百万富翁。

1971 年,沃思基于其开发程序设计语言和编程的实践经验,在 4 月的 *Communications of the ACM* 上发表了论文《通过逐步求精方式开发程序》(*Program Development by Stepwise Refinement*),首次提出了"结构化程序设计"(structured programming)的概念。这个概念的要点是:不要求一步就编制成可执行的程序,而是分若干步进行,逐步求精。第一步编出的程序抽象度最高,第二步编出的程序抽象度有所降低……最后一步编出的程序即为可执行的程序。用这种方法编程,似乎复杂,实际上优点很多,可使程序易读、易写、易调试、易维护、易保证及验证其正确性。结构化程序设计方法又称为"自顶向下"或"逐步求精"法,在程序设计领域引发了一场革命,成为程序开发的一个标准方法,尤其是在后来发展起来的软件工程中获得广泛应用。有人评价说沃思的结构化程序设计概念"完全改变了人们对程序设计的思维方式",这是一点也不夸张的。1983 年 1 月,ACM 在纪念 *Communications of the ACM* 创刊 25 周年时,从其 1/4 个世纪发表的大量论文中评选出 25 篇有里程碑意义的研究论文,每年 1 篇,沃思的这篇论文就是其中之一。

PASCAL 的成功也罢,结构化程序设计思想的巨大影响也罢,都没有停止沃思继续创造性的研究与开发工作。20 世纪 70 年代中期,为适应并发程序设计的需要,沃思又成功开发了一种获得广泛应用的语言 Modula。Modula 除了提供并发程序设计功能之外,另外一个重要特征是引进了模块概念(这也是该语言叫作 Modula 的原因)。此外,它还引进了“进程”(process)这一因和并发程序相联系而产生的重要概念。Modula 语言还特别适合于书写系统程序。但是,比 Modula 具有重大得多意义的却是它的第 2 个版本 Modula-2。这是 1976 年,沃思再次赴美国 Xerox 公司的 Palo Alto 研究中心参与 Alto 计算机的设计与开发工作。Alto 是世界上第一个具有图形用户界面的个人计算机系统(可惜 Xerox 公司没有把它商品化,而由 Apple 公司学去了它的技术而推出 Macintosh)。沃思回到瑞士以后,参考 Alto 的经验,设计、开发 Lilith 个人计算机系统。为了和 Lilith 的体系结构相配合,沃思决定在 Modula 的基础上开发新版本,作为整个系统的开发语言。Modula-2 与 Modula 相比,语法更加简洁,更加强调界面设计,模块的可重用性更好。它共有 3 个编译单元,即程序模块、定义模块和实现模块。在定义模块(definition module)中,只给出那些和模块外部交互所必需的信息。例如,对模块内部的子程序说明而言,在定义模块中只给出子程序名、参数名及其类型等,而不给出子程序体本身,也就是说,在定义模块中只给出模块外部可见的信息。在实现模块(implementation module)中,则给出那些在模块外部不可见的信息,例如,在模块内部定义的子程序说明的子程序体。这样的安排既提高了可读性,又有助于分别编译。Modula-2 在优美性(elegance)和简洁性(simplicity)两方面都比 Modula 更进一步。Lilith 的操作系统、图形软件包、数据库系统、网络协议套件、文件服务器等基本系统和大量应用模块全都是用 Modula-2 开发的。目前世界上已经开发了近百个 Modula-2 的编译系统,北美和欧洲的许多大学曾经用 Modula-2 代替 PASCAL 作为计算机系本科生的第一门程序设计课程。Modula-2 的标准化工作则早在 1984 年就开始由英国进行,ISO 则于 1987 年对它进行标准化,并采用由 IBM 的维也纳实验室提出的 VDM-SL 和经过沃思本人加以扩充的 BNF(即 EBNF,见下)表达语言的语法与语义,在形式化方面达到了一个新的水平。在 Lilith 项目中,沃思坚持将计算机体系结构、语言、操作环境这三者统一起来考虑,实行集成化、一体化设计的成功经验是具有革命性的创举,从而使这个项目在计算机科学史上占有重要地位。

沃思的 Oberon 计划是将程序设计语言和操作系统结合在一起的、面向单用户的个人工作站的一个系统。因为沃思认为,在 Internet 日益普及的情况下,今后联网的计算机将主要是个人工作站,因此如何使个人工作站功能更加强大、更加方便使用是一个十分重大的课题。沃思把这个计划取名为 Oberon 是寓意深长的,因为 Oberon 是希腊神话中的仙境之王和女神 Titania 的丈夫。沃思的目标是要使 Oberon 语言超越 PASCAL 和 Modula,设计出的操作系统和编译器功能更加强劲。1992 年他写了两本书向读者推荐 Oberon(见后),可见其对这个计划的重视。

除了程序设计语言之外,沃思在其他方面也有许多创造。为了定义和描述语言,沃思对著名的“巴科斯-诺尔范式”(BNF)进行了扩充,称为 EBNF(Extended BNF)。我们目前所看到的许多语言的 BNF 实际上是 EBNF,不过人们往往忽略掉这个 E 字。和 BNF 一起出现的,还常常有一些看上去像铁路图那样的图形,称作“语法图”(syntax chart 或 syntax diagram)或“铁路图”(railroad diagram),这也是由沃思所设计与发明的,这种图形标记法的描述能力等价于 BNF,但当然更易于阅读与理解,更加直观。在语法图中,用圆圈表示终结符,用方框表示非终结符,用有向弧表示走向,图上一条通路就表示该语法结构的一种正确定义方法。语法图的 4 种基本构造方法如下。

(1) 若产生式为 $W \to W_1 W_2 W_3$,则语法图如图 1;

(2) 若产生式为 $W \to W_1 W_2 \mid W_3 a \mid bcW_4$,则语法图如图 2;

(3) 若产生式为 $W \to abW$,则语法图如图3;

(4) 若产生式为 $W \to ab \mid abW$,则语法图如图4。

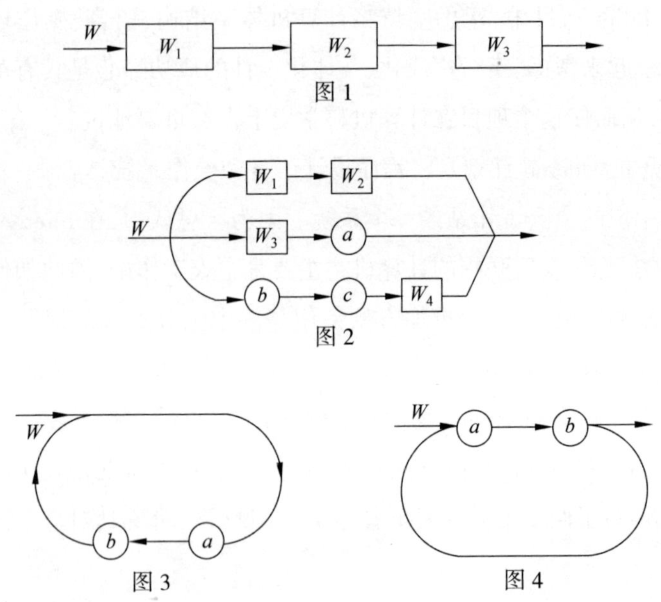

图1

图2

图3

图4

对于较复杂的产生式,其语法图一般可通过上述4种语法图进行组合而得到。

在对上下文无关文法的研究中,一个很重要的问题是如何确定两个符号之间的优先关系。现在一般采用的办法也是由沃思和他的同事韦伯提出来的,叫沃思-韦伯优先关系(Wirth-Weber precedence rclation),或叫简单优先关系。它规定上下文无关文法G中任意两个符号的优先关系如下。

(1) $X \lessdot Y$,当且仅当有产生式 $A \to \alpha XB\beta$,且有推导 $B \overset{+}{\Rightarrow} Y\gamma$。

(2) $X \doteq Y$,当且仅当有产生式 $A \to \alpha XY\beta$。

(3) $X \gtrdot Y$,当且仅当有产生式 $A \to \alpha BY\beta$,且有推导 $B \overset{+}{\Rightarrow} \gamma X$ 及 $Y \overset{*}{\Rightarrow} a\delta$。

其中 A、B 为非终结符，X、Y 为待定优先关系的两个任意符号，α、β、γ 和 δ 为由终结符和非终结符组成的任意符号串，可以是空串。α 是终结符。

沃思的学术著作很多，主要有如下几种，其中一些原版是用德文写的，翻译成了英文。

《系统程序设计导论》(*Systematic Programming: An Introduction*, Prentice-Hall, 1973)

《算法+数据结构=程序》(*Algorithms+Data Structures =Programs*, Prentice-Hall, 1976。中译本由曹德和、刘椿年译，科学出版社出版)

《算法和数据结构》(*Algorithms and Data Structures*, Prentice-Hall, 1986)

《Modula-2 程序设计》(*Programming in Modula-2*, Springer, 1988, 第 4 版)

《PASCAL 用户手册和报告：ISO PASCAL 标准》(*PASCAL User Manual and Report: ISO PASCAL Standard*, Springer, 1991)

《Oberon 计划：操作系统和编译器的设计》(*Project Oberon: the Design of an Operating System and Compiler*, ACM Press, 1992)

《Oberon 程序设计：超越 PASCAL 和 Modula》(*Programming in Oberon: Steps beyond PASCAL and Modula*, ACM Press, 1992)

《数字电路设计教材》(*Digital Circuit Design for Computer Science Students: An Introductory Textbook*, Springer, 1995。中译本由张力军等译，高等教育出版社出版)

《编译器构造的原理和技术》(*Theory and Techniques of Compiler Construction*, Addison-Wesley, 1996)

ACM 除了 1984 年授予沃思图灵奖外，1987 年又授予他计算机科学教育杰出贡献奖。另一重要的国际学术组织 IEEE 也授予过沃思两个奖项：1983 年的 Emanual Piore 奖和 1988 年的计算机先驱奖(Computer Pioneer Award)。1992 年，加州大学伯克利分校授予沃思为“杰出校友”。

沃思是在 1984 年 10 月于美国旧金山举行的 ACM 年会上接受图灵奖的。沃思发表了题为“从程序设计语言设计到计算机建造”(*From Programming Language Design to Computer Construction*)的图灵奖演说，回顾了自己在计算机领域所做的工作。演说全文刊载于 *Communications of the ACM*，1985 年 2 月，159-164 页，也可见《前 20 年的 ACM 图灵奖演说集(1966—1985)》(*ACM Turing Award Lectures—The First Twenty Years*：1966-1985，ACM Press)，179-196 页。沃思在演说中强调了程序设计语言简洁性的重要意义，也讨论了它所需的硬件和软件环境(因为沃思一直很重视语言的实现问题)。他介绍了在设计 Modula-2 和 Lilith 中的经验，指出第一手经验和选择良好开发工具的无比价值。

1993 年，沃思当选为美国工程院外籍院士，1999 年从苏黎世工学院退休。

1985年图灵奖获得者：理查德·卡普

——发明“分支限界法”的三栖学者

有“三栖学者”美称的理查德·卡普(Richard Manning Karp)获得1985年图灵奖是众望所归的。卡普之所以被称为“三栖学者”是因为他知识渊博，贯通多个学科专业，因而同时被加州大学伯克利分校的电气工程和计算机系、数学系以及工业工程和运筹学系三个系聘为教授。这种情形在美国大学中都是不多见的。而卡普之所以被授予图灵奖，也是因为他在算法的设计与分析、计算复杂性理论、随机化算法等诸多方面做出了创造性贡献。

理查德·卡普

卡普1935年1月3日生于波士顿，从小时起就兴趣广泛，聪明过人。在哈佛大学时他文理兼修，1955年先获得文学学士学位，第二年又获得理科硕士学位。之后他进入哈佛大学的计算实验室攻读博士，于1959年取得应用数学博士学位。学成以后，他进入IBM公司的沃森研究中心，在那里工作近10年。从20世纪50年代末至20世纪60年代，正是计算机科学的创建时期，高级语言刚诞生不久，计算机应用开始被社会所重视并逐渐走向普及。在这种情况下，有关数据结构、算法、计算复杂性等课题吸引着众多学者的注意。IBM公司作为美国乃至世界最大的计算机厂商，理所当然地成为这些研究的中心之一，集中了大批最优秀的研究人员。卡普在IBM公司期间，主要是深入研究了与实际应用有密切联系的一系列数学问题，如路径问题、背包问题、覆盖问题、匹配问题、分区问题、调度问题等，取得了许多出色的成果。这些问题有一个共同的特点，即如果用图来表示问题，那么当图中增加一个结点时，需要考查的可能的解的数目就急剧增加，形成所谓“组合爆炸”(combinatorial explosion)，使计算机的计算工作量大大增加，到一定程度就根本无法实现。以路径问题中最著名的旅行推销员问题为例，在卡普以前，最好的结果是Rand公司的丹齐格(George Benard Dantzig)、福格森(R. Fulkerson)和约翰逊(S.Johnson)用手工和计算机相结合的办法，求出了包含49个城市的旅行推销员的最佳路线。卡普和他的同事赫尔德(M.Held)经过反复研究，终于提出了一种称为“分支限界法”(branch-and-bound method)的新方法，用这种新方法实现的算法使旅行推销员能周游的城市数达到65个，从而打破了由Rand公司保持的纪录。分支限界法是一种构造性的探索法，可在整个允许的解空间中进行最优搜索。该方法的要点是：对解集合反复进行分支，每次分支时，都对所得的子集计算最优解的界。如果对某个子集求得的解不优于已知的允许解，则抛弃此子集不再进行分支；否则继续分支以探索更好的解，直到所得的子集仅含有一个解时为止。分支限界法就其实质而言是一种求解策略而非算法，具体算法要根据实际问题的特点去实现。但由于这种方法在求解许多问题中都非常实用，因此常常被直呼为“分支限界算法”，在几乎任何一本有关算法的书中都有介绍。

卡普还研究过最大网络流问题。这个问题给定一个包含起点和终点的有向图，其中的每条边都有一定的容量限制。如果把边想象成管道，在其中流过某种物质，需要求出从起点到终点的最大物流量。这个问题对于输油管道、输气管道、公路网、通信网的设计都有很重要的意义。解决这个问题的第一个算法是福特(L.Ford)和福格森(O.R.Fulkerson)在1956年提出的,算法的要点是:从流量0开始,反复寻找满足如下条件的所谓增量路径:既能向该路径中注入尽可能大的流量,又能保证所有的边不超出饱和状态,直至无法找到新的增量路径为止。这个算法在多数情况下是有效的,但在某些特殊情况下效率很低,甚至无法给出答案。卡普和埃德蒙多(J.Edmonds)合作,在1969年对这个算法进行了改进,每次在寻找增量路径时选择包含的边数最少的路径,从而使算法的效率大大提高。改进后的算法的运行时间正比于结点数和边数平方的乘积。

在对旅行推销员问题进行研究的过程中卡普发现,无论对算法做何种重大改进,也无论用何种更高效的新算法使旅行推销员能周游的城市数进一步增加(包括后来采用一种称为“多面体组合学”的方法把它转变为线性规划问题,使周游城市的数量超过300),解题所需的时间总是问题规模(在这里是城市数)的函数,且以指数方式增长。这引起卡普的深思,并促使他进入计算复杂性领域进行更深层次的研究。1967年,正好以色列学者、计算复杂性理论研究的先驱拉宾(M.O.Rabin,1976年图灵奖获得者)从希伯来大学来到IBM公司的沃森研究中心做客座研究员,并且和卡普住在同一公寓大楼(卡普长期单身,直到1979年44岁才结婚成家),他们成了朋友,经常一起上下班,一起散步,拉宾在计算复杂性理论方面的深刻见解给了卡普很多启发。

1968年,卡普离开IBM公司到加州大学伯克利分校工作。这里是计算机科学理论的又一个研究中心,库克(S.Cook,1982年图灵奖获得者)、布卢姆(M.Blum,1995年图灵奖获得者)等一批知名学者当时都在那里,学术气氛十分浓厚。布卢姆是计算复杂性理论的主要奠基人之一,库克则于1971年最早提出“NP完全性”问题。在这样的环境下，卡普对计算复杂性问题的研究日益深入。1972 年，卡普发表了他的那篇著名的论文：《组合问题中的可归约性》(*Reducibility among Combinatorial Problems*，见由 R.E.Miller 和 J. W.Thatcher 所编纂，由 Plenum 出版社出版的 *Complexity of Computer Computations* 一书)。卡普的论文发展和加强了由库克提出的“NP 完全性”理论，尤其是，库克仅证明了命题演算的可满足问题是 NP 完全的，而卡普则证明了从组合优化中引出的大多数经典问题，包括背包问题、覆盖问题、匹配问题、分区问题、路径问题、调度问题等，都是 NP 完全问题。只要证明其中任一个问题是属于 P 类的，就可解决计算复杂性理论中最大的一个难题，即 P=?NP。这就是卡普论文的主要贡献和主要意义。这篇论文还有另外一些贡献。其一就是对计算复杂性理论中的术语进行了规范和统一。把有多项式时间算法的问题命名为 P 类问题，就是卡普在这篇论文中首次采用的，现在已为学术界所接受并普遍采用，这为学术交流带来了很大的好处。其二是卡普在刻画 NP 类中的“最困难”问题类时，提出了与库克归约不同的另一种归约方法，称作“多项式时间多一归约”，有时直接把它叫作“卡普归约”。卡普归约的要点如下：对于 Σ 上的两个语言 L_1、L_2，若存在多项式时间可计算函数 f: $\Sigma^* \to \Sigma^*$，使得对任何 $x \in \Sigma^*$，$x \in L_1$ 当且仅当 $f(x) \in L_2$，则称 L_1 多项式时间多一归约到 L_2，记为 $L_1 \leqslant_m^p L_2$。这时，$x \in L_1$ 的判别可以通过计算 $f(x)$ 转换成 $f(x) \in L_2$ 的判别。因此，$L_1 \leqslant_m^p L_2$ 更直观地理解为 L_1 的计算难度不比 L_2 大。同库克归约中的 $\leqslant_T^P$ 类似，$\leqslant_m^P$ 也可定义在任何语言类 D 上，若存在 $L \in D$，使对于任何 $L' \in D$，都有 $L' \leqslant_m^p L$，则称 L 为 D-m 完全的。其三，卡普的论文给出了“多项式谱系”或叫“多项式层次”(polynomial hierarchy)的基本思想。所谓多项式谱系，就是从库克归约和卡普归约出发，可建立 P 和 NP 类关于任何语言 L 的相对化定义，再自然推广到

任何语言类 D 上,得

$$P(D)=\bigcup_{L\in D}P(L),NP(D)=\bigcup_{L\in D}NP(L)$$

基于此,可以将 P 和 NP 视为语言类上的一种算子,且有

$$D\subseteq P(D)\subseteq NP(D),P(P)=P,NP(P)=NP$$

从语言类 P 开始,将算子 NP 重复地作用在其上,便产生一个语言类的无穷递增序列:

$$P,NP,NP(NP),NP(NP(NP))\cdots$$

把它们依次记为

$$\Sigma_0^P,\Sigma_1^P,\Sigma_2^P,\Sigma_3^P\cdots$$

也即

$$\Sigma_0^P=P,\Sigma_{k+1}^P=NP(\Sigma_k^P),k\geqslant 0$$

这就形成了一个基本的复杂性类。此外可定义与它相关的其他两个复杂性类 Π_k^P 和 Δ_k^P 如下:

$$\Pi_k^P=C_o-\Sigma_k^P=\{L\subseteq\Sigma^*\mid\overline{L}\in\Sigma_k^P\}$$

$$\Delta_0^P=P,\Delta_{k+1}^P=P(\Sigma_k^P),k\geqslant 0$$

这三种复杂性类有下述基本关系:

$$\Delta_k^P\subseteq\Sigma_k^P\cap\Pi_k^P,\Sigma_k^P\cup\Pi_K^P\subseteq\Delta_{k+1}^P$$

由此可见,

$$\bigcup_{k\geqslant 0}\Sigma_k^P=\bigcup_{k\geqslant 0}\Pi_k^P=\bigcup_{k\geqslant 0}\Delta_k^P$$

由 Σ_k^P、Π_k^P 及 $\Delta_k^P(k\geqslant 0)$ 所描述的层次结构记为 PH,即多项式谱系。

卡普给出了多项式谱系的基本思想后,由迈耶(A.Meyer)和斯托克迈耶(L.Stockmeyer)在 1973 年给出了严格形式化定义,拉索尔(C. Wrathall)又给出了有关定理,成为研究计算复杂性的一个重要工具。

除了以上贡献外,卡普在组合优化算法的概率分析、随机化算法等

方面也有不少研究成果。卡普还致力于并行算法的研究,并有所创造。1996 年 11 月,卡普和他在伯克利时的同事库勒(D.Culler)等在 *Communications of the ACM* 上发表论文,提出了名为 Log *P* 的一种并行算法的实用模型。这种模型的优点是对分布存储器并行机系统的通信开销做了比较客观和科学的概括,因而引起学术界的重视。中国科学院计算所的学者已基于 Log *P* 模型设计与实现了一种并行计算模拟器,取得了良好结果,详情请参阅《计算机研究与发展》,1997 年 9 月。

卡普由于其多方面的贡献,获得许多荣誉与奖励。除图灵奖以外,1978 年他还获得美国运筹学与工业管理学会颁发的 Lanchster 奖,1979 年美国数学会授予他 Fulkerson 奖,1990 年美国运筹学会授予他冯·诺依曼理论奖,1995 年获得 Babbage 奖,1996 年美国科学院授予他美国国家科学奖章(National Medal of Science)。2004 年他获得以本杰明·富兰克林命名的富兰克林计算机和认知科学奖章(The Benjamin Franklin Medal in Computer and Cognitive Science)。2008 年他获得日本京都奖(Kyoto Prize)。他也是美国国家科学院(1980)、美国国家工程院(1992)和欧洲科学院(2004)的院士。

卡普是在 1985 年 10 月于美国科罗拉多州的丹佛召开的 ACM 年会上接受图灵奖的。他的图灵奖演说题为"组合论、复杂性和随机性"(*Combinatorics*,*Complexity and Randomness*),是对上述课题的一个精彩综述,并且给出了一张有关组合优化和计算复杂性理论发展过程的年表,从 1900 年德国数学家希尔伯特提出"23 个数学难题"开始,到 20 世纪 80 年代中期他演说时为止的进展和成果,很有参考价值。颁奖以后卡普还接受了记者卡伦·弗兰克尔(Karen A.Frenkel)的采访,演说全文和采访时的对话刊载于 *Communications of the ACM*,1986 年 2 月,98-117 页,或可见《前 20 年的 ACM 图灵奖演说集(1966—1985)》(*ACM Turing Award Lectures—The First Twenty Years*:1966-1985,ACM

Press),433-466 页。

卡普除在 IBM、伯克利工作过以外,还曾在密执安大学、哥伦比亚大学、纽约大学和布鲁克林(Brooklyn)理工学院任教。1995 年卡普曾转到华盛顿大学从事计算分子生物学的研究,1999 年又回到伯克利。2012 年,他在伯克利创立了西蒙计算理论研究所,并担任该研究所所长至 2017 年。

1986 年图灵奖获得者：

约翰·霍普克洛夫特和罗伯特·陶尔扬

——硕果累累的算法设计大师

约翰·霍普克洛夫特

罗伯特·陶尔扬

1986 年图灵奖由康奈尔大学机器人实验室主任约翰·霍普克洛夫特(John Edward Hopcroft)和普林斯顿大学计算机科学系教授罗伯特·陶尔扬(Robert Endre Tarjan)共享,而陶尔扬曾是霍普克洛夫特的学生。这师生两人由于在数据结构和算法的设计和分析方面的众多创造性贡献而共同获此殊荣,在业界传为美谈。

霍普克洛夫特 1939 年 10 月 7 日生于美国西雅图。1961 年在西雅图大学获得电气工程学士学位以后,进入斯坦福大学研究生院深造,师从著名的学者威德罗(Bernard Widrow)。威德罗是研究自适应信号处理和神经元网络的鼻祖。霍普克洛夫特 1962 年获得硕士学位,1964 年获得博士学位,也就是说只用了 3 年就拿下了硕士、博士两个学位,其勤奋和聪颖由此可见。学成以后,霍普克洛夫特曾先后在普林斯顿大学、康奈尔大学、斯坦福大学等著名高等学府工作，也曾任职于一些科学研究机构如美国国家科学基金会(NSF)和美国国家研究院(NRC)，从事对科学研究的规划和行政管理工作，但时间不长。

霍普克洛夫特成为著名的计算机科学家源于一个十分偶然的机会。他学习的专业是电气工程，原本没有多少计算机科学知识，只有学过的一门“开关电路和逻辑设计”算是多少有些关系。因此他原打算毕业后去西海岸的一所大学执教电气工程方面的课程。但就在毕业之前，有一次他偶然经过他的导师威德罗办公室的门口，当时，普林斯顿大学的麦克卢斯基教授(Edward McCluskey，他也是一位著名的学者，是研究数理逻辑的专家，他和奎因(Quine)共同创造的化简开关函数的一种方法就被叫作奎因-麦克卢斯基法(Quine-McCluskey method)；他还曾出任IEEE计算机协会主席。)正为筹建“数字系统实验室”打电话给威德罗，请他推荐毕业博士生去那里工作。威德罗一眼瞥见从门口走过的霍普克洛夫特，觉得勤奋好学、悟性又高的这位得意门生正是一个值得推荐的人才，当即把他叫进办公室，并把电话递给了他。霍普克洛夫特在电话里听了麦克卢斯基对普林斯顿大学拟建数字系统实验室的考虑和打算，又前去面谈了一次，实地了解一番以后，一则因为普林斯顿大学作为美国一流大学的名望吸引着他，二则因为对数字系统这一全新的学科领域产生了强烈的兴趣，霍普克洛夫特欣然放弃了原先的计划，接受了普林斯顿大学的聘任，从而改变了他的一生。

年轻的霍普克洛夫特来到普林斯顿大学之后接受的第一项任务是开设一门新课：自动机理论。这对他来说是富有挑战性的，因为他之前并未接触过这个课题。面对挑战，他虚心地请麦克卢斯基推荐有关参考资料。由于当时没有任何一所学校开过自动机理论的课程，也没有一本自动机理论的书籍,对自动机理论这门课到底应该包含哪些内容,麦克卢斯基本人心里也没有底。但凭着他对计算机科学的深刻理解和对文献的广泛了解,他为霍普克洛夫特开列了包括图灵、麦卡洛克(Warren McCulloch)和皮茨(Walter Pitts)、拉宾(M.O.Rabin)和斯科特(D.Scott,这两人是1976年图灵奖获得者)、巴克斯(J. Backus,1977年图灵奖获得者)和诺尔(P.Naur,2005年图灵奖获得者)、哈特马尼斯(J.Hartmanis)和斯特恩斯(R.Stearns,这两人是1993年图灵奖获得者)以及乔姆斯基(N.Chomsky)等所写的6篇论文。基于这些论文,霍普克洛夫特对图灵的计算模型(即图灵机),麦卡洛克和皮茨在研究神经网络中用0和1的串描述神经元所产生和传递的电脉冲,从而导出的正规表达式概念(regular expression),拉宾和斯科特的有限状态自动机理论,巴克斯和诺尔描述程序设计语言语法的BNF范式,乔姆斯基的上下文无关文法(context-free grammar)等进行了深入钻研和消化,并加以分析、综合和比较,逐渐理出了头绪。他把有关自动机理论的上述分散而零星的材料全面地条理化、系统化,有机地联系在一起,成功地开出了新课,并为这门计算机科学中的基础性课程建立起了框架。后来,霍普克洛夫特和著名的计算机科学家、教育家乌尔曼(J. D. Ullman,2020年图灵奖获得者,1997年ACM优秀计算机教育奖获得者)合作编写了《形式语言及其与自动机的关系》(*Formal Language and Their Relation to Automata*,Addison-Wesley,1969),这本书是学术界公认的在自动机理论方面有代表性的一部成功之作(此书中译本由莫绍揆等译,科学出版社出版)。

然而,霍普克洛夫特更感兴趣的课题是与实际应用有密切联系的"算法"。当时,算法复杂性理论虽已由哈特马尼斯、斯特恩斯和布卢姆(M.Blum,1995年图灵奖获得者)等奠定了基础,但对具体算法的优劣和效率的判断尚未建立起客观和明确的准则,因此,往往出现这样的情况：有人公布了解某类问题的一种算法，给出对若干样本问题进行测试的执行时间；过了一段时间，另外一个人发布对它的"改进算法"，给出对相同样本问题进行测试的执行时间（当然比前者少，所以宣称算法获得了"改进"）。而实际上，执行时间的减少很可能是由于所用机器性能提高了，或者是所用语言比前者效率高所致，所谓"改进算法"实际上不见得比原算法高明。霍普克洛夫特对这种情况很不满意，决心加以解决。经过反复研究，他终于提出了一种"算法的最坏情况渐近分析法"（worst-case asymptotic analysis of algorithms），这种方法先确定问题的大小尺度，然后把计算时间当作问题大小尺度的一个函数去算出计算时间的增长率，以此衡量算法的效率和优劣。这个方法由于与机器性能及所用语言无关，成为测量算法好坏的数学准则，被学界所广泛认同和接受。

但是导致他和陶尔扬共同获得图灵奖的最主要原因则是他们解决了图论算法中的一些难题，创造了新的、重要的数据结构和影响深远的算法。1970 年，霍普克洛夫特在康奈尔大学获得一年学术休假（他是 1967 年被哈特马尼斯招至麾下的）。他决定回母校斯坦福大学到克努特教授名下做研究，因为克努特虽然只比他年长一岁，但因在 1968 年和 1969 年连出两卷《计算机程序设计艺术》（*The Art of Computer Programming*）而名满天下，成为算法领域的权威。克努特知道霍普克洛夫特对算法有兴趣并有独到见解，就把他和自己的得意门生、研究方向也是算法的陶尔扬安排在一个办公室（也有资料说是相邻办公室），为他们的合作创造了条件。他们选择了图论中与实际应用有很大关系的图的连通性（connectivity，也就是图中任意两个结点是否都是相互可达的）和平面性（planarity，也就是图中所有的边是否都可以安排得互不交叉）的测试难题进行攻关。拿如下所示的平面图来说，它对印制电路板设计这样一类问题有十分重要的意义。学过图论的人都知道，平面图判断问题的研究可以上溯到18世纪,伟大的数学家欧拉早就证明,若结点数为n,则当n大于或等于3时,所有边数大于或等于$3n-6$的图都不是平面图。但边数小于$3n-6$的图是不是平面图呢?欧拉没有给予说明。

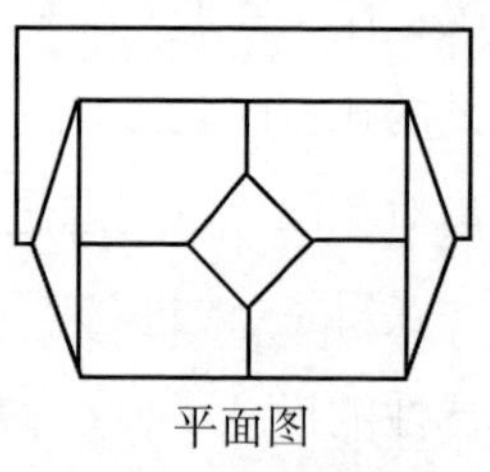

平面图

1930年,波兰数学家库拉托夫斯基(Kuratowski)解决了这个问题,他给出了如下的判断法则:如果一个图既不包括5个结点的完全图(叫K_5)作子图,也不包括6个结点的偶图(叫$K_{3,3}$)作子图,则该图是平面图,否则为非平面图。所谓完全图(complete graph)就是任意2个结点之间都有边的图,见图(a);所谓偶图(bipartite graph)就是可以把全部结点分成两个不相交的集合,所有边的两个端点分属于这两个集合的图,见图(b)。这个判据看似简单,但实现起来很难。对于有100个结点的图,用普通的算法,计算机需要1万亿步才能确定它是不是平面图。因此,寻找高效的平面图测试算法成为摆在当时计算机科学家面前的一大难题。霍普克洛夫特和陶尔扬都是富有创造性的人,又都善于合作共事,因此当两朵智慧的火花碰在一起时,就很快迸发出耀眼的光芒!在解决这个难题的过程中,霍普克洛夫特首先提出了一种新的思路,经过陶尔扬的反复推敲和完善,一种适于解这类问题的新的算法终于诞生了,这就是著名的"深度优先

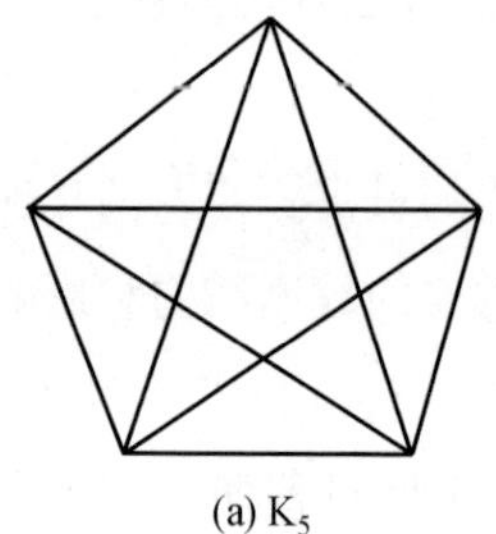

(a) K_5

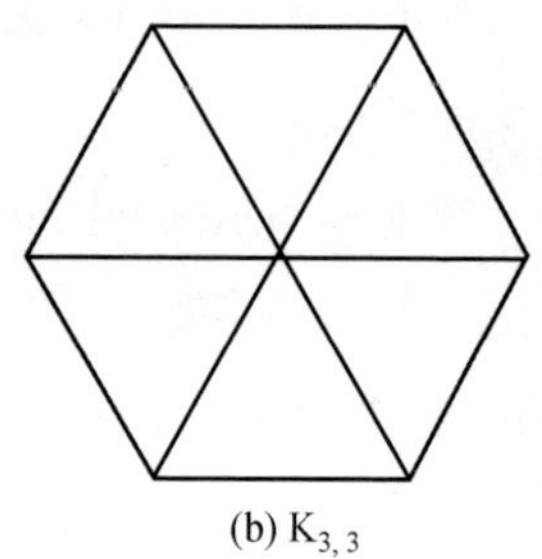

(b) $K_{3,3}$

完全图和偶图

搜索算法”(depth-first search algorithm)。利用这种算法对图进行搜索时,结点扩展的次序是向某一个分支纵深推进,到底后再回溯,这样就能保证所有的边在搜索过程中都经过一次且只经过一次,从而大大提高了效率。新算法的运行时间是线性的,也就是说时间与图的大小成正比关系,大小翻一倍,解问题所需的时间也只翻一倍,而不像用库拉托夫斯基判断的老算法那样,所需时间要增加 60 倍以上。利用他们创造的新算法,陶尔扬用 ALGOL W 为一个包含 900 个结点和 2694 条边的图编制了一个测试其平面性的程序,程序只有 500 行,在 IBM 360/67 上运行,只用了 12s 就得到了结果。霍普克洛夫特和陶尔扬的研究成果在 *Journal of the ACM* 上公布以后,引起学术界很大的轰动,而他们创造的深度优先算法则在信息检索、人工智能等方面成功地得到应用。在向霍普克洛夫特和陶尔扬授予图灵奖的仪式上,当年国际象棋程序比赛的优胜者就说,他的程序在搜索可能的棋步时用的就是深度优先算法,这是他的程序之所以能出奇制胜的关键。

在取得成功之后,霍普克洛夫特和陶尔扬并不满足,继续致力于开发效率更高的算法。不久,他们又发明了一种新的数据结构叫“双堆栈叠”(pile of twin stacks),这种数据结构使深度优先搜索算法的优点更加发扬光大。陶尔扬的一个学生用这种新的数据结构和深度优先算法编写了一个 ALGOL W 程序,只有 250 行,在 IBM 370/168 上测试有 8000 个结点的图的平面性,只用了 8s。

霍普克洛夫特除了和陶尔扬合作取得上述成果外,在数据结构和算法方面还有其他一系列创造。如常用于索引组织的著名数据结构 B 树,是一种平衡的多分树,对查找、插入、删除等操作能始终保持动态平衡,具有很高的效率。霍普克洛夫特在对 B 树进行深入研究以后,为了进一步提高其操作效率和空间利用率,创造了它的一种变形叫“2-3 树”,这种树的每个结点有两个键,每个键都有两三个儿子。

霍普克洛夫特著述颇丰,除前面已经提到过的他的处女作以外,还有以下多部著作问世。

《计算机算法的设计与分析》(*The Design and Analysis of Computer Algorithms*,Addison-Wesley,1974。本书中译本由黄林鹏、王德俊、张仕译,机械工业出版社出版)

《数据结构和算法》(*Data Structures and Algorithms*, Addison-Wesley,1982,1983,1987)

《自动机理论,语言和计算导论》(*Introduction to Automata Theory, Languages, and Computation*, Addison-Wesley, 1979。本书有中译本,徐美瑞译,科学出版社出版。其第3版由机械工业出版社于2007年出了影印版,并由孙家骕等译成中文出版)

《计算机科学:成就与机遇》(*Computer Science: Achievements and Opportunities*,SIAM,1989)

霍普克洛夫特的研究兴趣集中在机器人学方面,这从他曾任康奈尔大学机器人实验室主任这一点上可以看出。

霍普克洛夫特曾经常到中国访问,许多中国学生拜他为师,因此他对中国学生的长处和短处有深刻的了解。他一针见血地指出,"中国学生能展示出非常完美的课堂笔记,几乎复制下我上课所讲授的所有内容。当我布置一项难度很高的问题给他们的时候,他们哪怕不吃不睡,也能很快把问题的解决方案给我。然而,当我让他们自主设计一个完整的项目,或者让他们针对研究过程寻找问题的时候,他们中有相当一部分人会被难倒。他的话很值得我们的教育工作者和学生们深思。

霍普克洛夫特是美国国家科学院(2009)、美国国家工程院(1989)和美国艺术与科学院(1987)的院士,2017年当选为中国科学院外籍院士。他还曾任美国总统国家科学委员会成员(1992—1998)。在他领衔和倡导下,2017年上海交通大学成立了John Hopcroft计算机科学中心,香港中文大学(深圳)的霍普克洛夫特高等信息科学研究院也同年正式成立,他还受聘为北京大学信息技术高等研究院名誉院长。他与国内北京大学、清华大学、华中科技大学、哈尔滨工业大学、吉林大学、香港中文大学(深圳)等多所高校开展教学和科研合作,目前联合培养了十余名博士生。

罗伯特·陶尔扬 1948 年 4 月 30 日生于加利福尼亚州的波莫纳(Pomona)。陶尔扬从小就是一个富于幻想、追求新鲜事物的人,幼时对天文学很感兴趣,梦想成为第一个登上火星的人。小学七年级时他开始看《科学美国人》杂志,尤其对著名数学家马丁·加德纳(Martin Gardner)开设的趣味数学专栏深感兴趣(加德纳是世界著名的科普作家,上海科技出版社 1981 年翻译出版了他著的《啊哈!灵机一动》,被中国科学家评为"20 世纪科普佳作"之一而向读者进行推介)。1964 年,陶尔扬参加一个中学生科学夏令营,第一次接触计算机,立即被神奇的计算机所吸引。因此,当他上加州理工学院时,虽然学的专业是数学,但同时还辅修了当时学校开设的所有有关计算机的课程。1969 年他取得学士学位以后,进入斯坦福大学研究生院,师从著名的计算机科学家、1974 年图灵奖获得者克努特。1970 年,在克努特的有意安排下,他与到斯坦福大学来度学术休假的康奈尔大学教师霍普克洛夫特开始了对图论算法的共同研究。他们的这个课题实际上是在"人工智能之父"麦卡锡(J.McCarthy)的建议下进行的。当时陶尔扬正选修麦卡锡开设的符号处理课程,学习由麦卡锡开发的第一个人工智能语言 LISP。作为作业,麦卡锡让学生编写程序以验证给定的图是不是平面图,并建议学生们在程序中使用库拉托夫斯基条件。陶尔扬虽然一开始就意识到这样的算法效率太低,考虑另起炉灶,但不知从何入手。这时霍普克洛夫特提出的新思路启发了他,他经过仔细考虑和研究,对霍普克洛夫特的方案进行了细化与完善,终于使深度优先搜索算法完美实现,取得成功。

1972年,陶尔扬以平面图测试算法为题完成了博士论文,以优异成绩通过论文答辩取得博士学位,这时离开他取得硕士学位刚刚一年。学成以后,陶尔扬先是跟随霍普克洛夫特去了康奈尔大学,以后又先后在加州大学伯克利分校、母校斯坦福大学和贝尔实验室工作过,其主要兴趣和研究方向仍是和生产、生活有密切联系的一些算法问题和发现新的数据结构。陶尔扬到康奈尔大学后研究和解决的第一个问题是所谓"合并-搜索问题",也是图论算法中的一个问题。在许多图论算法中,要将图的结点分成若干不同的组,叫作"分区"(partition)。在算法过程中,不同的分区有时需要合并成较大的分区,这就是合并-搜索问题中的"合并"操作。算法中也经常需要判断两个结点是否属于同一分区,这就是合并-搜索问题中的"搜索"操作。为了提高效率,搜索操作应尽可能缩短搜索路径,这叫"路径压缩"。这个问题看似简单,其实不然,包括一些知名学者在内的人在研究和分析这个问题的时候都犯了这样那样的错误。陶尔扬深入研究这个问题,最后利用阿克曼函数(Ackermann function,这是数学家阿克曼在1928年找到的一个可计算、但不是原始递归的函数)成功地解决与分析了"合并-搜索问题"。

在研究合并-搜索问题的过程中,陶尔扬还提出了"分摊"算法的概念。分摊(amortization)这个术语是陶尔扬从财会术语中借用过来的。陶尔扬发现,有时虽然单个查找操作可能很费时间,但通过路径压缩却可以大大减少以后的一些查找操作所需的时间,也就是说,一个查找操作额外做的工作可以"分摊"给从中受益的多个查找操作,因此从整体上看是提高了效率。分摊的概念将程序员的注意力从关注单个操作的时间引导到转而关注所有操作的平均时间,在算法设计与分析中引起了一场革命。

1975年,陶尔扬和他的学生在斯坦福研究最大网络流问题。这个问题由于对天然气和石油管道、公路网、铁路网和通信网的设计有巨大意义而吸引了许多学者。福特(L.Ford)和福格森(D.Fulkerson)早在1956年就提出了解决这个问题的第一个计算机算法,但某些情况下效率不高,甚至无法找到正确答案。10年后埃德蒙多(J.Edmonds)和卡普(R.Karp,1985年图灵奖获得者)改进了这个算法,使之有更高的效率。陶尔扬发现,最大网络流问题的关键不在于算法本身而在于数据结构。经过艰苦探索,陶尔扬和他的学生终于发明了一种称为"动态树"(dynamic tree)的新的数据结构,在此基础上他们开发成功了前所未有的最大网络流高效算法,获得了广泛应用。1980年,陶尔扬在贝尔实验室继续研究这一课题,将他以前提出的分摊的概念用于网络流问题,发现如果不集中于最坏情况,而去关注平均时间,也就是说不谋求在最坏情况下有效,而谋求在分摊情况下有效,可以使最大网络流问题获得更好的结果。循着这一方向,陶尔扬和他的学生提出了"自调整"(self-adjusting)数据结构的概念,并发明了一种有着良好特性的新的数据结构——"八字形树"(splay tree)。目前,在算法设计中利用陶尔扬提出的分摊概念提高效率已成为重要的方法之一。

20世纪80年代初,陶尔扬一方面在贝尔实验室工作,一方面在纽约大学当兼职教授。他和纽约大学的几个研究生开始了一项新的研究——研究能长期保存信息的数据结构,即利用这种数据结构不但可以跟踪其最近的信息,还可以跟踪其过去的信息,陶尔扬称他们设计出来的这种数据结构为"持久性数据结构"(persistent data structure)。利用陶尔扬的持久性数据结构访问其当前信息的速度和通常的数据结构几乎一样快,要获得过去的信息也只需要程序付出一点点额外的代价。持久性数据结构已经在计算几何和并行处理中获得成功应用,但是它更加重要的应用领域是时态数据库(temporal database),尤其是历史性数据库(historical database),随着这类数据库的发展,持久性数据结构将会大放异彩。

陶尔扬由于一系列创造性工作而获得许多荣誉。除了图灵奖以外,1983 年他被国际数学联合会授予以著名芬兰数学家内文林那(1895—1980)命名的信息科学奖(Nevanlinna Prize in Information Science),1984 年美国科学院授予他研究创新奖(National Academy of Science Award for Initiatives in Research)。1987 年和 1988 年他先后当选为美国科学院院士和美国工程院院士。

在接受图灵奖时,霍普克洛夫特和陶尔扬分别发表了演说,前者的演说题为“计算机科学:作为一门学科的出现”(*Computer Science: The Emergence of a Discipline*),后者的演说题为“算法设计”(*Algorithm Design*)。两人还一起接受了记者卡伦·弗兰克尔(Karen A.Frenkel)的采访。两篇演说及与记者的对话刊于 *Communications of the ACM*,1987 年 3 月,197-222 页。颁奖典礼是在得克萨斯州的达拉斯召开的 1986 年秋季联合计算机会议期间举行的。

陶尔扬现为惠普全球实验室的高级研究员,正从事利用算法实现业务流程自动化的研究,以最大限度地提高业务流程的效率,降低企业成本。这项研究工作的内容之一是企业人才的优化,即对每个技能用数学的方法进行量化,以便根据不同的量化数据来匹配技术人员,使之发挥最大的效能。陶尔扬期望他的研究成果在惠普试用后能够成为一种产品或者一种服务提供给其他企业。

在 2012 年 4 月访问中国,做客“清华海外名师讲堂”发表演说时,陶尔扬寄语中国的年轻学子说,对一个新课题的研究往往要用很长的时间,“这其中你一定会遇到很多失败,有时会觉得懊恼,甚至会用头撞墙。但是你要学会坚持。万一这个问题总是找不到答案,你可以先换一个课题去研究,然后过一段时间再来攻克这个难题。总之,不管你有多聪明,多么有天赋,毅力和不断的学习都是非常重要的。”他的话很值得我们借鉴。

霍普克洛夫特和陶尔扬除了共同获得图灵奖外,各自还获得了许多荣誉和奖励。前者在 2008 年被授予以卡尔·卡尔斯特罗姆命名的杰出教育者奖(Karl Karlstrom Outstanding Educator Award),2010 年 IEEE 授予他冯·诺依曼奖章,2016 年荣获中国政府友谊奖。后者在 2004 年被欧洲科学院授予以帕斯卡命名的数学和计算机科学奖章(Blaise Pascal Medal in Mathemaics and Computer Science),2010 年被加州理工学院授予杰出校友奖(Caltech Distinguished Alumni Award)。

1987 年图灵奖获得者：
约翰·科克
——RISC 概念的首创者

1987 年图灵奖授予了 IBM 沃森研究中心老资格的研究员约翰·科克(John Cocke)。

约翰·科克

科克是从机械转到数学,又从数学转到计算机方向上来的学者。他生于 1925 年 5 月 30 日的美国北卡罗来纳州夏洛特,他的父亲是杜克电力公司的总裁,曾在杜克大学(Duke University)董事会任职。1946 年在杜克大学获得机械工程学士学位,干了几年实际工作以后,又回到母校读研究生,改攻数学,于 1956 年取得博士学位。之后,他进入 IBM 公司,从此开始了他的计算机生涯,并为 IBM 公司计算机市场的开拓和计算机科学技术的发展做出了巨大的贡献。由于他学过机械和数学,基础扎实,知识面广,加上兴趣广泛,善于动脑,他在 IBM 公司许多产品的设计、开发和技术问题的解决中都起到过至关重要的作用,有众多的发明创造。在沃森研究中心,每当人们有疑难问题需要解决的时候,常常说:“找约翰讨论讨论去”。事实上,科克也总能提出有益的建议,因而受到同事的敬仰和尊重。

科克的贡献和成就首先是在高性能计算机的体系结构方面。科克是 IBM 公司 20 世纪 60 年代初推出的大型晶体管计算机,也是世界上第一个"超级计算机"(supercomputer)型号 STRETCH 的技术负责人。STRETCH 包含 15 万个晶体管,其速度比 IBM 公司上一个主流计算机型号 IBM 704 快 75 倍。STRETCH 首创的灵活的寻址技术,指令提前执行(即流水线技术),差错校正码(error correcting code)等至今仍被广泛使用着。STRETCH 还首次采用了虚存技术,这是科克对计算机体系结构的第一个贡献。在 1959 年 IRE-AIEE-ACM 东部联合计算机会议上,科克在论文 *The Virtual Memory in the STRETCH Computer* 中介绍了他的创新,从而开始在计算机界崭露头角。STRETCH 共生产了 8 台,被洛斯阿拉莫斯(Los Alamos)国家实验室(这是研制出了世界上第一颗原子弹的著名原子能研究中心)等机构所使用。1971 年 STRETCH 退役。

随后,科克又参与了 IBM 360 的设计与开发工作。IBM 360 的指令部件是由科克和考尔斯基(Harwood Kolsky)设计与实现的,在这个部件的设计中,他们把阿姆达尔(Gene Myron Amdahl)首创的流水线概念加以完善和发展,使之成为成熟的技术,而后被广泛应用。

20 世纪 70 年代中期,科克主持了一个 801 计算机项目,这个项目按 IBM 根据研制小组所在建筑物命名的传统,也被叫作"80 号大楼"项目(Building 80 Project)。801 计算机原是为每小时能处理 100 万次呼叫的全数字电话交换机而设计的专用机,但在实现中被发展成为一种具有小指令集,每个指令都是单地址,有固定格式,以流水线方式重叠执行,指令高速缓存和数据高速缓存分开并互相独立的一种超级通用小型机。科克设计这样一种计算机的主要依据是:根据统计,一般计算机的指令系统中只有约 20%的指令是经常使用的,它们占程序执行总指令数的 80%,指令系统中其余 80%的指令则很少使用,只占程序执行总指令数的 20%，这就是著名的“20% ∶80%定律”。IBM 801 的这种设计思想和体系结构引起了加州大学伯克利分校的大卫·帕特森(D.Patterson)和斯坦福大学的约翰·轩尼诗(J.Hennessy)的极大兴趣和重视，经过进一步研究、改进和发展，最后形成一种崭新的计算机体系结构，即大家熟知的“精简指令集计算机”(reduced instruction set computer，RISC)。因此，RISC 这个名称虽然是由帕特森于 1980 年提出的，但学术界公认科克是 RISC 概念的首创者。后来，轩尼诗和帕特森两人也因在计算机体系结构方面的突出贡献，获得了 2017 年的图灵奖。目前，RISC 机已成为计算机产业中一种最重要的产品结构，从 Sun 公司的 SPARC，IBM 公司的 RS/6000，到 IBM、Apple 和 Motorola 三家联合开发的 Power 601 及其后的 Power 60x，无不都是 RISC 机。

除了计算机体系结构以外，科克在编译器方面也有很多重要的贡献。实际上，RISC 技术的两大核心一个是指令并行执行，另一个就是编译优化。在高级语言编译器发展的初期，生成的目标代码大，执行效率低。科克对编译器的代码生成技术进行了深入研究，提出了一系列优化方法，如过程(procedure)的集成、循环(loop)的变换、公共子表达式(common subexpression)的消除、代码移动(code motion)、寄存器定位，以及存储单元重用等，从而使编译器的质量大大提高，使编译技术发展到一个新阶段。20 世纪 70 年代初，科克的两部专著都是关于编译器技术的，也都产生了重大影响。这两部专著分别是《程序设计语言及其编译器》(*Programming Languages and Their Compilers*: *Preliminary Notes*，Cowrant IMS，1970)和《各种变换的优化方法》(*A Catalog of Optimizing Transformations*，Prentice-Hall，1972)。

此外，科克在磁记录技术、机器翻译的统计方法等方面也有过创造和发明。

在获得图灵奖之前，科克于 1985 年获得过 ACM-IEEE 的另一个奖项 Eckert-Mauchly 奖,这个奖是 1979 年为纪念世界上第一台电子计算机 ENIAC 的两位设计者而设立的,主要用来奖励在计算机体系结构方面做出杰出贡献的科学家。1990 年 IBM 公司授予科克“John E. Bertram 奖”。1994 年科克获 IEEE 的冯·诺依曼奖。1991 年和 1994 年科克分别获得美国国家技术奖章和科学奖章(National Medal of Technology 以及 National Medal of Science)。

不知什么原因,科克没有出席图灵奖颁奖仪式,而由他的同事佩莱德(A.Peled)代为领奖并致辞。但科克发表了书面的图灵奖演说,题为“对科学处理器性能的探索”(*The Search for Performance in Scientific Processors*)。科克在演说中回顾了他一生追求高性能计算的历程,认为对计算机性能影响最大的三个因素是算法、编译器和机器组织。虽然他本人从事的是有关机器组织和编译器方面的研究工作,但他认为这三者中,算法的改进是最重要的。佩莱德的致辞和科克的书面演说全文刊于 1988 年 3 月号的 *Communications of the ACM*,249-253 页。

科克是美国工程院院士(1979)和美国科学院院士(1993)。他在 1999 年还荣获由 IEEE 和 Silicon Graphics Incorporated 联合设立的,以“巨型机之父”克雷命名的首届“计算机科学与技术奖”,这个奖专用于表彰在高性能计算和联网技术方面做出卓越贡献的科学家。他一人拥有的专利多达 22 项。

科克于 1993 年从 IBM 公司退休。2002 年 7 月 16 日,科克长期卧病在床后不幸去世,享年 77 岁。

1988 年图灵奖获得者：

伊万·萨瑟兰

——计算机图形学之父

伊万·萨瑟兰

1988 年图灵奖授予当时在 Sun 公司任高级研究员、有“计算机图形学之父”誉称的伊万·萨瑟兰(Ivan Edward Sutherland)。

萨瑟兰 1938 年 5 月 16 日生于美国内布拉斯加州的中西部小城市黑斯廷斯(Hastings)。20 世纪 50 年代萨瑟兰上中学时,计算机刚问世不久,是一种神秘而又令人向往的机器,吸引了许多年轻人的视线,萨瑟兰就是其中之一。他用很大的热情自己动手设计与装配过一些用继电器工作的计算装置,这些装置虽然简单而幼稚,却使萨瑟兰积累了一些最基本的计算机经验。

1959 年,萨瑟兰在卡内基-梅隆大学获得电气工程学士学位,第二年又在加州理工学院获得硕士学位。这两所大学在电气工程/计算机方面都有很高的水平,有一批知名的教授、学者。萨瑟兰在那里打下了很好的专业基础,而且一到假期,他就到 IBM 公司去打工,积累了相当丰富的实践经验。随后,萨瑟兰到麻省理工学院攻读博士学位,在著名的林肯实验室的 TX-2 计算机上去完成导师交给他的博士论文课题——三维的交互式图形系统(当时二维的图形系统已经问世)。萨瑟兰依靠扎实的专业基础和勤奋的工作,用了 3 年终于完成了这个艰巨而复杂的任务,成功开发了著名的 Sketchpad 系统。

Sketchpad 的工作原理简单说来是这样的：光笔在计算机屏幕表面上移动时，通过一个光栅系统（grid system）测量笔在水平和垂直两个方向上的运动，在屏幕上重建由光笔移动所生成的线条。一旦出现在屏幕上，线条就可以被任意处理和操纵，包括拉长、缩短、旋转任一角度等，还可以互相连接起来表示任何物体，物体也可以旋转任意角度以显示其任意方位的形态。Sketchpad 中的许多创意是革命性的，它的影响一直延续到今天。

为了在论文答辩时产生最佳效果，萨瑟兰还精心制作了一部影片，名为《Sketchpad：人机图形通信系统》（*Sketchpad：A Man-Machine Graphical Communication System*）。答辩时，他边放映，边讲解，生动、活泼、形象，取得极大成功，包括信息论创始人香农、有"人工智能之父"之称的明斯基、计算机图形学的先驱孔斯（Steven Anson Coons）等著名学者、教授组成的答辩委员会一致给萨瑟兰的博士论文打了"优"。萨瑟兰制作的这部影片后来还曾广为传播。Sketchpad 的成功奠定了萨瑟兰作为"计算机图形学之父"的基础，并为计算机仿真、飞行模拟器、CAD/CAM、电子游戏机等重要应用的发展打开了通路。

取得博士学位以后，萨瑟兰离开麻省理工学院来到军队，在安全部门工作，曾参与过雷达和红外跟踪系统的研制。之后，他被任命为负责高科技项目的美国国防部 ARPA 的信息处理技术局（Information Processing Techniques Office，IPTO）的局长，这个局曾经组织实施了 Internet 的前身阿帕网（ARPANET）等一批重大的项目。萨瑟兰被任命为这个局的局长时，年仅 26 岁，军衔仅仅是中尉，这是空前少有的。对于萨瑟兰来说，在 ARPA 的 IPTO 任职，既锻炼了他的领导能力，又使他有机会与美国最重要的一些企业和研究机构打交道，结识了许多知名人物，这对他今后的事业有很重要的影响。

离开 ARPA 以后，萨瑟兰又回到大学，但不是卡内基-梅隆大学，也不是麻省理工学院,而是哈佛大学。他在哈佛大学待了 3 年,继续其计算机图形学方面的研究,开发了一些有用的图形工具。1967 年,对计算机图形学也有着浓厚兴趣的著名学者大卫·埃文斯(David Evans)邀请萨瑟兰一同工作,自此,他从哈佛大学转至犹他大学。在他们两人的通力合作下,犹他大学计算机系成为当时计算机图形学研究的中心,图形和动画技术更趋完善。早期的著名游戏软件 Pong 就是由萨瑟兰在那里的一个学生 Nolan Bushnell 于 1972 年开发出来的。Bushnell 后来创办了著名的 Atari 公司。

1976 年,萨瑟兰应母校加州理工学院之请,出任计算机科学系主任至 1980 年。

除了教学和研究之外,萨瑟兰也很重视将研究成果商品化,转化为现实生产力。他先后办过两个公司,一个是与埃文斯于 1968 年合办的 Evans & Sutherland Co.,地点在盐湖城。这个公司的主要产品是飞行训练器和 CAD 工具,在该领域颇有声望。该公司不定期出版的 *Evans & Sutherland Newsletter* 主要刊登计算机仿真技术方面的文章。萨瑟兰从 1974 年起虽不再参与公司的日常运作,但仍为公司董事会成员。另一个是 1980 年在匹茨堡创办的 Sutherland, Sproull & Associates,合伙人 Robert Sproull 是萨瑟兰在 ARPA 时他的一个上级的儿子。这个公司也主要从事计算机图形学方面的产品开发和市场营销。公司后来从宾夕法尼亚州迁至加州的硅谷,以求更大的发展。在这个公司萨瑟兰除研究图形学的课题外,还研究计算机体系结构、逻辑电路等,同样取得一些成果,有些成果还申请并取得了专利,如“异步队列系统”(Asynchronous Queue System),于 1987 年 7 月获得美国 4679213 号专利。公司后来被 Sun Microsystems 公司收购,成为其研究中心 SunLabs 的核心,萨瑟兰则出任 Sun Microsystems 公司的副总裁。不知什么原因,萨瑟兰获得图灵奖以后,没有发表传统的图灵奖演说,但 *Communictions of the ACM* 于 1989 年 6 月为此发表了萨瑟兰的一篇长篇论文也是关于计算机体系结构的，题为《微流水线》(*Micropipelines*)，见该刊 720-738 页。

除了图灵奖以外，萨瑟兰还是美国工程院兹沃里金奖的第一位得主，这个奖是为纪念现代电视技术的奠基人、1919 年移居美国的俄罗斯科学家 V.K.Zworykin(1889—1982)而设立的。1975 年他被系统、管理与控制论学会授予杰出成就奖。1986 年 IEEE 授予他皮埃尔奖(为纪念电子学著名学者 Emmanuel R.Piore 而设立)。2012 年他获得日本京都奖(Kyoto Prize)。2016 年他入选美国国家发明家名人堂(National Inventors Hall of Fame)。

ACM 除授予他图灵奖以外，1994 年因 Sketchpad 授予他软件系统奖；ACM 关于图形学的专门委员会 SIGGRAPH 则早在 1983 年为纪念计算机图形学的先驱孔斯而设立以他的名字命名的奖项时，就把第一个孔斯奖授予了萨瑟兰。有趣的是，孔斯也是萨瑟兰博士论文答辩委员会的委员。这众多荣誉充分说明了萨瑟兰的研究成果被学术界所肯定。

萨瑟兰既是美国科学院院士，又是美国工程院院士。

1989 年图灵奖获得者：

威廉·卡亨

——浮点运算的先驱

威廉·卡亨

继 1979 年图灵奖授予一位加拿大学者艾弗森(K.E.Iverson)之后,1989 年图灵奖又一次选择了一位加拿大计算机科学家,这一次是威廉·卡亨(William M. Kahan),他是因为在浮点运算部件设计和浮点运算标准制定上的突出贡献而获此殊荣的。

卡亨 1933 年 6 月 5 日生于多伦多。完成中学学业以后,卡亨进入著名的多伦多大学。在那里,他实现了“三级跳”——继 1954 年获得数学学士学位以后,1956 年和 1958 年又先后获得硕士学位和博士学位。学成以后,卡亨既在大学从事过教学和科研,又在一些著名的计算机整机厂和元器件厂从事过重要的技术工作和产品开发工作。其中,1960—1968 年在多伦多大学任教,1972—1973 年在 IBM 公司工作,1974—1982 年任 HP 公司顾问,1976—1983 年在 Intel 公司工作,1983—1986 年重返 IBM 公司,1986 年以后在加州大学伯克利分校任教,同时在美国国家半导体公司兼职。这些经历使他积累了丰富的工程实践经验,并为计算机科学技术,尤其是计算机运算技术的发展方面做出了重要贡献。

大家知道,计算机中的“数”有“定点数”和“浮点数”之分,“定点数”运算部件的设计与实现比较容易,而“浮点数”运算部件的设计和实现却复杂得多,困难得多。因此,较早的计算机许多都不配备浮点运算部件。那么,需要浮点运算的时候怎么办呢?历史上曾经有过两种解决办法。第一种办法是利用浮点运算子程序在定点运算部件上实现浮点运算。最早的浮点运算子程序是由1970年图灵奖获得者威尔金森(J.H.Wilkinson)在图灵所设计的ACE计算机上实现的。第二种办法是冯·诺依曼提出来的,即对定点数附加以“比例因子”,使之成为实际上的浮点数。这个办法固然巧妙,但比例因子的设定成了令程序员伤脑筋的事,因为有时候运算的中间结果和最后结果的范围很难确切估计,比例因子选小了,会造成运算溢出;比例因子选大了,会影响运算精度。后来,巴克斯(J.Backus,1977年图灵奖获得者)和他的同事海里克(H.Herrick)一起开发出了一个叫Speedcoding的软件,能根据问题自动设定和调整比例因子,成功地解决了这个问题。这两种办法都是通过软件实现浮点运算的,虽然可行,毕竟是“权宜之计”,因为前者使浮点运算的速度大大降低,后者在数的取值范围和精度两方面都有很大限制,难以满足某些应用的需要。正是卡亨,在Intel公司工作期间,主持设计与开发了8087芯片,成功地实现了高速、高效的浮点运算部件。例如,以80x86为CPU的计算机,若需完成科学与工程计算方面的课题,需配置8087这种数学协处理器(mathematical coprocessor)。一些著名的数学软件包,如Mathematica,也必须在配有8087数学协处理器的机器上才能运行。除此以外,卡亨还为HP计算机的体系结构设计做出过贡献。

由于有这样的背景,IEEE在制定浮点运算标准的时候,很自然地任命卡亨为这个课题的负责人。在卡亨的主持下,二进制浮点运算标准IEEE 754以及与基数无关的(radix-independent)浮点运算标准IEEE 854相继出台。这两个标准至今仍为绝大多数的计算机厂商所遵守。

除了以上主要贡献外，卡亨在科学、工程、财会计算的数值算法的设计、误差分析、验证与自动诊断等方面也有卓越的贡献，是该领域中世界公认的权威之一，曾发表过许多有影响的论文。尤其是在矩阵计算方面，卡亨有极高的学术造诣。

作为一名数学家，卡亨在教学与研究工作中素以作风严密、严谨、严格著称。但为此，他也付出了一定的代价。卡亨获得图灵奖以后的一个小插曲很能说明这个问题。事情是这样的：ACM 于 1990 年 1 月宣布卡亨因在浮点运算标准制定上的贡献而获得 1989 年度的图灵奖，并在 1990 年 2 月于华盛顿召开的 '90CSC（计算机科学会议）期间正式向卡亨颁奖。这之后，ACM 收到了一名读者对卡亨获奖表示异议的信。这名读者曾是斯坦福大学的学生，后来考进加州大学伯克利分校念研究生，入学考试时曾与卡亨教授发生过龃龉，后来在旧金山的一家软件公司工作。按照“言论自由”的原则，ACM 把这封信不加评论地发表在 *Communications of the ACM* 7 月的“ACM 论坛”（ACM Forum）这一专栏中。

这名读者提出异议的理由主要有两条：一是凭“制定标准”就获奖，条件不足，而且他认为 IEEE 浮点标准是科学与技术上的一个错误，因为它妨碍了数学算法的发展，无助于非专家的一般用户避免出错。至于这个标准至今没有遭到更广泛的批评，只是因为它与 Ada、VHDL 标准相比，潜在的不良后果较小而已。对上面这条理由，该读者大概也觉得并不理直气壮，因而并未发挥，匆匆带过。重点在第二条，即卡亨在加州大学伯克利分校当教授时对学生不公正。不公正表现在哪里呢？该读者说，加州大学伯克利分校的学生绝大多数课程都能取得高分，只有卡亨教授上的数据结构和程序设计课例外，这是其一。其二是该读者自己和其他四五名学生在进入伯克利研究生院的初试中，6 门笔试课中的 5 门都顺利通过，只有卡亨教授主持的数值分析课的考试通不过,不得不重考。而他之所以未能通过,是因为他解题时注重步数少,认为这比运算结果的精度更加重要,而且他强调说他在斯坦福大学学习时,那里的物理专家和微分方程专家也都是这么看的,这么教课的。卡亨教授不同意他的这种观点,给他打了个“不及格”,让他重考。这封读者来信发表以后,10 月出版的 *Communications of the ACM* 上,在“ACM 论坛”中发表了另一名读者表示不同意见的来信,这次是加拿大麦克马斯特大学(McMaster University)计算机科学系的一位老师发表看法。他认为,上述读者介绍的情况,恰恰说明卡亨教授对学生高标准,严要求,是值得称道的;而解题步数同运算结果的精度相比何者更重要,正确的一方显然是卡亨教授。因此这名读者表示,在看了上述读者的信之后,他只是更增加了对卡亨教授的敬意,而不是相反。争论至此结束。值得我们注意的是,在这个过程中,图灵奖的评奖委员会和卡亨教授本人都没有出来就此说任何话。这一小插曲也许对我国的教育界和科技界有所启示。

卡亨于 2005 年当选为美国工程院院士。

1990年图灵奖获得者：费尔南多·科尔巴托

——实现分时系统的功臣

费尔南多·科尔巴托

1990年图灵奖授予著名的计算机系统专家、麻省理工学院计算机科学与工程系教授费尔南多·科尔巴托（Fernando Corbató），以表彰他在实现世界上第一个分时系统CTSS及其后开发MULTICS中所发挥的巨大作用。分时系统的出现彻底改变了计算机的工作方式和使用方式，开创了多用户共享计算机资源的新时代，在计算机发展史上有划时代的意义。

科尔巴托是西班牙移民的后裔，1926年6月1日生于美国加利福尼亚州的奥克兰。科尔巴托念高中时，第二次世界大战爆发，他在两年内完成了3年的学业，提前毕业进入加州大学洛杉矶分校，但只念了一年书，就应征入伍，参加海军。在经过培训和当了一年见习电子技师后，科尔巴托在一艘驱逐舰供应船上任正式的电子技师，负责维护雷达、声呐等各种无线电电子设备。战时的这段经历对于科尔巴托来说是一个极可贵的学习和锻炼机会，使他对电子线路和仪器设备十分熟悉，同时也培养了他坚韧的性格，为日后的成功奠定了良好基础。

战后，科尔巴托进入加州理工学院学习，取得学士学位，然后去麻省理工学院深造，继续学习物理。在这里，他首次接触到"旋风"（Whirlwind）计算机并产生了浓厚的兴趣。旋风是由弗里斯特（J.W.

Forrester)主持研制的世界上第一台存储程序式的、而且是并行工作方式的电子计算机,主要服务于军事应用,同美国的半自动地面防空系统 SAGE 实现连接,处理与分析从全国 17 个防区的远程警戒雷达所截获的信息。因此,当科尔巴托在 1956 年获得博士学位后就留在学校的计算中心工作。麻省理工学院的计算中心主任是菲利浦 · 莫尔斯教授(Philip Morse),这是一位极有远见和富于魅力的学者,麻省理工学院的计算中心就是经过他的努力争取而建起来的。当时的计算机都是昂贵的庞然大物,学校没有足够的资金购置。莫尔斯教授说服 IBM 公司把一台最新的 704 型计算机安装在麻省理工学院,并建起了计算中心,其条件是机器三班工作,其中一班留给 IBM 公司使用。IBM 704 机是 IBM 公司于 1954 年开发成功的第一代计算机,是早期有代表性的科学计算用的大型计算机,在系统结构和技术上奠定了 IBM 7000 系列机的基础。IBM 704 机已经采用磁芯存储器,使机器的运行速度与可靠性大大提高。磁芯存储器技术是 1949 年前后由美籍华人学者王安(Wang An)和研制旋风计算机的弗里斯特两人分别独立发明的,但 IBM 704 机磁芯存储器中关键的穿线工艺是 IBM 公司以 50 万美元的低价向王安购买的。

科尔巴托在 704 机上工作之初,计算机还是以批处理方式运行的。所谓"批处理"(batch processing),就是将编好的程序预先穿孔在卡片上或纸带上,通过光电的读卡机或读带机输入计算机,然后再运行程序。一批程序运行完以后,再输入另一批穿孔卡片或纸带上的程序运行……这种方式使计算机的实际使用效率极低,计算机的 CPU、内存等资源大部分时间处于空闲状态,不能发挥作用。1959 年 1 月,当时也在麻省理工学院的麦卡锡(J.McCarthy,1971 年图灵奖获得者)给莫尔斯教授提交了一份备忘录,首次提出"分时"(time-sharing)的概念,以解决批处理效率低下的问题。分时的基本思想是将 CPU 时间划分为许多小片，叫“时间片”(time slice)，轮流去为多个用户程序服务。如果在时间片结束时该用户程序尚未完成，它就被时钟中断，等待下一轮再处理，计算机则让给另一用户程序使用。由于 CPU 速度很快，每个用户程序的每次要求都能得到快速响应，使每个用户都感觉好像自己在独占计算机一样。莫尔斯对麦卡锡的设想十分赞赏，并鼓励手下的人去研究。于是在麻省理工学院成立了一个“长期研究委员会”(long range study committee)负责实现麦卡锡的设想，麦卡锡、科尔巴托都是该委员会的成员。但麦卡锡由于与委员会主席产生矛盾，中途离开麻省理工学院去了斯坦福大学，这样，实现麦卡锡设想的重任落在了科尔巴托身上。

1961 年，世界上第一个分时系统 CTSS(Compatible Time Sharing System)在科尔巴托领导下研制成功并进行了表演。CTSS 建立在改进的 IBM 7094 型计算机上，可以为多达 30 个联机用户以分时方式提供服务，同时也还可以为一个批处理作业流服务。批量作业在 FORTRAN 的监控程序 FMS(FORTRAN Monitor System)的控制下运行，这也是 CTSS 名称中包含“兼容”(compatible)这一名词的原因。CTSS 的成功开创了以交互方式由多用户同时共享计算机资源的新时代，成为计算机发展史上具有里程碑意义的一个重大技术突破与创新。由于分时系统的实现使昂贵的计算机的巨大效益和潜力得以凸显，因此它也成为计算机真正走向普及的开始。分时系统实现以后，各大计算机厂商的订单数都普遍剧增。

CTSS 开发成功引起了计算机的最大用户——美国国防部的高度重视，它立即做出反应，由它的 ARPA 出资 300 万美元启动著名的 MAC 项目。MAC 的目标是进一步完善 CTSS，实现第二代分时系统。MAC 仍由麻省理工学院和科尔巴托牵头。科尔巴托曾力图动员 IBM、DEC、Burroughs 和 UNIVAC 等大计算机公司参加 MAC。但 IBM 当时正集中力量开发其360系列,无暇顾及,未能参与其事;其他公司也因种种原因未能如愿。最后由麻省理工学院、通用电气公司GE的计算机部以及贝尔实验室三家作为MAC的主要成员,承担了研制任务。其中贝尔实验室半途而废,退出了MAC。MAC于1969年完成,推出了著名的分时操作系统MULTICS(MULTiplexed Information and Computing System,多路信息和计算系统)。MULTICS最初在通用电气公司生产的GE 645上实现,其主要功能是把有效的计算机资源分配给多个远程用户程序,其服务方式十分类似于电信、电话,因而特别重视安全和保密问题。MULTICS的主要特点如下。

(1) 在大型软件的开发中首次成功采用了结构化的程序设计方法,使开发周期大大缩短,软件可靠性大大提高。

(2) 成功地采用已有的成熟软件作为工具。MULTICS中的很大一部分程序是通过CTSS编写和调试成功的,这在软件的继承性上是一次成功的尝试。

(3) 全部系统程序是用高级语言PL/I编写的,这就使系统程序在功能上独立于机器,极大地提高了系统的可移植性,也使它的普及较为容易。

但MULTICS在商业上没有取得很大成功。由于种种原因,麻省理工学院和GE都没有把MULTICS商品化,只有Honeywell公司和法国的Bull公司在20世纪70年代初曾推出MULTICS的商业版本。但MULTICS作为现代操作系统的雏形,它所开创的一系列概念和技术,如内核、进程、层次式目录和面向流的I/O,把设备当作文件以简化设备管理等,都对后来的操作系统产生了很大的影响,甚至被作为基本技术、核心技术而被承袭下来,因而在计算机系统的发展史上占有重要的地位。例如,贝尔实验室的汤普森(K. L. Thompson)和里奇(D. M. Ritchie)当初就都是MAC的研制成员,后来他们在开发UNIX系统时就借鉴了来自MULTICS的许多思想。

科尔巴托的主要著作有：

《兼容的分时系统：程序员指南》(*The Compatible Time-Sharing System*：*A Programmer's Guide*, MIT Press, 1963)

《高级计算机程序设计：课堂汇编语言程序实例分析》(*Advanced Computer Programming*：*A Case Study of a Classroom Assembly Program*, MIT Press, 1963)

科尔巴托获得的荣誉很多。1966年他获得IEEE的首届McDowell奖,这个奖是为纪念在IBM公司服务长达38年,从1931年作为一个普通设计人员到1950年成为IBM公司工程部主任,1969年退休时是IBM公司副总裁的麦克道尔(William Wallace McDowell, 1906—1985)而设立的。麦克道尔的贡献是将IBM公司从机电技术引向电子技术,最后又迅速转移到固态器件(即半导体和集成电路)上来。1980年科尔巴托获得AFIPS颁发的Harry Goode奖。1982年他又获得IEEE的计算机先驱奖(Computer Pioneer Award)。1998年他获得NEC公司的C&C奖(两个C指计算机和通信)以表彰他"在建立现代操作系统的基本概念方面所做的开创性工作"。2012年,他"因为在时分和MULTICS操作系统上的先驱性工作"而当选为计算机历史博物馆会士(Fellow of the Computer History Museum)。

科尔巴托由于糖尿病并发症,于2019年7月12日在马萨诸塞州纽伯里波特的一家疗养院去世,享年93岁。

1991 年图灵奖获得者：

罗宾·米尔纳

——标准元语言 ML 的开发者

1991 年图灵奖授予爱丁堡大学计算机科学系教授罗宾·米尔纳(Robin Milner)。他是继威尔克斯(M.V.Wilkes,1967)、威尔金森(J.H.Wilkinson,1970)和霍尔(C.A.R.Hoare,1980)之后第 4 位获此殊荣的英国科学家,这也使英国成为除美国之外获得图灵奖的学者最多的国家。米尔纳的主要贡献在计算机程序设计语言方面,他提出了形式化逻辑系统的一个数学模型 LCF,又主持开发了元语言 ML 并使之标准化。米尔纳还利用代数方法为并发与并行计算创建了一种概念框架系统 CCS,推动并促进了并发与并行计算的发展。

罗宾·米尔纳

米尔纳生于 1934 年 1 月 13 日,先后在埃顿学院(Eton College)、国王学院(King's College,图灵也曾在这个学院上学)和剑桥大学接受了高等教育,专业是数学,1957 年获得学士学位。他上大学期间曾经接触过由威尔克斯主持研制的世界上第一台存储程序式电子计算机 EDSAC,在它上面编写过程序。但当时米尔纳对计算机并没有表现出很大的兴趣。大学毕业以后,米尔纳当了几年中学数学教师,更是把计算机全抛在脑后。直到 1960 年米尔纳重新规划自己的未来,到伦敦著名的 Ferranti 公司求职。Ferranti 公司当时正需要计算机编程人员,对有过编程经历的米尔纳表示欢迎,但要求他“把一生都献给计算机”。

20世纪60年代初,计算机还没有十分普及。计算机的深刻含义是什么,从事计算机工作有多大前途和机会,这些问题对于绝大多数人来说都是不甚清楚的。因此,对于Ferranti公司这一要求,米尔纳也深感迷茫和困惑。所幸的是,米尔纳做出了正确的选择,进入Ferranti公司,从而重返计算机领域,并幸运地与计算机科学同步成长起来。

但米尔纳在Ferranti公司只干了3年,以后就转入大学从事教学与研究。他待过的大学包括伦敦城市大学、位于威尔士南部海港城市的斯旺西(Swansea)大学、美国的斯坦福大学等,但长期与最后的落脚点则是爱丁堡大学,这是英国最著名、历史最悠久的高等学府之一,有着优良的学术传统,在计算机科学,尤其是人工智能领域,其研究工作曾长期处于世界领先水平。

米尔纳获得图灵奖主要是由于以下几方面的贡献。

首先,在计算机程序设计语言方面,米尔纳和戈登(M.J.Gordon)等一起提出了形式化逻辑系统的数学模型,实现了他称之为LCF的一个系统——“可计算函数的逻辑”(Logic for Computable Functions)。LCF不但是一种有效的建模工具,还是一种强有力的验证工具,利用它可以方便地验证计算机程序的正确性。由于在利用计算机解决各种各样的具体问题时,建立正确的形式化系统在理论上和实践上都具有重要的意义,因此米尔纳的LCF受到学术界的高度评价。实际上,米尔纳是受斯科特(D.Scott,1976年图灵奖获得者)的影响和启发才从事这一研究的。我们前面已经介绍过,斯科特是研究自动机理论,和拉宾(M.O.Rabin)一起提出了“非确定性”有限状态自动机的著名学者,后来在20世纪60年代又和斯特雷奇(C.Strachey,1916—1975)合作,提出了程序设计语言的“标志语义模型”,为“标志语义学”(又称“指称语义学”或“数学语义学”)奠定了基础,对计算机程序设计语言的发展产生了重大的影响。斯科特曾到牛津大学访问、讲学,米尔纳听了他的讲演,并看了他的著作,引起了对这个问题的极大兴趣,从而深入进行研究,并获得成果。20 世纪 70 年代初,米尔纳在斯坦福大学的人工智能实验室做访问学者时,曾用 LCF 证明了那里的一个很复杂的编译器的正确性,受到有“人工智能之父”之称的麦卡锡(J.McCarthy,1971 年图灵奖获得者)的高度评价。

在斯坦福大学期间,米尔纳学习了由麦卡锡主持开发的函数式人工智能程序设计语言 LISP,这使他受到很大启发,进一步打开了思路和智慧之窗。回到爱丁堡大学以后,他借鉴 LISP 的经验,在 LCF 的基础上,花了几年,成功开发了一个更加重要的系统,即 ML,也就是元语言(metalanguage),一种用来描述、表达与验证其他语言的语言。ML 是一种强多态类型的语言,一个 ML 程序也就是一个包含变量定义和函数作用的表达式序列,具有比 LCF 更强的推理能力。ML 有时也被称为函数式语言,但与纯函数式语言有所不同,因为它具有引用的概念,即变量是可以赋值的。此外,它的输入输出系统也引入了副作用。

ML 取得成功以后,米尔纳致力于它的国际化和标准化。在他的努力下,1984 年成立了一个包括爱丁堡大学、剑桥大学和贝尔实验室等知名高等学府和研究机构的专家在内的 15 人工作小组,采取通过电子邮件交换意见进行设计的方式工作。20 世纪 90 年代初标准 ML 即 SML 问世。SML 具有高阶函数功能、I/O 机制、参数化的模块系统和完善的类型系统。如计算 1+2+3+…+10 的值的 SML 程序如下所示:

```
let fun sum i tot=if i=0 then tot
    else sum(i-1)(tot+i)
in sum 10 0
end
```

米尔纳另一方面的贡献是关于并发计算(concurrent computing)和

并行计算(parallel computing)的。由于并发与并行计算和传统的串行计算(sequential computing)有着本质上的不同,其复杂程度大大增加,无法用后者的方法和术语表达前者的意义。严格说来,所谓两个事件是“并发”的,是指一个系统内部发生的这两个事件之间没有因果关系,并非先后关系(当然,有因果关系者必有先后关系,但有先后关系者不一定有因果关系)。并发概念由发明著名的“佩特里网”的 C.A. Petri 于 1962 年首先严格定义并建立了模型。至于“并行”,指的是利用多个处理机或其他功能部件同时工作以提高系统性能或可靠性。冯·诺依曼在 20 世纪 40 年代提出的细胞自动机可认为是并行计算思想的开端。米尔纳经过深入研究,提出了一种新的观点,把可以按任意次序在系统内发生的两个事件定义为并发事件,称为“交叠式并发”,而佩特里定义的严格并发则称为“真并发”。在交叠式并发概念的基础上,米尔纳利用代数方法创造了一种用于建立并发与并行计算的概念框架的系统叫作“通信系统演算”(Calculus for Communicating Systems,CCS)。CCS 与霍尔(C.A.R.Hoare,1980 年图灵奖获得者)所创建的“通信顺序进程”(Communicating Sequential Process,CSP)是最典型的两个描述性并发模型,即进程代数模型,它们都以进程及进程间的通信为主要描述对象,系统中的事件就是进程通信,特别适合于描述分布式系统。CCS 已经成功地用来解释书写通信协议规约的国际标准语言 Lotos,而 Lotos 则已用于面向对象的 ROOA 方法中,用来描述面向对象需求定义中的抽象数据类型和进程定义。CCS 本身虽然只有交叠式语义,但利用一些特殊的方法,如多层佩特里网方法,也可以建立起一个完整的真并发语义,因此具有很重要的价值。

米尔纳在学术上的一个特点是十分注意打好基础,精益求精。他主持开发和标准化的 ML 被认为是定义得最完善,最无懈可击,结构最优美、和谐而又最短小、精悍的语言之一。在作风上,米尔纳谦虚谨慎,从善如流,非常注意听取和吸收合作者的意见。例如,标准 ML 有允许设计“大模块”程序的功能,就是米尔纳根据贝尔实验室的麦克奎因(D.MacQueen)所提出的构思实现的。ML 原先是一个专用语言,意大利学者鲁卡·凯德利(Luca Cardelli,当时还是一个正在写博士论文的研究生)实现了 ML 的一个扩充版本,使之更适合于教学。米尔纳看到以后十分赞赏,在它的基础上把 ML 进一步发展为一个通用语言。米尔纳的成功与他的这些优秀品格是分不开的。

米尔纳的著作基本上就是他的成果的反映,主要有:

《通信系统演算》(*Calculus of Communicating Systems*, Springer, 1980)

《通信与并发》(*Communication and Concurrency*, Prentice-Hall, 1989)

《标准 ML 的定义》(*The Definition of Standard ML*, MIT Press, 1990)

《对标准 ML 的说明》(*Commentary on Standard ML*, MIT Press, 1991;Revised edition,1997)

此外,1996 年,米尔纳和旺德(I.Wand)还合编了一本《明天的计算:计算机科学未来的研究方向》(*Computing Tomorrow: Future Research Directions in Computer Science*,Cambridge University Press),书中有包括米尔纳自己撰写的一篇文章在内的总共 16 篇文章,都是计算机科学各方面的专家撰写的,论述了在计算复杂性、软件工程、并行计算、自然语言处理、数据库、知识重用、实时计算、安全、通信、交互计算、人工智能等各分支中未来研究的方向和重要课题,很值得重视。

米尔纳在接受图灵奖时发表了题为“交互的原理”(*Elements of Interaction*)的演说,并接受了记者的采访。演说全文以及与记者的对话刊载于 1993 年 1 月的 *Communications of the ACM*,78-97 页。在与记者的谈话中，米尔纳表达了这样一个观点，即计算机科学既是理论性很强的科学，又是与应用和实践密切联系着的科学。因此，任何希望在这一领域取得成功的年轻人，必须十分重视把理论与实践结合起来。他送给年轻人这样一个忠告："不要丢失连接！"(Don't lose the link!)大家知道，"连接"(link)在计算机专业中是一个十分基本而重要的概念，任何高级语言程序在编译以后如果不经过连接，不把程序中引用的子程序从系统子程序库中调来加进程序中去，都是不能运行的。因此米尔纳用这句话来勉励年轻的计算机科学工作者，真是意味深长的。

米尔纳在爱丁堡大学任教 20 多年，并于 1986 年创建了该校的计算机科学基础实验室(Laboratory for Foundations of Computer Science)，并出任主任，英国科学与工程研究院对该实验室有长期的支持。后来他离开爱丁堡大学，转至剑桥大学的计算机实验室。2010 年 3 月 20 日，由于心脏病发作，米尔纳在剑桥大学病故，享年 76 岁。他去世前不久，清华大学出版社出版了由林惠民等翻译的他的专著《通信与移动系统：π 演算》(*Communicating and mobile systems: the π-calculus*)，成为对他的最好的纪念。

1992 年图灵奖获得者：巴特勒·兰普森

——从 Alto 系统的首席科学家到微软的首席技术官

巴特勒·兰普森

1992 年图灵奖授予当时任 DEC 公司高级研究员和主任设计师的巴特勒·兰普森(Butler Wright Lampson)。对于中国读者来说,兰普森这个名字并不陌生,因为他于 1999 年 6 月曾与雷迪(Raj Reddy,1994 年图灵奖获得者)一起到北京参加了由微软中国研究院和《计算机世界》主办的“21 世纪的计算学术研讨会‘暨’中美顶级计算机科学家高峰对话”,会上,他发表了题为“21 世纪的计算研究”的精彩演说,给国人留下了深刻的印象。

兰普森 1943 年 12 月 23 日生于华盛顿。他曾在哈佛大学就读,学的是文科。1964 年获得文学学士学位之后他进入加州大学伯克利分校研究生院,改修理工科,于 1967 年获得博士学位。留校任教 4 年以后,兰普森进入产业界,先后在施乐(Xerox)公司的 Palo Alto 研究中心(即著名的 PARC)和 DEC 公司工作,1995 年加盟微软公司,任软件总工程师至今。

兰普森首次接触计算机是在哈佛大学上物理课的时候,当时他的老师手里有个课题,要用计算机分析火花塞的照片,老师让兰普森在PDP-1上编制有关程序,他从此喜欢上了计算机。进伯克利以后他上的是物理系,那时伯克利正研制第一个商用的分时系统SDS-940,兰普森从一个朋友处知道了这一情况,极感兴趣,并积极主动争取进入该项目组,从此他放弃了物理学而进入计算机这一新兴领域。

兰普森是一个兴趣广泛、多才多艺的计算机专家。他在硬件、软件、程序设计语言、计算机应用、网络等诸多方面都有许多成果,他拥有的专利数量多达25个。下面只给出兰普森曾主持或参与开发的主要系统和产品的一个小清单。

硬件方面:在PARC时有以太网(Ethernet)、Alto计算机系统和Dorado系统。在DEC公司时,兰普森主持了用当时世界上最快的计算机芯片Alpha做中央处理器的Alpha工作站体系结构的设计。这是当前世界上最负盛名的64位工作站之一,是所谓第4代工作站中的典型和佼佼者。

软件方面:前述SDS-940和Alto的操作系统。

程序设计语言方面:LISP、Mesa、Euclid、SNOBOL等。

应用方面:Bravo编辑器,Star办公系统。

网络方面:Grapevine电子邮件系统,Dover网络打印机。

在上述系统和产品中,我们只简要介绍一下Alto,因为这是兰普森至今所开发的最重要的一个系统,它所产生的影响也最大。

Alto是PARC在20世纪60年代末70年代初设计与开发的世界上第一个个人计算机系统,1973年完成并正式投入运行。它是当时最先进的计算机系统,有一系列的新构思、新创造、新发明、新部件,其中最主要的是有高分辨率的全屏图形系统,在世界上首先实现了图形用户界面,打破了传统的只能用字符实现人机交互的限制,开创了计算机历史上有重大意义的新的一页,使计算机与人的关系不再是“生硬”

“冰冷”的,而是“友好”的。这一变革对计算机的推广应用至关重要。为此,Alto 上配备“鼠标器”(mouse),这是斯坦福研究所(SRI)的恩格尔巴特(Douglas Engelbart,1997 年图灵奖获得者)不久前发明的。但恩格尔巴特的鼠标器是木质的,体积也比较大,PARC 对它的结构做了重大改进,使之小巧玲珑,已比较接近我们当前所使用的鼠标器。Alto 的另一个先进外部设备是 8 英寸(1 英寸 = 2.54 厘米)软盘驱动器,虽然 8 英寸软盘并非首次用于计算机,但 PARC 采用了一些新的技术,使 Alto 的 8 英寸软盘能存储的信息量在当时是最高的。此外,Alto 上还配备了一些出色的软件。十分可惜的是,由于 Xerox 决策层的失误,Alto 系统虽然在 PARC 内部被广泛采用,但它却没有被商品化推向市场,它在公众面前仅仅是作为相当出色但却十分昂贵(售价高达 16595 美元!)的 Xerox 850 专用字处理系统而露脸的。但 Xerox 850 上市以后,Alto 的独特功能和出色性能立刻引起了业界许多人的注意,其中包括 Apple 公司的乔布斯(Steve Jobs)。乔布斯组织他公司里的技术骨干到 PARC 参观、座谈、学习,又从 PARC 挖去了一些参加过 Alto 开发的技术人员,如拉利·泰斯勒(Larry Tessler),然后仿照 Alto 先后推出了 Lisa 机和 Macintosh 机。Lisa 机不太成功,Macintosh 则大获成功,一炮打响,成为最受欢迎的高性能个人计算机系统之一。1999 年年末,美国《财富》杂志发布了“20 世纪杰出产品”排行榜,40 种著名产品榜上有名,信息技术只有两个产品跻身其中,一个是 Intel 公司的微处理器,另一个就是 Macintosh。这样,半个多世纪中曾经涌现出来过的无数计算机产品,包括巨型机、大型机、小型机、微型机中,只有 Macintosh 一种型号被戴上了“世纪杰出产品”的桂冠,可见 Macintosh 的魅力和影响。但是,客观地说,Macintosh 的成功和光荣至少有一半应归功于 Alto。类似地,目前几乎统治着操作系统市场的 Windows,其图形用户界面也源于 Alto。《乔布斯传》记载了一个有趣的故事：由于 Macintosh

诞生在前,Windows 推出在后,乔布斯认为微软剽窃了 Apple 公司的技术,曾经一再兴师问罪。后来盖茨回应说:“好了,史蒂夫,我觉得我们可以换一种方式来看待这个问题。我觉得现在的情况更接近于这样——我们都有个有钱的邻居,叫作 Xerox。我闯进他们家准备偷电视机的时候,发现你已经把它盗走了”。乔布斯无言以对,只好作罢。

Alto 的强大功能和优异性能来自它超前的设计思想,即将计算机的体系结构和计算机所要采用的程序设计语言和操作系统等系统软件和支撑环境统一加以考虑,以集成方式设计和开发。这种设计思想是 Alto 成功的关键,同时也成为后来计算机系统设计的主导方向。著名的瑞士计算机科学家尼克劳斯·沃思(Niklaus Wirth,1984 年图灵奖获得者)正是作为客座研究员访问 PARC 期间参与了 Alto 的设计与开发,受到启迪和影响,在回到瑞士以后开发了 Lilith 系统和 Modula-2 语言的。

由于 Alto 的巨大成功和影响,ACM 于 1984 年将“软件系统奖”授予了 Alto,兰普森作为 Alto 的首席设计师是第一获奖人,第二和第三获奖人分别是泰勒(Robert W.Taylor)和萨克尔(Charles P.Thacker,2009 年图灵奖获得者)。

大家都知道,C 语言是在 BCPL 的基础上发展起来的,但据兰普森在一次接受记者采访时透露,他和多伊奇(Peter Deutsch)还设计过一种语言,并实现了这种语言的编译器,也是 C 语言的前身。

除了在系统开发方面的诸多贡献之外,兰普森在解决计算机文件系统和分布式系统的技术问题上也有许多贡献。例如,20 世纪 70 年代中期,兰普森在设计一个文件系统时就提出了“原子事务”(atomic transaction)的概念;在 1979 年举行的一次可靠分布计算会议上,兰普森提出了采用“三明治式的提交协议”(sandwich commit protocol)提高系统可靠性的方案;等等。

兰普森之所以有如此丰硕的成果,除了他的勤奋以外,一个很重要的因素是他既十分重视学习和继承,又敢于和善于创新。以兰普森在20世纪70年代开发的第一个交互式的编辑器/格式化器Bravo为例,据兰普森本人介绍,这是他在恩格尔巴特推出的“在线系统”(oNLine System,NLS)的基础上加上自己的新构思而开发成功的。NLS是一个用鼠标器定位和操作的全屏幕显示的结构化文本编辑器,兰普森在“文本如何表示”和“如何对文本更有效地进行修改”这两个问题上加进了自己新的设计从而形成了Bravo。Bravo后来又进一步发展成为“所见即所得”(WYSIWYG)的系统。

兰普森发表了不少论文,但出版著作不多,见到的重要著作是《分布式系统——体系结构和实现:高级课程》(*Distributed System—Architecture and Implementation: an Advanced Course*,Springer,1981)。

兰普森从1987年起就一直担任麻省理工学院的兼职教授,并被选为美国科学院和美国工程院院士。目前他在微软拥有“首席技术官”的头衔,但这只是一个“空头衔”,因为他手下没有一个人,也不管理任何人和任何项目,他只“管理我自己”,研究自己感兴趣的课题,偶尔和比尔·盖茨(Bill Gates,微软公司的创始人和总裁,1999年年末解除总裁职务,任命自己为“软件总设计师”)讨论问题和交换意见。他对微软的这种用人之道很欣赏,认为“把一个最好的技术人员变成最好的管理人员并不是一个好的主意,因为这样做的结果往往会损失了他的技术特长,而且技术人员做管理有时也不一定能变成一位最好的管理人员”(引自《计算机世界》报,1999年7月5日,A35版,记者对兰普森的采访报道)。以这种自由自在的方式,4年中兰普森已经为微软贡献了6项重大成果,其中一项是和麻省理工学院合作开发的用于Internet信息安全的加密算法。在网络日益普及的情况下,兰普森的这项成果意义十分重大。

IEEE 在 1996 年授予他计算机先驱奖,2001 年又授予他冯・诺依曼奖章。2004 年,他和艾伦・凯、查尔斯・萨克尔、罗伯特・泰勒一起,因为 Alto 而获得查尔斯・斯塔克・德雷珀奖(Charles Stark Draper Prize)。2005 年,当选美国国家科学院院士。2006 年,获得了 IFIP TC11 Kristian Beckman 信息安全奖。2018 年成为英国皇家学会外籍院士。综观兰普森的成就和贡献,他是无愧于这些奖励和称号的。

1993 年图灵奖获得者：
尤里斯·哈特马尼斯和理查德·斯特恩斯
——计算复杂性理论的主要奠基人

尤里斯·哈特马尼斯

理查德·斯特恩斯

1993 年图灵奖授予合作奠定了计算复杂性理论基础的两位学者尤里斯·哈特马尼斯(Juris Hartmanis)和理查德·斯特恩斯(Richard Edwin Stearns)。在此以前,已有拉宾(M.O.Rabin)、库克(S.A.Cook)、卡普(R.M.Karp)等学者因在计算复杂性理论研究中做出先驱性工作而分别在 1976 年、1982 年和 1985 年获得图灵奖。哈特马尼斯和斯特恩斯则在前人工作的基础上,比较完整地提出了计算复杂性的理论体系,并首次正式命名了"计算复杂性"(computational complexity),因而被公认为计算复杂性理论的主要创始人。

哈特马尼斯是拉脱维亚人,生于 1928 年。第二次世界大战期间,为躲避战火,哈特马尼斯一家人背井离乡,沦为"流民"(displaced person)。哈特马尼斯的中学学业就是在德国哈瑙(Hanau)的难民营中完成的。之后他进入德国马尔堡大学学习物理(Marburg 是一座大学城,离法兰克福不远)。两年半之后的1950年,哈特马尼斯获得资助来到美国,进入堪萨斯城大学攻读硕士学位。但由于该校没有物理学的研究生课程,哈特马尼斯只得改学数学。他用了一年取得硕士学位,并被加州理工学院接收为博士研究生,从事格论(lattice theory)的研究。4年后,哈特马尼斯完成博士论文,1955年取得博士学位,进入康奈尔大学数学系任教。但他在那里只工作了一年多,就转入通用电气公司设在纽约州斯克内克塔迪(Schenectady)的研究实验室,因为那里新建立了一个"信息研究部",主任是理查德·舒伊(Richard Shuey)博士,开展有关计算机和信息学的研究,这一新的领域激发起了哈特马尼斯极大的兴趣和热情。

当时,香农(Claude Elwood Shannon)的信息论问世不久,香农给出了一个公式,可以计算在一定的信号和噪声平均功率之下,给定带宽的信道在单位时间内的最大信息传输量(这个公式被叫作"香农公式")。念过物理的哈特马尼斯受此启发,敏锐地想到,抽象的计算过程也应该有精确的定量法则,以确定为了对每个问题求得解答需要多少计算工作量。围绕这一设想哈特马尼斯和曾是普林斯顿大学的研究生,暑假到公司打过工,后来成为他的同事的斯特恩斯合作,开展了深入的研究,其结果就是那篇著名的论文《论算法的计算复杂性》(*On the Computational Complexity of Algorithms*, *Transactions of the American Mathematical Society*,285-306页)。这篇论文开辟了计算机科学的一个新的研究领域,即"计算复杂性",并奠定了它的理论基础。关于计算复杂性,本书前面已经做过一些简要的介绍,这里不再重复。

哈特马尼斯于1965年离开通用电气公司,重返康奈尔大学,但不是回到数学系,而是负责筹建计算机科学系。由于他的眼光和魄力,也由于他的民主作风,康奈尔大学的计算机科学系吸引了一批著名学者加盟,成为美国大学中水平最高、影响最大的计算机科学系之一。这些学者中包括霍普克洛夫特(J.E.Hopcroft,1986 年图灵奖得主)、格利斯(D.Gries,1995 年 ACM 优秀计算机教育奖获得者)、霍洛维茨(E.Horowitz)、韦格纳(P.Wegner)和肖(A.Shaw)等。

20 世纪 90 年代,哈特马尼斯曾经完成一项重要的工作。1990 年 4 月,美国科学研究委员会(National Research Council)的计算机科学与技术部(现已改为计算机科学与通信部,CSTB)建立了一个由 16 名专家组成的委员会,负责对计算机科学与技术在未来的 21 世纪中的发展方向和研究领域进行评估。哈特马尼斯受命担任该委员会主席。委员中包括另外两名图灵奖获得者雷迪(R.Reddy)和格雷(J.Gray)。哈特马尼斯组织委员会委员和来自全美的 120 余名学者共同努力,于 1992 年编写出版了《未来的计算:计算机科学与技术的广泛议题》(*Computing the Future—A Broader Agenda for Computer Science and Engineering*)一书。本书对 21 世纪计算机科学与工程的研究、教育等重大课题进行了分析,对政府、产、学、研各部门如何适应新形势提出了一系列重要意见和看法,很值得我国科研管理部门和信息产业高层决策者重视。这本书和我们前面曾经提到的由米尔纳(R.Milner,1991 年图灵奖获得者)等主编的《明天的计算:计算机科学未来的研究方向》(*Computing Tomorrow: Future Research Directions in Computer Science*,1996)可以看作是姊妹篇。

哈特马尼斯论著极多,除大量发表于杂志和会议的论文外,出版的主要著作有:

《时序机的代数结构理论》(*Algebraic Structure Theory of Sequential Machines*,Prentice-Hall,1966)

《可行计算和可证明的复杂性性质》(*Feasible Computations and Provable Complexity Properties*,SIAM,1978)

《计算复杂性理论》(*Computational Complexity Theory*,AMS,1989)

哈特马尼斯还是著名的 Springer 出版社的“计算机科学讲课笔记”(*Lecture Notes in Computer Science*)系列丛书的主编,这套丛书自 20 世纪 70 年代问世以来,至今已推出 4000 多种专著,许多重要的计算机科学理论问题和新概念、新技术、新方法都是由这套丛书首先提出并展开与深入的,对推动计算机科学技术的发展起了重要作用。

哈特马尼斯于 30 岁结婚,妻子也是拉脱维亚人,但出生在德国。他们有 3 个子女。1988 年哈特马尼斯 60 寿辰时,由塞尔曼(A.L.Selman)编辑出版了一本纪念文集《复杂性理论回顾》(*Complexity Theory Retrospective*,Springer,1988),其中包括若干对哈特马尼斯的生平和成就的介绍文章。

与哈特马尼斯合作并共同获奖的斯特恩斯也是学数学的,1936 年 7 月 5 日出生于美国新泽西州的卡特维尔(Caldwell)。1958 年他在卡尔顿学院(Carlton College)取得数学学士学位后进入普林斯顿大学,用了 3 年取得博士学位,其博士论文课题是关于博弈论的。

斯特恩斯跨进计算机科学的大门并成为一名出色的计算机科学家是十分偶然的。1960 年暑假他到通用电气公司打工,被分配到研究实验室新成立的信息研究部,这使他有缘与已成为那里正式职工的哈特马尼斯一起工作。学过物理而后改行数学的哈特马尼斯和专攻数学的斯特恩斯相结合,双方取长补短,相得益彰,使他们的合作富有成果。他们的第一个合作课题是关于时序机的状态分派问题的。这项研究进行得十分顺利,暑假打工结束时,他们已经完成了第一篇合作论文,这就是第二年发表于 *IRE Trans.on EC* 的 *On the State Assignment Problem for Sequential Machines*(IRE-EC,1961 年 12 月,593-603 页)。暑期临时工的经历虽然十分短暂,所做课题也和他的博士论文无关,但通用电气公司研究人员的素质和才能,浓郁、自由、活泼的学术空气,以及新的、充满机会的学科领域给斯特恩斯留下了十分深刻的印象。因此,一年后他一拿到博士学位,立刻毫不犹豫地应聘到通用电气公司工作,与哈特马尼斯再度携手,终于再创辉煌,很快完成了奠定计算复杂性理论基础的上述著名论文。

说来有趣,斯特恩斯和哈特马尼斯在通用电气公司研究计算复杂性的最初几年,实验室里并无计算机可用。他们当时完全是依靠严密的理论分析提出有关计算复杂性的一系列问题,并给出了科学的解释的。直到 1964 年,实验室才配了一台 GE 300,斯特恩斯这才开始用 BASIC 编程,通过电传打字机接口使用计算机。在科学技术的发展史上,开创复杂而重要的学科领域并取得巨大成功的学者,最初往往在十分困难的条件下工作,这种情况是屡见不鲜的。

斯特恩斯和哈特马尼斯在研究“计算复杂性”理论的过程中,还有一个细节值得一提。据斯特恩斯本人回忆,他们首次明确提出“计算复杂性”这一名词的论文有过 3 个版本:最早是 1963 年 4 月实验室内部的一个研究报告,没有公开发表;然后是在 1964 年于普林斯顿大学举行的 IEEE 第 5 届开关电路理论和逻辑设计学术年会上提交的论文,题为《递归序列的计算复杂性》(*Computational Complexity of Recursive Sequences*),刊于会议论文集 82-90 页;最后版本是发表于美国数学会汇刊 1965 年 5 月上的《论算法的计算复杂性》(*On the Computational Complexity of Algorithms*)。这 3 个版本中,会议版本虽然早于杂志版本发表,但实际上却是最后一个版本。因为在此之前,他们对布卢姆(M.Blum,1995 年图灵奖得主)在麻省理工学院的博士论文研究的是同样问题并无所知;会议之前他们偶然获知这一情况,便立即去麻省理工学院拜访了布卢姆,双方进行了交流。当时,哈特马尼斯和斯特恩斯已是国际知名大公司的研究人员,而布卢姆则不过是来自南美洲的小国委内瑞拉的青年学子。但哈特马尼斯和斯特恩斯并不因此而对布卢姆有任何轻视,并且发现布卢姆在对“复杂性类”等方面的研究比自己还深入一些,因此对布卢姆十分推崇,并把他的博士论文列入了他们自己的会议论文的参考文献之中,虽然该博士论文当时尚未公开与发表。他们这种在学术上平等待人,互相尊重,善于交流的作风是很可贵和值得学习的。

斯特恩斯后来除在“计算复杂性”理论上继续有所建树并发表了许多论文外,还对编译器的设计与理论进行深入的研究并取得了成果。1976 年,斯特恩斯最先提出将上下文无关文法的理论应用于编译器的设计,推动了编译器技术的发展。他和刘易斯(P.M.Lewis)以及罗森克兰茨(D.J.Rosenkrantz)合著的 *Compiler Design Theory* 一书(Addison-Wesley,1976)被软件界认为是“编译器设计理论”方面最出色的专著之一。他和奥曼(R.J.Aumann)以及马斯切勒(M.B.Maschler)合著的《带不完备信息的可重复游戏》(*Repeated Games with Incomplete Information*,MIT Press,1995)则因在运筹学方面的杰出贡献而荣获当年的 Lanchster 奖。

哈特马尼斯在接受图灵奖时发表了题为“论计算复杂性及计算机科学的性质”(*On Computational Complexity and the Nature of Computer Science*)的演说,刊载于 1994 年 10 月的 *Communications of the ACM*,37-43 页。

斯特恩斯在接受图灵奖时发表了题为“是重新考虑时间这个问题的时候了”(*It's Time to Reconsider Time*)的演说。演说中概括了他和哈特马尼斯以及布卢姆共同奠定了计算复杂性理论的基础以来,这一重要领域所取得的主要进展。关心这一领域的读者不妨一阅。演说全文刊载于 1994 年 11 月的 *Communications of the ACM*,95-99 页。

哈特马尼斯于 2022 年 7 月 29 日去世,享年 94 岁。

1994 年图灵奖获得者：

爱德华·费根鲍姆和劳伊·雷迪

——大型人工智能系统的开拓者

爱德华·费根鲍姆

劳伊·雷迪

1994 年图灵奖由两位人工智能专家分享，其中一位是声名卓著的爱德华·费根鲍姆(Edward Albert Feigenbaum)；另一位是后起之秀劳伊·雷迪(Raj Reddy)。

费根鲍姆 1936 年 1 月 20 日生于美国新泽西州的威霍肯(Weehawken)，生父是波兰移民，但在费根鲍姆一岁时就去世了。他的继父是一个食品店的会计，使用着一台笨重的机电式门罗计算器(Monroe calculator，是 20 世纪初的发明)，这引起少年费根鲍姆的极大好奇与兴趣。1952 年，费根鲍姆进入卡内基-梅隆大学(当时还叫卡内基理工学院)电气工程系。在那里，他遇到了著名的诺贝尔奖得主西蒙教授(1975 年图灵奖得主)。在他的指导下，费根鲍姆实现了一个模拟人在刺激-反应环境中记忆单词时反应的程序，叫作 EPAM(Elementary Perceiver and Memorizer,基本识别和存储设备系统),并以此为题完成了他的博士论文。这个系统用计算机模拟人对无意义的话语进行死记硬背,除引起心理学家的兴趣外,还引起了计算机科学界的重视,因为它提出了一种叫作“辨识网”(discrimination net)的机制,这种机制通过协作过程,可以简单而灵活地识别和存储信息。获得博士学位之后,费根鲍姆获得 Fulbright 奖学金到著名的英国国立物理实验室 NPL 工作过一段时间。图灵曾是 NPL 的研究员,在那里设计和制造了最早的计算机之一 ACE。费根鲍姆去 NPL 时,图灵早已于 1954 年去世,但图灵在 NPL 留下的巨大影响还在,活跃而富于创造性的气氛还在,甚至 ACE 计算机也还在使用。费根鲍姆在 NPL 的时间虽然不长,但这段经历对他的影响却很大。

回到美国以后,费根鲍姆进入斯坦福大学继续人工智能的研究。在人工智能初创的第一个 10 年中,人们着重研究的是问题求解和推理的过程。费根鲍姆的重大贡献在于:通过实验和研究,证明了实现智能行为的主要手段在于知识,在多数实际情况下是特定领域的知识,从而最早倡导了“知识工程”(knowledge engineering),并使知识工程成为人工智能领域中取得实际成果最丰富、影响力最大的一个分支。

知识工程自 1977 年费根鲍姆在第 5 届国际人工智能联合会议上提出以来,已逐渐发展成为研究知识信息处理的一门学科,使人工智能从理论转向应用,从基于推理为主的模型转向主要基于知识的模型,如果不说这是划时代的话,至少也是开创了一个新的阶段。通常认为,凡是用自动机对知识进行获取、操作和利用的工程系统都可以称为知识工程。它大体上分为两大类:一类是内向收敛型的,专家系统和狭义的问题求解系统都属于这一类;另一类是外展型的,机器自动发明-发现系统及机器自动规律探索系统都属于这一类。

费根鲍姆作为知识工程的倡导者和实践者,于 1965 年和遗传学系主任、诺贝尔奖获得者莱德伯格(Joshua Lederberg)等合作,开发出了世界上第一个专家系统程序 DENDRAL。DENDRAL 中保存着化学家的知识和质谱仪的知识,可以根据给定的有机化合物的分子式和质谱图,从几千种可能的分子结构中挑选出一个正确的分子结构。

DENDRAL 的成功不仅验证了费根鲍姆关于知识工程的理论的正确性,还为专家系统软件的发展和应用开辟了道路,逐渐形成了具有相当规模的市场,其应用遍及各个领域、各个部门。因此,DENDRAL 的研究成功被认为是人工智能研究的一个历史性突破。费根鲍姆领导的研究小组后来又为医学、工程和国防等部门研制成功一系列实用的专家系统,其中尤以医学专家系统方面的成果最为突出,最负盛名。例如,用于帮助医生诊断传染病和提供治疗建议的著名专家系统 MYCIN 等。目前,学术界公认,在将人工智能技术应用于医学方面,斯坦福大学处于世界领先地位,这和费根鲍姆是分不开的。

费根鲍姆有句名言:“知识中蕴藏着力量”(In the knowledge lies the power)。这句话和培根的名言“知识就是力量”意义相近,但似乎更确切些:知识只有被人所发掘和掌握时,才能生成力量。

费根鲍姆有许多重要著作。1963 年他主编了《计算机与思想》(*Computers and Thought*,McGraw-Hill),这本书被认为是世界上第一本有关人工智能的经典性专著。书中收录的 21 篇文章是人工智能学者早期的研究成果,但其中的大部分观点和结论至今仍被认同。费根鲍姆和他的同事费尔德曼(J.Feldman)编这本书的起因说来有趣。当初他们想开一门计算机如何模拟思维的课,以培养学生对人工智能的兴趣。但在商学院中开这样的课显然显得离奇古怪,因此未获允准。费根鲍姆无奈之中只好求助于他的老师西蒙,西蒙从他任职的社科院计算机模拟认知过程委员会(Social Science Research Council Committee on Computer Simulation of Cognitive Processes)申请了几千美元给他,才使费根鲍姆的计划得以实现。课程开出以后,出乎意料地大受欢迎,数学、物理、经济、商业管理、神经生理等各种各样专业的学生蜂拥而至前来听课。为了满足广泛领域的学生上这门课的需要,他们这才选编了这本书作为教材。本书已被译成日文、俄文及多种欧洲文字,在世界各国广泛流行。

20世纪80年代,费根鲍姆和巴尔(Avron Barr)等合编了4卷本的《人工智能手册》(*The Handbook of Artificial Intelligence*),前3卷于1981年、1982年由William Kaufmann出版社出版,第4卷于1989年由Addison-Wesley出版社出版。这套手册的内容涵盖了人工智能理论与实践的方方面面,是从事人工智能研究和开发的工程技术人员必备的参考书。这套手册曾由周少柏、黄汛、钟玉琢等翻译成中文,由科学出版社出版。

日本推出第5代机计划以后,费根鲍姆曾到日本进行深入考察,编写著作《第5代:人工智能和日本计算机对世界的挑战》(*The 5th Generation: AI and Japan's Computer Challenge to the World*, New American Library,1984)。本书在中国大陆和台湾省都被译成中文出版,在中国人工智能界有很大影响。还有一本有影响的著作是《专家公司的兴起》(*The Rise of the Expert Company*,Times Books,1988)。

费根鲍姆名下现在还有两个公司:一个叫Teknowledge,这是世界上第一个以开发和将专家系统商品化的公司;另一个叫IntelliGenetics,它的专家系统商品是专门用于基因嫁接的。

费根鲍姆在接受图灵奖时发表了题为"'什么'怎样变成'如何'"的演说(*How the "What" Becomes the "How"*),对人工智能的发展做了一个历史性的回顾与总结,全文刊载于*Communications of the ACM*,1996年5月,97-104页。

费根鲍姆除在斯坦福大学计算机科学系任教授外,还是美国空军的首席科学家,1986 年当选为美国工程院院士。

雷迪于 1966 年参加了 ACM 在洛杉矶举行的向 A.Perlis 教授授予首届图灵奖的仪式。当时还是斯坦福大学研究生的雷迪十分激动,并暗下决心,也要在发展计算机科学技术上做出努力,多做贡献。28 年以后,雷迪果然也走上了图灵奖的领奖台。

雷迪自称是“第二代的人工智能研究者”(a second-generation artificial intelligence researcher),因为他在斯坦福大学攻读博士学位时的导师是有“人工智能之父”之称的麦卡锡(J.McCarthy,他在 1971 年被授予图灵奖。这种师生双获图灵奖的情况不只这一对),而另一位人工智能大师明斯基(M.Minsky)当时也在斯坦福大学,雷迪曾聆听过他的教导。学成以后,雷迪来到卡内基-梅隆大学工作。这里的人工智能研究也是居世界前列的,雷迪有幸与纽厄尔和西蒙这样一些知名教授一起工作,得到他们的指点和帮助。在这样的背景和环境下,加上雷迪自己的努力,他成长为第二代人工智能学者中的佼佼者就不足为奇了。不过,读者不要因此而误以为雷迪是一位“中青年”学者。实际上,雷迪的计算机经历从 20 世纪 50 年代就开始了,他曾用过以水银延迟线做存储器的 MARK Ⅱ计算机,有他这种经验的人现在已为数不多了。

雷迪本是印度人,1937 年 6 月 13 日出生于印度首都新德里附近的凯托尔(Katoor),原名达不拉尔·拉亚戈帕尔·雷迪(Dabblal Rajagopal Reddy)。其父是一个地主。雷迪 1958 年在从印度大学毕业,取得学士学位后,去澳大利亚留学;在新南威尔士大学获硕士学位之后再到美国深造,于 1966 年获得博士学位并加入美国国籍。

雷迪主持过许多大型人工智能系统的开发,取得了一系列引人注目的成就。其中主要有:

(1) Navlab。这个项目是美国国防部 ARPA 的 ALV(Autonomous Land Vehicle)项目的一部分,开始于 1984 年,目标是开发出能在道路上行驶并可跨越原野的自动驾驶车辆,要求车速达到80km/h。Navlab的原型于1986年完成,1995年完成的NavlabⅡ是野战救护车,测试时最高时速达到110km,在原野上连续行进了16km,取得了圆满成功。这个项目在计算机视觉、机器人路径规划、自动控制、障碍识别等诸多方面有许多重大的技术突破,使智能机器人跃上了一个崭新的台阶。这个项目的成功已引起美国交通部的极大兴趣和重视,已资助雷迪以重金立项研究,研究目的是利用Navlab的技术防止高速公路上的事故。

(2)LISTEN。这个项目是用来解决扫盲问题的,核心是一个名为SphinxⅡ的语音识别系统。系统类似于一个文化教员,可以"听"孩子念课文,念错了或不会念时提供帮助。试验证明LISTEN可以大大减少孩子在朗读中的错误,并帮助孩子掌握更多课文。由于美国每年在扫盲上要开支2.25亿美元,而估计LISTEN能帮助20%的文盲脱盲,其经济效益和社会效益之巨大是显而易见的。

(3)以意大利诗人但丁(Dante)命名的火山探测机器人项目。这是卡内基-梅隆大学和美国航空航天局(NASA)的合作项目,要求无误(error-free),绝对可靠。项目计划用15年完成,预算达上百万美元。Dante的第一代和第二代模型已先后完成,现正开发第三代。

此外,雷迪还曾主持并完成了一个叫作"自动机工厂"(Automated Machine Shop)的项目,在这个工厂中,全部加工设备都是采用机器人技术的。雷迪还开创了一个他称之为"白领机器人学"(White-Collar Robotics)的新的学科领域,就是由机器人去完成白领职工的工作,诸如生产调度等管理功能。

雷迪任卡内基-梅隆大学计算机学院院长直到1999年,此外,他还是微软研究院顾问委员会委员,也是许多著名学术团体如IEEE、ACM、AAA(美国声学会)的高级会员。1979年他担任国际人工智能联合会议主席时,又带头发起成立了美国人工智能协会 AAAI,并于 1987—1989 年任 AAAI 会长。他也是美国科学院和工程院院士,1997 年被选为克林顿总统的信息技术咨询委员会委员。雷迪出身于发展中国家,因此他把将高新技术推广到发展中国家的工作看作是自己应尽的义务,在 20 世纪 80 年代初任职于巴黎的"个人计算和人类资源世界中心"(World Center for Personal Computation and Human Resources)时,工作出色,并因此于 1984 年获得法国总统密特朗授予的古罗马勋章。

1999 年 6 月 28 日,雷迪曾应邀来到中国,参加由《计算机世界》和微软中国研究院联合举办的"21 世纪的计算学术研讨会"暨"中美顶级计算机科学家高峰对话"。会上,他发表了题为"创新、转变和革命——信息技术将如何改变 21 世纪的社会"的精彩演说。

雷迪在接受图灵奖时发表了题为"对可能的'梦想'的梦想"(*To Dream the Possible Dream*)的演说,演说对某些人认为人工智能只是不切实际的幻想的观点进行了批判,认为人工智能是可以实现的美好愿望,人们应该去追求,去探索,去实践。演说全文刊载于 *Communications of the ACM*,1996 年 5 月,105-112 页。

雷迪于 2006 年获得美国国家科学基金会所设立的最高奖"The Vannevar Bush Award"。2011 年入选 IEEE 的人工智能名人堂(AI's Hall-of-Fame)。他培养了许多出色的学生,业界著名的专家李开复、沈向洋、洪小文都是他的博士生。

1995 年图灵奖获得者：
曼纽尔·布卢姆
——计算复杂性理论的主要奠基人之一

1995 年图灵奖授予加州大学伯克利分校的计算机科学家曼纽尔·布卢姆(Manuel Blum)。布卢姆是计算复杂性理论的主要奠基人之一。在此之前,已有 5 位科学家因为在计算复杂性理论方面的贡献而获此殊荣,他们是：拉宾(1976 年)、库克(1982 年)、卡普(1985 年)、哈特马尼斯和斯特恩斯(1993 年)。在图灵奖的历史上,这是获奖科学家较多的一个分支领域。由此可见计算复杂性作为基础性分支在计算机科学中的突出地位及其重要性。

曼纽尔·布卢姆

关于计算复杂性的主要理论,我们前面已陆续做了一些介绍,现在再把它简要归纳一下。

所谓“计算复杂性”,通俗说来,就是用计算机求解问题的难易程度。其度量标准：一是计算所需的步数或指令条数(这叫时间复杂度),二是计算所需的存储单元数(这叫空间复杂度)。我们当然不可能也不必要就一个个具体问题去研究它的计算复杂性,而是依据难度去研究各种计算问题之间的联系,按复杂性把问题分成不同的类,即复杂性类(complexity class)。

在采用图灵于 20 世纪 30 年代提出的理想化的计算模型即图灵机作为标准的计算工具的情况下,可以非形式化地定义如下几类计算问题:

(1) P 类问题:由确定型图灵机在多项式时间内可解的一切判定问题所组成的集合;

(2) NP 类问题:由非确定型图灵机在多项式时间内可计算的判定问题所组成的集合;

(3) NP 完全问题:如果判定问题 $\pi \in NP$,并且对所有其他判定问题 $\pi' \in NP$,都有 π' 多项式变换到 π(记为 $\pi' \propto \pi$),则称判定问题 π 是 NP 完全的。

对 P 类、NP 类及 NP 完全问题的研究推动了计算复杂性理论的发展,产生了许多新概念,提出了许多新方法。**但是还有许多难题至今没有解决,P=?NP 就是其中之一。许多学者猜想 P ≠NP,但无法证明。**

计算复杂性的研究始于 20 世纪 50 年代末 60 年代初,当时在美国有两个并行的中心,一个是通用电气公司设立于纽约州斯克内克塔迪(Schenectady)的研究实验室,核心人物是哈特马尼斯(J.Hartmanis)和斯特恩斯(R.Stearns)。1964 年 11 月,他们在普林斯顿大学举行的第 5 届开关电路理论和逻辑设计学术年会上发表了论文《递归序列的计算复杂性》(*Computational Complexity of Recursive Sequences*),论文中首次使用了"计算复杂性"这一术语,由此开辟了计算机科学中的一个新领域,并为之奠定了理论基础。他们两人是 1993 年度的图灵奖获得者。另一个中心是麻省理工学院,在那里布卢姆与前述两人互相独立地进行着相关问题的研究,并完成了他的博士论文《与机器无关的递归函数复杂性的理论》(*A Machine Independent Theory of the Complexity of Re-*

cursive Functions)，该论文的详细摘要 1967 年发表于 *Journal of the ACM* 14(2)，322-336 页。实际上，布卢姆是受以色列学者拉宾(M.O.Rabin)的启发而开始这方面的研究的。拉宾是希伯来大学的教授，是研究计算复杂性问题的先驱，并在 1976 年荣获图灵奖。拉宾在 1959—1960 年就发表过一些关于计算复杂性方面的论文和报告，可惜流传的面较小，影响不大。但麻省理工学院"慧眼识英雄"，邀请拉宾前来讲学。布卢姆当时正苦于没有适当的课题做博士论文，听了拉宾的讲座极感兴趣，当即决定沿此方向进行研究，其结果就是完成了上述博士论文。布卢姆的论文提出了有关计算复杂性的 4 个公理，被称为布卢姆公理系统。目前，可计算理论的绝大部分结果都可以从这个公理系统推导出来。论文还对复杂性类进行了归纳，定义了如下的复杂性抽象测度：

设 $\varphi(n)$ 是任意一个部分可计算函数，如果部分函数 $\phi(n)$ 具备如下条件：

(1) 对于任何 n，如果 $\varphi(n)$ 有定义，则 $\phi(n)$ 亦有定义；

(2) 对于任何 n 和 m，谓词函数 $\phi(n)=m$ 是能行可计算的。

这样的 $\phi(n)$ 就叫布卢姆测度(Blum measure)，而上述两个条件则称为布卢姆测度公理。显然，这比一般学者用时间和空间消耗来衡量算法复杂性高明多了。因此学术界公认，布卢姆、哈特马尼斯、斯特思斯三人是计算复杂性理论的主要奠基人。

布卢姆是委内瑞拉人，生于首都加拉加斯。在麻省理工学院获得博士学位，并加入美国国籍。之后到加州大学伯克利分校任教。

布卢姆除在计算复杂性理论方面做出了开创性贡献以外，还致力于将这一理论应用于对计算机系统的安全性和通信的安全性有十分重要意义的"密码学"以及在"软件工程"中十分重要而又十分困难的程序正确性验证方面，并且取得了令人瞩目的成就。1989 年 5 月，他和同事 Sampath Kannan 在西雅图召开的 21 届 ACM 计算理论专题研讨会上所提交的一篇论文中,首次提出了 program checker 的概念,并综合利用密码学、概率算法和程序测试、概率交互证明等手段解决程序正确性验证这一难题,把这一领域的研究推进了一大步。有兴趣的读者可参阅他们发表在 *Journal of the ACM* 1995 年 1 月号上的论文 *Designing Programs that Check Their Work*。

大家知道,Intel 公司在推出其著名的奔腾微处理器之后不久,被人发现该处理器的除法运算存在一个细微问题,从而引起了一场轩然大波。布卢姆和他的学生瓦塞曼(H. Wasserman)仔细地研究和分析了这个问题,提出了解决方案和应吸取的教训。他们的有关论文 *Reflections on the Pentium Division Bug* 刊载于 *IEEE Trans. on Computer* 1996 年 4 月。在软件可靠性方面,布卢姆 1997 年发表的《具有运行期结果校验的软件的可靠性》(*Software Reliability with Run-Time Result-Checking*, *Journal of the ACM*, 1997 年 11 月, 826-849 页)一文也很值得重视。

布卢姆是一位学风严谨、诲人不倦、循循善诱的科学家和教育家。1977 年获加州大学的优秀教学奖(Distinguished Teaching Award)。他培养了许多学生,其中不少已经成为相关学科中的知名学者,包括 3 名图灵奖获得者:阿德勒曼(2002)、米卡利(2012)和戈德瓦瑟(2012)。而布卢姆自己的导师也是图灵奖获得者的明斯基(明斯基还有一位博士生萨瑟兰也是图灵奖获得者),真可谓"名师出高徒,一代传一代"。

1996 年图灵奖获得者：
阿米尔·伯努利
——把时态逻辑引入计算机科学

阿米尔·伯努利

1996 年图灵奖授予了一位以色列学者，著名的以色列魏茨曼学院（Weizmann Institute of Science，位于圣城耶路撒冷西北约 50 千米的雷霍沃特）应用数学系教授阿米尔·伯努利（Amir Pnueli），以彰显他把时态逻辑引入计算机科学所做的贡献。

伯努利于 1967 年在魏茨曼学院获应用数学博士学位，后留校任教。他的主要研究方向是时态逻辑或叫时序逻辑（temporal logic）。时态逻辑是非经典逻辑中的一种，它研究如何处理含有时间信息（现在、过去、将来；之前、之后等）的事件的命题和谓词。时态逻辑体系包含的要素有：

（1）基本符号：事件 e，关系或谓词 r，时间区间 i（interval）等；

（2）时态谓词：after（e，r），before（e，r）等；

（3）时态事件演算规则：初始规则、终止规则等，如 holds（before（e，r））：-terminates（e，r）表示终止规则，意为若事件已使谓词 r 失效，则在 e 之前且 r 成立的一段区间中 r 为真；

（4）时态逻辑运算：时态区间的并、交，时态谓词的与、或、非等。

1977 年，伯努利把时态逻辑引入计算机科学，把它作为开发反应式系统（reactive system）和并发式系统（concurrent system）时进行规格说明(specification)和验证(verification)的工具,取得了极大的成功,在软件工程界引起轰动,被认为是软件工程中的一场革命。伯努利也因此而声名大振,他曾被美国斯坦福大学、哈佛大学等著名高等学府聘为客座教授或邀请讲学。

伯努利和他的同事曼纳(Z. Manna)共同开发的时态逻辑系统叫"命题线性时态逻辑系统"(Proposition Linear Temporal Logic,PLTL)。PLTL 包含可数无穷多个命题变元,逻辑联结词"否定"¬,"合取"∧,"析取"∨,"蕴含"⊃,"等价"≡;时态算子□,意为"任一时刻";◇,意为"某一时刻";○,意为"下一时刻";$\mathscr{U}$,意为"直到"。合式公式(well-formed formula)在 PLTL 中的定义如下:

(1) 命题变元 P 是合式公式;

(2) 若 w、w_1 和 w_2 是合式公式,则 $\neg w$、$w_1 \wedge w_2$、$w_1 \vee w_2$、$w_1 \supset w_2$ 和 $w_1 \equiv w_2$ 都是合式公式;$\Box w$、$\Diamond w$、Ow 和 $w_1 \mathscr{U} w_2$ 也都是合式公式;

(3) 每个合式公式均可通过有限次应用(1)、(2)获得。

PLTL 中包含 10 条公理和 3 条推理规则,它们是:

公理 1:$\neg \Diamond w = \Box \neg w$

公理 2:$\Box(w_1 \supset w_2) \supset (\Box w_1 \supset \Box w_2)$

公理 3:$\Box w \supset w$

公理 4:$\bigcirc \neg w \equiv \neg \bigcirc w$

公理 5:$\bigcirc(w_1 \supset w_2) \supset (\bigcirc w_1 \supset \bigcirc w_2)$

公理 6:$\Box w \supset \bigcirc w$

公理 7:$\Box w \supset \bigcirc \Box w$

公理 8:$\Box(w \supset \bigcirc w) \supset (w \supset \Box w)$

公理 9:$(w_1 \mathscr{U} w_2) = (w_2 \vee (w_1 \wedge \bigcirc(w_1 \mathscr{U} w_2)))$

公理 10:$(w_1 \mathscr{U} w_2) \supset \Diamond w_2$

推理规则 1(重言规则):若 u 是命题重言式(tautology),则 $\vdash u$

推理规则 2(假言推理规则):若 $\vdash u \supset v$ 且 $\vdash u$,则 $\vdash v$

推理规则 3(□引入规则):若 $\vdash u$,则 $\vdash \Box u$

应用上述公理和推理规则,经过有穷步骤,可推导出一系列合式公式,即 PLTL 的定理。

显然,PLTL 是对普通命题逻辑(propositional logic)的扩充,但这一扩充却意义重大,因为这使系统具有了处理随时间变化而改变其值的动态变元(称为时序或时态变元)的能力。在时态逻辑中,时间的结构可以有线性、分支、离散、连续,基于时间点或时区的这几种不同情况。可视具体应用背景而定。PLTL 采用线性、离散,且与自然数同构的时间结构。它的语义解释是一个无穷状态序列 $\sigma = s_0, s_1, s_2, \cdots$,每个 s_i 都是对命题变元的一个赋值。若令 $\sigma^{(i)} = s_i, s_{i+1}, s_{i+2}, \cdots$,且用 $\sigma \models w$ 表示时态公式 w 在解释 σ 下为真,则各时态算子的含义如下:

$\sigma \models \Box w$ 当且仅当对任意 $i \geqslant 0$,均有 $\sigma^{(i)} \models w$

$\sigma \models \Diamond w$ 当且仅当存在 $i \geqslant 0$,使 $\sigma^{(i)} \models w$

$\sigma \models \bigcirc w$ 当且仅当 $\sigma^{(1)} \models w$

$\sigma \models w_1 \mathscr{U} w_2$ 当且仅当存在 $i \geqslant 0$,使 $\sigma^{(i)} \models w_2$ 且对任意 $j(0 \leqslant j < i)$ 均有 $\sigma^{(j)} \models w_1$

由于程序的行为是一种动态现象,其状态是随着时间的推移而不断改变的,而这种改变又可能反过来影响其外部环境。并发反应式程序的这种持续动态行为无法用经典逻辑描述,也无法用至多包含一个正文字的霍恩子句所组成的霍恩逻辑(由著名的逻辑学家霍恩(A. Horn)于 1951 年提出,因而用他的名字命名)来描述。而伯努利的 PLTL 则凭着它的极强的表达能力,填补了这一空白,成为研究并发程序尤其是持续不终止的反应式程序(如操作系统、网络通信协议等)的强有力的形式化工具,可充分表达程序的安全性、活性和事件的优先性等,成为程序规约(specification)、验证(verification)等的有力工具。

值得指出的是,我国科学家在伯努利工作的基础上,将把时态逻辑用于计算机科学的研究大大地向前发展了一步。伯努利只把时态逻辑用于程序规约和验证,而我国科学家唐稚松(中国科学院院士,软件所研究员)在20世纪70年代末80年代初把时态逻辑用于软件开发的整个过程,包括需求定义、规约、设计、证实、验证、代码生成和集成,并开发了世界上第一个可执行时态逻辑语言XYZ/E和一组相应的CASE工具,在国际上引起强烈反响。1979年,时任美国加州大学伯克利分校计算机科学系主任的布卢姆(M.Blum,计算复杂性理论奠基人之一,1995年图灵奖获得者)曾致信唐稚松本人,称:"在美国,有一些最重要的计算机科学家知道您及您的工作,他们都对您的研究工作给予了高度评价"。伯努利本人也同唐稚松建立了联系,并成为朋友。1995年8月,为庆祝唐稚松70岁寿辰,举办了一个名为"逻辑和软件工程"的国际专题讨论会,伯努利和他的老搭档曼纳带了一篇新的论文《有时钟的变迁系统》(*Clocked Transition System*)来北京参加了这个讨论会,并亲自编辑出版了会议论文集(*Logic and Software Engineering*: *International Workshop in Honour of Chih-Sung Tang*, *World Scientific Press*, 1996)。在论文集的前言中,伯努利高度评价了唐稚松的工作。

伯努利主要从事教学和研究工作,但也和国外绝大多数教授一样,不限于"纯学术"工作。他和别人一起在美国马萨诸塞州的布灵顿(Burlington)办了一个公司: i-Logix Inc,他任该公司的首席科学家。

伯努利的著作反映了他的研究成果,主要有:

《反应式系统和并发系统的时态逻辑: 规约》(*The Temporal Logic for Reactive and Concurrent Systems*: *Specification*, Springer, 1992)

《反应式系统的时态验证: 安全》(*Temporal Verification of Reactive Systems*: *Safety*, Springer, 1995)

伯努利曾任斯普林格出版社著名的系列丛书 Lecture Notes in

Computer Science 的编委，也是有关领域不少杂志如 *Acta Informatica*、*Science of Computer Programming*、*Notes on Computer Science* 的编委。

伯努利曾先后在以色列的魏茨曼学院、特拉维夫大学和美国的斯坦福大学、IBM 公司、英国的剑桥大学等处从事教学和研究工作。2009 年他在纽约大学时，出任受美国国家科学基金会重金支持的一个跨学科、跨单位的大型科研项目的副主任(主任是 2007 年图灵奖得主之一、卡内基-梅隆大学的克拉克)，但研究工作刚刚开始，他就在当年 11 月 2 日突发脑出血去世，享年 68 岁。

1997 年图灵奖获得者：道格拉斯·恩格尔巴特

——鼠标器的发明人和超文本研究的先驱

1998 年 5 月 10 日，ACM 在美国华盛顿特区召开的 Policy'98 会议期间，举行了隆重的颁奖典礼，将 1997 年图灵奖授予道格拉斯·恩格尔巴特(Douglas Engelbart)。当年的图灵奖奖金 25 000 美元由朗讯公司提供。

道格拉斯·恩格尔巴特

恩格尔巴特是计算机界的资深学者，但中国人对他可能并不熟悉。实际上，成千上万人天天在操作计算机时所使用的鼠标器就是恩格尔巴特在他年轻时(1964 年)发明的，只是多数人并不知道而已。

恩格尔巴特 1925 年 1 月 30 日生于美国俄勒冈州的波特兰(Portland)。1948 年在俄勒冈州立大学取得学士学位，1956 年在加州大学伯克利分校取得电气工程/计算机博士学位。完成学业以后，进入著名的斯坦福研究所(SRI)工作，一干就是 20 年。他离开 SRI 以后，先后在 Tymshare 公司和 McDonnell Douglas 公司任高级研究员。1989 年，他和女儿克里斯蒂娜·恩格尔巴特(Christina Engelbart)一起在硅谷 Palo

Alto 创建 Bootstrap 研究所,并领导该所的研究工作至今。

从历史上看,恩格尔巴特是最早认识到基于计算机和通信的工作环境对于人类文明和社会进步有极大重要性的少数先知先觉的学者之一。早在 20 世纪 60 年代初,他就发表了一篇题为《放大人类智力》(*Augmenting the Human Intellect*)的论文,提出了计算机是人类智力的"放大器"的观点。为此,他认为必须改善人机交互方式,发展交互式计算技术。1964 年,他发明鼠标器成为代替键盘操纵计算机的方便工具,为交互式计算奠定了基础,因此被 IEEE 列为计算机诞生 50 年来最重大的事件之一。实际上,鼠标器只是恩格尔巴特开发的世界上第一个标准化的编辑器(oNLine System,NLS)系统的一部分。NLS 是一个完善的多媒体编辑工具,同时也为使用者提供了舒适的写作环境。它支持各种文本结构,并具有层次性,用户可以方便地浏览文本中的信息,对文本进行各种操作。在 1968 年秋季的联合计算机会议(1968 Fall Joint Computer Conference)上,NLS 首次向公众做了 90 分钟的演示,引起轰动。这次演示也是鼠标器、多媒体、视频远程会议的首次登台亮相。由于 NLS 本身的巨大成功以及它对后来出现的编辑软件的影响(我们曾经提到,1992 年图灵奖获得者兰普森正是在 NLS 的基础上开发出 Bravo,成为"所见即所得"系统的雏形的),ACM 把 1990 年的软件系统奖授予了 NLS,恩格尔巴特是第一获奖人,第二和第三获奖人分别是英格利希(William K.English)和罗利弗逊(Juff Rulifson)。

尼葛洛庞帝在他的《数字化生存》里写道:"当初道格拉斯·恩格尔巴特发明鼠标器是为了指点文件,而不是为了在计算机上绘画,但是,这个发明却流传了下来,而且在今天随处可见"。

恩格尔巴特发明的世界上第一只鼠标器,其外壳是用木头精心雕刻而成的,整个鼠标器只有一个按键,不像现在的鼠标器那样有两个按键。最初的鼠标器在底部安装有金属滚轮,用以控制光标的移动。

1967 年 6 月 21 日,恩格尔巴特将他的鼠标器用“X-Y 定位器”的名称申请了专利,并于 1970 年获得了专利,从此,小小的“老鼠”引起了人们的重视。1972 年,施乐(Xerox)公司 PARC 研制成功具有图形界面的 Alto 微型计算机,在该中心的科学家当中,有一些曾师从恩格尔巴特,他们将他发明的鼠标器配置在这台微型计算机上,使这台微型计算机的操作显得异常方便和快捷。1983 年,Apple 公司也仿效 PARC 的做法,把经过改进的鼠标器装设在 Lisa 微型计算机上,从而使鼠标器在计算机业界名声大振,开始像键盘一样成为一种计算机中必备的输入装置,成为计算机迷们人见人爱的“宠物”。

20 世纪 90 年代以来,“老鼠”随着网络在全球范围内的升温而走向世界。尤其是 Internet 这一全球最热门的信息资源网,把全世界 220 多个国家的几十亿计算机用户紧密地联系在一起,无论是上网的或者是还没有上网的计算机用户,在使用计算机时,都离不开这只小小的“老鼠”了。

实际上,恩格尔巴特对 Internet 的贡献远不限于这只小小的“老鼠”。因为在斯坦福研究所(SRI)期间,恩格尔巴特积极推动和参与了美国国防部的 ARPANET 计划。SRI 与加州大学洛杉矶分校(UCLA)、加州大学圣巴巴拉分校(UCSB)、斯坦福大学和犹他大学(UU)是第一批接入 AR-PANET 的 4 个站点,恩格尔巴特本人是联网初期该计划的 13 个主要研究人员之一。恩格尔巴特虽然没有参加 ARPANET 计划中关键的斯诺波特会议(Snowbird 是犹他州的一个城市,1969 年夏,ARPA 在这里召集上述 4 家联网单位的代表对网络进行设计并定义术语。SRI 的代表是恩格尔巴特的亲密合作者罗利弗逊),但在整个计划实施中起了积极作用。ARPANET 初步建成后建立了 3 个运行和管理中心:网管中心(NCC)、网络测量中心(NMC)和网络信息中心(NIC)。其中 NIO 就是在恩格尔巴特的建议下成立的,它设在 SRI,恩格尔巴特任该中心主任至1977年。现在风靡全球的Internet就是在ARPANET的基础上发展起来的。

至于恩格尔巴特父女1989年创建的Bootstrap研究所,其宗旨和方向很奇特,主要研究如何通过从战略上改进基础设施以提高整个组织机构的"集体智商"(collective IQ)。研究所名称Bootstrap的本意就是"依靠自己的力量",这也是计算机接通电源后首先要执行的"自举"程序或称"引导"程序的名称。实际上,这也是恩格尔巴特在20世纪60年代初在《放大人类智力》论文中就提出的概念框架CoDIAK(Concurrent Development Integration and Application of Knowledge),即对知识进行合作开发、集成和应用的进一步延伸和发展。在这一宗旨下,恩格尔巴特及其研究所有一系列的发明和创意,其中包括屏幕多窗口、互联超媒体、远程会议、在线出版等。

在概念框架CoDIAK之下,恩格尔巴特推出的核心技术叫"开放的超文档系统"(Open Hyperdocument System,OHS),这是一个集成的、无缝的、多厂商的体系结构,在其中人们可在共享屏幕上共享由各种多媒体文件组成的超文档。OHS的商品化形式是在NLS的基础上发展而成的,叫AUGMENT,由联成网络的20多台主机服务器组成,分布在美国各地。恩格尔巴特在这方面的概念、发明创造和产品对当前颇受重视的所谓CSCW,即"计算机支持的协同工作"(computer supported co-operative work)研究有着十分重要的影响。尤其是在超文本方面,虽然hypertext这个名词是由纳尔逊(T.Nelson)于1965年发明的,并开发出了第一个超文本系统"仙都"(Xanadu,这是英国诗人柯尔律治的长诗"忽必烈汗"中的一个地名,指忽必烈在热河(承德)的行宫),但恩格尔巴特在超文本技术的研究上有许多创新,做出了重大贡献。因此,ACM的超文本会议以他的名字命名其最佳论文奖,即The ACM Hypertext Conference Engelbart Best Paper Promoting Hypermedia Research。

前些年,比尔·盖茨在一次演说中提出了“知识工人”的概念,引起媒体的极大重视,纷纷报道和评论。实际上,恩格尔巴特在其论文和研究报告中早就一再使用了“知识工人”这个词汇。就笔者所见,最早的一次是1982年,在旧金山举行的AFIPS办公自动化会议上,恩格尔巴特发表的一篇论文题目就是*Toward High-performance Knowledge Workers*,有兴趣的读者可查阅该会议的论文集。在1995年的一篇论文:*Toward Augmenting The Human Intellect and Boosting Our Collective IQ*(*Communications of the ACM*,38(8):30-33页)中,恩格尔巴特也多处用了Knowledge Worker这个词。由此可见,恩格尔巴特不愧是信息革命和知识经济的先驱。

由于恩格尔巴特的思想总是超前(有人说他的思想超前他的时代20年),他常常不被人理解,不受到重视,甚至被人嘲笑,但恩格尔巴特始终保持乐观。他性格开朗,喜欢运动、徒步旅行、野营、航海、跳舞和骑自行车,在家里养鸭,养蜂,养蚯蚓,给子孙们讲滑稽故事。他有4个子女,8个孙子、孙女,在为人类社会进步做出贡献的同时,享受着天伦之乐。

恩格尔巴特1987年获*PC Magazine*的终生成就奖,1992年被IEEE授予计算机先驱奖,1994年当选为美国艺术与科学院院士,2000年11月13日在白宫接受了克林顿总统亲自颁发的美国国家技术奖章(National Medal of Technology)。2013年7月2日恩格尔巴特去世,享年88岁。

1998 年图灵奖获得者：

詹姆斯·格雷

——数据库技术和“事务处理”专家

詹姆斯·格雷

1998 年图灵奖授予了声誉卓著的数据库专家詹姆斯·格雷(James Gray)或称吉姆·格雷(Jim Gray,Jim 是 James 的昵称)。这是图灵奖诞生 32 年的历史上,继数据库技术的先驱查尔斯·巴赫曼(Charles W.Bachman,1973)和关系数据库之父埃德加·科德(Edgar F.Codd,1981)之后,第 3 位因在推动数据库技术的发展中做出重大贡献而获此殊荣的学者。

格雷生于 1944 年,在著名的美国加州大学伯克利分校计算机科学系获得博士学位。其博士论文是有关优先文法语法分析理论的。学成以后,他先后在贝尔实验室、IBM、Tandem、DEC 等公司工作,研究方向转向数据库领域。

在 IBM 公司期间,他参与和主持过 IMS、System R、SQL/DS、DB2 等项目的开发,其中除 System R 仅作为研究原型,没有成为产品外,其他几个都成为 IBM 公司在数据库市场上有影响力的产品。

在 Tandem 公司期间,格雷对该公司的主要数据库产品 ENCOMPASS 进行了改进与扩充,并参与了系统字典、并行排序、分布式 SQL、Nonstop SQL 等项目的研制工作。

在 DEC 公司,他仍然主要负责数据库产品的技术开发工作。格雷进入数据库领域时,关系数据库的基本理论已经成熟,但各大公司在关系数据库管理系统(RDBMS)的实现和产品开发中,都遇到了一系列技术问题,主要是在数据库的规模愈来愈大,数据库的结构愈来愈复杂,又有愈来愈多的用户共享数据库的情况下,如何保障数据的完整性(integrity)、安全性(security)、并发性(concurrency),以及一旦出现故障后,数据库如何实现从故障中恢复(recovery)。这些问题如果不能圆满解决,无论哪个公司的数据库产品都无法进入实用,最终不能被用户所接受。正是在解决这些重大的技术问题,使 RDBMS 成熟并顺利进入市场的过程中,格雷的聪明才智发挥了十分关键的作用。

目前,各 RDBMS 解决上述问题的主要技术手段和方法如下:

(1) 把对数据库的操作划分成称为"事务"(或"事务元",transaction)的一个个原子单位。事务是事务处理(transaction processing)的基本执行单位,即一个事务中的操作要么全部被执行,要么全部都不执行,即实行所谓 all or none 的原则。一个事务一般以一个"开始"(begin)语句开始,先从数据库中取出一些数据,然后进行所需的处理,最后以"提交"(commit)语句结束。如事务中发生异常,则用"异常终止"(abort)语句或"回退"(rollback)语句撤销本事务执行过程中对数据库已做的所有更新(即所谓 undo),将数据库恢复到事务开始时的正确状态,以保障数据的完整性、一致性。

(2) 用户在对数据库发出操作请求时,系统对有关的不同粒度(granularity)的数据元素(字段、记录以至整个文件)"加锁"(locking),加锁的数据将被暂时禁止其他用户访问(我们这里仅是一种简化的解释,实际上,根据用户对数据请求的不同性质,加锁的数据如何对待另一用户的请求,呈现复杂的情况,例如,如果加锁的数据将被修改,那是绝对禁止其他用户访问的;而如果加锁的数据只用于读出,则其他用户的读出请求还将是允许的。这由所谓的"锁相容性矩阵",即 lock compatibility matrix 管理和控制)。操作完成后"解锁"(unlocking)。这一机制用以既保持事务之间的“并发性”,又保证数据的“完整性”。

(3) 建立系统运行日志(log),记载各事务的始点、终点以及在事务中被更新过的页面的改前和改后状况(before image 和 after image),以便在系统出现故障导致数据库遭到破坏时,能根据定期或不定期为数据库所做的备份(backup)加上日志中的信息将数据库恢复到系统故障前的正确状态,同时又能保留最后一次备份以来对数据库所做的修改。

(4) 对数据库的任何更新分两阶段提交(two-phase commit)。这是基于一个事务可能同时涉及两个不同的数据库系统而必需的,这在分布式系统中尤为重要。

上述及其他各种方法可总称为“事务处理技术”(transaction processing technique)。格雷在事务处理技术上的创造性思维和开拓性工作,使他成为该技术领域公认的权威。他的研究成果反映在他发表的一系列论文和研究报告之中,最后结晶为一部厚厚的专著 *Transaction Processing: Concepts and Techniques*(Morgan Kaufmann Publishers,1993,另一作者为德国斯图加特大学的 A.Reuter 教授。该书已由孟小峰等译成中文,于 2004 年由机械工业出版社出版;2009 年人民邮电出版社出版了该书影印版)。事务处理技术虽然诞生于对数据库的研究之中,但对于分布式系统,客户-服务器结构中的数据管理与通信等容错和高可靠性系统,同样具有重要的意义。

格雷的另一部著作是 *The Benchmark Handbook: for Database and Transaction Processing Systems*,第 1 版于 1991 年出版,第 2 版于 1993 年出版,也是 Morgan Kaufmann 出版社出版的。格雷还是该出版社“数据管理系统丛书”的主编。

格雷在数据库学术界十分活跃。在国际上定期或不定期举行的一些重要的数据库学术会议如 VLDB、SIGMOD 上,都能见到他的身影,听到他的声音。除了在公司从事研究开发工作外,他还兼职在母校加州大学伯克利分校、斯坦福大学、布达佩斯大学进行过教学和讲学活动。1992 年,*The VLDB Journal* 创刊,他出任主编。

格雷是 ACM 于 1988 年授予 IBM 的 System R 以软件系统奖的 6 位得奖人之一,其他 5 人是 Donald Chamberlin、Raymond Lorie、Gianfranco Putzolu、Patricia Selinger 和 Irving Traiger。正是由于格雷在数据库技术方面的声誉,软件业中的"巨无霸"微软公司在 1993 年决定进入大型关系数据库市场时,才不惜用种种手段把格雷从 DEC 公司挖过来。因格雷不喜欢微软总部所在的多雨的西雅图,愿意留在阳光灿烂的旧金山,微软公司特地在旧金山开辟了第二个微软研究院叫"湾区研究中心"(Bay Area Research Center,BARC),安排格雷任该研究院主管。格雷果然不负所望,领导一个研制小组开发出了 MS SQL Server 7.0,成为微软历史上一个里程碑式的版本,而且也成为当今关系数据库市场上的佼佼者。

格雷是在 1999 年 5 月 4 日于美国亚特兰大举行的 ACM 全国会议上接受图灵奖的。格雷发表了"信息技术今后的目标"(*What Next? — A dozen remaining IT problems*)的演说,纵论了信息技术发展中有关的几个方向性问题。后来,该文经修改后在 SIGMOD 的会上以 *What Next? —A dozen IT Research Goals* 为题再次发表。格雷的演说在对计算技术的发展做总结性回顾时认为,英国数学家巴贝奇(Charles Babage,1792—1871)在 19 世纪所梦想和追求的计算机今天已经基本实现;美国数学家布什(Vannevar Bush,1890—1974,曾任罗斯福总统的科学顾问)20 世纪 40 年代所设想的"梅米克斯"MEMEX 即"记忆延伸器"(MEMory EXtender)当前已接近实现;而图灵所提出的智能机器离实现还有一段距离,目前的计算机还难以通过"图灵测试"。为了完全实现上述 3 位科学巨人的理想,格雷呼吁美国政府要重视支持对 IT 技术的长期研究。格雷认为,一个好的IT长期目标应具有以下5个关键性质。

(1) 可理解性。目标应能简单表述并被人理解。

(2) 有挑战性。如何达到目标不是很明显的。

(3) 用途广泛。不只对计算机科学家有用,而是对大多数人有用。

(4) 可测试性。以便检查项目进展并知道目标是否已经达到。

(5) 渐进性。中间有若干里程碑,以检查项目进展并鼓舞研究人员干下去。

在以上论点支持下,格雷提出的几个IT技术的长期研究目标如下。

(1) 规模可伸缩性(scalability)。

(2) 通过图灵测试。

(3) 语音到文本的转换(speech to text)。

(4) 文本到语音的转换(text to speech)。

(5) 机器视觉,能像人一样识别物体和运动。

(6) 个人的"梅米克斯",可记录人所看到和听到的一切,需要时能快速检索出来。

(7) 世界的"梅米克斯",即建立文本、音乐、图像、艺术、电影的"全集"(corpus),可回答任何有关的提问,像人类专家那样快而好地做索引,做文摘。

(8) 虚拟现实(格雷用了telepresence这个词,参见对1969年图灵奖获得者明斯基的介绍)。

(9) 无故障系统(trouble-free systems)。

(10) 安全系统(secure systems)。

(11) 高可用系统(always up)。

(12) 自动程序设计(automatic programming)。

格雷的图灵奖演说全文已由笔者译出，摘要刊于《中国计算机报》（2000 年 6 月），有兴趣的读者可以一阅。

2007 年 1 月 28 日，格雷为了把他母亲的骨灰撒入海中，独自驾驶他的“坚毅号”（Tenacious）游艇驶向离旧金山海岸不远的费拉隆群岛（Farallon Islands），但一去不归。他的妻子报警后，海岸警卫队派出 C-130 直升机和巡逻艇搜索了 4 天，没有任何踪影。消息传出以后，大批志愿者（除了格雷的同事、学生、朋友以外，还有许多同格雷素不相识的各界人士）参与了搜救活动。2 月 1 日，DigitalGlobe 卫星对附近海域进行了扫描，发回了上万张图片，也毫无结果。水面上的搜寻整整进行了一个月以后，又在水下进行搜寻，同样没有任何发现。直到 5 月 31 日，搜寻格雷和他的游艇的工作终于放弃。“坚毅号”游艇长 40 英尺（1 英尺 = 30.48 厘米），配备有先进的无线电设备，遇到有沉没等危险时会自动发出求救信号；但当天没有任何此类信号。驶向费拉隆群岛的航线同进出旧金山湾的航线也非常接近，但当天没有任何船舶见到过“坚毅号”游艇的身影；当天的天气也十分晴朗。因此格雷和他的游艇到底去了哪儿，出了什么事，成了一个无法解开的谜。

2007 年 5 月 31 日，在加州大学伯克利分校举行了格雷的追思会（tribute，注意，不是追悼会），回顾和颂扬了格雷一生的成就和贡献。在图灵奖获得者中，格雷成为唯一一位虽然同图灵完全不同、但同样以人们无法理解的奇特方式告别人世的科学家。2008 年，微软公司在威斯康星州的麦迪逊建立了一个以格雷命名的研究中心，以纪念这位杰出的科学家。

1999年图灵奖获得者：
弗雷德里克·布鲁克斯
——IBM 360 系列计算机的总设计师和总指挥

弗雷德里克·布鲁克斯

20世纪最后一年也就是1999年图灵奖授予了年已69岁的资深计算机科学家弗雷德里克·布鲁克斯(Frederick Phillips Brooks,Jr.)。布鲁克斯这个名字在中国知之者不多,但在美国却是大名鼎鼎的,因为他在20世纪60年代初只有29岁时就主持与领导了被称为人类从原子能时代进入信息时代的标志的IBM 360系列计算机的开发工作,取得辉煌成功,从而名噪一时。以后他作为硬件和软件的双重专家和出色的教育家始终活跃在计算机舞台上,在计算机技术的诸多领域中都做出了巨大的贡献。从某种意义上说,对于布鲁克斯而言,图灵奖是一个“迟到的荣誉”。

布鲁克斯1931年4月19日生于美国北卡罗来纳州的杜哈姆(Durham),是一名医生的儿子。1944年艾肯设计的MARK Ⅰ由IBM生产出来以后,有杂志加以介绍。当时才13岁的布鲁克斯读了以后就产生极大的兴趣,并开始收集老式的商用计算装置。他参加了所在中学的无线电俱乐部和电子工程俱乐部,成为一名积极分子。假期,他用铅皮做成烟管卖给烟农烤烟叶(他家乡是产烟区)。1953年从杜克大学毕业,取得物理学士学位以后,进入哈佛大学深造,师从他从小仰慕的艾肯,1955 年取得硕士学位,1956 年取得博士学位。值得指出的是,布鲁克斯取得的是计算机科学的博士学位,是一位“正宗”的计算机博士,是世界上第一批获得计算机科学博士学位的少数学者之一。他的博士论文课题为《自动数据处理系统的分析设计》(*The Analytic Desigr of Automatic Data Processing System*)。从博士论文开始,布鲁克斯的一生就与计算机结下了不解之缘。

在哈佛大学取得博士学位以后,布鲁克斯进入 IBM 公司设立在纽约波基普西(Poughkeepsie,New York)的实验室当工程师。这个实验室从 20 世纪 50 年代到 80 年代一直是 IBM 开发计算机的中心。布鲁克斯在这里参加了 Harvest 和 STRETCH 计算机的开发,任体系结构设计师。这两个型号的计算机都引入了一些新技术,在 20 世纪 50 年代后期至 60 年代初期有很大影响,尤其是 STRETCH 计算机,当前已成为标准的 8 个二进制位的“字节”(Byte)就是由布霍尔兹(Werner Buchholz)提出,在 STRETCH 上首次采用的。STRETCH 还首创先行控制方式,最多可重叠执行 6 条连续的指令,后来被发展成流水线方式,因而被认为是世界上第一台流水线计算机。流水线概念的提出者是阿姆达尔(Gene Amdahl,他后来离开 IBM 创办了著名的 Amdahl 公司),由科克(John Cocke,1987 年图灵奖获得者)和考尔斯基(Harwood Kolsky)协助在 360 上实现。STRETCH 共生产 9 台,在 1965 年 CDC 6600 问世以前,是世界上最快的超级计算机。Harvest 则是 IBM 在 STRETCH 的基础上为美国国家安全局特制的,比 STRETCH 还大两倍。布鲁克斯在其中的创造性贡献是解决了程序中断系统的设计,以及当数据格式中出现不均匀的字符分布时如何设计其二进制代码(multicase binary codes for nonuniform character distributions)等问题,并从而在 1957 年取得了他的第一个美国专利“程序中断系统”(*Program Interrupt System*,专利号 3048332,与 D.W.Sweenly 共有),发表了他最初的两篇学术论文。其中,在程序中断系统的设计中,布鲁克斯和斯温利提出了可屏蔽中断的概念,使用户击键时字符可显示在屏幕上,而计算机的运行却不会混乱。科德(E.F.Codd,1981 年图灵奖获得者)正是利用这一概念为 STRETCH 设计了第一个交互式多道程序操作系统的。

1959 年,布鲁克斯曾被调至 IBM 公司在约克城高地(Yorktown Heights,New York)的研究中心工作,但第二年又重新被调回波基普西的实验室,因为当时 IBM 公司内部在计算机的研发方向上产生了重大的分歧。1960 年,IBM 公司的计算机生产线上的产品是 8000 系列,但遭到一些人的反对,其领头人是埃文斯[Robert(Bob)Overton Evans]。埃文斯 1951 年就加盟 IBM 公司,曾参与或主持过 IBM 701、1410 和 7070 等多种型号计算机的开发,已经积累相当丰富的知识和经验。他经过认真分析,认为主要继承 IBM 公司原有技术的 8000 计算机,即使研制成功并上市,过不了几年就会丧失生命力,缺乏市场竞争能力。因此他主张 8000 下马,采用新的技术开发新的计算机,尤其是要开发新的操作系统。埃文斯的意见使 IBM 公司分裂成为两派,一派支持,一派反对,而反对派的领头人正是布鲁克斯!两派的争论和对立非常尖锐,又势均力敌,因为埃文斯只是艾奥瓦州立大学电气工程系的一个本科毕业生,学历和学位没有布鲁克斯高,但资历却比他老,双方的支持者人数也差不多。以小沃森(Thomas John Watson,Jr.)为首的 IBM 公司决策层于 1961 年 5 月担着极大的风险最后采纳了埃文斯的意见,是年秋宣布成立一个名为 SPREAD(这是“系统程序设计、研究、工程和开发”的英文 System Programming, Research, Engineering And Development 的词头缩写)的委员会作为 task force(类似于我国过去经常采用的所谓“攻关领导小组”这样一种组织),由 13 人组成,主席为时任 IBM 公司通用产品部总裁的汉斯特拉(John W.Haanstra,1926—1969),副主席为埃文斯,布鲁克斯是成员之一。作为争论中赢方的埃文斯冷静地分析了形势以后,做出了一个令人大感意外的决定,他亲自找布鲁克斯,请布鲁克斯主持日后被称为 IBM 360 的这个新项目。埃文斯这一举动主要基于以下两点考虑,一是如果由他自己来主持 IBM 360,那么原来反对他的意见的那一派人很难团结在他的周围,二是涉及这样重大改革与创新的项目,应该让年轻人来挑头。他自己虽然当时也只有 34 岁,但布鲁克斯比他小 5 岁,更加年轻。难能可贵的是,布鲁克斯作为争论的输方,慨然接受了埃文斯的邀请,同意负责这个他曾经反对过的项目!这个故事很像我国京剧舞台上的“将相和”(虽然无人“负荆请罪”)。埃文斯和布鲁克斯双方在这件事上所表现出来的明智、大度和勇气都十分令人钦佩和赞叹。其结果和效果就是整个 IBM 公司的职工果然团结起来,实现了艰难而痛苦,然而却是历史性的转变和飞跃。IBM 360 的开发总投资 5.5 亿美元(其中硬件 2 亿美元,软件 3.5 亿美元),比美国研究原子弹的曼哈顿计划的投资 20 亿美元的 1/4 还多。在研制期间,布鲁克斯率领着 2000 名程序员夜以继日地工作,单单 IBM 360 操作系统的开发就用了 5000 人年。因此,当 1964 年 4 月 7 日,在 IBM 公司纪念其成立 50 周年的庆祝大会上宣布 IBM 360 系列计算机时,小沃森声称“这是公司历史上宣布的最重要的产品”。确实,IBM 360 以其通用化、系列化和标准化的特点,对全世界计算机产业的发展产生了如此深远的影响,以至被认为是划时代的杰作。而 IBM 360 的推出,也使 IBM 公司在短短两年内,即到 1966 年,其资本积累就增加到 45 亿美元,职工总数净增 6 万人,达到 19 万人,成为名副其实的“蓝色巨人”。到 20 世纪 60 年代末,IBM 360 系列机的市场占有率达到 15%,到 20 世纪 70 年代中期,超过了 50%。各计算机生产厂商纷纷仿效 IBM 360 的榜样,推出各自的系列机。有的则直接采用 IBM 360 的操作系统,如著名的 Amdahl 公司的所谓“插接兼容式”计算机(Plug Compatible Computer)就是这样。为此,埃文斯和布鲁克斯两人常常被并称为“IBM 360之父”(Father of the IBM 360)。

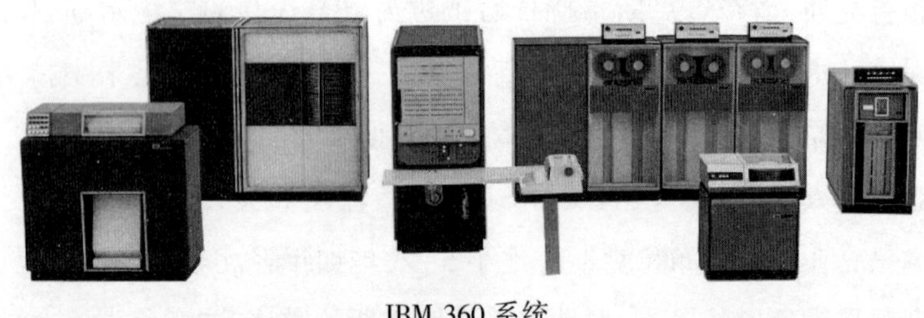

IBM 360系统

当然,IBM 360如今早已是“明日黄花”了。IBM公司在20世纪70年代就推出了370系列替代360,以继续保持其技术上的优势。我们之所以用了一定篇幅介绍IBM 360的故事,是因为其中不乏让我国的企业家、科学家和工程技术人员深思的一些问题。IBM 360的特点我们只简要介绍如下。它是集成电路的计算机。体系结构既便于事务处理,又便于科学计算;系列中各机型(初期,规模由小到大,功能从弱到强,包括20、30、40、50、65和75六个型号,后来扩充了25、85、91、195等型号)具有兼容性;有标准的输入输出接口和通用的输入输出设备,它们与中央处理器相对独立;软件既有兼容性又有可扩充性,从而可最大限度地保护用户的软件投资。这些特征大多都成为以后计算机设计与开发所遵循的基本原则。

IBM 360成功后,布鲁克斯离开IBM公司回到其故乡,为北卡大学(University of North Carolina at Chapel Hill,UNC)创建了计算机科学系,担任该系系主任长达20年(1964—1984)。卸任以后仍在该系任教至今,因此他培养的学生很多,可谓“桃李满天下”。除了教学以外,他还致力于发展美国的计算机技术和计算机在国防等方面的应用,有许多社会兼职。1966—1970年,他是ACM全国委员会的委员;1973—1975年出任ACM体系结构委员会(所谓SIGARCH)的主席;1977—1980年在美国国家研究院计算机科学技术部(Computer Science and Technology

Board, National Research Council)任职;1983—1984 年他是美国国防科学委员会人工智能攻关领导小组的成员(AI Task Force.Defence Science Board);1986—1987 年是上述委员会另一个攻关领导小组“计算机模拟和训练”(Computer Simulation and Training Task Force)的成员;1985—1987 年担任军用软件攻关小组组长(Military Software Task Force)。他的研究领域除计算机体系结构、机器语言设计、软件工程和大型项目管理以外,还包括动态体系结构的可视化(如 walk-through,即“走查”)、人机接口、交互计算机图形学等,十分广泛。20 世纪 70 年代初,布鲁克斯和他的学生赖特(William V.Wright)同生物化学系的海曼斯(Jan Hermans)合作,研究蛋白质折叠问题,实现了可视化分子三维结构系统。后来又与杜克大学的结晶学家金荪和(Sum Ho Kim)合作,成功开发了能找到 tRNA 分子的原子坐标的系统,使得以前需要三个月才能完成的工作只要一个星期就可以做完。关于虚拟现实(Virtual Reality,VR),涉及布鲁克斯曾参与领导攻关的计算机模拟和训练,是他关心的重点之一,1992 年 3 月由美国国家科学基金会主持的虚拟现实研讨会,就是由布鲁克斯等倡议并在北卡大学召开的,这次会议对 VR 进行了定义并就其研究方向提出了详细建议,奠定了 VR 作为独立研究方向的地位。布鲁克斯在筹备及组织此次会议方面做出了重要贡献。1987 年布鲁克斯当选为美国工程院院士。他同时也是英国皇家学会和荷兰皇家科学与艺术院的外籍院士。

布鲁克斯的著作不多,但影响都很大。1963 年他和他在哈佛大学时的同学和 IBM 的同事艾弗森(Kenneth Iverson,APL 发明人,1979 年图灵奖获得者)合著了《自动数据处理》(*Automatic Data Processing*,Wiley)一书,是该领域中最早的专著之一,1969 年再版时有两个版本,其中一个是专门论述在 IBM 360 上的数据处理的(书名为 *Automatic Data Processing*,*System 360 Edition*)。1975 年,他把他历年来所写的有关软件工程和项目管理方面的文章汇集成一本书,即《神话般的人-月:有关软件工程的随笔》(*The Mythical Man-Month*: *Essay on Software Engineering*, Addison-Wesley)。由于本书是他领导IBM 360软件开发经验的结晶,内容丰富而生动,成为软件工程方面的经典之作,出版20年之后即1995年又再版了一次。在本书开头的献词中,布鲁克斯说明他一生最尊敬的两个人一个是小沃森,另一个就是埃文斯。在这本书中,他明确表示反对软件开发的"瀑布模型"(waterfall model),而主张尽量从最终用户那里获得设计思想。该书于2007年由清华大学出版社推出中译版,译者为汪颖;2007年由人民邮电出版社推出注释版,注释者为李琦;书名均为《人-月神话》。他的另一本有名的专著*The Design of Design*: *Essays from a Computer Scientist*,也已由王海鹏、高博译成中文,2011年由机械工业出版社出版,中文书名为《设计原本:计算机科学巨匠Frederick P.Brooks的思考》。1997年出版的一本专著是他与荷兰特文特理工大学(Twente Technical University,位于荷兰与德国接壤处的恩斯赫德)的勃劳夫教授(G.A.Blaauw)合著的《计算机体系结构:概念与发展》(*Computer Architecture*: *Concepts and Evolution*, Addison-Wesley, 1997)。勃劳夫也是布鲁克斯在哈佛大学时的同学,后来又在IBM共事多年,曾一起开发过包括IBM 360在内的3个型号的计算机。这本书实际上是对计算机体系结构半个多世纪来的发展变化的一个全面的回顾和总结。作者在书中风趣地把整个计算机家族叫作"计算机动物园"(computer zoo),对其中的主要成员逐一做了剖析。除了上述学术性著作外,1995年,他与萨瑟兰(I.E.Sutherland,"计算机图形学之父",1988年图灵奖获得者)等还合编了一本书,即*Evolving the High Performance Computing and Communications Initiative to Support the National Information Infrastructure*,由National Academy Press出版,论述了有关高性能计算机计划及信息基础设施(也就是所谓"信息高速公路")建设的一系列问题。

在这次被授予图灵奖以前,ACM 在 1987 年曾授予布鲁克斯杰出服务奖(Distinguished Service Award),1995 年曾授予他以纽厄尔(A. Newell,1975 年图灵奖获得者,1992 年去世)命名的 Newell 奖。加上这次的图灵奖,布鲁克斯成为继克努特(D.E.Knuth,1974 年图灵奖获得者)之后第二位同时拥有 ACM 三个奖项的计算机科学家。IEEE 也先后向布鲁克斯颁给三个奖项,即 McDowell 奖(1970)、计算机先驱奖(1982)和冯·诺依曼奖(1993)。AFIPS 在 1989 年授予布鲁克斯 Harry Goode 奖。数据处理管理协会 DPMA 1970 年授予他计算机科学奖,并命名他为该年度的风云人物(Man of the Year)。1985 年布鲁克斯因在开发 IBM 360 上的杰出贡献而荣获美国国家技术奖章(National Medal of Technology),同时获此殊荣的还有埃文斯和 IBM 的另一位功臣布洛赫(Erich Bloch)。物理学界的富兰克林学会(Franklin Institute)也曾授予布鲁克斯 Bower 奖(Bower Prize and Award)。

布鲁克斯 2022 年 11 月 17 日在家人的陪伴下去世,享年 91 岁。此前,他因中风而健康状况一直不佳。

2000年图灵奖获得者：
姚期智
——计算理论领域卓越的开拓者

姚期智

在新世纪的第一个春天，ACM决定把2000年度的图灵奖授予美国普林斯顿大学计算机科学系教授姚期智。这是图灵奖35年来首次授予一位华裔学者。

姚期智（Yao Chi-Chih）的英文名字是安德鲁·姚（Andrew C. Yao）。他祖籍湖北孝感，1946年12月24日出生于上海，幼年即随父母去台湾。1967年在台湾大学毕业以后，去美国深造。他原先所学的专业是物理，但20世纪60年代以来计算机技术的迅猛发展和计算机在各行各业的广泛应用吸引了他的注意力，他敏锐地意识到这是一个十分重要并具有巨大发展空间的新兴学科，从而下决心放弃原先专业而转到计算机科学上来。因此，在1972年取得令人羡慕的哈佛大学物理学博士学位，并做了一年博士后研究工作之后，他出人意料地选择到伊利诺伊大学研究生院继续学习，攻读计算机科学博士学位。姚期智之所以选择伊利诺伊大学，是因为这所大学在当时计算机科学技术方面处于美国和世界的领先地位，它和宝来公司在20世纪70年代初合作开发了由64台处理机组成的著名的阵列机ILLIAC Ⅳ，其运算速度达到每秒1.5亿次，是当时世界上最快、最先进的计算机。经过两年苦读，姚期智于1975年终于如愿获得他的第2个博士学位——计算机科学博士学位。之后，他曾先后在麻省理工学院（1975—1976），斯坦福大学（1976—1981，1982—1986），加州大学伯克利分校（1981—1982）等著名高等学府从事教学与研究工作，1986年加盟普林斯顿大学。

姚期智对计算机科学技术所做出的贡献主要在计算理论方面。ACM的授奖决定指出，姚期智对计算理论的众多贡献是根本性的，意义重大的，其中包括基于复杂性的伪随机数生成理论（complexity-based theory of pseudorandom number generation）、密码学（cryptography）、通信复杂性（communication complexity）等。姚期智在近1/4个世纪中发表的近百篇学术论文，几乎覆盖了计算复杂性的所有方面，也涉及算法设计与分析的许多重要问题，他的研究结果和所采用的证明方法，常常使计算机理论界对一些核心课题的认识和理解产生飞跃。姚期智进入计算机科学领域的早期论文《寻找最小生成树的 $O(|E|\log\log|V|)$ 算法》（*An* $O(|E|\log\log|V|)$ *Algorithm for Finding Minimum Spanning Trees*, *Information Processing Letters*, 1975, 4(1): 21-23）一文，就引起很大影响。所谓点集 S 的最小生成树，就是能把 S 中所有结点连接起来且具有最小长度的树。例如，如下图所示就是有15个结点的点集的一棵最小生成树。寻找最小生成树问题是图论中的一个重要问题，在通信、运输、计算机网络、模式识别及VLSI设计等许多领域都有重要应用。在姚期智的这篇论文之前，常用的最小生成树算法称作Kruskal算法，其时间复杂度为 $O(E\log V)$，被认为是最佳结果。姚期智的论文证

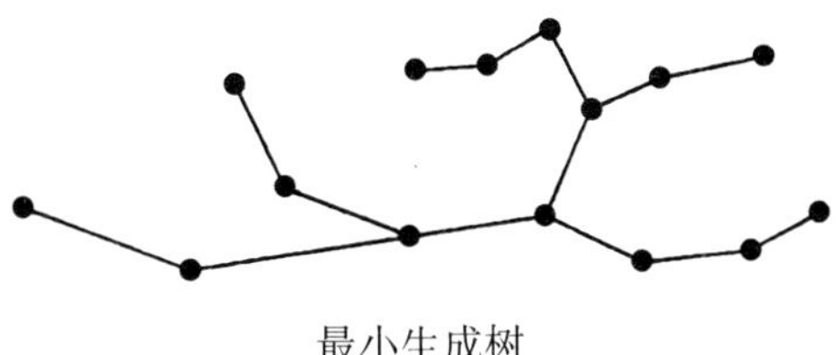

最小生成树

明这个极限是可以打破的。在姚期智的这一开创性工作的基础上，又经过近 20 年的努力，人们终于设计出了寻找最小生成树的线性时间算法。

在数据组织方面，人们历来认为排序表(sorted table)是一种良好的结构，在其中检索信息有最快的响应。姚期智经过深入研究，发现这只在少数特定条件下才成立，而对于允许有任意信息编码的表而言，在其中检索信息的效率远不是最佳的。他的研究结果在 *Journal of the ACM* 1981 年第 3 期上以《表应该被排序吗?》(*Should Tables be Sorted?*)为题发表以后，使人们对应如何有效地存储信息这一重要问题的认识发生了革命性的变革，为后来出现最佳概率化散列模式和字典实现方式奠定了基础。姚期智在该文中所采用的证明方法则被称为 Cell Probe 模型而被广泛应用，在数据结构和算法的设计与分析的研究中产生了深远的影响。

姚期智在 ACM 图灵奖颁奖会上做演讲

姚期智对伪随机数生成理论的诸多贡献集中反映在他 1982 年于《计算机科学论坛》上所发表的论文《陷门函数的理论和应用》(*Theory and Applications of Trapdoor Functions*, *FOCS*, 1982: 80-91)中。在这篇有开创性意义的论文中，姚期智首先证明了著名的 Blum-Micali 发生器所产生的随机数实际上是伪随机的，并由此导出了在随机数生成技术中一个十分重要的概念，即“随机性和难度”的折中（randomness vs hardness）。该论文还首次定义了“计算熵”（computational entropy）的概念，对它进行了深入研究，引出了一系列有关定理和推论，从而极大地推动了密码学的发展。在1986年的“计算机科学论坛”上，姚期智在论文《如何产生和交换秘密信息》（*How to Generate and Exchange Secrets*, *FOCS*, 1986：162-167）中进一步提出了一种称为“健忘的电路模拟”（oblivious circuit simulation）的密码技术，利用这种技术能秘密而可靠地计算出任意函数。

随着Internet的普及和飞速发展，对通信复杂性的研究成为姚期智关注的又一个重点。他在这方面发表的论文如《电路和通信复杂性的近期进展》（*Recent Progress in Circuit and Communication Complexity*, *FCT*, 1991）被认为是经典之作，经常被其他论文所引用。姚期智为通信建立了基本模型，被学术界称为“姚模型”，提出了分析方法，使通信复杂性发展成为一个重要的研究领域，并获得了多方面的和意想不到的应用。

20世纪末，姚期智的研究集中于量子通信和计算。量子计算以量子力学的理论和量子器件为基础，它不但能降低传统计算技术的计算复杂性，还能解决在传统计算机上根本无法处理的一些问题。

姚期智在量子计算方面已经发表了一些引人注意和产生重大影响的论文，如：

Quantum Bit Escrow（*STOC*, 2000：705-714）

Quantum Cryptography with Imperfect Apparatus（*FOCS*, 1998：503-509）

Quantum Circuit Complexity（*FOCS*, 1993：352-361）

姚期智先后工作过的麻省理工学院、斯坦福大学、加州大学伯克利分校和普林斯顿大学集中着一批最优秀的计算机科学家,姚期智和他们有着良好的合作关系。例如,1986 年图灵奖获得者罗伯特·陶尔扬(R.E.Tarjan)、著名的公钥体制 RSA 的发明人和 2002 年图灵奖获得者之一利维斯(R.L.Rivest),都曾和姚期智合作进行过有关课题的研究,联名发表过学术论文。姚期智和祖国内地的计算机科学家也有着密切的联系,他是中国科学院软件所主办的《软件学报》的副主编,曾多次来内地参加学术活动。

在荣获图灵奖之前,姚期智在 1987 年获得波利亚(George Polya)奖,并在 1996 年获得以算法设计大师克努特(Donald Ervin Knuth,1974 年图灵奖获得者)命名的首届克努特奖。1998 年,姚期智当选为美国科学院院士。2000 年 4 月,姚期智当选为美国艺术与科学院数学部院士。2021 年,获得日本京都奖。

ACM-CS 主席 David Dobkin(左)与姚期智(中)在颁奖会上

姚期智于 1971 年和储枫结婚。储枫也是来自台湾的华裔科学家,婚后的名字是弗朗西斯·姚(Frances Foong Yao)。他们是志趣相投的一对伉俪,曾联名发表过许多研究论文。

姚期智于 2004 年当选中国科学院外籍院士。同年,他应聘出任清

姚期智(右二)与夫人(左一)同访美计算机学者合影

华大学高等研究中心教授。当年 9 月 5 日,在第 20 个教师节来临之际,温家宝总理看望了姚期智,并认真征求其有关办好高等教育,发展信息科学的意见和建议。

2004 年至今,姚期智一直在清华大学高等研究中心任教授。2007 年,他领导成立了清华大学理论计算机科学研究中心,2010 年领导成立了清华大学交叉信息研究院并任院长。2015 年他放弃了美国国籍,随后 2017 年由中国科学院外籍院士转为中国科学院院士,加入中国科学院信息技术科学部。2024 年 4 月 27 日,清华大学成立人工智能学院,姚斯智出任首任院长。2024 年 6 月 11 日,在他回国任教 20 年之际,习近平总书记回信,对他的爱国之情和报国之情表示诚挚问候,并希望他为实现我国高水平科技自立自强,建设教育强国、科技强国做出新的贡献。

2001 年图灵奖获得者：

奥尔-约翰·达尔和克利斯登·奈加特

——挪威计算机科学家，面向对象技术奠基人

奥尔-约翰·达尔

克利斯登·奈加特

2001 年的图灵奖授予了挪威计算机科学家奥尔-约翰·达尔(Ole-Johan Dahl)和克利斯登·奈加特(Kristen Nygaard)。他们是因为在 20 世纪 60 年代开发的 Simula Ⅰ 和 Simula 67 中首先引入了类(class)、对象(object)、继承(inheritance)和动态绑定(dynamic binding)等重要概念，为面向对象(object-oriented)这一当前最流行、最重要的程序设计技术奠定了基础而获此殊荣的。

挪威是北欧的一个小国，而且 20 世纪中叶的挪威政府对信息技术不太重视(这一点曾遭到计算机史专家的公开批评，他们指出，同北欧的瑞典和丹麦等国相比，挪威政府在这方面的积极性差得多——The Norwegian government was much less active than were the Swedish or Danish ones)。在这种情况下,达尔和奈加特是如何做出这一创造性的重大贡献的呢? 这其中有一段曲折而有趣的故事。

奈加特1926年生于奥斯陆。他在经历了第二次世界大战的劫难后,于1948年大学毕业,进入挪威国防研究院(Norwegian Defence Research Establishment,NDRE)从事有关计算、程序设计和运筹学等方面的工作。1956年,他在职完成了硕士学位的学业,以“蒙特卡洛法的若干理论问题”(*Theoretical Aspects of Monto Carlo Methods*)为题提交了学位论文,并在奥斯陆大学通过论文答辩取得数学硕士学位。1959年,他创立了挪威运筹学学会(Norwegian Operation Research Society,NORS),并出任学会的首任主席(1959—1964)。1960年,他从NDRE转至挪威计算中心(Norwegian Computing Center,NCC),并于1962年出任其研究部主任(director of research),这个部的任务是把NCC变成一个研究性的机构,而不仅仅是一个提供计算服务的机构。

当时,奈加特的研究兴趣主要集中在运筹学方面。所谓运筹学,是用数学方法研究军事、经济活动中的计划与管理问题的一个学科,其目的是对系统中所涉及的人力、物力进行统筹安排,实现最佳调度,以提高系统的整体效率。它包括线性规划与非线性规划、整数规划、动态规划、网络优化、对策论、排队论等内容,具有十分广泛而重要的应用。运筹学研究中的首要问题是为实际系统建立数学模型,而该模型要解决的首要问题是如何描述系统中的不同组成部分及其运行。20世纪50年代,这种模型通常是通过符号标记(symbol notation)来实现的。例如,用流程图(flow diagram)加上若干系统运行规则,然后用蒙特卡洛法进行分析,使模型逐步修改并得以完善。这种方法很不方便,效率不高,奈加特对此不太满意,他想寻求一种新的有效方法。到1961年前后,奈加特经过潜心研究,对如何改进模型已经形成了一些清晰的概念。但在把这些概念付诸实现的过程中,奈加特遇到了困难: 他的计算机知识和经验不足以胜任设计出新的计算机模拟语言去实现设想。幸好,他在NDRE工作时的老朋友达尔这时也来到了NCC。达尔1931年10月12日生于挪威最南端濒临北海的港口城市曼达尔(Mandal),年龄比奈加特小5岁,其经历和奈加特很相似:大学毕业后(1952年)也是进入NDRE工作,也是在职完成了硕士学位学业,1957年以《数值数学》(*Numerical Mathematics*)为题的论文通过了奥斯陆大学的论文答辩取得数学硕士学位。但是,达尔的研究方向更偏重于计算机,他的硕士论文主要讨论多维矩阵在有二级存储器的计算机上的表示和处理。在NDRE,他设计并实现了一个名为MAC的类ALGOL高级程序设计语言供NDRE机构内部使用。因此,达尔在程序设计语言方面有相当丰富的经验和深厚的功底。这样,奈加特和达尔这对"最佳搭档"经过深入的讨论和紧密合作,终于在1962年提出了Simula的第一个版本。Simula是Simulation Language(模拟语言)的词头缩写。同年8月,在德国慕尼黑举行的第二届世界计算机大会(当时该会议的名称是"关于信息处理的国际会议",即International Conference on Information Processing,由IFIP主办,后来改名为"世界计算机大会",即World Computer Congress,第16届WCC于2000年在北京举行)上,他们发表了题为《Simula:用以描述离散事件网络的ALGOL扩充版》(*Simula: An Extension of ALGOL to the Description of Discrete-Event Networks*)的文章,引起很大轰动,成为该次会议的一个亮点。因为在第二次世界大战中,科学家利用运筹学成功地解决了诸如雷达站的最优选址、反潜艇炸弹的最佳引爆时间、水雷的最佳布阵、安全程度最高的轰炸机与战斗机组合等问题,使运筹学成为一个热门研究领域。战后,科学家又在试图用运筹学解决工业生产和管理中的问题,以帮助提高生产率与利润,增强竞争能力。因此,特别适用于研究售票系统、生产线组织、程序开发、神经网络、并发程序处理这类离散事件网络的Simula语言的出现理所当然地受到广泛重视。

但是,Simula 由文本转为实现的过程中却遇到了困难。NCC 当时并没有属于自己的计算机,它只负责运行与管理属于挪威中央统计局(Central Bureau of Statistics)的一台 DEUCE 计算机,这是英国电气公司 EEC(English Electric Co.)根据图灵在英国国立物理实验室 NPL 设计的 Pilot ACE 而生产的第一代计算机,随着计算任务的增加,到 20 世纪 60 年代初,它已不能满足应用的需要。NCC 在购置新机器的问题上面临着两种选择:一是从丹麦引进一台中型计算机 GIER,并与丹麦计算中心(Danish Computing Center)的机器实行联网,联合参与由丹麦计算中心主任尼尔斯·贝克(Nils Ivar Beck)所倡议的名为"斯堪的纳维亚电子系统"(Scandinavian Electronic System)的计算中心;二是从正在大举向欧洲市场进军的 Rand 公司那里购置一台大型机 UNIVAC 1107。第一种方案开销少,但奈加特觉得 GIER 在性能与功能上都不甚理想,不及 UNIVAC 1107。然而,UNIVAC 1107 的报价是 198 万美元,是 GIER(28 万美元)的整整 7 倍,大大超出 NCC 的财政支付能力。

幸好有两个因素使 NCC 和奈加特摆脱了这种两难的境地。一个因素是 Rand 公司为了在北欧开辟市场,希望能找到一个买主成为其产品的演示中心。另一个因素是 Rand 公司系统程序设计部的主任罗伯特·贝默(Robert Bemer,他原先是 IBM 公司的核心人物之一)对 Simula 极感兴趣,认为它很有发展前途。这样,在经过多次谈判之后 Rand 与 NCC 达成如下协议:Rand 公司以半价向 NCC 销售一台 UNIVAC 1107,并对 NCC 的 Simula 项目给予资助;NCC 则向该公司承诺作为 UNIVAC 的展示场所,并向 UNIVAC 提供 Simula 以及由斯普克兰(Sverre Spurkland)开发的另一个线性规划软件。

1963 年 8 月,UNIVAC 1107 被运抵奥斯陆,经过几个星期的装配、调试后顺利投入运行。但由于 NCC 内部在发展方向上出现分歧以及机构和人员调整等原因,Simula 的实际开发工作在一年之后才得以进行。1964 年 3 月,奈加特和达尔完成了 Simula 的最后设计,这个设计与 1962 年 8 月他们在慕尼黑会议上提交的论文有很大的差别。主要不同点有两个：一是不再局限于简单的网络概念,而是引入了更加强有力的进程(process)概念;二是取消了预编译(precompile)阶段,把模拟功能直接加入 ALGOL 60 的编译器。这个最后设计由达尔在两个美国软件工程师琼斯(Ken Jones)和斯派罗尼(Joeseph Speroni)的协助下于 1964 年 12 月在 NCC 的 UNIVAC 1107 上完成,从而诞生了世界上第一个 Simula Ⅰ编译器,也就是世界上第一个能对离散事件系统进行模拟的程序设计语言。

Simula Ⅰ推出以后,在生产计划、库存管理、交通运输、建筑物翻修等诸多方面都获得成功应用,位于勒福斯的一家大型机械工厂 Raufoss Amnisjonsfabrikker 成功地用 Simula Ⅰ解决了其翻砂车间的不同负载能力的起重机的合理配置和工件的存放位置问题,大大提高了生产效率。该模拟程序的编译时间为 50s,模拟两天半的生产作业只需运行 22s。此外,奈加特还和斯堪的纳维亚航空公司(Scandinavian Airlines System,SAS)合作用 Simula Ⅰ开发了机场的旅客登机、离港系统,造纸厂的运输、生产准备和仓储系统,两个大型海港的模拟系统,等等。为了推广 Simula,在它问世的第一年内,奈加特举办了 3 次培训班,并在 1965 年 5 月出版了 Simula Ⅰ使用手册。这样,Simula 在瑞典、德国、苏联等许多国家被广泛采用。除了 UNIVAC 版本之外,1968 年在宝来公司的 B5500 上,在苏联的乌拉尔-16 计算机上也都实现了 Simula。

奈加特和达尔对所取得的成绩并不满足,他们有更高的志向和抱负。在开发的过程中,他们已经意识到了 Simula 还存在着一些缺陷,如缺乏跟踪和调试功能,缺乏必要的工具去表达相关进程共有的性质以及 ALGOL 60 编译器本身所带来的限制,等等。

1965年秋天,位于特隆赫姆(Trondheim)的挪威工学院(Norwegian Institute of Technology,NIT)和NCC接洽,希望为UNIVAC 1107开发一个专门用于Simula的ALGOL编译器,这正合奈加特和达尔的心意,双方很快就达成协议,建立了合作关系,NIT方面的首席专家是克努特·斯考克(Knut Skog)。"对象"(objcet)和"类"(class)以及"子类"(subclass)等基本概念正是在这个时期(1966年年末)出现和形成的。在这个过程中,他们的设计目标也由专用语言逐渐转向通用语言,从而诞生了第一个面向对象的程序设计语言Simula 67。

Simula 67首次同公众见面是在1967年5月于奥斯陆郊外的小镇莉沙布(Lysebu)举行的IFIP TC-2工作会议上。它的一系列全新的概念和思想引起了与会代表的极大兴趣和重视,并获得肯定。因此,两个星期之后,即1967年6月就又召开了一次会议,为Simula 67制定标准(称为Common Base Standard),以使今后在不同机器上实现的Simula程序可以相互兼容。稍后,正式建立了Simula标准制定小组(Simula Standard Group,SSG),1968年2月在它的第一次会议上即形成了Simula 67的正式文本。正式文本中除奈加特和达尔的一系列有关对象的创意外,还加入了由他们的同事米尔霍格(Bjoern Myhrhaug)提出的有关串处理(string handle)以及I/O方面的内容,使之更加完善。

1971年3月,Simula 67的UNIVAC 1100系列版本问世。它是在NCC的UNIVAC 1108上实现的(NCC在1969年9月卖掉了原来的UNIVAC 1107而新购置了功能更强劲的UNIVAC 1108),参与开发的主要人员有米尔霍格、凯尔(Ron Kerr)和库鲍许(Sigurd Kubosch)。紧接着,1972年5月,Simula 67的IBM 360/370版本也宣告问世,这是由NCC和瑞典国家国防研究院(Swedish Research Institute for National Defence,瑞典文缩写为FOA)合作,在后者新购置的一台IBM 360上实现的。瑞典方面的主要开发人员是恩达灵(Lars Enderin)和恩薄克

(Stefan Arnborg),NCC方面则仍由米尔霍格负责,主要成员包括比特惠斯特(Graham Birtwistle,负责词法分析)、斯蒂文森(Francis Stevenson,负责代码生成部分)和巴勃西奇(Karel Babcicky,负责语义处理,他后来成为NCC有关Simula所有活动的负责人)。这两个Simula 67版本的开发,大约都用了15人年。

说来有趣,由NCC亲自组织或直接参与开发的这两个Simula 67版本,并不是世界上最早的版本,最早的Simula 67编译器是由CDC公司(欧洲)提供财政支持,在20世纪60年代末在CDC 6000、CDC 3000上实现的,CDC 6000的版本由法国计算机专家纽维(Jacques Newey)领导,在巴黎完成,后来又被成功地移植到CDC Cyber 70上去。CDC 3000系列机的版本则主要由奥斯陆大学的奥夫斯塔特(Per Ofstad)和奥弗加特(Svein A. OEvergaard)分任组长的两个相互合作的开发小组分别在低端的3300和高端的3600上实现。在这些CDC版本的开发与完善的过程中,奈加特和达尔早年供职的NDRE也都发挥了作用。

此外,法国的CⅡ公司在1972年也在它的CⅡ 10070和IRIS 80上配备了Simula 67编译器并将其免费提供给用户。而最晚问世、然而却是最重要的一个Simula 67版本则是PDP-10版本。它是由前面提及的瑞典FOA立项,由瑞典的软件公司ENEA Data完成,于1975年1月推出的,它比前述版本更加完善,具有联机调试功能,允许在程序执行过程中设置与重新设置断点(break point),并能以交互方式运行,从而成为Simula 67的一个新标准。由于DEC公司采取开放的政策,免费分发它的副本,从而使Simula 67在世界各地流行开来。到1975年8月,也就是PDP-10 Simula 67问世后短短8个月,已有28台PDP-10上运行着Simula 67,其中的22台在美国和加拿大。

随着Simula 67的用户数不断增加,1973年9月,Simula用户协会

(Association of Simula Users,ASU)在奥斯陆成立,ASU 的创始成员有 43 个,但据统计,当时 Simula 的用户数已经达到 250 个,ASU 通过其年会、讨论会以及出版会刊,进一步促进了 Simula 的推广和应用。我国香港特别行政区自 1974 年起也派出代表参与 ASU 的活动。

在程序设计语言的发展史上,20 世纪 60 年代末期是承上启下的重要时期。这个时期有 3 个重要的语言问世,即这里介绍的 Simula 67,由 IFIP 组织欧美一批顶尖计算机科学家共同设计的 ALGOL 68 以及由 IBM 公司为同 360 系列机配套联合两大计算机用户组织 SHARE 和 GUIDE 共同开发的 PL/I。这三种语言各有特色,均有所创新,都对后来的程序设计语言产生了重大影响。但客观地说,Simula 67 的面向对象概念的影响是最巨大而深远的。它虽然由于本身比较难学、难用而未能广泛流行,但在它的影响下所产生的面向对象技术却迅速传播开来,20 世纪 70 年代 Xerox 公司推出了 Smalltalk,20 世纪 80 年代贝尔实验室推出了 C++,美国交互软件公司推出了 Eiffel……在全世界掀起了一股面向对象技术热潮,至今盛行不衰,成为程序设计技术的主流。因此,面向对象程序设计技术的奠基人奈加特和达尔获得新世纪的第一个图灵奖是当之无愧的。

奈加特后来历任挪威奥斯陆大学、丹麦奥尔胡斯(Aarhus)大学、美国斯坦福大学教授,参与或领导了许多重大项目的开发,如 BETA(另一种面向对象程序设计语言)、SYDPOL(SYstem Development and Profession Oriented Language,斯堪的纳维亚半岛诸国的联合项目)、GOODS(General Object-Oriented Distributed System,挪威研究院支持的一个项目)、STAGE(STAGing Environment)、COOL(Comprehensive Object-Oriented Learning)等。除了学术上的成就之外,奈加特还是挪威著名的社会活动家,是挪威保护自然协会(Norwegian Association for the Protection of Nature)环境保护委员会(Environment Protection Committee)的首任主席。在政治舞台上,奈加特也非常活跃。但令人感到惊奇的是,与在技术上他属于创新派形成鲜明对比的是,在政治上他似乎属于保守派:他是挪威一个名为"Nei til EU"(No to European Union Membership for Norway)组织的领导人之一,在1994年11月28日挪威举行的全民公决中,在这个组织的推动下以52.2%的选票率否决了挪威加入欧盟。后来,奈加特又积极推动了一个名为TEAM(The European Anti-maastricht Movement)的组织的成立,反对实行统一欧元的马斯特利奇条约。

奈加特曾这样评价自己,他说:"我非常清楚我是一个有争议的人物,我参与了许多活动,这些活动对我来说是改革运动,但对其他人可能是不受欢迎的且是有害的干预。"无疑在社会活动方面,他是个有争议的人物。但在学科领域,他认为"编程就是理解"(To program is to understand),指出编程不应该被认为是一门旨在完成特定任务的低层次技术,而应增强对问题领域和解决方案的理解。这无疑是提高编程质量和效率的至理名言。

关于达尔,值得一提的是,他在1972年与迪杰斯特拉和霍尔合著了一本名为《结构化程序设计》(*Structured Programming*, Academic Press)的著作,成为这个领域中出版时间最早、影响最大的一本专著。这本书包括3部分。第一部分标题为"关于结构化程序设计的若干注记"(*Notes on Structured Programming*),由迪杰斯特拉撰写;第二部分标题为"关于数据结构的若干注记"(*Notcs on Data Structuring*),由霍尔撰写;第三部分标题为"层次式程序结构"(*Hierarchical Program Structures*),署名作者是达尔和霍尔。但霍尔在本书的前言中明确指出,这部分的内容、细节和例子都是达尔写的,霍尔只是把材料重新组织了一下,并加入一些必要的说明。因此,这本影响深远的书,3名作者各有三分之一的贡献。而这本薄薄的、仅有220页的专著,也创造了一个奇迹,它的 3 位作者后来都获得了图灵奖(迪杰斯特拉于 1972 年获奖,霍尔于 1980 年获奖,达尔于 2001 年获奖)。

这本小册子也成为 20 世纪 70 年代最知名软件学术著作。此外,达尔是 1968 年成为挪威奥斯陆大学的正教授,也是挪威第一位计算机科学领域的教授,作为奥斯陆大学计算机科学学科的创始人,他领导和推动了学校在这个快速发展的领域开展研究和教育。

在获得图灵奖之前,达尔和奈加特在 2001 年 11 月获得了 IEEE 的冯·诺依曼奖。

达尔和奈加特是在 2002 年 4 月举行的 ACM 年会上接受图灵奖的。2 个月之后,达尔去世,享年 71 岁。又过两个月,即 8 月 10 日,奈加特也相继去世,享年 75 岁。当年,克努特的母亲也以 90 岁高龄去世。克努特为此把其下一年出版的《有关计算机语言的论文选》(*Selected Papers on Computer Languages*, CSLI Publisher)题献给自己的母亲和达尔两人。题献说,母亲"教给我母语"(taught me mother tongue),而达尔则"在计算方面教给我很多"(taught me much about computation)。由此可见达尔在计算机科学上的贡献和影响。

2002年图灵奖获得者：
利维斯、沙米尔和阿德勒曼
——最具影响力的公钥密码算法RSA的发明人

2002年图灵奖授予1977年在麻省理工学院(MIT)合作开发了一种高可靠性公钥密码算法的3名学者：利维斯(Ronald L.Rivest)、沙米尔(Adi Shamir)和阿德勒曼(Leonard M.Adleman)——现在这种广为人知的算法以他们3人的名字的首字母命名，叫作RSA算法。

利维斯、沙米尔和阿德勒曼

用于秘密通信的密码技术有非常悠久的历史，在政治、军事、外交、商业等领域有着广泛的应用。由于事关企业的兴衰、战争的胜败、国家的生死存亡，密码技术历来受到高度重视。我们前面在介绍图灵时曾经提到，在第二次世界大战中图灵就是因为在破译德国军队的密码方面做出了特殊贡献而被授勋的。

要将一个明文变成密文，需要一个密钥(加密密钥)和一个加密算法。要将密文恢复成明文，则需要一个密钥(解密密钥)和一个解密算法。加密算法是由加密密钥控制的加密变换的集合;而解密算法则是由解密密钥控制的解密变换的集合。在一个密码系统中,解密变换通常是加密变换的逆变换。如果加密密钥和解密密钥相同,则称为单密钥密码系统或对称密码系统,否则为双密钥密码系统或非对称密码系统。

为了达到秘密通信的目的,密钥和加密算法历来是需要严格保密的。但这很难做到。“有盾就有矛”,因此,如何解决“欲保却不能保”成为密码专家十分头痛的问题。

1976 年,迪菲(W.Diffie)和赫尔曼(M.E.Hellman)发表了一篇题为“密码学中的新方向”(*New Directions in Cryptography*)的论文,提出了一种崭新的密码系统。在这种系统中,加密密钥和加密算法都不需要保密,唯一需要保密的是解密密钥。这导致了公钥密码学(public key cryptography)的诞生,使密码学进入了一个新纪元。

迪菲和赫尔曼的论文只论证了这种系统的可能性,但没有提出具体的实现方案。当时在麻省理工学院工作的利维斯、沙米尔和阿德勒曼 3 人基于大整数的素因子分解的难解性在 1977 年提出了一种方案成为第一个成功的公钥系统,即 RSA 公钥系统,他们因此而获得 2002 年的图灵奖。

下面我们简单地介绍一下 RSA 公钥系统的原理。

首先,随机地选取两个极大的但不同的素数 p 和 g,并算出其积 $r=p\times g$。p 和 g 需要保密,但 r 不必保密。

其次,随机地选取一个极大的整数 e,e 相对于 $(p-1)(g-1)$ 是素数,也就是说,e 和 $(p-1)(g-1)$ 的最大公约数(Great Common Divisor, GCD)是 1。这个 e 就是加密密钥,可以公开。

最后,可根据加密密钥 e 获得解密密钥 d: $de=1\mathrm{mod}(p-1)(g-1)$。$d$ 是必须保密的。

有了 r、e、d 以后，就可以把明文 P 加密成密文 C，也可以把 C 解密为 P 了。加密的过程如下（为了简单，先假设明文 P 是小于 r 的一个整数）：

$$C = P^e \bmod r$$

由密文获得明文的过程如下：

$$P = C^d \bmod r$$

以上这些计算公式都有方便有效的算法去实现。

下面我们举一个简单的例子。

设取 $p=3$，$g=5$，则 $r=15$，$(p-1)(g-1)=8$。

取 $e=11$（大于 p 和 g 的一个素数）。

计算 $d \times 11 = 1 \bmod 8$，因此 $d=3$。

现在设明文 P 为整数 13，则

$$\begin{aligned} \text{密文 } C &= P^e \bmod r \\ &= 13^{11} \bmod 15 \\ &= 1\ 792\ 160\ 394\ 037 \bmod 15 \\ &= 7 \end{aligned}$$

把密文 $C=7$ 解密为明文 $P=13$ 的过程如下：

$$\begin{aligned} \text{明文 } P &= C^d \bmod r \\ &= 7^3 \bmod 15 \\ &= 343 \bmod 15 \\ &= 13 \end{aligned}$$

在明文是字符的情况下，先按 $a=01$，$b=02$，$c=03$，…，$z=26$ 把文本变成数字形式，然后按上述过程同样处理。

当然，在实际应用中，p、g 至少要取上百位的大数才能达到保密的目的。

下面我们对 RSA 公钥系统的 3 位发明人做简要的介绍。

利维斯 1969 年毕业于耶鲁大学,获得数学学士学位,之后进入斯坦福大学研究生院,1974 年获得计算机科学博士学位后供职于麻省理工学院。在那里,他创建了密码学和信息安全研究小组,主要从事密码学、计算机和网络安全及算法的研究。他是美国科学院和工程院两院院士,也是国际密码研究学会的负责人。

沙米尔是犹太学者,1952 年 7 月 6 日生于以色列的达拉维夫。1972 年毕业于达拉维夫大学,取得数学学士学位以后,在以色列著名的魏茨曼学院(Weizmann Institute of Science)取得计算机科学博士学位。在麻省理工学院做访问学者期间因和利维斯、阿德勒曼共同发明了 RSA 公钥系统而声名大振。之后他曾一度就职于罗得岛上的沃威克(Warwick)大学,然后回到祖国,在魏茨曼学院应用数学系任教授。

同利维斯和沙米尔一样,阿德勒曼在本科期间学的是数学,然后攻读计算机科学博士学位。他的这两个学位都是在加州大学伯克利分校取得的。他的博士论文指导教师是 1995 年图灵奖获得者布卢姆。这样,布卢姆和阿德勒曼成为继西蒙和纽厄尔、霍普克洛夫特和陶尔扬、麦卡锡和雷迪等之后,又一对双双获得图灵奖的师生。他目前在南加州大学任教,但专业方向除计算机科学外,还扩展到了分子生物学。这起源于他数年前读了一本有关 DNA 的教材后,发现聚合酶(蛋白质)形成 DNA 互补串的方式同图灵机的工作原理惊人地相似:图灵机工作时,沿着一条磁带读取数字信息;聚合酶起变化时,沿着 DNA 串读取化学信息。因此,阿德勒曼意识到,DNA 的构成同计算机有相似之处。在此基础上,他已经建造了一台“DNA 计算机”,有可能使未来的计算更快、更强大、更有效,因此有资料称他为“DNA 计算之父”。

现如今家喻户晓的“计算机病毒”(computer virus)术语也是阿德勒曼创造的。这里面还有一段小故事,说来有趣。那还是 20 世纪 80

年代，当时阿德勒曼班上有个叫科恩(Fred Cohen)的学生下课后找到他，说他有一个威胁计算机的新想法，他想编段这样的程序做个实验，虽然阿德勒曼认为他这种方式能行，但架不住科恩一再请求想做个实验看看效果，于是阿德勒曼就找到当时学校计算机科学系的主任，请示允许在系里 VAX11/750 计算机系统上进行这个实验。那时个人计算机还没有像今天这么普及，系里这个计算机也同时在为全校师生服务，好在系主任没想那么多，欣然同意了这个实验新想法。

于是科恩很快着手编写了程序并上传到学校计算机上运行。阿德勒曼让科恩给全班汇报实验结果：科恩演示了他创建在学校 VAX11/750 系统上运行了 8 小时后的这个具有类似病毒功能的 UNIX 程序，就像预先设想的那样，这段小程序在系统用户不知情的情况下，可以在运行过程中复制自身的破坏性程序，将自己安装到系统并感染其他系统对象，演示结果是科恩获得了学校计算机系统的所有权限，包括一些特权和数据的控制权。科恩进行演示的这一天是 1983 年 11 月 3 日，如今每年的 11 月 3 日也成为了反病毒软件日。此后科恩继续进行了 5 次实验，通常只花几个小时他就可访问并完全控制整个计算机系统。

随着科恩实验消息的传出，其他学生也磨刀霍霍，琢磨着还能做点什么，预感到这会带来很大危险，系领导决定不再允许在学校计算机上进行类似实验。

作为电气工程系的科恩非常感兴趣就此完成他的博士论文，于是计算机科学系的阿德勒曼教授就成为了科恩事实上的导师，两人经常一起讨论论文。那时阿德勒曼正在学校分子生物学实验室进行一个有关 HIV 研究，也读了很多关于分子生物学的东西，平时脑海中经常充斥着病毒以及它们是如何作用的思考，在他指导科恩博士论文时，阿德勒曼称这些东西为“计算机病毒”。

之后在一次关于密码学会议上，阿德勒曼遇到了一位来自《洛杉矶时报》的记者李·登巴特(Lee Dembart)，阿德勒曼告诉记者他和学生正在研究称为“计算机病毒”的东西，并向记者展示了实验的过程和结果，记者对此感到非常惊讶和好奇，认为这是一个重要而有趣的话题，值得向公众报道。于是这名记者就写了一篇关于计算机病毒的报道，题目是《科学家们发现了一种新型的电子瘟疫》(*Scientists Discover a New Type of Electronic Plague*)，并于1984年3月5日发表在《洛杉矶时报》上。这篇报道详细介绍了阿德勒曼他们的实验和发现，并引用了他们对计算机病毒潜在威胁和应对措施的看法。这篇报道引起了广泛的关注和讨论，由此使得“计算机病毒”这个词迅速流行起来，并成为后来计算机安全领域的一个重要概念。

利维斯、沙米尔和阿德勒曼都有不少学术专著和文集问世。除了数学以及数学在密码学中的应用外，如前所述，阿德勒曼还把专业方向扩展到生物学，研究DNA计算机。但这方面尚未见到他的有关著作，只能查到他指导的博士生的有关博士论文。利维斯在20世纪90年代曾经致力于机器学习和计算学习方面的研究，参与了麻省理工学院同西门子公司有关这方面的合作项目。

利维斯的主要著作有：

《密码学进展》(*Advanced in Cryptology*, Plenum Press, 1983)

《算法引论》(*Introduction to Algorithms*, MIT Press, 1990)

《机器学习的理论和应用》(*Machine Learning: From Theory to Applications*, Springer, 1993)

《计算学习：从理论到自然学习系统》(*Computational Learning Theory and Natural Learning Systems*, MIT Press, 1994)

《快速软件加密》(*Fast Software Encryption*, Springer, 1997)

沙米尔的一部重要著作是有关数据加密标准(DES)的：《数据加

密标准的差分密码分析》(*Differential Cryptanalysis of the Data Encryption Standard*, *Springer*, 1993)

阿德勒曼的主要著作有:

《素性测试和有限域上的阿贝尔簇》(*Primality Testing and Abelian Varieties over Finite Fields*, Springer, 1993)

《算法数论》(*Algorithmic Number Theory*, Springer, 1994)

2003年图灵奖获得者：
艾伦·凯
——“个人计算机之父”及Smalltalk语言发明人

2003年图灵奖授予艾伦·凯(Alan C.Kay)。这个名字对于绝大多数中国读者来说是很陌生的，但在国外，他却是享有“个人计算机之父”美称，并因首创面向对象技术而有极高知名度的计算机科学家。

艾伦·凯

艾伦·凯1940年5月17日生于马萨诸塞州的斯普林菲尔德(Springfield)。其父是一位生理学教授，母亲是音乐家兼艺术家。幼年时全家迁居澳大利亚，但在第二次世界大战中受到日本侵略的威胁，不久即迁回美国。艾伦·凯从小聪慧好学，3岁就开始看书，上小学一年级时他已有阅读过200多本书的记录，时不时会在课堂上纠正老师讲课中偶尔出现的错误。受母亲影响，他很小就开始学习唱歌，玩各种乐器，是学校合唱队的“男高音”和吉他演奏员。他曾经设想他未来的职业是当音乐家，事实上他也确曾有过一段靠教授吉他谋生的经历。但有一次他在志愿者活动中参加计算机程序设计技能测试时取得了优异成绩，这使他发现了自己的另一种潜能，并因此改变了自己的生活道路。

在布鲁克林职业高中(Brooklyn Technical School)毕业以后，艾伦·凯应征入伍,在空军服役2年,当计算机程序员,在IBM公司生产的1401机上工作。IBM 1401是IBM 1960年开始生产的小型数据处理机,使用COBOL,内存只有8KB容量,定点加法速度每秒3000次,当时极受欢迎,销售量达创纪录的15 000多台。艾伦·凯的一个黑人同事为IBM 1401开发了一个类似操作系统的软件,只有1KB大小,却能让机器执行一些复杂的批处理任务,这使艾伦·凯十分佩服,同时也使他开始对程序设计的风格产生兴趣。

从空军退役以后,艾伦·凯进入位于美国波尔德(Boulder)的科罗拉多大学学习,业余时间为波尔德剧院创作舞台音乐,包括《指环王》的音乐。毕业以后又进入犹他大学研究生院攻读计算机科学博士学位。犹他大学计算机系当时有两位计算机图形学的先驱:系主任戴维·埃文斯(David Evans,1924—1998)是图形色调连续变换技术(continuous tone graphics technology)的发明人,1995年IEEE计算机先驱奖获得者;伊万·萨瑟兰(Ivan Edward Sutherland)是最早的三维交互式图形系统Sketchpad的发明人,有“计算机图形学之父”的誉称,是1985年IEEE计算机先驱奖和1988年ACM图灵奖的获得者。在埃文斯和萨瑟兰的通力合作下,犹他大学是当时美国乃至全世界计算机图形学的研究中心,开发出了一系列成功的图形、动画、仿真和CAD软件,还培养了一大批优秀的软件人才,如早期的著名游戏软件Pong的发明人布许纳尔(Nolan Bushnell),Adobe的创始人瓦诺克(John Warnock),Silicon Graphics的创始人克拉克(James Clark),动画制作软件皮克斯(Pixar)的发明人卡特默尔(Edwin Catmull,著名的卡通片*Toy Story*,即《玩具总动员》就是用皮克斯创作的),等等。在如此良好的学习环境下,在浓厚的学术氛围中,艾伦·凯的天才和智慧获得了充分表现的机会,在犹他大学,他用过Sketchpad,也用Simula语言编过程序,这为他日后开发图形用户界面和发明Smalltalk打下了基础。

艾伦·凯在1969年取得博士学位后,曾到斯坦福大学人工智能实验室工作。但他对人工智能不感兴趣,对那儿所做的项目是否同所谓"智能"沾边也满怀怀疑。只有明斯基有关"心智社会"的思想例外。因此,一年后,当施乐(Xerox)公司PARC主管鲍勃·泰勒(Bob Taylor)允诺艾伦·凯"凭自己的直觉工作"的时候,他就离开了斯坦福大学,来到了PARC。正是在PARC,他和小英格尔斯(Daniel H. H. Ingalls, Jr.)、戈德伯格(Adele Goldberg)等合作,发明了世界上第一个真正面向对象的程序设计语言Smalltalk("面向对象",即"Object-Oriented",这个术语也是艾伦·凯发明的),开发出了世界上第一个具有图形用户界面的个人计算机Alto。关于Alto的情况,我们在介绍兰普森时已经介绍过了,这里不再赘述。Smalltalk取得了成功,Alto却由于Xerox公司高层缺乏远见而未能成为产品推向市场,而Apple公司学去了它的技术开发出了Macintosh,大获成功。这虽然使艾伦·凯深感沮丧,但"Smalltalk之父"及"个人计算机之父"两个誉称足以让他感到宽慰。

说来有趣,艾伦·凯当初发明Smalltalk和开发Alto主要是为了使儿童学习计算机方便,没想到它们对软件技术和计算机技术产生了如此深远的影响。

艾伦·凯于1981年离开PARC,出任由布许纳尔创办但已被华纳公司收购的Atari公司的首席科学家。但公司经营不善,1983年在两周内解雇了1700名员工,当年公司损失5亿多美元,因此艾伦·凯于1984年离去,加盟Apple公司任高级研究员,最终促成了Macintosh的问世。这里还有一段佳话,牵线成就了后来的乔布斯、皮克斯动画公司和另一位图灵奖获得者卡特穆尔。那是1985年夏天的一天,当艾伦·凯和乔布斯一起散步,谈起技术要和艺术交融时,艾伦·凯向乔布斯建议最好去拜访一下他的老朋友——当时在卢卡斯动画工作室做负责人的卡特穆尔,他说卡特穆尔正领导着一个计算机动画团队,在做计算机生成动画这方面的工作,据说很棒。于是,乔布斯就和艾伦·凯两人租了一辆豪华轿车,前往卡特穆尔所在的卢卡斯电影公司,当看到卡特穆尔领导的团队做的图形动画后,乔布斯当时就震惊了,回公司后建议要收购这个动画团队,但公司那时忙于新计算机开发,没有通过这个提议。后来,乔布斯在 Apple 公司失利,被迫辞职并卖掉 Apple 公司股票重新创业时,卡特穆尔重新联系上了乔布斯,最终促成了乔布斯收购卢卡斯动画工作室,成立了著名的皮克斯动画公司。几年后,皮克斯和迪士尼联合推出了世界上第一部计算机生成的动画长片《玩具总动员》,一举获得巨大成功,乔布斯也因皮克斯公司的成功东山再起,而卡特穆尔因在计算机 3D 电影方面的开创性贡献,后来和汉拉汉共同获得了 2019 年度的图灵奖。

1996 年,在 Internet 高潮中,艾伦·凯应迪士尼公司之聘出任其研发部副总裁,主持开发新一代的游戏软件 Squeak,但项目进展并不顺利,5 年以后,艾伦·凯离开迪士尼公司,创办“视点研究所”(Viewpoints Research Institute),自任总裁。2002 年 5 月,惠普公司成功购并康柏(Compaq)公司以后,志得意满,决心向 IT 界的老大 IBM 公司发起挑战,力邀艾伦·凯加盟。经过几轮谈判,2002 年的 11 月 26 日,“艾伦·凯加盟惠普”的消息终于公布。作为惠普研究所的高级研究员,艾伦·凯主要从事基于开放源代码的新软件平台的研究开发工作。2005 年 7 月 20 日惠普解散了研究所,艾伦·凯离开惠普。

艾伦·凯有一句流传很广的名言:“预测未来的最好方法是创造未来。”(The best way to predict the future is to invent it.)

在主题为“人工智能的下一个十年”的 2020 年北京智源大会上,演讲嘉宾艾伦·凯基于他发表的力作 *HOW*? 做了主旨演讲。演讲中,他从美国科研和信息技术腾飞的内因是什么?如何孕育科学技术发展的土壤?以及如何培养下一代的卓越科研人员、机构和社区等问题引入，提出基于文化视野理解世界的思维框架。同时，他从宏观和未来的角度，介绍了人类社会面临的12个重大挑战（健康、食物、气候、水资源、居住环境、能源、教育、生态、污染、合作、人口、权利），指出解决它们的关键来自打破常规的思维模式。最后，艾伦·凯用爱因斯坦的一句名言作为演讲结尾，“愚蠢之处在于，我们一遍又一遍做同样的事，却期待不同的结果发生。”（Insanity is doing the same thing over and over again and expecting different results.）他认为这句话不仅概括了过去四五十年中计算机科学研究领域的弊端，而且对于我们面临的大多数问题，尤其是提及的全球12个重大问题来说，都值得引起警示。

艾伦·凯是美国工程院院士。1987年，他同小英格尔斯和戈德伯格因Smalltalk而获得ACM软件系统奖。2003年，他入选犹他信息技术协会的名人堂。2004年，他同PARC的3位同事一起因开发Alto而获得美国工程院颁发的Draper奖，同年获日本京都奖（Kyoto Prize）。

艾伦·凯业余爱好音乐，弹得一手好钢琴。还喜欢打网球，只要有空，他就会上场挥拍一显身手。

2004年图灵奖获得者：

文登·塞夫和罗伯特·凯恩

——Internet基础通信协议TCP/IP之父

当前,作为信息化社会的基础设施的Internet已成为人们学习、工作和日常生活不可或缺的工具。通过Internet,人们可以快速而方便地获取所需的信息,发送电子邮件或进行视频通话,或购物、交友、聊天、娱乐……总而言之,Internet把世界连成了一个统一的整体,人类的绝大部分活动都可以在网上进行。2004年图灵奖首次授予对Internet的建设与发展做出重要贡献的学者——文登·塞夫(Vinton Cerf)和罗伯特·凯恩(Robert E.Kahn),他们被并称为“TCP/IP之父”。

文登·塞夫

罗伯特·凯恩

为了了解塞夫和凯恩发明TCP/IP的前因后果及其对Internet的意义,有必要简要回顾一下Internet诞生的经过。

20世纪60年代初,随着集成电路的发明和计算机的微小型化,尤其是 IBM 公司推出其第三代计算机 360 系列,标志着计算机体系结构趋于成熟,计算机用户激增,各大中企业、政府机构、高等学校和科研院所纷纷购置和装备计算机。在这种情况下,如何把分布在各地、各单位的计算机连接在一起,相互通信,以实现计算机资源和信息资源的共享这一课题自然地被提了出来。尤其是美国军方,出于冷战的需要,最早提出了计算机联网的课题。美国空军曾委托兰德公司的保罗·巴伦(Paul Baran)对此进行研究,巴伦于 1964 年 8 月发表了长达 11 卷的研究报告《论分布式通信网络》(*On Distributed Communication Network*),提出了许多独创性的设想。可惜美国空军对这个报告没有给予足够重视,没有组织后继工作加以实施而将其搁置起来,从而遗憾地将执计算机网络"牛耳"的机会让给了美国国防部的 ARPA(Advanced Research Project Agency)。ARPA 在 20 世纪 60 年代初成立了一个信息处理技术局(Information Processing Techniques Office,IPTO),其首任局长利克里特(J.C.R.Licklider)本来是一位心理学博士,但是他头脑敏锐,兴趣广泛,加上勤奋好学和善于思考,逐渐在电子学和计算机领域显露其出色的才华,他的本行反而被掩盖了。1962 年 8 月,利克里特还在麻省理工学院任教时就曾发表过一篇名为《在线人机通信》(*On-Line Man-Computer Communication*)的论文,提出了"银河网络"(galactic network)的概念,预见到全球的计算机将互联起来。正因为这篇论文,利克里特被 ARPA 看中并被聘为 IPTO 的首任局长,主持计算机联网的研究和开发工作。

ARPA 在联网方面最早的合作伙伴是位于马萨诸塞州剑桥的麻省理工学院和 CCA(Computer Corporation of America)公司。麻省理工学院的代表是劳伦斯·罗伯茨(Lawrence G.Roberts,1980 年计算机先驱奖获得者),CCA 公司的代表是托马斯·迈利尔(Thomas Meerill)。他们两人提出了一份题为《时分计算机的协作网络》(*A Cooperative*

Network of Time-Sharing Computers)的研究报告,建议先构造一个由3台计算机组成的网络以进行实验。ARPA批准了这个报告,但初期由于经费不足,只实现了两台计算机的互联,其中一台是罗伯茨所在的麻省理工学院林肯实验室的TX-2,另一台是位于加州的SDC公司(Systems Development Corporation)生产的AN/FSQ-32,后来才把ARPA的一台PDP-10也连接了进去。应该说,这是世界上第一个计算机网络,后来人们把它称为"实验网"(Experimental Network)。

罗伯茨在开发实验网中所表现出来的聪明才干使他被ARPA所看中,被任命为IPTO的第二任局长以接替任期届满的利克里特。罗伯茨出任IPTO的局长后,决定对实验网进行改进与完善,因为实验网中的3台计算机是通过低速拨号电话线路连接起来的,采用的是"线路转接"(circuit switching)技术,无论用"时分多路复用"(time-division multiplexing)方式,还是"频分多路复用"(frequency-division multiplexing)方式,效率都很低,通信线路的潜力不能充分发挥。罗伯茨注意到了"包交换"(packet-switching)技术。所谓包交换,就是将需要传送的信息分割成一段段较短的单位,每段信息加上必要的呼叫控制信号和差错控制信号,按一定的格式排列,称为一个"报文分组",或通俗地叫作一个"包"。在网络中,包作为一个整体进行交换,各个包之间不发生任何联系,可以断续地传送,也可以经由不同的路径传送。包到达目的地后,再将它们按原来的顺序装配起来。网络则由分散在各地的包交换中心和通信线路构成。每个包交换中心根据网的业务状况配置线路和决定路由。当需要将信息从A发送到B时,沿途各交换中心本着尽可能减少总时延的原则,自动选择最短的路由进行接力式传递。如果某条线路业务太忙而阻塞,可以自动选择另一备用线路;如果两个交换中心之间的线路因故障中断,可以自动进行迂回转接。包交换技术的原始概念是由麻省理工学院的另一位学者克莱因罗克(L.Kleinrock)在

1961 年 7 月的一篇研究报告《大型通信网中的信息流》(*Information Flow in Large Communication Nets*)中提出来的,发表以后引起广泛关注与研究,逐渐充实与完善,其中英国国立物理实验室(NPL)在其“数据网络计划”(Data Network Project)中对包交换技术的发展做出了重要贡献,“包”(packet)这个词也是 NPL 的戴维斯(D.W.Davies,1924—2000)首创的。1967 年 10 月,在 ACM 于田纳西州的盖特林堡(Gatlinburg,Tennessee)举办的操作系统原理研讨会上,罗伯茨提交了一篇题为《多计算机网络和计算机间的通信》(*Multiple Computer Networks and Intercomputer Communication*)的论文,介绍了 ARPA 利用包交换技术建造 ARPANET 的初步设想。NPL 的戴维斯也与会并发表了《在远程终端上有快速响应的计算机数字通信网络》(*A Digital Communication Network for Computers Giving Rapid Response on Remote Terminal*)的论文。罗伯茨吸取了 NPL 的经验,会后与密歇根大学签约共同研究计算机联网。密歇根大学的韦斯特维尔(Frank Westvelt)为此提交一篇建议书(position paper),就主机通信中字符与字符块的传送、差错检测与重发、计算机和用户的标识等问题如何解决提出了不少好的建议。罗伯茨对韦斯特维尔的建议十分重视,吸收各方面的专家组成一个通信小组(communication group)进行研究。在一次会议上,来自华盛顿大学的克拉克(Wesley A.Clark,这是另一位 IEEE 计算机先驱奖获得者)提出了一个出色的主意,即在两台计算机主机和电话线之间插入一台小型机以处理信息路由,称为“报文路由处理计算机”(message routing computer)。克拉克的这个主意经过通信小组的热烈讨论,发展完善为“接口报文处理机”(interface message processor)的概念,即由称为 IMP 的专用小型机通过电话线连接形成子网,计算机主机通过子网进行通信。到 1967 年年底,通信小组就 IMP 方案中的广泛问题进行了讨论,并在 IMP 与主机之间的通信、报文格式、通信协议、动态路由、排队、差错控制等问题上取得进展。为了提高报文处理速度,通信小组还建议每台 IMP 至少要连接其他两台 IMP,并采用存储转发(store-and-forward)技术。罗伯茨对通信小组的成果十分满意,认为 ARPANET 的基本构思至此已经完成。但为了稳妥,ARPA 于 1968 年 7 月又发出关于计算机联网的“建议征集书”(Request for Proposal,RFP)。对收到的几十份建议书,罗伯茨组织专家仔细地进行了评估、筛选,选出其中 4 家作为签约的候选单位,要求他们提供补充的技术方案。根据补充材料,ARPA 从中又选出两名“决赛对手”,最后 BBN 公司赢得了承包 ARPANET 的合同。

BBN 是一家什么样的公司呢?原来 BBN 是位于波士顿的一家私人咨询公司,由于其 3 个创始人为 Bolt、Baranek 和 Newman 而得名。罗伯茨选中 BBN 主要是因为它有一支出色的工程技术人员队伍,实力雄厚。其骨干有哈特(Frank Heart)、奥恩斯坦(Severo Ornstein)、克劳夫泽(Will Crowther)等著名科学家和工程师,后来发明了 TCP/IP 而获图灵奖的罗伯特·凯恩也在其中。

罗伯茨选中的第一批参加联网的 4 个单位和 4 台计算机是:

(1) 加州大学洛杉矶分校(UCLA),Sigma7,操作系统为 SEX(Sigma Executive);

(2) 加州大学圣巴巴拉分校(UCSB),IBM 360/75,操作系统为 OS/MVT;

(3) 犹他大学(UU),PDP-10,操作系统为 Tenex;

(4) 斯坦福研究所(SRI),SDS 940,操作系统为 Genic。

ARPA 在与 BBN 签约以后,罗伯茨一方面抓 BBN 的工程实施,另一方面继续抓联网的研究与实验,于 1969 年年初建立了一个研究小组,主要由参与联网的 4 家单位的大学毕业生和研究生组成,如 UCLA 的克洛克(S.Crocker,ARPANET 初期采用的网络控制协议 NCP 就是他发明的)、UCSB 的斯托顿(Ron Stoughton)、UU 的卡尔(Steve Carr)及 SRI 的罗利夫逊(Juff Rulifson)等。ARPANET 如何解决 4 个站点上由不同厂家生产的 4 种不同型号的机器、不同的操作系统、不同的文件格式、不同的终端在网络上协作和共享资源的一系列问题,就是 1969 年夏罗伯茨和上述 4 人在犹他州的滑雪胜地斯诺波特(Snowbird)举行的一次闭门研讨会上制定出方案予以解决的。

1969 年 9 月开始,作为 IMP 的 Honeywell 516 小型机(内存 12KB)陆续由 BBN 发往 4 个站点,联网的实际工作紧张展开。由于有充分的方案论证和技术准备,联网进展顺利,当年 12 月,4 个站点的计算机网络正式连通。当初,网络只有远程登录(Telnet)和文件传送(FTP)等少数几项功能,只支持非对称的客户-服务器关系。

ARPANET 开通以后,罗伯茨并不满足,并不陶醉于眼前的成功,他又紧跟着做了以下 3 件事:

(1) 技术进步。为了使 ARPANET 具有更多的功能,支持更多的结构,在罗伯茨主持下,以克洛克为首的小组于 1970 年制定出了网络控制协议(NCP),并于 1971—1972 年使 ARPANET 的所有站点都实现了 NCP。这使 ARPANET 建立了多层的体系结构,技术上了一个台阶,也使网络用户可以开始开发各自的应用。

(2) 组织管理。在进行技术开发的同时,罗伯茨为 ARPANET 的运行和管理陆续建立了 3 个中心,即位于 BBN 公司的网络管理中心(Network Control Center,NCC),这是 ARPANET 的第一个服务中心;位于 UCLA 的网络测量中心(Network Measurement Center,NMC),负责测量网络的各种性能指标;位于 SRI 的网络信息中心(Network Information Center,NIC),这个中心是另一位图灵奖获得者恩格尔巴特建议设立的,并亲自任主任至 1977 年——负责收集有关网络和各主机资源的信息,开发存取这些信息的工具。3 个中心的建立,为 ARPANET 的正常运作和发展起了重要作用。

(3) 扩大网络。将更多的站点和计算机接入ARPANET。在罗伯茨的组织下,ARPANET迅速扩大,只过了一年多,ARPANET就已发展到15个站点、23台主机。新接入的站点中包括哈佛大学、斯坦福大学、麻省理工学院、卡内基-梅隆大学等著名大学和NASA的Ames研究中心等,地理上也从最初限于西海岸地区扩展到东海岸,覆盖了整个美国。

1972年,在华盛顿特区的希尔顿饭店召开的首届计算机通信国际会议上,在罗伯茨组织下,由凯恩(他已从BBN公司转入ARPA工作)向与会的1000多名代表演示了ARPANET在全美29个站点40多台计算机之间的通信,这是ARPANET首次在公众面前亮相,引起了极大的轰动。

1973年,ARPANET引入从加州至夏威夷的卫星通信链路;同时扩展成为国际性网络,英国和挪威计算机首批接入;此外,出现了以无线方式发送数据包以接入网络的计算机。这使ARPANET进入了群雄纷起的战国时代:每种方式各有其自己的信息格式,相互之间无法交流。为解决这个问题,凯恩和塞夫合作制定了传输控制协议/网际协议(Transmission Control Protocol/Internet Protocol,TCP/IP),这为ARPANET转变成为真正全球性的Internet奠定了基础。

TCP/IP包括两部分,其中TCP是传输控制协议,IP是网际协议。TCP/IP分为四层,即通信子网层、网际层、传输层和应用层,如下图所示。其中通信子网层的作用是传输经网际层处理过的报文。该层中的各通信子网采用本身固有的协议,如以太网的ISO/IEC 8802-3协议、分组交换网的X.25协议等。网际层的主要功能是负责对全网地址的识别与管理,确定IP数据包路由(routing),在IP数据包长度与通信子网允许的数据包长度不匹配时,对数据帧进行必要的分解处理使之相配等。这一层使用的协议就是 IP,它为信息的发送方和接收方提供了透明通道。传输层为应用程序提供端-端通信功能,它有 3 个主要协议,即传输控制协议(TCP)、用户数据报协议(User Datagram Protocol, UDP)和网际控制消息协议(Internet Control Message Protocol, ICMP),分别负责将不同情况下的用户数据组装成数据包进行发送。应用层为用户提供所需的各种服务,如远程登录、文件传送、电子邮件、电视会议等。

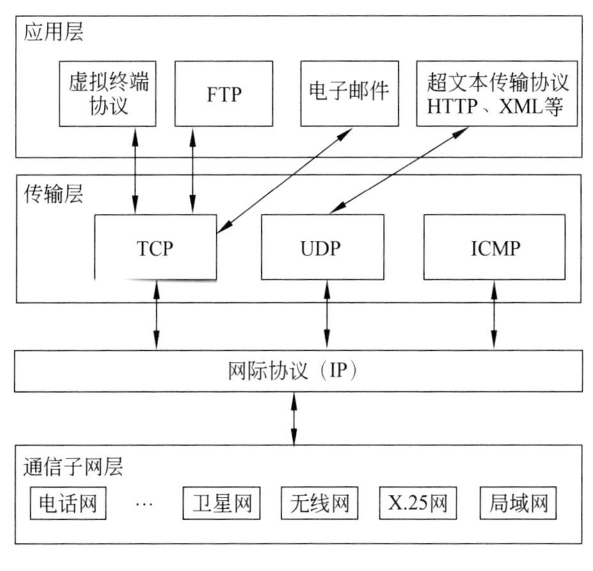

TCP/IP

由于 ARPA/IPTO 采取各种措施推广 TCP/IP,并把这个协议插入 BSD UNIX 使之成为该操作系统的一部分,这样,整个 ARPANET 的所有站点在 1983 年终于全部采用了 TCP/IP,这成为 Internet 正式诞生的标志。

通过上述对 Internet 诞生经过的介绍,可以得出以下两个结论:

(1) Internet 是集体的创造,而非个人的发明。为了实现计算机联网,许多人煞费苦心,艰辛探索,孜孜以求,付出了巨大的心血。从理论探讨、可能性和可行性分析,到组织实施、解决实现中出现的种种难题。许多学者和工程技术人员,其中包括一批富有朝气和创新精神的年轻学子,呕心沥血,历经七八个春秋,才得以大功告成。应该说,Internet的成功是集体智慧的结晶,是团结协作的胜利。

(2) 同时也应该承认,在这样一个巨大的创新工程中,有少数人起了核心和关键的作用,做出了重大的贡献,其巨大功绩是不容抹杀的。如罗伯茨,作为 Internet 项目的主要组织者和推动者,国外资料中常把他称为"the father of computer network""the founder of Internet",这也是不无道理的。至于凯恩和塞夫,作为 TCP/IP 的发明人,对 Internet 最终成型也起了至关重要的作用,其功绩是不言而喻的。

下面我们再对凯恩和塞夫的个人情况做简要介绍。

凯恩 1938 年 12 月 23 日生于美国纽约的布鲁克林(Brooklyn,N.Y.),在纽约城市学院(现为大学)获得电气工程学士学位,在普林斯顿大学获得硕士和博士学位。1964 年他加盟麻省理工学院,两年以后他请假去波士顿的 BBN 公司实习,以便接受更多的实际锻炼。但这一去,他就再也没有回麻省理工学院:因为 BBN 公司在 1968 年获得了承包 ARPANET 工程的合同,凯恩负责系统设计,负责解决差错检测与纠正、通信阻塞等问题。这些问题对于 Internet 今天的用户来说是无须操心的,而在几十年以前却是摆在工程技术人员面前的严重问题。好在凯恩解决了这些问题,使只有 4 个站点的最初的 ARPANET 顺利开通。

凯恩于 1972 年从 BBN 公司调入 ARPA,后来成为 IPTO 的副主任和主任,长期主管 ARPANET 的事务。除了与塞夫合作开发 TCP/IP 以外,他也是开放式体系结构联网(open-architecture networking)思想的首创者。在 IPTO 主任任期内,他启动了 ARPA 的 Internet 计划(program),这个计划的前 3 年就是由他领导实施的。在 ARPA 服务

13 年,力促并亲眼看到 ARPANET 的所有站点的通信协议全部转为 TCP/IP 以后,凯恩于 1985 年离开 ARPA,在弗吉尼亚州的莱斯顿(Reston)创办了非营利的 CNRI(Corporation for National Research Initiatives)公司,这个公司主要领导和资助有关国家信息基础设施(National Information Infrastructure,NII,这个名词也是凯恩发明的)的研究与开发。在 CNRI 的直接推动下,美国克林顿政府于 1993 年公布了"国家信息基础设施建设日程表"(The National Information Infrastructure: Agenda for Action),并从而引发了世界范围内的建设信息高速公路热。

塞夫比凯恩小 5 岁,1943 年 6 月 23 日生于纽哈芬(New Haven),参与 ARPANET 的工作也比凯恩晚。他是 1965 年在斯坦福大学取得数学学士学位,1972 年在加州大学洛杉矶分校取得计算机科学硕士学位和博士学位以后,才开始同凯恩合作开发 TCP/IP 并一举成名的。1976 年,他正式调入 ARPA 工作,直到 1982 年离开,加盟著名的微波通信公司(MCI)任数字信息服务部门的副总裁。1986 年,他再次同凯恩牵手,出任 CNRI 公司的副总裁,1994 年回到 MCI。塞夫还是一个美食家,也嗜好美酒。他现任 Google 公司副总裁,同时还有"Chief Internet Evangelist"的头衔。Evangelist 原是一个宗教上的名词,指福音书的 4 个作者即 Matthew、Mark、Luke、John 中的任一个,当然有"权威"的含义。因此这个头衔说明塞夫在公司有关 Internet 的技术、业务和信息发布等方面有最高的决定权。

除了在 Internet 方面的工作外,塞夫还在许多与网络安全和国家信息基础设施相关的政府小组中任职。平时,他还是个科幻小说迷,在美国著名科幻作家、电视和电影制片人吉恩·罗登伯里(Gene Roddenberry)担纲的电视项目《地球:最终冲突》中担任技术顾问。(吉恩·罗登伯里曾创作并担任制片科幻电视连续剧《星际迷航》(1966—

1969),这部电视剧催生了其他电视连续剧和一系列电影)。

凯恩和塞夫都是美国工程院院士。由于为Internet做出的重要贡献,他们获得了众多的奖励、荣誉称号,是许多大学的名誉博士或兼职教授,其中包括由美国国会设立、由总统颁发的美国国家技术奖章,美国工程院设立的查尔斯·斯塔克·德雷珀奖(Charles Stark Draper Award)、日本奖(Japan Prize)、英国以伊丽莎白女王名义设立的工程奖(Queen Elizabeth Prize for Engineering)、美国发明家名人堂和Internet名人堂等。我国北京邮电大学和清华大学也曾授予塞夫名誉博士学位。

2005年图灵奖获得者：
彼得·诺尔
——从天文学家到计算机科学家

彼得·诺尔

2005年图灵奖获得者彼得·诺尔(Peter Naur)这个名字对于从事计算机科学技术的人来说是不陌生的,因为大家常用的描写高级语言语法的元语言BNF的全称是"巴克斯-诺尔范式",而这个范式就是由巴克斯首创,并经诺尔改进而成的。但大家不见得知道,诺尔原本是天文学家,"阴差阳错"地走进了计算机领域并成为对计算机技术的发展起了重大作用的科学家。

诺尔1928年9月生于丹麦首都哥本哈根近郊的弗雷德里克斯伯格(Frederiksberg),1949年在哥本哈根大学取得天文学硕士学位。1950—1951年,他在英国剑桥大学进修期间,用过由威尔克斯主持研制的世界上第一台存储程序式数字计算机EDSAC,学到了不少有关计算机和在计算机上编程的知识。但他的主要兴趣仍在天文学方面。1952—1953年他在芝加哥大学的Yerkes天文台和McDonald天文台当助理研究员期间,由于天文学研究中有大量计算,曾到IBM公司的沃森研究中心进修,这使他获得了更多的计算机知识。1953年回到丹麦以后,他到哥本哈根天文台工作。由于开展天文研究的需要,他受命设计了丹麦的第一台计算机DASK,同时也完成了他天文学研究的博士论文,1957年取得哥本哈根大学天文学博士学位。

ALGOL 58 报告公布以后,受到广泛关注,但它的不足和缺点也受到批评。1960 年 1 月 11 日,在 IBM(欧洲)公司的财政支持下,举行了一次重要的会议,对 ALGOL 58 进行修改。诺尔不但参加了这个会议,成为新的 ALGOL(即 ALGOL 60)文本的执笔人,而且对巴克斯提出的描述语言语法的方案进行了仔细审阅和修改,使之完善,从而诞生了 BNF。

1961 年,诺尔在由他设计的 DASK 上实现了 ALGOL。这是世界上首批 ALGOL 实现中的一个。

虽然参与了这么多活动,做了这么多工作,也做出了这么大贡献,但诺尔在这段时间里仍主要关心天文学,计算机只是由于研究天文学的需要而介入的,直到 1964 年,诺尔对计算与数据处理的兴趣才超出对天文学的兴趣。1966 年,他发明了一个新的单词——datalogy。丹麦计算机学会的正式名称就叫 Danish Society of Datalogy,他是这个学会的第一任主席。1969 年,他说服哥本哈根大学建立起了计算机专业,他又是该校的第一位计算机教授。

诺尔在计算机科学方面的论著极多。有人在他 60 岁寿辰时做了一个统计,他的论文总数达 325 篇之多,内容涉及程序设计语言、编译器结构、数据处理技术、计算机教育、软件可靠性、程序设计方法学、计算机与社会等广泛的课题。1992 年,他的文集《计算——人类的重要活动》(*Computing: A Human Activity*, Addison Wesley)收录了他的主要论文 55 篇,只约占其论文总数的 1/6,已经是 630 页的皇皇巨著。书中有一篇诺尔的自传。哥本哈根大学的弗洛克耶(Erik Frokjaer)教授和罗斯基勒大学的斯韦恩蒂尔(Edda Sveinsdottir)教授为该书作序,序言对诺尔的功绩和贡献有全面而中肯的评价。

鉴于诺尔为国家所做出的贡献,丹麦政府在 1963 年授予他 G.A. Hagemanns 金质奖章,1966 年又授予他 Rosenkjaer 奖。IEEE 则因他

“对计算机语言开发”(for computer language development)所做出的贡献而于 1986 年授予他计算机先驱奖。

20 世纪末,诺尔的兴趣转向认知科学。1995 年,他出版了专著《逻辑和规则的奥妙》(*Knowing and Mystique of Logic and Rules*, Kluwer Academic Press)。对人工智能,他的态度很鲜明:“人不是机器,机器也不是人。”(Man is not a machine,and vice versa.)

诺尔的业余爱好是古典音乐,喜欢听,也喜欢自己演奏(但不知道擅长使用什么乐器)。诺尔已于 2016 年 1 月 3 日去世,享年 88 岁。

2006年图灵奖获得者：弗朗西斯·艾伦

——编译器优化理论与实践的先驱

弗朗西斯·艾伦

2006年图灵奖授予IBM公司的资深研究员、IBM公司终身院士弗朗西斯·艾伦(Frances E.Allen)，以表彰她在编译器优化理论和实践方面所做出的巨大贡献。授奖仪式于6月9日在美国加利福尼亚州的港口城市圣地亚哥举行。这是图灵奖41年历史上第一次把该项荣誉授予一位女性计算机科学家。此前的2004年，IEEE的计算机协会已经授予艾伦计算机先驱奖，因此，艾伦也成为第一位同时获得这两项荣誉的女性。

艾伦生于1932年8月4日。在纽约州立阿尔巴尼师范学院(Albany State Teacher's College，现已改为纽约州立大学)毕业以后，进入密歇根大学攻读数学硕士学位。艾伦家境清贫，她是靠助学贷款完成学业的。1957年毕业时，恰好IBM公司为吸引女性参加其研究与开发项目，在大学校园中广泛发送招聘小册子，标题为*My Fair Ladies*。艾伦为了偿还助学贷款，应聘到了IBM公司的沃森研究中心。艾伦的志愿是当一名教师，到IBM公司本是权宜之计。但进入IBM公司以后，计算机软件这一新兴学科领域的巨大挑战性和广阔的发展前途深深吸引了她，以致她再也没有更换过工作岗位。

由于艾伦学的是数学,又有教育学学士学位,因此 IBM 最初分配给她的任务是为技术人员讲授 FORTRAN 程序设计。大家知道,FORTRAN 是 1957 年刚刚推出的,其编译器还处在原始阶段。艾伦很快就发现它效率不高,大有改进的余地,就着手研究如何使之优化。从 20 世纪 60 年代到 80 年代,艾伦独立地或与 IBM 的其他研究人员(其中包括 1987 年图灵奖获得者约翰·科克)合作发表了有关编译器优化和自动并行执行方面的一系列开创性和奠基性的论文,主要有:

《用以确定有用的并行性的框架》(*A Framework for Determining Useful Parallelism*,*Proceedings of the* 1968 *ACM International Conference on Supercomputing*)

《程序优化》(*Program Optimization*,*Annual Review in Automatic Programming*,1969,5)

《控制流分析》(*Control Flow Analysis*,*SIGPLAN Notice*,1970,5(7):1-19)

《优化变换一览表》(*A Catalog of Optimizing Transformation*,R. Rustin 主编的 *Design and Optimization of Compiler* 一书,Prentice-Hall,1972)

《基于图论的程序控制流分析》(*Graph-theoretic Constructs for Program Control Flow Analysis*,*IBM Research Report RC*3923,1972)

《过程间的数据流分析》(*Interprocedural Data Flow Analysis*,*Proceedings of the IFIP Congress*,1974)

《一个程序数据流分析过程》(*A Program Data Flow Analysis Procedure*,*Communications of the ACM*,1976,3)

《算子强度的降低》(*Reduction of Operator Strength*,本文是 Steven S.Muchnick 主编的 *Program Flow Analysis*:*Theory and Applications* 一书的第 3 章,Prentice-Hall,1981)

上述论文中,艾伦与约翰·科克合作的“一个程序数据流分析过程”一文获得1976年度的ACM程序设计系统与语言最佳论文奖。这些论文几乎无一例外地是当前看到的各种有关编译技术的教材和专著引用的对象。

在理论创新的同时,艾伦还为IBM公司许多编译器的开发做出了重大贡献。例如,IBM公司第一台大型晶体管计算机STRETCH的语言编译系统就是由艾伦领导开发的,她亲手实现了许多她提出的优化算法,还实现了IBM公司的第一个优化程序的符号调试器(symbolic debugger)。

1981年9月,艾伦在《IBM研发学报》(*IBM Journal of Research and Development*)上发表长篇论文《IBM语言处理器技术的历史》(*The History of Language Processor Technology in IBM*)。这篇论文全面回顾与总结了IBM在开发编译器方面的历程和技术进展,实际上也是她本人24年研究成果的结晶。

鉴于艾伦的杰出贡献,她获得了许多荣誉与奖励。她是美国工程院院士。1989年,她成为IBM院士(IBM Fellow),这是IBM公司的最高技术荣誉称号,而艾伦是获得这一称号的第一位女性。

有意思的是,当时正在南加州IBM休养所度假的她接受这个荣誉时,公司的颁奖词还误以为她是男性,用了男性的“他”而不是“她”(“对他的杰出技术贡献……”)。如今,这个奖项,包括那个性别错误的颁奖词很长时间一直挂在艾伦办公室墙上,直到2002年她退休。一位曾与艾伦共事数十年的IBM研究员Mark Wegman说,“她打破了玻璃天花板”,“当时,甚至没有人认为像她这样的人可以取得她所取得的成就”。

2002年,作为在计算领域最成功的女性科学家之一,她先后获得埃达·洛夫莱斯(Ada Lovelace Award)和格蕾丝·霍伯计算机科学女性成就奖(Grace Hopper's Celebration of Women in Computing Award)。我们知道,埃达·洛夫莱斯(Ada Lovelace,1815—1852)被认为是编制出世界上第一个程序的妇女,而格蕾丝·霍伯(Grace Hopper,1906—1992)是有“软件界的第一夫人”之称的计算机先驱。

艾伦性格开朗,乐于助人,尤其对年轻人总是关心备至,循循善诱。她是 IBM 公司内公认的最出色的“导师”(mentor)。为此,IBM 公司还以艾伦的名字命名了他们表彰优秀导师的一个奖项——“France E. Allen Women in Technology Mentoring Award”。而艾伦本人是这个奖的第一位获得者(2000)。

艾伦是一个典型的事业型女性,她 40 岁才结婚。其业余爱好有两项:一是研究环保问题;二是登山。她是美国和加拿大登山俱乐部的会员,参加过许多登山探险活动,其中包括对我国西藏境内喜马拉雅山的登山探险。她在 70 岁高龄时,还曾赴意大利参加登山活动,其意志与毅力令人叹服。

在为 IBM 公司服务长达 45 年之后,艾伦于 2002 年退休。退休后艾伦致力于鼓励女性从事计算机的教育项目。

2020 年 8 月 4 日,在她 88 岁生日当天,艾伦因阿尔茨海默症的并发症去世。

2007 年图灵奖获得者：

克拉克、埃默生和希法凯斯

——计算机辅助验证技术的先驱

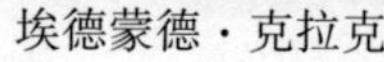

埃德蒙德·克拉克　　艾伦·埃默生　　约瑟夫·希法凯斯

继 2002 年图灵奖首次授予 3 位科学家——合作发明了公钥密码算法 RSA 的利维斯、沙米尔和阿德勒曼以后，2007 年图灵奖又一次同时授予了 3 位学者，这次是卡内基-梅隆大学的埃德蒙德·克拉克（Edmund M.Clarke）、得克萨斯大学奥斯汀分校的艾伦·埃默生（E. Allen Emerson）和法国格勒诺布尔大学的约瑟夫·希法凯斯（Joseph Sifakis）。他们是因为在计算机辅助验证（Computer-Aided Verification, CAV）领域的先驱性工作和突出贡献而获此殊荣的，其中克拉克和埃默生本是一对师生，共同开发了目前在 CAV 中广泛使用的模型检验法（model checking），而希法凯斯则在法国独立地提出了这个方法。这是图灵奖第一次授予法国学者。

计算机辅助验证的主要对象是计算机本身的硬件、软件和系统。

为了说明它的发展过程和这 3 位学者的贡献,我们先简要回顾一下计算机诞生之初,其硬件、软件和系统的正确性是如何验证的。20 世纪 50—60 年代,以至 70 年代参与过计算机研制的人都知道,在很长一段时间里,计算机电路、部件、整机和程序的正确性都没有什么形式化的方法去验证,常用的只有两种方法:一是所谓"跑图"或"跑程序",也就是凭借科研人员自身的聪明才智和细心、耐心,通过反复审核设计图纸或程序编码(这可真是一个伤脑筋的"苦差事")找出漏洞,发现问题,纠正错误;二是所谓"调机"或"调程序",也就是"试运行",通过输入一批初始数据,看获得的结果是否同预期一致,以判断机器或程序是否有问题,再设法排除。这种"非形式化验证"(unformal verification)的缺点是显而易见的:效率低,成本高,常常延误新产品的推出,而且不能保证上市产品绝对没有问题。在最后这种情况下,企业需要付出的代价非常大。前面我们曾经提到,Intel 公司在推出奔腾芯片(Pentium)以后,发现其除法中存在一个漏洞,这个漏洞不算大,但为了纠正它,Intel 公司花费了 5 亿美元!美国国家标准和技术研究所(National Institute of Standards and Technology,NIST)在 2002 年的一份研究报告中估计,软件故障每年造成的经济损失达到 595 亿美元,约占美国国内生产总值的 0.6%。以上两个数字最清楚不过地告诉我们,建立一套行之有效(这里的"效",既包括"效率",也包括"效果")的验证方法对于 IT 产业是何等重要,何等迫切。

正是在这种情况下,许多科学家从 20 世纪 60 年代开始探讨形式化验证技术(formal verification),并陆续取得了一些成果。例如,1978 年图灵奖获得者弗洛伊德在 1967 年发明了前后断言法等。但这些成果都有较大的局限性,如前后断言法只用于验证程序。1981 年,当时还在哈佛大学任教的克拉克和他的第一个研究生埃默生取得了一个重大突破:他们在一个学术会议上发表了一篇开创性的论文,题为

《利用分支时序逻辑设计和综合同步图》(*Design and Synthesis of Synchronization Skeletons Using Branching Time Temporal Logic*,见会议论文集 *In logic of Programs*,Springer-Verlag,1981)。论文提出了一种既能验证软件也能验证硬件的方法：首先,为要验证的对象建立一个抽象模型,其形式化规约(formal specification)用时序逻辑(1996 年图灵奖获得者伯努利在 1977 年发明的)表达。其次,他们提出了一种算法,可以确定该硬件或软件的设计是否符合相应的规约;若不符合,则给出一个反例(counter-example),可以指出问题的根源在哪里。被称为“模型检验法”的这种验证技术正是人们期盼已久的!

但 1981 年的论文只是理论研究成果,克拉克并不满足,他要使之实用化,帮助 IT 企业摆脱困境。1982 年,他(当时已经转至卡内基-梅隆大学任教)开发成功了“模型检验器”(model checker),命名为 EMC,终于实现了他的理想。几乎同时,希法凯斯也推出了模型检验器 CESAR。

后来出现了所谓“状态爆炸问题”(state explosion problem),即随着 VLSI 集成度的不断提高,需要检验的状态数以指数形式迅速增长。第一代模型检验器能够检验的状态数有限,很快就不能满足需要了。其时,卡内基-梅隆大学另一位研究硬件的形式化验证的科学家布赖恩特(Randal Bryant)正好发明了用图形来表示编码信息的一种方法,叫作二叉判定图(Binary Decision Diagram,BDD)。1987 年,克拉克的一个学生麦克米兰(Kenneth McMillan)听了布赖恩特的讲座以后,突然想到能否把二叉判定图用在模型检验法上,以解决状态爆炸问题。经过试验,克拉克和麦克米兰终于获得成功,称为符号化模型检验器(Symbolic Model Checker,SMD)的第二代模型检验器诞生了。由于采用了二叉判定图,可以避免大量不必要的计算,模型检验器能够检验的状态从 10^4 增加到了 10^{20}!

SMD 推出以后，Intel 公司首先注意到了它的潜力，在 20 世纪 90 年代初率先采用并大获成功。随后微软、IBM、Motorola 等众多 IT 公司纷纷跟进，取得了广泛而令人瞩目的成绩。为此，布赖恩特、克拉克、埃默生和麦克米兰 4 人在 1998 年共同获得了 ACM 设立的另一个奖项——卡内拉基斯理论和实践奖(Paris Kanellakis Theory and Practice Award)。

克拉克和他的学生在模型检验领域的努力始终没有停止。目前，他们开发的系统能够验证的状态数已经达到 10^{120}。模型检验法的应用范围也已经扩展到通信、医疗器械、航天、安全、实时嵌入式系统等领域并取得了一系列成果。例如，美国航空航天局曾经利用模型检验法分析火星探测器的有关软件；微软公司通过模型检验法保证了打印机、MP3 播放器等外部设备的驱动程序能够和 Windows 操作系统正确地交互；通过模型检验器甚至发现了一个已经使用多年的 IEEE 标准中的若干漏洞，使人们对它的能力惊叹不已。

鉴于此，2009 年美国国家科学基金会(NSF)决定重金支持建立一个跨学科、跨单位的研究机构，叫作 CMACS(The Computational Modeling and Analysis of Complex Systems)，该中心设在卡内基-梅隆大学，由克拉克领衔，副主任是 1996 年图灵奖获得者、纽约大学的伯努利(可惜他当年晚些时候就去世了)，核心成员包括 19 位顶尖的科学家，其中数学和计算机方面的科学家包括来自纽约州立大学的格利姆(James Glimm，他是该校应用数学与统计学系的主任，美国国家科学奖章获得者)，来自马里兰大学的克利夫兰(Rance Cleaveland)和来自 NASA 喷气推进实验室(Jet Propulsion Laboratory，JPL)的霍尔兹曼(Gerard Holzman)；生物和医学方面的专家则有匹茨堡大学医学院的费德(James Faeder)，康奈尔大学的芬通(Flavio Fenton)；等等。从组织上我们就可以看出，这个机构的目标在于解决生物学和电子学这两个重要领域的问题。为什么把这两个看似不相干的学科的人揉在一起进行研究,并且要研究些什么呢?原来,这两个学科都是典型的所谓"复杂系统"(complex systems),或叫作"赛伯-物理系统"(cyber-physical systems),有许多共性。NSF希望把克拉克的模型检验法和形式化验证的另一个成功方法"抽象译释法"(Abstract Interpretation,这是这个研究机构的核心成员、纽约大学的考索特(Patrick Cousot)等发明的)的优点结合起来,形成一种更加强大和有效的工具,为复杂系统建立精确的模型,以便更深入地了解复杂系统,解决有关的控制问题。例如,癌症(具体的攻关对象是癌症的第4大杀手——胰腺癌;Apple公司的乔布斯就是在56岁上被胰腺癌夺去生命的)的发病机理和治疗,飞机、汽车、火车的自动驾驶和防撞等现代人类生活中面临的重大问题。克拉克他们已经把预期的这种新的模型命名为MCAI 2.0。NSF对CMACS的支持力度是每年200万美元,共5年。CMACS正开展着活跃的学术活动,具体可见该中心的网站。

下面我们对这3位获奖者做一简要介绍。

克拉克于1945年7月27日生于美国弗吉尼亚州的Newport News,在Smithfield长大。与大多数美国人是欧洲移民的后代不同,克拉克是当地原住民的后代。其父亲是一个商业代办,母亲是护士。克拉克1967年在弗吉尼亚大学取得数学学士学位,第二年在杜克大学取得数学硕士学位,之后他转至康奈尔大学,于1974年取得计算机硕士学位,1976年取得计算机博士学位。其后他回到母校杜克大学做了2年博士后工作,1978年加盟哈佛大学,1982年转至卡内基-梅隆大学,1989年成为教授。集中反映他的学术成果的专著《模型检验》(*Model Checking*)1999年由麻省理工学院出版社出版。

克拉克业余爱好摄影,在他的相册中保存着许多他历年来指导过的博士研究生、博士后和访问学者的照片,自开门弟子埃默生起,学生数量已达 75 人(其中绝大多数至今仍同他保持着联系)。他十分珍视他和这些学生之间的友谊,并高度评价他们的创造性在他所获得的成果中的作用。2007 年 10 月 20 日,在亚特兰大举行的国际嵌入式软件会议(the International Conference on Embedded Software)上,他作为当年的图灵奖获得者,应邀做一个报告。报告开始以后,出乎所有人的意料,他不讲自己如何取得这样巨大的成就,而是放了一组用 PowerPoint 精心制作的幻灯片,列举了这 75 个学生的成绩和贡献。他谦虚地说,"我把我的成功归功于所有这些人。我所做的常常只是把他们指引到正确的方向并坚持下去。"(I attribute my success to all of these people. I often just steered them in the right direction and then tried to keep up.)因此,有媒体把克拉克称为导师发挥作用的"典范"(Role Model,Model 在这里是一语双关的)。

克拉克是美国工程院和美国艺术与科学院的院士。

2020 年 12 月 22 日,克拉克因感染新冠病毒去世,享年 75 岁。

埃默生于 1976 年,在得克萨斯大学奥斯汀分校取得数学学士学位以后,转至哈佛大学师从克拉克,1981 年共同发明了模型检验法,同年取得博士学位。之后他回到母校得克萨斯大学奥斯汀分校从事教学和科研工作,现为该校计算机科学教授。他最新的一项成果是同 Chin-Laung Lei 一起把高效的模型检验法用在有很强表达能力的一种时序逻辑——命题 μ-演算(propositional mμ-calculus)中。为此他们 2 人一起在 2006 年的 IEEE 计算机科学中的逻辑学术会议(IEEE Symposium on Logic in Computer Science)上获得了 Test-of-Time 奖。2024 年 10 月 15 日,埃默生在家中安详去世,享年 70 岁。

希法凯斯其实是希腊人,1946 年 12 月 26 日出生在克里特岛的伊拉克利翁(Heraklion)。从国立雅典理工大学(National Technical University of Athens)毕业以后,获得奖学金后至法国格勒诺布尔大学攻读博士学位。格勒诺布尔位于法国东南部,是伊泽尔省的省会,离法意边境仅几十千米。1974年他完成博士论文,通过答辩,取得计算机科学博士学位。1976年他取得法国国籍(欧洲国家多数允许双重国籍),成为法国国家科学研究中心(Centre National De La Recherche Scientifique,CNRS)的研究主任,创建了VERIMAG实验室,这个实验室主要从事关键性嵌入式系统的研究,其成果和产品被空中客车公司(Airbus)等重要企业所采用。

在计算机辅助验证方面,希法凯斯几乎和克拉克同时平行地开展着研究,并且也取得重大进展。他和吉恩-皮埃儿·克维尔(Jean-Pierre Quéille)合作开发的模型检验器CESAR也是1982年问世的。

2009年,瑞士的洛桑联邦工学院(Ecole Polytechnique Fédérale de Lausane)授予希法凯斯荣誉博士学位;2011年,他出任该校计算机与通信学院的全职教授。此外,他曾任清华大学客座教授(2011—2012),现任南方科技大学客座教授。他是法国科学院院士(2010),法国工程院院士(2008),美国艺术与科学院院士(2015),美国国家工程院院士(2017),中国科学院外籍院士(2019)。

克拉克早在1993年就访问过中国,在中国科学院软件研究所讲学。获得图灵奖以后,克拉克、埃默生和希法凯斯都曾多次应邀来中国讲学或参加学术会议,给大家留下了深刻的印象。

2008 年图灵奖获得者：
芭芭拉·利斯科夫
——计算机程序设计语言和系统的先驱

芭芭拉·利斯科夫

2008 年的图灵奖授予麻省理工学院(MIT)年近 70 的资深女科学家芭芭拉·利斯科夫(Barbara Jane Liskov),以表彰她在计算机程序设计语言和系统的理论与实践方面做出的一系列创造性和奠基性贡献。这是图灵奖第二次授予一位女性计算机科学家。

目前,网上和其他文献中介绍利斯科夫的资料很多,她 22 岁就从加州大学伯克利分校数学系毕业;29 岁在斯坦福大学取得计算机科学博士学位,成为美国历史上也是世界历史上第一个具有计算机科学博士学位的女性;33 岁年纪轻轻就成为麻省理工学院的教授;以后又成为美国工程院和美国艺术与科学院的双料院士;等等。似乎她求学和事业的道路都"一帆风顺"。实际上,作为一名女性,虽然在比较开放的美国,投身科学技术这个传统上被认为是"男人的领域"的领域,要面临更大挑战,克服更多困难,前进的道路是相当崎岖、曲折的,利斯科夫并不例外。

利斯科夫于 1939 年 11 月 7 日生于洛杉矶,原姓赫伯曼(Huberman),是家里 4 个孩子中的老大。在中学和在加州大学伯克利分校数学系(她是班上仅有的两个女生中的一个)读书期间,利斯科夫性格沉静,成绩也一般,并不被老师和同学们看好。1961 年毕业以后,她向加州大学伯克利分校和普林斯顿大学申请念研究生,遭到普林斯顿大学拒绝。普林斯顿大学通知她,无论是本科还是研究生,他们都不接受女生。因此虽然母校加州大学伯克利分校录取了她,但利斯科夫决定辍学找工作,并且换一个环境,离开加州,到她父亲的出生地波士顿去。但在波士顿,她找不到与数学有关的工作,愿意聘用她的无非是画图、描图这样的岗位。无奈之下,利斯科夫进入 MITRE 当了一名程序员。MITRE 是一家为联邦政府提供工程和技术服务的非营利性公司,成立于 1958 年。20 世纪 60 年代正参与美国空军著名的半自动防空系统 SAGE 的建设。SAGE 的全称是 Semi-Automatic Ground Environment,主要由麻省理工学院开发,其控制与数据处理中心用的是“旋风”计算机。当时计算机还是一件新鲜事物,编程序对利斯科夫也罢,对其他人也罢,都是不熟悉的,都要重新学起。正是在 MITRE,利斯科夫喜欢上了计算机和计算机编程,从此成为她终生的事业。但在 MITRE,利斯科夫也感受到了对女性公开的、明显的歧视;在学历背景相同、能力没有什么差别的情况下,男性比女性有更好的岗位,有更高的工资待遇。因此,利斯科夫在 MITRE 只干了一年,就转到哈佛大学当程序员,参加一个自然语言翻译项目。她以为这个项目很简单,一干才知道难度很大。干了一段时间以后,利斯科夫意识到自己必须进一步充电以夯实基础,于是向哈佛大学和斯坦福大学申请念研究生。两处都接受了她的申请,由于利斯科夫想回加州,于是选择了斯坦福大学。在这里,利斯科夫有幸师从 1971 年图灵奖获得者、有“人工智能之父”美誉的麦卡锡。当时,利斯科夫没有任何经济来源,因此她和麦卡锡第一次见面时就提出希望获得资助;麦卡锡了解到利斯科夫搞过自然语言翻译,这与人工智能有关,很愿意收下这名女弟子,于是答应了她的要求。1968 年她完成了论文《一个可以处理国际象棋残局的计算机程序》(*A Pro-*

gram to Play Chess End Games),通过答辩,被授予博士学位。利斯科夫入学时还没有计算机这个专业,授予博士学位时这个专业刚刚建立,因此她成为美国历史上,也是世界历史上第一个具有计算机科学博士学位的女性,从此开始了她长达 40 多年的计算机生涯,并做出了许多重要的贡献。全世界千千万万计算机和互联网用户都在不知不觉中得益于她的工作成果。

取得博士学位以后,利斯科夫回到波士顿找工作,因为最初在波士顿的工作经历还是给她留下了美好的回忆;此外是因为她已经有了男友——上帝赐给她的内森·利斯科夫(Nathan Liskov,Nathan 在希伯来语里是"上帝的礼物"的意思),而他在波士顿。

但是利斯科夫在波士顿找工作却遇到了麻烦。她的博士论文涉及人工智能,是一个十分抽象的领域,没有谁愿意雇用擅长下棋的专家。她不得不回到 MITRE。这次,公司让她到研究部门从事计算机操作系统的开发。利斯科夫不负众望,领导研究小组开发成功了一个交互式的小型分时操作系统"维纳斯"(Venus)。她基于 Venus 的开发经验撰写了一篇论文,被操作系统原理学术讨论会(The Symposium on Operating Systems Principles)录用,并被安排在一个分组讨论会上做报告。20 世纪 70 年代初,成熟的操作系统还不多,利斯科夫既有理论又有实践的报告成为这次会议最精彩、最吸引人的报告,因此她的论文获得最佳论文奖(Best Paper Prize)。同时,这次会议也成为利斯科夫人生的转折点。

原来,主持那个分组讨论的是麻省理工学院的萨尔茨(Jerry Saltzer)。萨尔茨对利斯科夫的报告印象十分深刻,对利斯科夫表现出来的对计算机的深刻理解和探索精神也非常欣赏。当时,美国高校中的女性教学和科研人员还相当少,麻省理工学院也是如此。麻省理工学院的校长威斯纳(Weisner)意识到这是一个问题,力图改变这种状况,要求各个系尽量多聘用女教师,因此萨尔茨极力动员利斯科夫到麻省理工学院工作。利斯科夫动了心,向麻省理工学院递交了求职申请,并且击败了好几个男性竞争者,被聘为教授,从1972年开始任职,成为整个麻省理工学院的第二位女教授、计算机系的第一位女教授。由于女教授在当时还是一个"新鲜事物",在欢迎新员工的仪式上还闹出了一个笑话:主持仪式的人错把利斯科夫的丈夫当成了欢迎的对象!这样的事后来还发生过若干次。

利斯科夫到麻省理工学院以后,经受了许多考验和挑战。她被安排给学生讲计算机体系结构课程,这对她来说绝对不是易事,因为这门课涉及许多电路和硬件的内容,而她是学数学和搞软件的。但她很喜欢这种挑战,因为这能促使她持续不断地加紧学习新的知识。在她的努力下,来听这门课的学生愈来愈多。在科研方面,利斯科夫在麻省理工学院的第一个成果就是在美国国防部的ARPA和国家科学基金会的双重支持下,开发了一种全新的程序设计语言——CLU,并主编了参考手册*CLU Reference Manual*,由Springer出版社出版。基于利斯科夫在程序设计语言方面的知识和经验,CLU的开发进度很快:1974年1月起步,第二年的夏天第一个版本就完成了。在这个语言中,利斯科夫首次提出了抽象数据类型(abstract data type)的概念,使程序设计方法学实现了一次革命性的飞跃,同时也为后来的面向对象程序设计语言的发展奠定了基础。虽然我们绝大多数人没有用过CLU,不了解它,但学术界公认,CLU是计算机早期历史上最完善的一种程序设计语言,1975年以后出现的各种语言,包括Ada、C++、Java、C#,无一不受到CLU的影响。

如果说CLU为面向对象技术所做出的贡献还是间接的话,那么在20世纪80年代,利斯科夫为面向对象技术还做出了一个直接的而且十分重要的贡献,那就是在1987年的一个会议上,她和周以真(Jeannette Wing)共同提出了一个现在以利斯科夫命名的原则,叫利斯科夫替换原则(Liskov Substitution Principle,LSP),这个原则的大意是,派生类(子类)对象能够替换其基类(超类)对象被使用。这个看似十分简单的原则是面向对象技术重要原则之一,因为面向对象技术最重要的特性——继承和复用就是建立在这个原则的基础之上的。

随后,利斯科夫把研究的重点转向分布式计算,在 CLU 的基础上实现了一种分布式程序设计语言 Argus。Argus 的设计思想和原理是当今网络环境下分布式系统设计的基础,也是现今千千万万人在广泛使用的搜索引擎的基础。

21 世纪初,利斯科夫的研究重点是在容错系统方面,并且已经开发出名为“拜占庭”(Byzantine,是古代欧洲曾经不可一世的一个帝国)的分布式容错系统。她的研究成果对互联网时代数据的一致性、安全性等有着重大的意义。

利斯科夫有好几部重要的学术著作,包括著名的 *Program Development in Java: Abstraction, Specification, and Object-Oriented Design*。这本书已由电子工业出版社于 2006 年引进影印版和中文版的版权出版,中文版由裘健翻译,林德璋审校,书名为《程序开发原理:抽象、规格与面向对象设计》。可以理解,这本由抽象和面向对象概念的主要发明者之一所撰写的教材绝对是同类教材中的权威。

利斯科夫获得的荣誉很多:

1996 年,美国女工程师协会(Society of Women Engineers)授予她成就奖(Achievement Award)。

2002 年,著名的《发现》杂志评选世界上最重要的 50 个女科学家,利斯科夫名列其中。

2004 年,IEEE 授予她冯·诺依曼奖。

2005 年,世界名校瑞士苏黎世联邦工学院 ETH 在 150 周年校庆时授予她荣誉博士学位,同时被授予荣誉博士学位的是 1974 年图灵奖获得者、算法大师克努特。说来有趣,克努特只比利斯科夫大一岁,但他获图灵奖比利斯科夫整整早了 34 年! 因此克努特可谓“少年得志”,而利斯科夫则是“大器晚成”。

2008 年,利斯科夫除了获得图灵奖以外,ACM 的 SIGPLAN 也给予她一个荣誉,授予她程序设计语言成就奖(Programming Language Achievement Award)。此外,麻省理工学院在当年宣布授予利斯科夫为讲座教授(Institute Professor),这是教授中的最高荣誉。因此,2008 年对于利斯科夫而言可谓三喜临门。

2012 年,她入选美国国家发明家名人堂。2018 年获得计算机先驱奖,成为同时获得这两项荣誉的第二位女性。

如前所说,利斯科夫是美国工程院和美国艺术与科学院的双料院士。有人问利斯科夫她成功的秘诀是什么,利斯科夫回答说:“要用一个词来形容成功的秘诀,那就是‘随机’。我并没有规定自己一定要达到什么程度,我只是在我可及的范围内工作。我工作的时候会全心全意地投入,高效率地解决各种各样的问题。工作之外的时间是我的生活时光,喜欢阅读、看电视、园艺。周末的时候,和孩子们一起外出野餐。专注地工作,放松地享受生活,我会花很多时间陪伴孙女,还有一个非常体贴的丈夫,工作绝对不会成为幸福生活的绊脚石。

休息是我的灵感来源,很多有创意的想法是在比较轻松的时刻出现的,平衡的生活状态会让人事半功倍。”

从这段话中我们可以看出,利斯科夫既是一个事业心很强的人,又是一个热爱生活的人。她的经验之谈对那些整天忙忙碌碌、不善于合理安排工作和生活的人也许是有教益的。

2009年图灵奖获得者：查尔斯·萨克尔

——计算机系统架构的创新型设计大师

查尔斯·萨克尔

获得2009年图灵奖的是微软研究院的查尔斯·萨克尔(Charles P.Thacker,人们习惯上称他为"Chuck Thacker")。我们前面在介绍1992年图灵奖获得者兰普森时提到过萨克尔,他是现代个人计算机历史上具有里程碑意义的Alto计算机的3个主要功臣之一,因此他和兰普森(负责软件)以及泰勒(Robert W.Taylor,项目领导人)一起获得过ACM的1984年软件系统奖。ACM这次授予他图灵奖,主要也是因为他在开发Alto中负责硬件设计的突出贡献。此外,还因为萨克尔随后有许多其他方面的创造发明,包括以太网(Ethernet)在内的局域网技术、多处理器的工作站、保证高速缓存数据一致性的"窥探"(snooping)协议等。但应该说,萨克尔的主要贡献是在现代个人计算机方面,正如1994年图灵奖获得者之一劳伊·雷迪的评论所说,"萨克尔是PC时代最卓越的计算机设计师,如同戈登·贝尔之于小型机以及约翰·科克之于主机。"(Chuck Thacker was the preeminent computer designer of the PC era, in the same way Gordon Bell was the leading designer of minicomputer technology and John Cocke was for the mainframe.)我们知道,戈登·贝尔被称为"小型机之父",他虽没有获得过图灵奖,却获得过计算机先驱奖等许多重要奖项;而约翰·科克既是1987年图灵奖获得者,又是1989年计算机先驱奖获得者,曾经在IBM公司主持了STRETCH、360、801等许多大机器的设计。

如果我们仔细看一下历年图灵奖获得者的名单,可以发现,除了1967年图灵奖获得者威尔克斯是硬件专家以外,历届图灵奖都是授予软件或有关计算的其他方面(如计算理论、人工智能)的专家的。2010年10月19日他参加在微软(中国)上海科技园区举行的微软亚洲研究院创新日2010活动,接受记者采访时就说,得知自己获得图灵奖,"我觉得非常惊讶,从来没想到能得这个奖。我的工作领域主要是计算机硬件的架构,而图灵奖已经有40多年没有颁给做硬件的人了"。这也印证了笔者在《IEEE计算机先驱奖——计算机科学与技术中的发明史》一书前言中所说的,"图灵奖虽然是计算机科学技术的综合奖项,但它相对而言偏重于基础理论、算法、语言和软件方面的成果"。因此,萨克尔的获奖显得更加难能可贵。

萨克尔于1943年2月26日出生在美国加州帕萨迪纳。受工程师父亲的影响,他从小就喜欢动手,对组装收音机、玩无线电等活动非常感兴趣。如同计算机诞生初期搞软件的大多数是学数学的改行过来的,搞硬件的大多数是学物理的改行过来的一样,萨克尔是1968年在加州大学伯克利分校物理系学习时,参加了一个名为"神怪"(Genie)的项目而转到计算机方面来的。这个项目开发出了早期最成功的分时计算机SDS-940,被斯坦福研究所(SRI)所采用,是ARPANET建网初期参与联网试验的4台计算机之一。这个项目后来发展为伯克利计算机公司(Berkeley Computer Corporation,BCC),开发了BCC 500分时系统,萨克尔领导了中心存储器和微处理器的设计。但这个公司在商业上并不成功。

1970年毕业以后加盟施乐(Xerox)公司PARC,在那里他大放异彩,先后在 MAXC 分时操作系统、Alto 计算机、Ethernet 和激光打印机等的设计和开发中做出了杰出的贡献。其中 MAXC 相当于 PDP-10,是最早使用半导体存储器的系统之一。设计于 1973 年的 Alto 则是今天现代个人计算机的鼻祖,配有鼠标器、图形用户界面;支持联网;有丰富的软件,包括邮件客户端、所见即所得(WYSIWYG)的文字编辑器、向量图形编辑器、位图编辑器、所见即所得的集成电路 CAD 系统 SIL(整个 20 世纪 70 年代,PARC 的硬件设计人员几乎都是用它进行开发工作的)、Smalltalk 开发环境、LISP 开发环境 InterLISP;甚至还有网络多人游戏 Alto Trek 和 3D 多人网络射击游戏 MazeWar。

20 世纪 80 年代初,萨克尔在离开 PARC 前开发的最后一个系统叫"龙"(Dragon),这是一个多处理器系统,在这个系统中第一次使用了窥探高速缓存一致性协议,即"snooping"的高速缓冲存储器。

萨克尔在 PARC 时的同事、2003 年图灵奖获得者艾伦·凯评价萨克尔时说,"这家伙是一个真正的天才。在我们这个领域里,我们不喜欢随便用这个词,但他确实是。他简直神了。"(This guy is real genius. We don't like to sling that word around in our field, but he is one. He is magic.)萨克尔在 PARC 时的另一位同事、1992 年图灵奖获得者巴特勒·兰普森则称萨克尔是"工程师的工程师"(an engineer's engineer),说"他的才能是全方位的,从模拟电路和电源设计,到逻辑设计、处理器和网络的体系结构、系统软件、语言、CAD 和电子书籍等应用,以及用户-界面设计的方方面面"。这些评价充分说明了萨克尔是当之无愧的计算机天才。

1983 年,萨克尔加入 DEC 公司。其时,DEC 公司的技术核心戈登·贝尔刚刚因病离开,公司缺少领军人物。萨克尔的到来填补了这个空缺。他为 DEC 公司创建了系统研究中心 SRC,领导开发了局域网 AN1,这个网采用主动式交换器(active switch),有每秒 100MB 的点对点链路,性能极高。后续项目 AN2 的成果就是 DEC 公司曾经的主打产品之一 Gigaswitch/ATM。

但在发展方向上,DEC 公司遇到了麻烦。当时,PC 已有燎原之势,各 IT 企业纷纷转向 PC,连“蓝色巨人”IBM 也已在 1981 年推出其 IBM-PC,进军 PC 市场。但 DEC 公司的创始人奥尔森(Kenneth Harry Olsen,1926—2011)坚持搞小型机,对 PC 不屑一顾,这使萨克尔十分为难。无奈之下,他主持设计了名为“萤火虫”(Firefly)的共享存储器非对称多处理器工作站(这是他除 Alto 之外,最引为自豪的一项成果)和一个名为“Alpha 演示器”(Alpha Demonstration Unit)的系统,实际上是具有 Alpha 架构的第一个多处理器。以此为基础,DEC 公司在 1991 年率先推出 64 位的 Alpha 工作站,以其优越的性能受到欢迎。但 PC 是大势所趋,DEC 公司逆流而上是不可能走远的,1998 年 DEC 公司终于被 IBM-PC 兼容机制造商 Compaq 公司收购,萨克尔则在此之前的 1997 年已经离开 DEC 公司,加盟微软公司。

到微软公司以后,萨克尔帮助其在英国创建了剑桥研究院。2001 年推出由他主持设计的笔记本计算机,成为当前最吃香的平板计算机的原型。2009 年,他帮助完成了一个基于现场可编程门阵列(FPGA)的系统 BEE-3(Berkeley Emulation Engine,v3),用于开发多核处理器的体系结构。BEE-3 已经在世界上 100 多所大学中获得成功应用。之后,萨克尔开发了一个全新的系统,叫作 Bee Hive,它是基于 Xilink 的,具有 15 个 100MHz 的内核、显示控制器和 GB 级的以太网。萨克尔在其中加入了一个有 7000 行的软件程序,使之看上去很像一个普通的 RISC 处理器,但实际上却具有高度平行处理的机制。例如,有事务处理能力的存储器(transactional memory,它可以把许多指令结合成组),使多核程序设计大为简化。有趣的是,以前的事务处理存储器都不是通过硬件实现的,而主要是通过软件实现的,只是辅以硬件加速。萨克尔让它从头到尾用硬件来实现,使这个技术完全改变了面貌。

萨克尔拥有计算机系统或网络方面的29项专利,也是美国工程院和美国艺术与科学院的双料院士。由于他在计算机领域的杰出贡献,他被母校加州大学伯克利分校计算机系评为杰出校友,也被世界名校瑞士苏黎世联邦工学院授予荣誉博士学位。除了前面提到过的ACM软件系统奖以外,2004年他和兰普森、泰勒和艾伦·凯一起还因为开发了世界上第一台联网的个人计算机而获得美国工程院的Draper奖(这是美国工程界的最高奖项)。2007年他获得IEEE的冯·诺依曼奖。

同其他许多有成就的科学家一样,萨克尔的精力主要用于工作,心无旁骛。在上海,当记者问他除了计算机技术还有什么爱好时,萨克尔回答说,"我不看电视,因为电视没什么意义,在互联网上主要看信息,不娱乐。我喜欢读书,我不喜欢运动,不打高尔夫。我真想不出我有什么爱好,我唯一的爱好就是工作。"

萨克尔于2017年6月12日在加利福尼亚州帕洛阿尔托因食管癌并发症去世,享年74岁。2017年6月21日ACM和IEEE计算机协会共同宣布,查尔斯·萨克尔获得当年的Eckert-Mauchly奖。

2010年图灵奖获得者：

莱斯利·瓦利安特

——成果丰硕的理论计算机科学大师

莱斯利·瓦利安特

在2009年图灵奖"破例"授予了一位计算机硬件专家萨克尔之后,2010年图灵奖回归常态,授予一位从事理论计算机科学研究并取得重大成果的学者——美国哈佛大学计算机科学教授莱斯利·瓦利安特(Leslie Gabriel Valiant),以表彰他在让计算机具有模拟人类思维和逻辑推理能力方面做出的突出贡献。

我们前面在介绍1976年图灵奖获得者拉宾发明概率算法(或叫随机算法)的时候,已经提到过瓦利安特了。当时我们就提到,"概率算法在分布式计算、通信、信息检索、计算几何、密码学等方面都有广泛的应用。目前,在连接高度并行的计算机的专用网络上发送信息的算法就是拉宾的另一个同事瓦利安特所设计的一种随机算法,这种算法不将信息直接发往目的地,而是先发送到任意一个结点,然后再由该结点发往目的地。瓦利安特证明这种看上去似乎疯了的方法能有效地减少网络中的竞争,避免阻塞。这正是随机化的威力和魅力所在。"

ACM在授奖公报中说,瓦利安特对理论计算机科学做出了开创性贡献,他的研究拓展了新领域,引进了新概念,改变了计算机科学的研究视野。公报列举了瓦利安特在机器学习、计算复杂性以及平行和分布式计算这三个领域中的贡献,特别提到他于1984年发表在*Communications of the ACM*上的论文《可学习理论》(*A Theory of the Learnable*)。这篇论文开辟了计算学习论(computational learning theory)这一新的研究领域,对机器学习、人工智能、自然语言处理,以及手写体识别等都产生了巨大影响。超级计算机"沃森"(Watson)就是美国IBM公司以瓦利安特的理论研究为基础开发出来的。2010年2月,"沃森"参加了美国著名的电视智力竞答节目《危险边缘》(*Jeopardy*),与两位前冠军同台竞技,结果一平一胜,竟然占了上风。

瓦利安特于1949年3月28日出生在英国,在剑桥大学国王学院获得数学学士学位以后,在伦敦帝国学院改学计算机并取得毕业证书,1974年在华威大学(University of Warwick)取得计算机科学博士学位。他的博士论文题目是《用于确定性下推式自动机系列的判定过程》(*Decision Procedures for Families of Deterministic Pushdown Automata*)。一看这个题目,就可以知道他的研究方向是理论计算机科学。取得博士学位以后,他先后在卡内基-梅隆大学、利兹大学、爱丁堡大学任教,1982年起在哈佛大学工程和应用科学学院担任教授。他拥有英国和美国的双重国籍。

下面我们分别介绍一下瓦利安特在机器学习、计算复杂性以及平行和分布式计算这三个领域中的贡献。

在机器学习方面,许多科学家早就认识到,对于涉及人类活动这样复杂的系统,想要单靠数据打造出精确的模型是不现实的。卡内基-梅隆大学的统计学家萨利济(Cosma Shalizi)就说过:"这个世界总会比模型更加复杂,而且事实永远如此。"瓦利安特也充分认识到,在相当长的时期内要让机器的学习能力赶上人类是不可能的,因为人类拥有如此发达和复杂的大脑，因此具有极强的、无可比拟的学习能力。例如，一岁左右的孩子只要正常发育，就都能学会说话和走路。计算机的优势仅仅是计算速度快，其他别无所长，因此瓦利安特提出了一个实事求是的、有限目标的机器学习模型，叫作“概率近似正确”模型，也就是著名的PAC(Probably Approximately Correct)模型。这个模型可以解决许多问题，如信息分类问题。例如，你的电子邮箱收到一封邮件，要先判断一下它是不是SPAM(滥发的邮件)。为此，模型中的学习算法会根据过去的经验设计一个概率假设，根据此假设做出判断。然而，由过去的经验所进行的泛化(generalization)是不可能绝对正确的，而极有可能出现过度(over-generalization)等情况，不一定适用于当前，从而导致做出错误判断。针对这一问题，PAC模型设计了专门的算法以最大限度地降低泛化可能带来的错误，从而保证获得的结果有比较大的概率是近似正确的。这个模型使诞生于20世纪50年代的机器学习领域第一次有了坚实的数学基础，扫除了学科发展的障碍。他还提出了一种鲁棒逻辑学(robust logics)，以缝合机器学习的两大模型——统计模型与推理模型之间的鸿沟(见*Artificial Intelligence Journal*,2000(117)231-253页)。

在计算复杂性理论方面，瓦利安特定义了一种新的复杂性类——#P类，用以解释为什么计数问题和可靠性问题之类的问题是难解的。他的研究说明了一个最令人惊奇的结果：人们习以为常的计数问题是难解的，即使相应的判定问题是易解的。他在#P类问题上的工作，导致了在完全性问题的研究中出现一种全新的证明方法——交互式证明法(interactive proof)。他的另一个奠基性贡献是在代数计算理论方面。他建立了一个框架，可以判断什么样的代数公式是可以有效地进行计算的。此外，1979年他提出了一种上下文无关分析算法，这个算法至今仍然是最快的算法之一。目前，瓦利安特正在寻求有关计算复杂性问题的全息算法(holographic algorithm)。

在并行与分布式计算领域,如前所说,瓦利安特设计的随机路径选择策略成为许多研究的基础,揭示了随机化可以作为通信网络中避免拥堵效应的一种有效手段。1990 年他发表论文,提出了著名的 BSP (Bulk Synchronous Parallelism,大量同步并行)模型,这篇论文成为在这一学科进行研究的科技工作者必读的论文。对于分布式计算,他为多核设备设计的算法能够保证在性能差异很大、架构也不同的系统上仍然具有很好的移植性和效率。

在过去几年内,瓦利安特对大脑皮层这样一个脆弱的系统如何能完成如此复杂而且大规模的计算发生了浓厚兴趣,因此致力于计算神经学(computational neuroscience)的研究,以了解记忆和学习功能是如何建立和运作的。他为大脑设计了一个名为 Neuroids 的数学模型,并将它与复杂的认知功能建立了关联,可以说明为什么虽然神经元的数量有限,它们之间的互联也有限,互相传递信息的速度也不快,但在推理过程中却能够在以往积累起来的海量信息中极快地进行检索。此项工作的成果发表在他的专著 *Circuits of the Mind* (Oxford University Press,1994,2000)中,这本书现在已成为神经科学、神经生物学、人工智能、认知科学等学科的学生和研究人员的必读教科书。

关于自己的研究方向和兴趣,瓦利安特在网站中这样写道:

“计算机科学包括对人工现象和自然现象的研究。前者关注人造设备,如计算机;后者涉及大自然中多步骤或者计算的过程,如脑或者生物的进化过程。在大多数领域,对这些人工或者自然过程的终极局限还没有很好地理解。计算设备的潜力目前还远远没有被认识清楚。神经科学与演化中基础性的定量问题也没有得到解答。我的研究主要关注这些基本问题。”

瓦利安特是英国皇家学会会士、美国科学院院士。1986年获国际数学联盟奈望林纳奖(Nevanlinna Prize),1997年获克努特奖(Knuth Prize),2008年获EATCS(European Association of Theoretical Computer Science,欧洲理论计算机科学协会)奖。早在2005年,瓦利安特就应姚期智之请,到清华大学做过学术报告。

2011 年图灵奖获得者：朱迪·珀尔

——贝叶斯网络开创人工智能新天地

2012 年 6 月 23 日是图灵的百年诞辰。由于 ACM 早就宣布 2011 年的图灵奖颁奖典礼将于 2012 年 6 月在美国旧金山的纪念图灵百年诞辰庆典期间举行,因此 2011 年的图灵奖将花落谁家格外引人注目。2012 年 3 月 15 日,ACM 终于宣布,把 2011 年的图灵奖授予年已 76 岁的加州大学洛杉矶分校计算机科学教授、该校认知系统实验室主任朱迪·珀尔(Judea Pearl)。珀尔的主要贡献在人工智能领域。

朱迪·珀尔

大家知道,图灵对计算机科学技术有三大贡献:

(1) 提出图灵机,成为计算机的理论模型;

(2) 提出存储程序思想,奠定了现代计算机体系结构的基础(虽然目前这被认为是冯·诺依曼的功劳,见第 15、16 页对这个问题的讨论);

(3) 最早探讨了计算机和智能之间的关系,提出了机器是否可以思考的问题,并提出了判断机器有无智能的办法,被称为“图灵测试”。

因此,图灵既被誉为“计算机之父”,又被誉为“人工智能之父”。ACM 在纪念图灵百年诞辰的时候,把图灵奖授予一位人工智能学者,显然是深思熟虑之举,赢得了广泛支持。

珀尔于1936年出生在以色列特拉维夫附近的一个犹太人家庭。因此,他是继拉宾(1976)、伯努利(1996)和沙米尔(2002)之后,第四位获得图灵奖的犹太裔学者。他是1960年在以色列理工学院(Technion)电气工程系取得学士学位后到美国深造的,1965年在美国新泽西州的罗格斯大学(Rutgers University)取得物理学硕士学位,同年在纽约州的布鲁克林理工学院(Brooklyn Polytechnic Institute)取得电气工程博士学位。五年之内在两地的两所大学,分别取得两个不同专业的硕士和博士学位,他的天赋和勤奋由此可见。

珀尔的职业生涯开始于美国加州的电子存储器公司(Electronic Memories Inc.),顾名思义,这家公司是从事存储器的研发和生产的。他后来进入RCA实验室(RCA Lab.),仍然从事存储器件的研究工作,此外还研究过超导变参数器件。在计算机发展的历史上,存储器件的开发曾经是一个难点和热点。在半导体存储器一统天下之前,科学家和工程师们曾经研究过各式各样可能的存储介质,各式各样可能的存储方式,如磁芯存储器、磁泡存储器、磁杆存储器等,不一而足,最后都因在性价比、体积、功耗等方面远远不敌半导体存储器而消亡了。珀尔当初大概也是存储器件研发队伍中的一分子,还做出过贡献,1965年曾获得RCA实验室成就奖(RCA Laboratories Achievement Award)。所幸他在这个没有前途的事业上并未浪费太多的时间就急流勇退了。1970年,他从工业部门转至教育部门,来到加州大学洛杉矶分校从事教学和科研,并把注意力转到刚刚兴起的人工智能领域。

初期的人工智能研究,大多基于布尔逻辑(boolean logic)。在布尔逻辑中,任何命题的真值只有"真"(true)和"假"(false)两个可能,非真即假,非此即彼。例如,在专家系统(expert system)中,根据专家经验整理的规则(rules)就是一些"死规定",一条规则中所规定的条件必须全部得到满足,这条规则才能被激活,相应的操作才能被执行。但现实世界并非黑白分明的世界,充斥着无数的不确定性,似是而非、模棱两可、亦真亦幻、真假莫辨等是人们经常要面对的。在这种情况下,基于确定性知识的系统就无能为力了。正是珀尔最早认识到了这个问题,把概率论引入人工智能,使之能处理带有不完全性、不确定性和模糊性的信息,从而把人工智能置于坚实的数学基础之上。

具体而言,珀尔发明了贝叶斯网络(Bayesian network)以处理不确定性信息,实现概率推理。贝叶斯网络的基础是18世纪的英国数学家托马斯·贝叶斯(Thomas Bayes,1702—1763)所建立的贝叶斯公式(Bayes formula),也称为逆概率公式(inverse probability formula),这个公式给出了先验概率(prior probability)和后验概率(posterior probability)之间的关系。以贝叶斯公式为核心而发展起来的贝叶斯理论在统计学、生态学、测绘学、心理学、遗传学等众多学科中早有成功的应用,而把它用到人工智能中来,则是珀尔的首创。

除了把概率论引入人工智能之外,珀尔对人工智能的第二个大贡献,是把基于因果关系的推理方式引入了人工智能。他建立了完备的模型,使系统能够把一些行为同其他一些行为恰当地连接起来,以至能从这一行为导致另一行为。这成为人工智能的另一个亮点。

珀尔在人工智能方面的创新,集中反映在他的以下三部经典著作中:

(1) *Heuristics: Intelligent Search Strategies for Computer Problem Solving*, Addison-Wesley, 1984。

(2) *Probabilistic Reasoning in Intelligent Systems: Networks of Plausible Inference*, Morgan-Kaufmann, 1988。

(3) *Causality: Models, Reasoning, and Inference*, Cambridge University Press, 2000, 2009。

以上三部著作中,第二部就是关于贝叶斯网络的,它被公认为现代人工智能研究的重要基础之一,吸引着众多学者。第三部是关于因果关系推理的,也是一部有着广泛影响的著作。2001 年伦敦政治经济学院的莱卡托斯奖(Lakatos Award)授予该书,以表彰其对科学原理的杰出的、意义重大的贡献(for an outstanding significant contribution to the philosophy of science)。由此可以看出,珀尔的研究工作和成果,不但推动了计算机领域的人工智能、机器学习、机器人学、自然语言处理、计算机视觉、故障诊断等分支的发展,对经济学、统计学、心理学、医学等学科也有着重要的意义和影响。

在 ACM 宣布授予珀尔图灵奖之前不久,他的母校 Technion 授予他哈维科学和技术奖(Harvey Prize in Science and Technology),以表彰他在现代生活众多领域中所做的基础性工作。此外,珀尔还获得过其他许多奖励,重要的有:2008 年富兰克林学会授予的富兰克林计算机和认知科学奖章,2003 年 ACM 和 IEEE 联合设立的以 1975 年图灵奖获得者命名的纽厄尔奖。珀尔 1995 年当选为美国工程院院士,2011 年入选 IEEE 的人工智能名人堂(AI's Hall-of-Fame)。他还是多伦多大学等多所大学的名誉博士。在人工智能界,珀尔有很高的知名度和崇高的声望。2010 年,伦敦 College 出版社出版了一部献给珀尔的文集:*Heuristics, Probability and Causality——A tribute to Judea Pearl*。这部文集收录了许多人工智能学者介绍珀尔学术成果的论文,以表达对珀尔的敬意。该文集是由加州大学欧文分校的 Rina Dechter 教授、西班牙 PompeuFabra 大学的 Hector Geffner 教授和康奈尔大学的 Joseph Y. Halpern 教授联合编纂的,这 3 位也都是人工智能领域的著名学者。

珀尔当前的研究兴趣有 4 方面:人工智能和知识表示、概率和因果推理、非标准逻辑,以及学习的策略。在获得图灵奖以后接受采访时,他告诉记者,他正致力于开发一种能对假设进行推演、给出回答的系统,假设的事实可能并未发生,甚至是与事实完全相反的。例如,“如果不是奥斯华德刺杀了肯尼迪,那会是谁刺杀他呢?”,或者“如果麦凯恩当选总统,将会发生些什么呢?”(麦凯恩,John McCain,是共和党总统提名候选人之一,截至2012年3月,在共和党的党内的初选中,其得票率远不如罗姆尼等其他人,胜出成为共和党正式总统候选人的概率几乎为零,更不用说去同民主党的现任总统奥巴马竞争下一任总统了。因此,这显然是一个违背事实的假设——笔者注)。珀尔相信,一旦这样的系统建立起来,计算机就能更好地帮助人类进行决策。

介绍朱迪 · 珀尔,不能不提到他的儿子丹尼尔 · 珀尔(Daniel Pearl)。丹尼尔原是美国《华尔街日报》(*The Wall Street Journal*)的记者。在就任该报驻印度记者站站长的2002年,38岁的他在巴基斯坦卡拉奇被恐怖分子绑架后残忍地斩首杀害,只因为他是犹太人和美国人。在经受了巨大的丧子之痛后,珀尔意识到必须加强不同文化、不同信仰之间的交流,促进相互了解,以避免类似悲剧重演。为此,他发起组织了“丹尼尔 · 珀尔基金会”(Daniel Pearl Foundation),自任主席,致力于这方面的活动。现在,珀尔基本上用一半时间继续自己的科学研究,用另外一半时间从事基金会的活动。

珀尔有三项业余爱好:音乐,收藏有关科学、哲学和犹太文化的古书,以及科技史。他天生一副好嗓子,是相当不错的男高音,还会弹吉他,指挥合唱。

2012年图灵奖获得者：

西尔维·米卡利和莎菲·戈德瓦瑟

——现代密码学数学基础的奠定者

西尔维·米卡利

莎菲·戈德瓦瑟

2012年图灵奖授予麻省理工学院(MIT)的两位密码学专家,西尔维·米卡利(Silvio Micali)和莎菲·戈德瓦瑟(Shafi Goldwasser)。米卡利和戈德瓦瑟是师兄妹,都师从1995年图灵奖获得者、加州大学伯克利分校的曼纽尔·布卢姆。布卢姆是计算复杂性理论的主要奠基人之一,而他的博士导师是1969年图灵奖获得者、有"人工智能之父"之称的马文·明斯基。截至2012年,麻省理工学院获得图灵奖的学者有7人之多,除2012年的米卡利和戈德瓦瑟外,还有利斯科夫(2008)、利维斯(2002)、兰普森(1992)、科尔巴托(1990)和明斯基(1969),其中兰普森是麻省理工学院的兼职教授,其他都是全职教授。而戈德瓦瑟则是图灵奖历史上继艾伦(2006)、利斯科夫(2008)之后的第三位女性获奖者。

米卡利和戈德瓦瑟之所以获得图灵奖,主要是由于他们把概率论引入密码学,奠定了现代密码学的数学基础。他们所创造的基于可计算的形式化加密,将密码学从艺术变为一门科学,从而大大促进了安全技术的发展。他们的创新成果在加密和数字签名等方面得到广泛应用,已经成为保证在线交易安全的黄金标准。

我们知道,利维斯、沙米尔、阿德勒曼在 20 世纪 70 年代所发明的 RSA 公钥体制是一种高可靠性的加密系统,他们因此而获得 2002 年的图灵奖。但是相同的明文经过 RSA 算法处理生成的密文也是相同的,这样如果一个信息需要重复发送,那么监听者就会多次截获相同的密文;这虽然不会直接导致破译,但毕竟增加了被破译的风险。20 世纪 80 年代初,米卡利和戈德瓦瑟发明了概率加密公钥体制(Probabilistic Encryption Cryptosystem,PEC),解决了这个问题。利用 PEC 处理相同的明文,生成的密文是随机变化的,可以实现零信息泄露,从而进一步提高了可靠性。已经证明,PEC 具有多项式安全性。

利用 PEC 的概率签名算法,即使是对同一块数据做数字签名,每次生成的签名值也不相同。

米卡利和戈德瓦瑟为网络安全发明的另一种核心技术称为零消息证明(zero-knowledge proof),最早发表在他们 1985 年的论文《交互式证明系统的消息复杂度》(*The Knowledge Complexity of Interactive Proof-Systems*)中。零消息证明实质上是一种涉及两方或更多方的协议,即两方或更多方为完成一项任务需要采取一系列步骤。通过这些步骤,证明者向验证者证明并使验证者相信其知道或拥有某一消息,但不能向验证者泄露任何有关消息。举一个通俗的例子。A 要向 B 证明自己拥有打开某个房间房门的钥匙,有几种方法:一是把钥匙拿给 B,让 B 用这把钥匙开门;二是让 B 看着自己用这把钥匙开门;三是让 B 说出该房间内有某一物件,A 背着 B 用钥匙开门,把该物件拿出来给 B,从而证明自己确实拥有该房间房门的钥匙。最后这个方法就是零消息证明,即在证明过程中,不让 B 摸到或看到钥匙,避免了泄露有关钥匙的任何消息。

在米卡利等提出的零消息证明中,证明者和验证者之间必须进行交互,这样的零消息证明被称为交互零消息证明。

零消息证明是一种高级密码协议,在当代密码学中占有重要的地位。它不仅作为一个基本工具为实现各种密码学协议分析与构造提供强有力的支持,还作为一种方法论,在其他领域被广泛使用。

下面对这两位获奖者做简要介绍。

戈德瓦瑟于 1958 年出生于纽约一个犹太人家庭,她保留着美国和以色列双重国籍。出生后不久她随家人一起回到以色列的特拉维夫,在那里完成小学和中学学习。在高中学习期间,她对物理、数学和文学科目特别感兴趣。中学毕业后她回到美国,成为卡内基-梅隆大学数学系的一名本科生。她很快就对编程和计算机科学充满兴趣,曾参加一个多处理器系统的研究项目。

1979 年本科毕业后,她选择了去加州大学伯克利分校的电气工程与计算机科学系读研究生。最初,她从事 RISC 架构指令集的优化,但是她很快意识到自己的兴趣在理论领域,尤其对导师布卢姆所开的数论课程非常着迷,其中的素性测试、二次剩余、RSA 和抛硬币游戏等主题令她感到兴奋。她还出席了在圣塔巴巴拉举行的第一次密码学研究专题会议,幸遇发明 RSA 公钥密码算法的利维斯、沙米尔和阿德勒曼。

她和米卡利一起研究的第一个问题是如何在"心理扑克"(*Mental Poker*)游戏中隐藏部分信息。他们提出了一个完美的解决方案:先对每个二进制位(bit)独立进行加密,然后通过一种"混合"(hybrid)技术加以合成,就可以保证整个消息的传递是安全的。正是这篇论文首次给出了一个严格定义的语义安全的公钥加密系统。这篇论文发表在1984年4月的《计算机与系统科学杂志专刊》(*Special Issue of Journal of Computer and Systems Sciences*),题目是《概率加密》(*Probabilistic Encryption*)。这篇具有开创性的论文,是他们获得图灵奖的一个重要因素。这篇论文发表那年,戈德瓦瑟才26岁。

戈德瓦瑟于1981年获得硕士学位,1984年从加州大学伯克利分校博士毕业。毕业后,戈德瓦瑟去了麻省理工学院,先是做博士后,然后做教师,1997年成为电气工程和计算机科学系的教授。1992年起,她还受聘在以色列魏茨曼学院(Weizmann Institute of Science)做计算机科学和应用数学的教授。

戈德瓦瑟除了获得图灵奖外,还两次获得ACM算法和计算理论特别兴趣组(SIGACT)和欧洲理论计算机科学协会(EATCS)联合颁发的哥德尔奖(Gödel Prize)。有趣的是她的丈夫谢菲特(Nir Shavit)也获得过一次哥德尔奖。一个家庭获得三次哥德尔奖也是一项纪录。

此外,她还获得过美国国家科学基金会青年科学家总统奖(the National Science Foundation Presidential Young Investigator Award)、ACM以赫柏命名的计算机专业杰出青年奖(ACM Grace Murray Hopper Award for Outstanding Young Computer Professional)、IEEE的皮埃尔奖(Piore Award)、富兰克林学会的富兰克林奖章以及RSA奖等。

戈德瓦瑟分别在2001年、2004年、2005年当选为美国艺术与科学院、美国科学院、美国工程院院士。

获得图灵奖后,有记者问她是什么样的特性使得她出类拔萃,她说:“思路不要太窄……,要坚持,这两点对我、对每个人也许都是有用的。”(...both these properties are useful for me and probably useful for every body and that is...not to be too narrow in your thinking...and to be persis tent.)

米卡利比戈德瓦瑟大4岁,1954年10月13日出生于意大利西西里的帕勒莫(Palermo,Sicily),1978年毕业于有700多年历史的罗马大学(Sapienza University of Rome)的数学专业,1982年在美国加州大学伯克利分校获得博士学位,他的博士论文是《随机性与强度》(*Randomness versus Hardness*)。

博士导师是1995年的图灵奖获得者布卢姆,布卢姆带的博士学生也有3位获得了图灵奖,可谓硕果累累。

在多伦多做过一段时间的博士后之后,米卡利于1983年7月加入麻省理工学院,是麻省理工学院电气工程和计算机科学系的正教授。

米卡利在计算机科学和密码学领域取得了卓越的成就,在加密、数字签名、电子支付、交易验证等方面拥有50多项发明专利。他还利用自己所拥有的核心技术创建过两个公司:Peppercoin公司(做小额支付业务,即Micropayments)和CoreStreet公司(做实时凭证业务,即Real-Time Credentials),但已先后被Chockstone公司和Active Identity公司收购。此外,米卡利的教学工作也非常出色,他在课堂教学中会使用大量的卡通形象和故事把复杂的概念和处理方法讲得清清楚楚,生动有趣,因此很受学生欢迎。

米卡利也获得过哥德尔奖,2007年当选美国科学院院士和美国工程院院士,他也是美国艺术与科学院院士。

戈德瓦瑟曾于2002年8月来到北京,参加第24届国际数学家大会(International Congress of Mathematicians,ICM),应邀做了1小时的大会报告。

米卡利同中国的关系更加密切。他曾经多次到中国进行访问,在清华大学、浙江大学等做学术交流活动,并访问过阿里巴巴、浙大网新等企业,洽谈互联网金融等领域的合作。2007年被清华大学交叉信息研究院(这个研究院是2000年图灵奖获得者、华裔计算机科学家姚期智先生创立的,用以探索中国的“图灵之路”)聘为讲席教授。2010 年 6 月 21 日,清华大学-麻省理工学院-香港中文大学“理论计算机科学研究中心”在清华大学隆重揭牌,该中心是中国高校和美国顶级大学在理论计算机领域建立的第一个联合中心,米卡利和姚期智共同担任这个研究中心的主任。

2013年图灵奖获得者：莱斯利·兰波特

——分布式计算原理之父

莱斯利·兰波特

2013年图灵奖授予时年73岁的分布式系统专家莱斯利·兰波特(Leslie Lamport),以表彰他在分布式计算和并发系统的理论和应用领域所做出的开创性贡献。作为一名计算机科学家,兰波特提出了分布式系统、时序逻辑和并行算法等方面的一系列理论,奠定了分布式计算的基础。他所提出的一些概念使分布式计算系统看似混乱的行为变得清晰、明确且具有连贯性。为了完善实时分布式系统,他设计了许多重要的算法并开发了形式化的建模和验证协议,提升了系统的性能,包括可靠性和稳定性。

微软新英格兰研究院院士、1992年图灵奖得主兰普森这样评价兰波特:“他对并发系统理论和实践的贡献在质量、范围和重要性等方面都是难以超越的,完全可以与迪杰斯特拉、霍尔、米尔纳和伯努利等前辈图灵奖得主的成就相提并论。他能够像这些前辈一样做好理论研究,而他最大的优点是作为一名应用数学家,十分了解如何利用数学工具去解决具有重大现实意义的问题。”

施乐(Xerox)公司PARC的创始人兼主管,后来又创建了DEC公司系统研究中心的泰勒(Bob Taylor)认为:“互联网是建立在分布式系统技术的基础之上的，而后者则建立在兰波特所发明的理论基础之上。所以，如果你喜欢使用互联网，那么你就该感谢兰波特。”

兰波特于 1941 年出生在纽约，父母是来自欧洲的移民。由于发生经济大萧条，他父亲没能实现当医生的理想，只好开了一家干洗店谋生。但是他对儿子的教育十分重视，兰波特中学时期就读的是著名的布朗克斯科学高中（The Bronx High School of Science）。这一时期，兰波特就表现出了对数学的浓厚兴趣，在该校的数学刊物 *Math Bulletin* 上发表了他的第一篇论文。高中毕业后，出于对数学的热爱，兰波特考入麻省理工学院攻读数学，1960 年毕业后进入有“犹太哈佛”美誉的布兰迪斯大学（Brandeis University），先后获得数学硕士学位（1963）和博士学位（1972）。他的博士论文是《带有奇异数据的柯西问题解析》（*The Analytic Cauchy Problem with Singular Data*）。其间，他在 MITRE 兼职，花费大量时间研究了 Phoenix 计算机的操作系统，并为它编写了技术手册，这使他对 20 世纪 60 年代计算机的内部工作情况有全面和深入的了解。此外，兰波特还利用假期在麻省理工学院的人工智能实验室工作，为一个计算机视觉项目进行 LISP 编程。这些工作使他积累了丰富的实践经验。

1970—1977 年，兰波特转到马萨诸塞州的计算机合伙人公司（Massachusetts Computer Associate，又名 Compass 公司）任职。一个偶然的机会，他在 *Communications of the ACM* 上读到一篇关于互斥算法的论文，觉得这个问题似乎并不困难，就很快编写了一个快速算法，以论文的形式投寄给该杂志。后来他收到杂志编辑的回信，说他的算法是行不通的。事后兰波特回忆说，这给了他一个深刻的教训，不应该编写并行算法而不验证其正确性。这件事使他回过头去彻底解决了这个问题，提出了解决多个进程进入存储区的读写互斥问题的另外一种处理算法，论文发表于 1974 年 8 月的 *Communications of the ACM*，题目是

《迪杰斯特拉并发编程问题新解》(*A New Solution of Dijkstra's Concurrent Programming Problem*)。受迪杰斯特拉的哲学家就餐问题启发,他认为用故事描述算法更容易使人们理解并引起人们关注,他给新算法起名为"面包店算法"(bakery algorithm)。这个简单而有效的算法模拟了面包店为顾客提供服务所实行的"按顺序叫号"的同步与互斥机制。每个进程在抵达临界区入口时都会获得一个号码,比前一个进程的号码大1。进程退出临界区后,系统自动叫下一个号码。

在计算机科学文献的几种互斥算法中,面包店算法可以有效地解决多个相互竞争的进程互斥,而不需要设置诸如信号量、原子性的set-and-test之类的专门机制。

他的另外一篇发表在1978年7月*Communications of the ACM*上的论文《分布式系统中的时间、时钟和事件的次序》(*Time, Clocks, and the Ordering of Events in a Distributed System*)是计算机科学史上被引用最多的文献。在这篇论文中,兰波特进一步完善了互斥算法,并基于事务次序的概念去实现分布式系统,其思想令人耳目一新,成为后来对各种并发系统行为进行分析和推理的基础,被誉为分布式计算领域的开山之作。它于2000年获得ACM分布式计算原理研讨会首届有影响力论文奖(这个奖后来改为Edsger W.Dijkstra分布式计算奖),于2007年获得ACM SIGOPS(操作系统专业组)的荣誉大奖。这两种重要的奖项兰波特后来又都分别获得过两次,充分说明兰波特研究成果的巨大影响力。

1977年兰波特加入斯坦福国际研究院(SRI,其前身是斯坦福研究所)。SRI当时有一个项目,为美国航空航天局建立可容错航空电子计算机系统(Fault-tolerant Avionics Computer System)。考虑到系统的工作性质,故障是不允许发生的。在研究可靠计算问题的过程中,兰波特提出并解决了拜占庭将军问题。

所谓拜占庭将军问题是指这样一个问题:假设有几股拜占庭军队

正在一个敌城外扎营,每股军队由一个将军指挥。将军之间只能通过信使通信。观察完敌情后,他们必须达成一个一致的行动计划。然而,将军中可能有叛徒,会尽力阻止那些忠诚的将军对行动计划达成一致。解决拜占庭将军问题的算法必须保证:

(1) 所有忠诚的将军必须达成一致的行动计划;

(2) 少数叛徒不能使忠诚的将军做出错误的计划。

研究表明,如果使用口头信息,当且仅当超过三分之二的将军是忠诚时该问题才可解,也就是说一个将军可以扰乱两个将军。而如果使用不可伪造的书面信息,对于任何数目的将军和叛徒,该问题都是可解的。这也正是目前网络安全领域(如银行交易安全、存款安全、电子对抗等)要处理的情况。拜占庭将军问题实质上是并行计算中保持数据一致性的抽象,这种抽象可以把本质问题从烦琐的工程实现中提取出来,对于基础研究极其重要。

1985 年,兰波特离开斯坦福国际研究院,转到 DEC 公司的系统研究中心,有机会与计算机行业内的许多巨匠合作,包括图灵奖获得者萨克尔、格雷、兰普森等。DEC 公司被卖给 Compaq 公司之后,几乎所有上述人员最后都从 DEC 公司转到了微软公司。兰波特也在 2001 年进入位于加利福尼亚州的微软研究院,任高级研究员,继续从事分布式计算机系统理论的研究工作。

兰波特除了获得图灵奖之外,2004 年由于在计算机信息处理方面的突出贡献,他还获得 IEEE 的皮埃尔奖(Piore Award),2008 年荣获 IEEE 的冯·诺依曼奖,同年还荣获 IEEE 计算机科学逻辑研讨会(LICS)最经得起时间考验奖,2013 年荣获 Jean-Claude Laprie 可信计算奖。他是美国工程院和科学院院士,也是美国艺术与科学院院士,微软研究院首席研究员。此外,法国雷恩大学、德国基尔大学、瑞士洛桑联邦理工学院、瑞士提契诺大学等多所大学都授予兰波特荣誉博士称号。

兰波特在接受图灵奖时发表了演讲,题目是“计算机科学中的并发：早期的历史”(*The Computer Science of Concurrency*：*The Early Years*)。演讲中,兰波特谈到互斥问题的引入及其解决算法、面包店算法和生产者与消费者问题,以及分布式算法、容错问题等。兰波特指出,互斥和容错问题是迪杰斯特拉在20世纪60年代和70年代发现和提出的,分布式早期研究的精彩历史无疑是属于迪杰斯特拉个人的。兰波特把他的图灵奖演讲作为向这位已故计算机科学大师的致敬。

2015年10月他应北京大学“大学堂”顶尖学者讲学计划的邀请访问了中国。在与北京大学数学科学学院和信息科学技术学院学生座谈时,他特别强调数学作为思考方式的重要性,认为借助数学工具可以对问题进行精确的刻画,从而能够以更加抽象的视角直达问题的本质。他还认为,数学可以帮助人们分析、把握问题的本质,建立合适的模型,有利于人们发现新的知识。

在兰波特的办公室里,人们能看到一双旱冰鞋：除了数学是他一生的挚爱外,滑旱冰上下班是他的一项业余爱好。

2014年图灵奖获得者：迈克尔·斯通布雷克

——享有盛誉的数据库专家

2014年图灵奖授予了71岁的数据库专家迈克尔·斯通布雷克(Michael Stonebraker)。这是继巴赫曼(1973)、科德(1981)和格雷(1998)之后，图灵奖第四次授予一位主要在数据库领域做出杰出贡献的学者。这说明，在大数据热一浪高过一浪的情况下，作为大数据技术支撑的数据库又一次受到重视。

迈克尔·斯通布雷克

比较这几位获奖的数据库专家，可以看出他们各有特点。第一位获图灵奖的巴赫曼当然是名副其实的数据库先驱，但他开创的是网状数据库(network database)，风行于20世纪60年代中后期至20世纪70年代中期。在科德提出关系数据模型，关系数据库技术兴起以后，网状数据库就很快衰落而被关系数据库所取代，科德可谓当之无愧的“关系数据库之父”。格雷曾在IBM公司参加层次式数据库(hierarchical database)IMS的开发，但在科德提出关系模型后，转而参加关系数据库System R的开发，是6位主要开发人员之一。几乎同时，斯通布雷克在加州大学伯克利分校开发了基于科德关系模型的INGRES数据库。System R和INGRES是最早的两个比较成熟的关系数据库，为关系数据库的发展积累了经验，奠定了基础。1988年，这两个关系数据库同时获得ACM软件系统奖，格雷和斯通布雷克均是主要获奖者。有趣的是，这两位数据库大师中，格雷始终在产业部门工作，先后服务于贝尔实验室、IBM公司、Tandem公司、DEC公司和微软公司，而斯通布雷克则长期在大学工作。在产业部门工作的，当然更加关注技术的实用性和可商品化；而在大学工作的，当然就更关注一些探索性的研究。但作为成功人士，他们都具有极强的创新意识和创造才能，这是他们的共同之处。

下面对斯通布雷克做一简单介绍。斯通布雷克于1943年10月11日出生在美国新罕布什尔州的米尔顿（Milton，New Hampshire）。1965年在普林斯顿大学取得学士学位以后，转至密歇根大学深造，1967年和1971年分别获得硕士学位和博士学位。他的博士论文是《大型马尔可夫随机链模型的压缩》（*The Reduction of Large Scale Markov Models for Random Chains*），属于概率模型方面的问题，可见他的专业是数学。

取得博士学位以后，斯通布雷克来到加州大学伯克利分校工作，最初的头衔是助理教授（assistant professor，地位在讲师以上，副教授之下）。斯通布雷克像许多学数学的人一样，来到加州大学伯克利分校后也改行搞起了计算机软件。当时科德的关系模型论文刚刚发表不久，引起了斯通布雷克的极大兴趣。1973年，他和同事Eugene Wong开始了关系数据库的研究和开发，这就是INGRES（Interactive Graphics and Retrival System）。最初，斯通布雷克希望这个项目能够得到美国国防部高级研究计划署和海军研究办公室（Office of Naval Research）的支持，但由于这两家已经支持了其他单位的数据库项目，因此遭到拒绝。于是，斯通布雷克另找出路，最后不但获得了美国国家科学基金会的资助，还分别从海军、陆军、空军的三个部门，即海军电子系统司令部（Navy Electronic Systems Command）、陆军的研究办公室（Army Research Office）、空军科学研究办公室（Air Force Office of Scientific Research)取得资助,使 INGRES 得以顺利推进。

INGRES 采用了许多新技术,这里不一一列举,下面只以数据结构为例进行介绍。在数据结构中,有一种十分重要且常用的类型,叫 B 树。B 树是 1971 年由当时在波音公司研究实验室工作的德国学者鲁道夫·拜尔(Rudolf Bayer)和美国学者爱德华·麦克莱特(Edward McCreight)发明的,它是一种平衡的多分树。一棵秩为 d 的 B 树有如下特征:

(1) 每个结点最多包含 $2d$ 项;

(2) 除了根结点以外,每个结点最少包含 d 项,根结点最少包含 1 项;

(3) j 项的结点有 $j+1$ 个孩子(叶结点除外,它没有孩子);

(4) 所有的叶结点都在同一级上。

由于以上特点,对 B 树的查找、插入、删除等操作能够始终使 B 树处于动态平衡状态,因此具有高效、易变、平衡和独立于硬件等突出优点。

但是为什么把这样一种结构叫作 B 树呢?发明者没有给出说明,因此引起种种猜测。有猜测它来源于"Boeing",因为发明者当时是波音公司的雇员;有猜测它来源于发明者之一的姓名"Bayer";有猜测它来源于"Balance",因为它是平衡树。众说纷纭,不一而足。直到 42 年以后,在德国举行的一个学术会议(24th Annual Symposium on Combinatorial Pattern Matching, Bad Herrenalb, Germany, June 17-19, 2013)上,发明者之一的麦克莱特在回答与会者的有关问题时,才表示他们当时用 B 树这个名称,确实同"Boeing""Bayer"或"Balance"都有些关系,而且很难说哪个更重要一些。至于为什么这个名称只反映了发明者之一的拜尔,他承认,这是因为拜尔的年纪比自己的年纪大,是"年长的发明人"(senior author),而且发表过的论文也比自己多。

拜尔和麦克莱特有关B树的第一篇正式论文《大型有序索引的组织与维护》(*Organization and Ma-intenance of Large Ordered Indexes*)是1972年发表在*Acta Informatica*的第1卷第3期上的。斯通布雷克看到以后,敏锐地意识到这种结构对于数据库的意义,果断决定把它用在INGRES中,并取得了成功,极大地提高了数据处理的效率。B树之所以能够很快获得推广,INGRES起了率先示范的作用。

需要指出的是,在和System R的同台竞技中,INGRES开始并不被看好。由于System R是建立在IBM公司的主机上的,因此被认为是"高端"的;而INGRES是建立在DEC公司的小型机上的,因此被认为是"低端"的。20世纪70年代初,加州大学伯克利分校只有一台PDP-11/45,而且是计算机系和数学与统计学系共用的。1975年,斯通布雷克用INGRES的经费购置了一台PDP-11/70,开发条件才好了一些。PDP虽然是小型机,但配备了问世不久的UNIX操作系统,这使INGRES建立在一个很好的软件环境之下,取得了巨大的成功。INGRES的原型完成于1974年,以后逐步完善,到1980年已经有1000多个用户。这说明,客观环境和条件虽然重要,但不是唯一的,人的主观能动性才是具有决定性的。

斯通布雷克在加州大学伯克利分校的工作时间长达29年,直到2001年才转至麻省理工学院。在INGRES之后,他又主持开发了Post-gres、Aurora、C-Store、H-Store、Morpheus、SciDB等诸多系统,创办过好几个数据库公司,也曾出任著名的Informix公司的首席技术官(CTO),成为数据库领域著名的专家之一。但他的"成名作"INGRES毕竟是他最大的"闪光点"。

斯通布雷克长期在大学工作,培养了许多学生,其中不少成为数据库领域的领军人物。例如,开发了NonStopSQL的Jerry Held和Karel Youselfi;Sybase的创始人Robert Epstein;Oracle数据库的主要研发者之一 Gerald Held;哈佛大学计算机科学教授、Sleepycat Software 公司的创始人 Margo Seltzer 等,不胜枚举。

斯通布雷克的著作不多,但他和他的同事(原先也是他的学生)J.M. Hellerstein 联合主编的《数据库系统阅读精华》(*Reading in Database Systems*)却是全世界数据库工作者手头的常用参考书,2015 年已经出版了第 5 版。

斯通布雷克除获得图灵奖和软件系统奖以外,还获得过 IEEE 设立的冯·诺依曼奖,SIGMOD 设立的、以关系数据库理论的创始人科德命名的创新奖(Edgar F. Codd Innovations Award)。他还是 2015 年 Commonwealth Award 的获得者,这个奖是马萨诸塞州的最高奖项,用于表彰为马萨诸塞州的建设和发展做出杰出贡献的人。要获得这个奖,需要经过该州议会的议员们投票表决通过。

早在 1997 年,斯通布雷克就已当选美国工程院院士。

2015年图灵奖获得者：
惠特菲尔特·迪菲和马丁·赫尔曼
——密码学新纪元的开拓者

惠特菲尔特·迪菲

马丁·赫尔曼

2015年图灵奖授予有“公钥体系之父”之称的惠特菲尔特·迪菲（Whitfield Diffie）和马丁·赫尔曼（Martin Edward Hellman）。ACM在授奖决定中说，授予他们图灵奖是“因为他们为现代密码学做出了奠基性的贡献。迪菲和赫尔曼在1976年的论文《密码学中的新方向》中引入了公钥和数字签名这样一些新概念，这些新概念是当今互联网上最常使用的安全协议的基础。”（For fundamental contributions to modern cryptography. Diffie and Hellman's groundbreaking 1976 paper *New Directions in Cryptography* introduced the ideas of public-key cryptography and digital signatures, which are the foundation for most regularly-used security protocols on the internet today.）

在迪菲和赫尔曼之前,图灵奖曾经在 2002 年授予密码学的学者,即公钥密码算法 RSA 的 3 个发明者利维斯、沙米尔和阿德勒曼。10 年以后,即 2012 年的图灵奖又授予密码学专家米卡利和戈德瓦瑟。我们知道,图灵对世界和人类的重大贡献之一就是在第二次世界大战期间,通过研制专门用于对付密码的计算机 Bombe 和 Colossus,使盟军顺利地破译了德军的恩格玛密码,为战胜法西斯立下了大功。因此,第 50 届图灵奖授予被称为"密码学的梦之队"(crypto dream team)的两位成员迪菲和赫尔曼是有深意的。进入 21 世纪,图灵奖如此频繁地授予密码学领域的学者,这也从另一方面说明,在互联网时代信息安全是何等重要。

迪菲和赫尔曼 1976 年的论文《密码学中的新方向》是美国国家科学基金会所支持的一个研究项目,刊登于 1976 年 6 月的 *IEEE Transactions on Information Theory*,是以"特邀论文"(invited paper)的形式发表的,因为一年之前,迪菲和赫尔曼已经在 IEEE 于马萨诸塞州举办的一个信息论专题讨论会(IEEE Information Theory Workshop)上报告过他们这一研究的成果,引起该杂志编辑的重视,向他们约稿。关于这篇论文的主要内容和意义,前面在介绍 2002 年图灵奖获得者的材料中,已经做过简要介绍了,这里不再重复。下面对迪菲和赫尔曼的情况做简单介绍。

迪菲于 1944 年 6 月 5 日出生在华盛顿特区。他的父亲叫贝利·沃利斯·迪菲(Bailey Wallys Diffie),是一位历史学家,纽约城市学院(City College of New York)荣誉教授,同时也是耶鲁大学、加州大学洛杉矶分校等的客座教授,主要从事拉丁美洲和伊比利亚历史和文化❶的研究和教学。他的母亲叫贾斯廷·路易丝(Justine Louise),是一位

---

❶ 伊比利亚是欧洲西南部的一个半岛,西班牙和葡萄牙这两个重要的欧洲国家就位于这个半岛上。东北的比利牛斯山脉使半岛与欧洲其他部分隔离,南端以直布罗陀海峡与北非隔开,东临地中海,西岸、北岸接大西洋,地理位置十分重要。它的历史和文化是人们关注的重点。

作家,同时也是一位学者。她娘家的姓是惠特菲尔特。可见迪菲的姓名,是父亲、母亲的姓组合在一起形成的。

迪菲对密码学的兴趣始于10岁。那一年,他的父亲从学院图书馆带回满满一书架的书,都是用暗语写的,小迪菲非常好奇,试图破译,虽然没有成功,但埋下了对密码学感兴趣的种子。

中学毕业以后,迪菲进麻省理工学院数学系学习,1965年取得学士学位。早先,迪菲曾经对军事感兴趣,幻想着有朝一日能够制造火箭之类的武器。但是越南战争的残酷事实使迪菲对军事的热情化为乌有,他变成了一个反战运动分子(peacenik)。因进入MITRE工作,他未服兵役(前面曾经介绍过,MITRE是一个为联邦政府,尤其是为国防部提供工程和技术服务的高科技公司,参与过半自动防空系统SAGE的建设,那里的员工可以不服兵役。2008年图灵奖获得者利斯科夫曾两度在该公司工作,而且在那里奠定了她的事业基础)。

迪菲在MITRE作为LISP程序员工作了4年以后离开,到斯坦福大学,为在该校创建了人工智能实验室的图灵奖获得者麦卡锡做助手,从事程序正确性验证方面的研究工作。但是麦卡锡发现,迪菲对密码学更有兴趣,而当时已经在该校电气工程系的赫尔曼教授正在招聘搞密码学的助手,于是麦卡锡甘愿自己失去一个好帮手而鼓励迪菲去应聘。迪菲给赫尔曼打了一个电话,赫尔曼同意抽半个小时会见迪菲。由于在此之前迪菲曾经仔细研读过著名历史学家、作家和记者大卫·凯恩(David Kahn)于1967年出版的1164页的巨著《破译者:人类密码史》(*The Codebreakers: The Story of Secret Writing*,该书被认为是有关密码学历史的最详尽的教材,获1968年普利策奖),并且有一些自己的想法,因此原定半个小时的会见一直延长到夜晚,双方都有相见恨晚之感。鉴于迪菲只有学士学位,赫尔曼建议迪菲一边工作,一边在斯坦福大学注册念研究生以获取更高的学位。正是与赫尔曼合作进行的有关密码学的课题使迪菲取得了巨大的成功,一举成名。在迪菲成长和成功的过程中,麦卡锡和赫尔曼的慧眼识人和不拘一格降人才,尤其是麦卡锡成人之美,甘当伯乐的精神,是值得大书特书的。

成名以后,迪菲先后在北方电信公司(Northern Telecom)、Sun 公司、互联网公司 ICANN(the Internet Corporation for Assigned Names and Numbers)工作过。在北方电信公司,他为 X.25 网的分组数据服务选项(PDSO)安全系统设计了关键的管理体系。迪菲在 Sun 公司的工作时间最长(1991—2009),任公司的首席安全官(CSO)和副总裁。在 ICANN,他是信息安全和密码学部的副总裁。

迪菲获得的奖项和荣誉很多,包括 IEEE 授予的 Donald G.Fink 最佳论文奖(1981)、Kanellakis 奖(1996),富兰克林学会授予的 Louis E. Levy 奖章(1997),Marconi 奖(2000),哈明奖章(2010)。有两个大学授予他名誉博士学位,一个是瑞士苏黎世联邦理工学院(1992),一个是英国伦敦大学的皇家霍洛威学院(2008),弥补了他没有获得斯坦福大学博士学位的遗憾。

迪菲常常自称是一名"iconoclast",意思是他从不崇拜偶像,从不迷信教条,总是向传统观念发起挑战。从迪菲的所作所为来看,他确实是这样一个人。例如,人们常常奇怪,迪菲这样一个才华横溢的人为什么没有获得斯坦福大学的博士学位?原因是:迪菲当时沉迷于密码学的研究,致力于创建新的密码体系,因此虽然接受了赫尔曼的建议在斯坦福大学注册为研究生,但他对博士学位并不像一般人那样放在心上,以致没有修够取得博士学位所必需的学分。(有关资料上的说法是:He never took his formal graduate studies seriously and eventually dropped out of the program)

2018年7月迪菲加入浙江大学,担任浙江大学网络安全研究所的全职教授和名誉所长。他说:“大学的认可对我来说比其他机构的认可更重要,我期待与这里的研究人员一起工作,也许,完成我无法完成的新事物。”他给研究生开设了网络安全课程。

下面再对赫尔曼做一介绍。赫尔曼于1945年10月2日出生在纽约。从著名的布朗士科学高中(Bronx High School of Science)毕业以后,赫尔曼进入纽约大学电气工程系深造,1966年取得学士学位。之后他来到斯坦福大学,于1967年和1969年分别取得硕士学位和博士学位,专业仍然是电气工程。但他的博士论文是《有限存储器下的学习》(*Learning with Finite Memory*),讨论机器学习问题,已经偏向于计算机领域了。

取得博士学位以后,赫尔曼先在IBM公司的沃森研究中心工作了两年,在麻省理工学院又当了两年助理教授,然后回到母校斯坦福大学电气工程系,受聘为教授,一干就是25年,1996年被授予荣誉教授(professor emeritus)称号。他和迪菲合作开创密码学新纪元时,已经是斯坦福大学的年轻教授了,而迪菲只是一个程序员,还没有什么头衔。因此,赫尔曼虽然比迪菲小一岁多,身份却比迪菲高。但赫尔曼并不因此而居高临下,尤其重要的是,他们一个学数学,一个学电气工程,能够互相配合,亲密合作,发挥各自的优势,终于共同浇灌出一棵参天大树。

赫尔曼不但是出色的学者,也是积极的社会活动家。他是冷战时期美国“远离战争”(Beyond War)运动(起源于20世纪80年代初的加利福尼亚州)的重要组织者之一,是宣传反战的小册子《超越战争:一种新的思维方式》(*Beyond War: A New Way of Thinking*)的主编。1987年,欧美和苏联的几十名学者和前政界人士聚会讨论世界形势,商讨避免和应对战争危险的办法,以英文和俄文两种文字编辑、出版了*Breakthrough: Emerging New Thinking, Soviet and Western Scholars Issue a Chal-*

lenge to Build a World Beyond War,赫尔曼和阿纳托利·葛罗米柯(苏联外交部部长安德烈·葛罗米柯的儿子,也是一位外交官,同时也是国际关系专家)是主编。赫尔曼还是总部位于亚特兰大的一个非政府组织 Daisy Alliance 的理事会成员,这个组织研究全球安全、防止核扩散和核威胁等类问题。赫尔曼和迪菲不但在学术上志同道合,在政治态度上也是一致的(前面说过,迪菲是一个反战运动分子)。赫尔曼获得的奖项和荣誉也很多,迪菲获得的奖他差不多都有。此外,他于 2002 年当选为美国工程院院士,2011 年入选美国发明家名人堂(National Inventors Hall of Fame)。

2016 年图灵奖获得者：
蒂姆·伯纳斯·李
——万维网的奠基者

蒂姆·伯纳斯·李

2017 年 4 月，ACM 宣布麻省理工学院和牛津大学教授，英国计算机科学家蒂姆·伯纳斯·李（Tim Berners-Lee）荣获 2016 年图灵奖，以表彰他发明了万维网（World Wide Web，WWW）、世界上第一个网页浏览器以及使得万维网得以扩展的基础协议和算法。这是继 2004 年图灵奖颁给互联网领域的文登·塞夫和罗伯特·凯恩后，时隔 12 年，图灵奖再次花落互联网领域。而这也是自 1966 年图灵奖创始以来的第 50 届，这份意义非凡的大奖吸引了全世界的关注。

了解蒂姆的人都认为，这个奖项对他而言可以说是实至名归。1990 年 12 月 25 日，蒂姆成功地利用互联网实现了超文本传输协议客户端与服务器的第一次通信。从此，互联网开启了一个崭新时代，走进了寻常百姓的工作和生活。2000 年，蒂姆也和爱因斯坦、图灵等一起被美国《时代》周刊杂志评为 20 世纪最具影响力的 100 人，时代周刊评论说，“与所有推动人类进程的发明不同，这是一件纯粹个人的劳动成果。他的发明在信息化全球发展中的意义，可以比肩古印刷术。”

蒂姆出生于英格兰伦敦西南部一个“书香门第”家庭，父母都是计算机科学家,曾参加过世界上第一台商业计算机“曼彻斯特马克一号”的建造。或许是在这样的家庭中耳濡目染,也或许是受遗传基因等因素的影响,蒂姆从小就对计算机有着浓厚的兴趣,平常最喜爱的游戏就是用穿孔卡片拼搭“计算机”,还喜欢在穿孔纸带上画图。他还是一个铁道迷,喜欢焊接铁道模型并从中自学了不少电子学知识。1973 年,蒂姆中学毕业进入牛津大学王后学院学习,上大学期间曾用从二手店买来的旧电视机,以及 M6800 处理器等元件,自己组装了一台计算机。

1976 年蒂姆以一级荣誉物理学士学位毕业后,先是在一家电信公司担任工程师,两年后又转到当地的 D. G. Nash 公司,为打印机编写排版软件。1980 年,一个偶然的机会,蒂姆来到瑞士日内瓦的欧洲核子研究中心(European Organization for Nuclear Research,CERN)独自承担一项软件开发任务,以便让实验组成员能够把最新的信息、数据、设计图资料等及时地分享给全体人员。经过一段努力,蒂姆终于成功设计了第一个用于数据和信息共享浏览的高效局部存取浏览器 Enquire。Enquire 的命名来源于蒂姆儿时喜爱的一本百科全书的名字,这个没有发布过的程序也成为万维网的早期雏形。Enquire 是一个早期的超文本数据库系统,它能够存储信息,将相关文档链接在一起,有点像今天的维基百科。项目完成后,蒂姆转到英国伯恩茅斯的约翰·普尔图形计算机系统有限公司就职,其间参与了一个远程过程调用项目,并首次获得计算机网络工作经验。

1984 年蒂姆作为正式成员重返 CERN,担任一名软件工程师。成立于 1954 年 9 月 29 日的 CERN 是世界上最大的核子研究中心,当时来自世界不同国家的研究人员要使用 CERN 的设施开展实验。那时 CERN 里的每部计算机都存储着不同信息,研究人员如果要想获取特定信息,就要到相应计算机上登录才能完成,而这往往要对 CERN 的各种计算机上的不同程序熟练使用,很多时候这么做的效率远不如面对面直接交流。当时有6500多名世界各地的研究人员要经常登录这些计算机开展工作，蒂姆的大量时间都花费在指导研究人员如何访问这些存储在不同计算机上的资料信息，这也成了一件当时令他非常烦恼和繁重的日常工作。

那时CERN是欧洲最大的互联网结点，蒂姆就想能否利用互联网和超文本技术(Hypertext)构建一个信息共享系统，使得研究人员能够无障碍地访问这些存储在不同计算机上的信息和数据。于是在1989年3月12日，他正式向主管上司麦克·森德尔(Mike Sendall)递交了一份《关于信息管理的建议》(*Information Management: A Proposal*)。在这个立项建议书里，蒂姆提出可以实验采用互联网和超文本技术，首先把CERN内部的各个实验室计算机连接起来，形成信息共享访问，进而扩展到全世界。这个建议中包含了他对构建一个更便捷信息传输体系的设想，里面许多核心概念与后来的万维网已很接近。但这个建议开始并没有被认可，上司森德尔在他的报告页边空白处潦草地批注道"含糊，但令人兴奋"后束之高阁，直到多年以后才被森德尔家人在整理其遗物资料中发现，如今这份珍贵的历史文件被看作是万维网的起点。

虽然初始建议没有被上司看好，但蒂姆并不灰心，他又花了2个月重新修改了建议书并再次呈交，终于获得批准。森德尔给他配备了一台由史蒂夫·乔布斯在1988年最新推出的首个工作站级计算机NeXT，以评估NeXT工作站计算机是否适合CERN使用的名义，让蒂姆名正言顺地在计算机上做他想要进行的尝试。于是，蒂姆和CERN的罗伯特·卡里奥一起开始在这台计算机上进行工作，蒂姆用与Enquire系统相似的概念创建万维网，先后设计了第一个网页浏览器，世界上第一个网页服务器，以及CERN httpd。蒂姆给这个系统起名为"万维网"。

1991 年 8 月 6 日,蒂姆建立的世界上第一个 WWW 网站上线,网址是 http://info.cern.ch/,这个网站解释了万维网是什么,用户如何使用浏览器,如何创建网页服务器。那台 NeXT 计算机也成为世界上第一台网站服务器。由此蒂姆发明了 3 项至今仍对万维网至关重要的基本技术:超文本标记语言(HTML)、超文本传输协议(HTTP)和统一资源定位符(URL)。这构成了现如今网页、网页传输协议和网页链接地址的技术基础。

20 世纪 90 年代初也是中国改革开放的初始,为推动中国高能物理网络环境的发展,1994 年中国科学院高能物理研究所(IHEP)的学者许榕生曾被派到 CERN 访问考察,他和蒂姆就万维网进行过沟通交流。据说在当年(1994 年 4 月 10 日)召开的第一届国际 WWW 技术论坛大会上,蒂姆做主题演讲时,现场群情振奋,所有人都感觉到一个重大的事件即将在世界上发生。演讲中蒂姆在屏幕上专门打出一张世界地图,用颜色标明已经推广了 WWW 技术的国家(当时主要集中在欧美各国),然后蒂姆刻意指着地图上的中国区域预言说“这里也快了”。几天后,1994 年 4 月 15 日,位于北京的 IHEP 架设了中国第一台 WWW 服务器,推出了中国第一个网站(www.ihep.ac.cn)和英文网页,那时在亚洲还没几个 Web 网站出现。IHEP 这台 WWW 服务器当年在向全球介绍我国高能物理科研最新动态的同时,还专门设立了一个栏目向世界展示灿烂的中华文化和历史,国务院新闻办、新华社等部门都曾经借力于这一窗口对外发布消息。这台 WWW 服务器也曾为北京科学中心的青少年活动做过科普演示,在 2008 奥运会期间,还在北京通信电信博物馆中用于展示中国互联网的发展进程。如今作为中国第一台万维网服务器的历史见证,现保存于中国国家博物馆中。

蒂姆发明万维网后,1994 年,他在美国麻省理工学院成立了万维网联盟,致力于通过发展规范、指导方针、软件以及工具,来发挥万维网潜能,努力推动网络朝一个更开放、包容的方向发展。在蒂姆看来,网络为人类带来便利的同时,也被不少人滥用,包括网络犯罪、虚假信息散布以及一些公司为网络广告收益而牺牲用户权益等。随着技术进步,能上网人群与那些还没机会"触网"的人之间的沟壑也在加深。为此,蒂姆宣布万维网完全免费,不申请专利权,不征收专利费。蒂姆呼吁人类应共同为互联网的未来贡献力量,他说:网络属于每个人,只要我们有梦想并一起努力,就会有所改变,就会得到我们所期望获得的网络。

目前业内普遍认为,诞生于1960年的互联网之所以能在1989年后呈爆炸式发展,蒂姆所发明的万维网在其中起了决定性的作用,1989年也成为了互联网历史上一个划时代的分水岭。今天看可能最初构成万维网的各个组成部分似乎都很简单,但蒂姆的功绩在于将它们创新性地组合在一起,使它们发挥出最大的效用。而且在巨大的利益面前,蒂姆不为所动,他没有为万维网发明申请专利或限制人们使用,从这方面来讲,蒂姆做出的最大贡献就是将他的发明奉献给人类社会,供人们无偿使用,这或许也是ACM评奖委员会最终决定将这枚意义非凡的大奖颁给蒂姆的背后原因吧。

除获得图灵奖外,蒂姆还获得很多荣誉。1995年,他赢得凯尔贝基金会的"年度青年发明家"奖项。同年,获得了ACM软件系统奖。2004年,英国女王伊丽莎白二世给他颁发了大英帝国爵级勋章,册封为爵士。同年,芬兰总统向他颁发了首届千年技术奖,奖金高达100万欧元。2008年,他获得了IEEE詹姆斯·克拉克·麦克斯韦奖。2009年,获选为美国国家科学院外籍院士。此外,他也被很多大学授予荣誉博士。

2012年在举世瞩目的伦敦夏季奥运会开幕式上,舞台上蒂姆独自一人坐在曾经熟悉的 NeXT 计算机前,接受来自全世界的致谢掌声。那一刻,这位彻底改变人类生活和工作方式的万维网发明者,在键盘上敲下“This is for everyone”,简短的一句话谦虚并完美诠释了他将万维网无私贡献给世界人民的初衷——他的发明,是献给生活在地球上每个人的。同时,他的发明,也将世界连为了一体。

2017 年图灵奖获得者：

约翰·轩尼诗和大卫·帕特森

——推动计算机体系结构发展的先驱

约翰·轩尼诗

大卫·帕特森

2017 年图灵奖授予斯坦福大学前校长约翰·轩尼诗(John L. Hennessy)和加州大学伯克利分校退休教授大卫·帕特森(David A. Patterson),以表彰他们开创了一种系统性、定量的方法来设计和评价计算机体系结构,并对精简指令集计算机(RISC)微处理器行业产生了持久的影响。这是计算机体系结构领域里第五次迎来图灵奖。之前威尔克斯(1967)、科克(1987)、布鲁克斯(1999)和萨克尔(2009)都先后由于在计算机体系结构领域方面的贡献而获奖。但相较于前 4 位图灵奖得主,轩尼诗和帕特森不仅将其提出的 RISC 设计理念进行了系统化和量化,而且更是在促进产学研结合的道路上成绩突出。

时任 ACM 主席的维姬·汉森(Vicki Hanson)指出:“ACM 于 1966

年设立图灵奖,以表彰对计算领域持续且重大的技术贡献。轩尼诗和帕特森的研究工作无疑达到了这一标准。他们对基于 RISC 的节能处理器的贡献有助于实现移动和物联网革命。与此同时,他们的重要教科书《计算机体系结构:一种量化研究方法》影响了几代工程师和计算机设计师,并在过去的 25 年中推动了整个行业的创新步伐。”微软公司创始人比尔·盖茨(Bill Gates)也大力推崇轩尼诗和帕特森对计算机领域的贡献,称他们的贡献“已被证明是整个行业蓬勃发展的基石”。

出生于 1952 年 9 月 22 日的轩尼诗在纽约州的长岛北岸长大,母亲是教师,父亲在航空航天领域就职并担任电气工程师。也许是受父亲影响,轩尼诗从小就喜欢捣鼓修补东西,高中时曾和朋友用继电器设计了一台自动井字游戏机,并在当地的一个科学博览会上获奖。

轩尼诗大学就读于费城附近的维拉诺瓦大学电气工程专业,天资聪明的他三年半就完成了本科学习获得学士学位(1973 年)。由于在高中阶段接触过 FORTRAN 编程,以及在大学期间参加过微处理器编程项目,这些经历虽然短暂但却点燃了他心中对神秘的计算机进一步学习的渴望。大学毕业回到长岛后,他就在石溪大学(当时的纽约州立大学石溪分校)读研究生,并先后获得了计算机科学的硕士学位(1975 年)和博士学位(1977 年)。

博士毕业的轩尼诗先后在多所大学应聘和面试,斯坦福大学是他的第 14 个前往面试应聘的大学。当时面试他的有弗林(Flynn)和麦克劳斯基(McCluskey),那次面试给予了他很大鼓舞,他也如愿以偿地在 1977 年 9 月入职斯坦福大学电气工程系担任助教,而这一干就几乎是他全部的职业生涯。

在斯坦福大学轩尼诗做的首个项目是关于语言设计和编译器优化的工作,后又参加一个涉及几何变换的项目,这些工作涉及大量微代码编程,也使得他对超大规模集成电路(VLSI)设计技术产生了浓厚兴趣。

在20世纪80年代，随着微型计算机的兴起，当时社会上普遍认为需要借助庞大丰富的指令系统来增强微处理器能力。为此，人们试图通过在处理机指令系统中增设一些功能各异的新指令提升机器运算速度，这也就是我们所熟知的复杂指令集计算机(CISC)的设计理念。前面介绍1987年图灵奖获得者科克时曾经提到，在20世纪70年代，科克在主持IBM 801计算机项目时，依据著名的“20%：80%定律”(即计算机的指令系统中约有20%的指令是经常使用的，它们占据程序执行总指令的80%)，在IBM 801计算机设计中首创了小指令集的设计，形成了RISC设计理念的初始基础。

受科克在801机器上这种设计启发，轩尼诗和帕特森经过进一步研究、改进和发展，提出了一种新的计算机体系结构设计理念，即今天的RISC。不过他们俩这种设计理念早期都是来源于在给学校研究生开设的处理机设计课程，在这种类似于头脑风暴似的课堂教学中，师生间围绕微处理器设计问题常常展开激烈讨论，提出各种意见和想法，这些想法意见又进一步在实验实践中检验验证，RISC这种打破常规的设计理念就是在这种课堂氛围中逐步形成并得以验证。当时加州大学伯克利分校和斯坦福大学还分别在1982年和1983年推出了各自开发的RISC-I和MIPS微处理器，这两个来自大学课堂的芯片集中体现了RISC的特点，并在1984年的IEEE固态电路国际会议上发表。加州大学伯克利分校和斯坦福大学的一些研究生可以构建微处理器了，他们设计出来的微处理器甚至比产业界推出的产品还更为优秀——更快、更便宜、更高效，这也一度成为微处理器领域的热点并引发争论。可以说这在当时，甚至今天也是非常了不起的。

轩尼诗的斯坦福团队是在1983年设计推出的这款名为MIPS的原型芯片，第一个MIPS芯片使用了25 000个晶体管，其时钟速度比当时名为 RISC-2 的伯克利芯片(40 760 个晶体管)略快。为了尽快使这项技术商业化,轩尼诗于 1984 年在斯坦福大学休假期间与人共同创立了 MIPS 计算机系统公司。MIPS 后来被 Silicon Graphics 公司收购,其处理器也与斯坦福大学 James Clark 开发的定制图形相结合,为好莱坞在 20 世纪 80 年代后期所依赖的高性能图形工作站提供了动力。伯克利团队的研究成果后来也通过 Sun Microsystems 公司的 SPARC 微处理器架构商业化。尽管当时许多计算机架构师最初对 RISC 持怀疑态度,但 MIPS 和 SPARC 的出众表现,设计和生产的成本更低,性能更优良,最终使得 RISC 这种理念赢得了业界接纳。到 20 世纪 90 年代中期,RISC 微处理器已经占据产业主导。

而当人们开始争论 RISC 这种设计的相对优点时,轩尼诗和帕特森敏锐认识到,这其中的核心竞争力是来自芯片架构设计中所体现的 RISC 理念,这与脱胎自大型机并沿用在当时个人计算机中的 CISC 的设计架构理念完全不同。于是在帕特森的倡议下,他们两人合作,把实践中获得的芯片设计经验总结提炼,共同创建了一种系统化和定量的方法,用于指导设计更快、更低功耗和更复杂的微处理器。最终在 1990 年轩尼诗和帕特森出版了《计算机体系结构:一种量化研究方法》这部指导计算机体系结构设计的教科书,这本书影响了一代又一代工程师,并通过向计算机体系结构社区传播重要思想,大大提高了微处理器的设计速度。此外,在计算机体系结构方面,轩尼诗和帕特森鼓励架构师针对不同的内存开销和计算成本仔细优化他们的系统。他们还促使微处理器从起初寻求原始性能优越转向要全面综合设计体系结构,包括要充分考虑微处理器能耗、散热和片外通信等问题。这本开创性具有里程碑意义的教科书,为工程师和设计人员评估微处理器设计提供了重要方法和工具,并经久不衰地出到了目前的第 6 版。

轩尼诗在学术和产业领域的成功,也将他推向了管理岗位并一路走到斯坦福大学校长。1994年成为斯坦福大学计算机系主任,1999年被任命为斯坦福大学的教务长,2000年在全球500名候选人中脱颖而出,成为斯坦福大学第十任校长。

在担任斯坦福大学校长的16年里,他在争取增加学校的财政援助,推进多学科交叉教学和研究,以及重塑斯坦福大学的建筑、校园文化等方面多措并举,成效显著。斯坦福大学杂志上的一篇文章对他在任期内的成就进行了分类:完成"70个建筑项目",实现校园文化向"增强跨学科合作和交叉融合"的转变,以及面对重大衰退挑战的"灵巧和果断处理"。这其中也许最重要,也令许多人惊讶的是,轩尼诗对学生、跨学科研究、人文学科和艺术的热爱,他推动了在斯坦福大学构建世界级的表演和展览空间,体现了工程科学与艺术在本源上的融合与融通。

轩尼诗也是一位大力推进斯坦福大学和硅谷对接联姻资源的管理者。他认为,创业精神是学校根基的一个重要组成部分。他不仅乐于为在校生和硅谷校友牵线搭桥,而且还鼓励教员投资学生的创业项目。2011年,时任美国总统奥巴马曾邀请乔布斯、扎克伯格等科技行业领袖共进晚餐,而轩尼诗则是唯一受邀参与的非商业领袖,可见他在硅谷的影响力。"浏览器之父"马克·安德森(Marc Andreessen)曾感叹"轩尼诗就是硅谷的教父"。此外,轩尼诗还是一位最有号召力的募捐者。在他任职校长期间,斯坦福大学筹募到的资金有将近170亿美元。

从大学校长退下来之后,2018年2月Alphabet宣布,轩尼诗将接任Eric Schmidt,担任谷歌母公司Alphabet公司董事长。

轩尼诗至今拥有十几所院校的荣誉博士学位,他是美国国家工程院院士(1992)、美国艺术与科学院院士(1995)、美国国家科学院院士(2002)和英国皇家工程院院士(2017)。此外,1983年获得维拉诺瓦大学约翰·加伦纪念奖;1984年获美国国家科学基金会总统青年研究员称号;2001 年获得 Seymour Cray 计算机工程奖;2005 年获美国艺术与科学学院创始人奖;2012 年获得 IEEE 荣誉勋章,“以表彰他开创了 RISC 处理器架构以及在计算机工程和高等教育领域的领导地位”。

接下来我们介绍另外一位获奖者帕特森。

帕特森 1947 年 11 月 16 日出生于伊利诺伊州的常青市,高中时受数学老师影响,立志将来当一名精算师,于是在加州大学洛杉矶分校(UCLA)上大学时选择了数学专业学习。一次偶然的意外使得他初识计算机并从此痴迷于计算机。那是他在上大三时,当时首选的一门数学课程因故取消,于是就随意选修了一门关于计算机编程方面的课程,在课程中首次接触的打孔卡片、FORTRAN 编程、行式打印机都使他着迷,由此踏入了计算机世界。

当时学校没有计算机科学专业,他只是尽可能多地参加和商学院合开的一些计算机课程学习。由于在大三时就和他高中的恋人琳达结婚,不久就有了他们的第一个孩子,家庭的负担使得他不得不经常在外面辛苦打工赚取家用。其间,得益于教他编译课程的老师赏识,介绍他参加了一些计算机方面的打工工作,这既赚了钱也增强了专业能力。大学毕业后一时也不好就业,在妻子琳达鼓励下,他开始攻读计算机硕士研究生,之后又继续攻读了博士研究生,先后于 1970 年获得 UCLA 的计算机硕士学位,1976 年获得 UCLA 的计算机科学博士学位。读研究生期间,他和妻子琳达带着他们的两个孩子还在休斯飞机公司兼职工作了 3 年,主要从事机载计算机方面的编程工作。帕特森的博士论文是关于操作系统的可写控制存储方法,其博士导师是杰拉德·埃斯特林(Gerald Estrin,也是 2004 年图灵奖得主文登·塞夫的导师)。

博士毕业后,在妻子的建议和积极鼓励下,帕特森争取并应聘到了加州大学伯克利分校的计算机科学与电气工程系工作。1977 年 1 月他和妻子带着孩子来到了加州大学伯克利分校,初到加州大学伯克利分校时参加了一些处理机并行方面的项目工作。1979年,他在休假的3个月里,应约参加了DEC公司的一项VAX小型计算机开发工作,这款计算机由于有非常复杂的指令集,做一点改动就会出现一堆漏洞,其微程序编程非常庞大复杂。帕特森致力于减少微编码错误,工作中得出的结论是简化指令集将“轻松减少错误”。

休假结束,带着工业界第一手体验回到伯克利后,帕特森就写了一篇关于未来VLSI设计的报告,提出针对VLSI微处理器的未来,必须直接用微程序,并通过提供打补丁方式修改微程序中的漏洞。他把文章投到*IEEE Computer*杂志,但被拒了。评审意见是:这是一种愚蠢的设计计算机的方法,用这种方法设计计算机毫无意义,要额外存储,要增加成本,还要打补丁,简直就是胡说八道!

被*IEEE Computer*以这种评论拒稿,促使满肚子都是火的他决定启动RISC项目。在回来后的第一个学期,帕特森和同事Sequin就在学校合作开了一个包含四门课程的研究生系列课。当时微处理器面临两个设计方法:一个是用微程序但一堆漏洞的VAX设计方法;另一个是他提出来的设计微处理器的愚蠢的办法。课上他们要求研究生研究这些处理器设计方法。帕特森也创造了首字母缩略词RISC来描述课堂里设计出来的,具有44 420个晶体管的初始设计芯片——RISC-1。他们在加州大学伯克利分校开设的这门研究生高级系列课由于贴近产业发展前沿,当时非常受学生欢迎,为此帕特森还获得了1982年学校的杰出教学奖。

帕特森第一次见到轩尼诗是在1980年或1981年的一次DARPA资助的研究VLSI项目会议上,当加州大学伯克利分校的RISC芯片与斯坦福大学的MIPS原型同时出现时,起初的RISC与MIPS设计之间的争论很快就因他们共同反对CISC的立场结成了统一战线,进而他们的RISC设计理念在激烈的争论中渐渐被整个工业和设计领域接纳,并逐步成为了主流。

不同于轩尼诗,帕特森坚决抵制离开大学去公司追求 RISC 技术的诱惑,他说“我在快乐和富有之间做出了选择”。当然,今天我们不能回过头来评价在大学里还是到产业市场里哪个是更好的选择,但对于个人而言,努力做最好的自己就是最好。

1989—1993 年,帕特森还和加州大学伯克利分校的同事 Randy Katz 领导了独立磁盘冗余阵列(RAID)项目,该项目极大地提高了磁盘系统的速度和可靠性。现在世界上几乎所有的 Web 服务器都使用某种形式的 RAID。

帕特森还是一个兴趣广泛、多才多艺的人。在讲课时,帕特森经常提到他的家人,以及他对足球、摔跤、骑自行车和举重等多项活动的终生热情。他提醒听众,团队比个人活动更好,并指出你不能成为失败团队的赢家,而赢家团队的所有成员都是赢家。他还与他的高中摔跤搭档里克·伯恩(Rick Byrne)一起赢得过美国加州举重冠军,在 2013 年他以 66 岁的高龄创造了年龄和体重卧推、硬拉、深蹲所有单项和三项组合举重的新全国纪录。在一年一度的为期两天的 Waves to Wine 骑自行车穿越湾区活动中,他曾经连续 7 年成为该组织多发性硬化症研究筹款最多的人。

帕特森现在是 Google 公司的杰出工程师,并担任 RISC-V 基金会董事会副主席。帕特森与清华大学保持着多年深厚友谊和密切合作,2018 年他获颁清华大学名誉博士学位。2019 年 6 月他在瑞士 RISC-V 基金会宣布,将依托清华-伯克利深圳学院(TBSI),建设 RISC-V 国际开源实验室(RISC-V International Open Source,RIOS)。实验室将瞄准世界 CPU 产业战略发展新方向和粤港澳大湾区产业创新需求,聚焦于 RISC-V 开源指令集 CPU 研究领域开展研究,建设以深圳为根结点的 RISC-V 全球创新网络,他也将出任实验室主任。作为永恒的乐观主义者，帕特森指出，经过优化的硬件/软件设计可以为深度学习应用程序提供显著的性能改进，他希望这将迎来“计算的新黄金时代”。

帕特森在ACM执行委员会任职6年，于2004—2006年担任ACM主席，为此他花了一年的休假来努力做好“这项大工作”。他还担任计算研究协会主席，并在总统信息技术咨询委员会(PITAC)任职两年。他自始至终的座右铭是：“重要的不是你开始了多少项目，而是你完成了多少…… 所以，每年挑选一件大事，然后完成它。”

帕特森获得的研究、教学和服务奖项有40多个。除获得图灵奖外，他还获得ACM Karl V. Karlstrom杰出教育家奖，他也是美国国家工程院院士(1993)、美国国家科学院院士(2006)和美国艺术与科学院院士(2006)。此外，他和轩尼诗还共同获得了IEEE的John von Neumann奖、ACM-IEEE的Eckert-Mauchly奖，2022年美国国家工程院还颁发了查尔斯·斯塔克·德雷珀奖(Charles Stark Draper Prize)给他们，以表彰他们对RISC芯片的发明、开发和实施做出的贡献。

在2018年的ISCA会议上，他们的联合图灵奖演讲题目是“计算机体系结构的新黄金时代”(*A New Golden Age for computer Architecture*)，两人回顾了自20世纪60年代以来计算机体系结构发展历史，并展望人工智能为计算机架构设计所带来的新的挑战和机遇。2019年2月出版的*Communications of the ACM*，刊登了他们两人的署名文章*A New Golden Age for computer Architecture*，在图灵奖演讲的基础之上进一步完善思想，并用文字将他们的洞见更加清晰地呈现。

“计算机体系结构领域将迎来又一个黄金十年，就像20世纪80年代我们做研究那时一样，新的架构设计将会带来更低的成本，更优的能耗、安全和性能。”

2018 年图灵奖获得者：

约书亚·本吉奥、杰弗里·辛顿、杨立昆

——深度学习之父

约书亚·本吉奥

杰弗里·辛顿

杨立昆

2018 年图灵奖由约书亚·本吉奥(Yoshua Bengio)、杰弗里·辛顿(Geoffrey Hinton)和杨立昆(Yann LeCun)三人共同获得。这是图灵奖自 1966 年设立以来,第三次将年度图灵奖同时颁发给三位获奖者。根据 ACM 官网信息,此次图灵奖是为了表彰三位大师给人工智能带来的重大突破,这些突破使深度神经网络成为人工智能计算的主流模型。因为在深度神经网络研究中的开创性贡献,本吉奥、辛顿和

杨立昆三人被称为“深度学习之父”。

本吉奥、辛顿和杨立昆三人既有各自独立的研究,又有相互间的合作,他们的研究拓展了人工智能的基础概念,其实验成果推动了深度神经网络走向实用,他们所创立并推广的深度学习(Deep Learning)方法在计算机视觉、语音识别、自然语言处理和机器人等应用领域取得了不凡的表现。

人工神经网络并非一个新兴的名词,而是一个伴随着人工智能的发展历程而成长的概念。1943年,心理学家麦卡洛克(Warren Mcculloch)和数理逻辑学家皮兹(Walter Pitts)在合作的论文中首次提出了人工神经网络的概念及人工神经元的数学(MP)模型,从此开创了人类神经网络的研究。之后,美国科学家罗森布拉特(Frank Rosenblatt)于1958年正式提出了由两层神经元组成的称为感知器(perceptron)的神经网络。感知器运行在IBM大型机上,同年《纽约时报》还发表了一项预测,称它将成为第一个像人脑一样思考的设备。感知器的提出立刻吸引了大量科学家对人工神经网络展开研究,在神经网络技术中具有里程碑式意义。但在1969年,当明斯基(Minsky)和西摩(Seymour)证明单层感知器具有无法解决线性不可分问题(例如,异或问题)这一致命缺陷后,人工神经网络的研究陷入了前所未有的低谷。学者的热情开始慢慢减退,政府开始纷纷撤资。

虽然神经网络作为一种帮助计算机识别模式和模拟人类智能的工具早在20世纪就已经被人们提出,但是神经网络技术的起步和前期发展却是一路曲折且饱受质疑,几经波折,一度从高潮跌落低谷。直到21世纪初,只有本吉奥、辛顿和杨立昆等一小群人还在执着地推动这个方向的研究。正是因为三位大师以及坚持神经网络研究的科研工作者们的不懈努力,最终又点燃了神经网络的星火,带来了人工智能领域的革命性重大技术进步,神经网络方法现在也成为人工智能领域的主导范式。

约书亚·本吉奥1964年3月5日出生于法国的一个犹太家庭，在加拿大蒙特利尔长大。他的父亲在蒙特利尔经营着一个西班牙系剧团，母亲也是一位艺术家。本吉奥在加拿大麦吉尔大学（McGill University）完成大学电气工程本科和计算机科学研究生的学习。1991年，本吉奥获得计算机科学博士学位后，在麻省理工学院和贝尔实验室的杨立昆团队里完成博士后研究。自1993年以来，他一直担任蒙特利尔大学计算机科学和运筹学系教授。他很喜欢科幻小说，如Philip K. Dick的《仿生人会梦见电子羊吗？》（*Do Androids Dream of Electric Sheep?*），描述由一家大型企业创造的有感知力的机器人。他是在麦吉尔大学读研究生时读到了辛顿的一篇论文，如被电击，因为他找到了科幻故事的感觉。“天呐！这是我想做的事！”他回忆道。

“多年来，在机器学习会议上，神经网络都不受欢迎，而本吉奥坚持与他的神经网络为伍，”科罗拉多大学教授莫泽（Mozer）回忆说，“我当时觉得，可怜的本吉奥，他太不合时宜了。”在20世纪后期，研究人员开始明白为什么深度学习效果不佳。训练高水平的神经网络需要更强的计算能力。此外，神经网络需要良好的数据，在消费互联网崛起之前，还没有足够的数据能用来学习。到了21世纪初，这些变了，大型科技公司开始应用本吉奥和他同事们的技术实现了一个又一个商业里程碑：语言翻译、语音识别、人脸识别等。尽管目前深度学习神经网络领导着人工智能的崛起热潮，但本吉奥却始终保持科学家的清醒。他认为，科学家的工作是继续追求人工智能的新发现。政府则应该更积极地监管规范这一领域，同时更公平地分配财富，投资于教育和社会安全网络，以减轻人工智能不可避免的负面影响。

截至2023年5月，本吉奥是h指数（h-index）最高的计算机科学家。除了荣获图灵奖之外，本吉奥因为杰出的研究成果还获得魁北克玛丽-维克多林奖(Marie-Victorin Quebec Prize,2017)、加拿大人工智能协会颁发的终身奖(2018)、IEEE CIS 神经网络先锋奖(2019),他还与杨立昆、辛顿一起获得了 2022 年阿斯图里亚斯公主奖(Princess of Asturias Award)。2023 年,本吉奥被授予法国最高荣誉的荣誉军团骑士勋章;同年 8 月,被任命为联合国技术进步科学咨询委员会成员。他也是英国皇家学会和加拿大皇家学会的院士。

下面介绍另一位获奖者辛顿。

辛顿于 1947 年 12 月 6 日出生在英国温布尔登,他的父亲爱德华·辛顿是英国昆虫学家,母亲玛格丽特·克拉克是一名教师,他们都是共产主义者。辛顿出身于科学家世家,辛顿家族的家谱上,科学家占了很大的比例。他的高祖父是布尔逻辑创始人乔治·布尔(George Boole),任何用过"布尔逻辑检索"的人都很熟悉他。乔治·布尔的女婿之一查尔斯·辛顿是辛顿的曾祖父,是一位数学家和科幻作家,他创造了"超立方体(tesseract)"的概念。辛顿的中间名是埃弗里斯特(Everest),这个名字来源于他高祖母的叔叔、地理学家埃弗里斯特(George Everest),珠穆朗玛峰(Mount Everest)就是以他的名字命名的。辛顿父亲还有个堂妹叫琼·辛顿(Joan Hinton),她的中文名字是寒春,是一位核物理学家,曾经在洛斯阿拉莫斯国家实验室做费米的助手,她是参与曼哈顿计划的少数女科学家之一,1949 年寒春与奶牛专家欧文·恩格斯特(Erwin Engst,中文名阳早)在延安瓦窑堡的一个窑洞里结婚,之后一直生活在中国,并参加了中国的建设。寒春是第一个获得中国"绿卡"的外国人,她也是小说《牛虻》作者伏尼契的外孙女,2010 年寒春在北京去世。

在辛顿成长的过程中,他的母亲给了他两种选择:"要么成为一名学者,要么就做个失败者"。来自家庭的鞭策与支持推动着辛顿在学术道路上奋斗。但是,辛顿的求学经历并不顺利。18 岁的辛顿进入剑桥大学国王学院攻读物理和化学,但只读了一个月就退学了。一年之后,他又重新申请了国王学院的建筑学,结果又退学了,这次他只坚持了一天。之后又转向了物理和生理学,后来又转到了哲学,在用 1 年修完了 2 年的哲学课程后,他又转向了心理学,最终于 1970 年在英国剑桥大学获得实验心理学学士学位。之后,辛顿开始打零工和做木工。

1972 年,辛顿开始在爱丁堡大学攻读博士学位,研究方向是神经网络,但那时几乎没人相信神经网络。每周,他的导师都会对他说,他是在浪费时间,但辛顿还是坚持他的信念继续研究。1978 年他在爱丁堡大学获得人工智能博士学位毕业后,先在苏塞克斯大学和加州大学圣地亚哥分校进行过一段时间的博士后工作,1982 年在匹兹堡的卡内基-梅隆大学找到一份工作,在那里工作了 5 年。但是,辛顿是一个社会主义者,当时被里根政府的外交政策深深困扰。另外,美国的大部分人工智能研究都是由美国国防部进行资助的,辛顿也对此不满。1987 年,辛顿接受了加拿大高级研究所(CIFAR)和多伦多大学的邀请前往多伦多,开启了机器和大脑学习项目的研究。他在多伦多大学圣乔治校区的桑福德·弗莱明大楼里有了一间小办公室,开始安静地工作。

在辛顿的不懈努力下,一系列神经网络的基础研究成果被提出来。1983 年,辛顿与泰伦斯·谢诺沃斯基(Terrence Sejnowski)一起发明了玻尔兹曼机(Boltzmann Machines),这是第一个能够学习不属于输入或输出的神经元内部表征的神经网络。在 1986 年发表的一篇论文《通过误差传播学习内部表示》(*Learning Internal Representations by Error Propagation*)中,辛顿与同事们证明了反向传播(BP)算法可以帮助神经网络发现数据的内部表示,这使得神经网络可以用来解决从前无法解决的问题。BP 算法是目前大多数神经网络的标准算法。2012 年,辛顿和他的学生们一起,利用分段线性神经元(rectified linear neurons)和 dropout 正则化改进了卷积神经网络,这一成果在著名的 ImageNet

比赛中,使物体识别的错误率几乎减半,从而重塑了计算机视觉领域。

渐渐地,一些相信深度学习的人都加入了他的团队,其中就包括伊尔亚·苏茨克维(Ilya Sutskever),他现在是 OpenAI 的联合创始人兼董事。苏茨克维还记得 2000 年前后在辛顿的实验室工作的时光。他说,当时只有 10 个左右的学生在辛顿的实验室做研究,那时人工智能研究领域的工作和资金都很匮乏,而且来自行业的资助也越来越少。苏茨克维在一次访谈中回忆说:“我们是非主流研究者,但我们觉得我们有一种罕见的洞察力,觉得我们与众不同。”

2009 年左右,当计算机终于有能力挖掘海量数据时,超级神经网络开始在语音和图像识别方面超越早期起源的基于逻辑的人工智能。业界也很快注意到了正在发生的变化,大型科技公司如微软、谷歌等都开始在这一领域投资。2012 年,谷歌公司的绝密实验室 Google X,宣布建立一个由 16 000 个计算机处理器组成的神经网络,并将其用在视频解析上。科学家们从视频中提取了数百万个随机的、没有标签的视频,输入这台新的超级计算机中,并通过编程使其能够理解所看到的内容。由于输入的视频中有很多是关于猫的,神经网络经过自学习成功地从其他各种物体中分离出了猫这一种动物。这是人工智能领域一个激动人心的时刻,因为研究人员在训练过程中从来没有对机器提示视频中存在猫,所以机器在自学习过程中自己发现了猫的概念。“关于机器可以凭直觉感知视频中相同表象的成果有一种诗歌般的吸引力:知识来源于生活中积累的意义和经验,是一种存在的神秘物质。这就是神经网络的美妙之处。这更接近于弗洛伊德的理论,意识的薄层、谨慎的推理以及其下所有涌现的东西。这些涌现的东西并不是有意识的推理,而是别的东西,起类比作用的东西。”辛顿说。

在辛顿的努力下,当下每家大型科技公司的人工智能专家都在争先恐后地在深度学习中做出下一个变革性发现。数十名辛顿过去的学生在脸书、谷歌、苹果公司,以及学术界都声名鹊起,他们在学术界传播了神经网络的知识,让这一技术逐步成为主流。

辛顿于2013年3月加入谷歌公司并担任副总裁,负责深度学习应用程序的开发,当时他的人工智能初创公司DNN Research被谷歌公司高价收购,之后辛顿一直在多伦多大学和谷歌公司之间工作。2017年,辛顿还与他人共同创立了多伦多Vector Institute并担任首席科学家。不过,这位将人工智能带入第三次浪潮的科学家,对AI的快速进展时常表示担忧。此前他认为通用人工智能(AGI)还需要30~50年甚至更长时间才能到来。然而,他在2023年3月接受采访时表示,通用人工智能可能距离我们不到20年,并可能带来"规模与工业革命或电力相当"的变化。他还参与签署了一份向联合国提交的请愿书,呼吁禁止致命的自主武器(也称杀手机器人)。他认为,政府需要介入并制定法规,防止军方利用他一生都在完善的技术,特别是开发杀人的机器人。

2023年5月,辛顿公开宣布从谷歌公司辞职,理由是担心人工智能技术带来的风险,他对目前AI技术的蓄意滥用、将会引起的失业以及通用人工智能可能带来的人类生存风险表示担忧。

除获得图灵奖之外,辛顿因为在深度学习方向的研究,还获得很多荣誉和奖项。他是英国皇家学会院士、加拿大皇家学会院士、美国国家工程院和美国艺术与科学院的荣誉外籍院士。他获得的奖项:2001年的首届国际认知科学领域最高学术荣誉鲁梅尔哈特奖(Rumelhart Prize);2005年国际人工智能联合会议(IJCAI)卓越研究奖;Killam工程奖(2012)、IEEE James Clerk Maxwell金奖(2016)、加拿大科学与工程领域最高奖项NSERC Herzberg金奖(2010)和IEEE Frank Rosenblatt奖章等。

2024年10月8日,瑞典皇家科学院宣布,2024年诺贝尔物理学奖授予美国科学家约翰·霍普菲尔德(John Hopfield)以及加拿大学者杰弗里·辛顿(Geoffrey Hinton),以表彰他们利用人工神经网络实现机器学习的基础性发现和发明。继西蒙之后,辛顿成为获得图灵奖和诺贝尔奖的第二位科学家。

接下来,介绍另一位获奖者杨立昆。

杨立昆1960年7月8日出生在法国,他的父亲是一名工程师,平时喜欢捣鼓电子和机械装置,耳濡目染,对科技充满兴趣也在童年的杨立昆心中渐渐扎下了根,此外,他还喜欢参加乐队演奏。1983年他在巴黎高等电子与电气工程师学校获得工程师学位,他对机器智能的兴趣主要来自小时候看的《2001：太空漫游》电影(1968年上映),其中的通用人工智能机器哈尔(HAL)给他印象深刻,杨立昆在上大学本科时就对机器学习进行研究,并将其作为他在索邦大学(当时称为皮埃尔和玛丽居里大学)读博士研究生时的核心工作。在博士学习期间,他提出了神经网络的反向传播学习算法的原型。1987年获得计算机科学博士学位后,到多伦多大学辛顿的实验室进行了一年博士后工作,在这段时间里,他在辛顿的指导下,与辛顿的研究小组合作,继续研究神经网络和机器学习,并扩展发表了他的关于反向传播博士论文中的理论基础。

今天面部识别和图像检测已经很常见,但在20世纪80年代早期,计算机实际上是个“盲人”,它们无法理解图像中的任何东西,也无法弄清楚相机镜头里出现了什么。人工智能领域的艰难时期有自己特殊的名字：人工智能寒冬。这个时期主要是因为研究人员的研究成果达不到社会和人们期望,也有人质疑研究成果不够科学,导致资金和兴趣枯竭,技术进步迟缓。杨立昆等的研究成果也一度被认为过时,他本人甚至被拒绝参加学术会议。但杨立昆一直坚持研究,他的导师辛顿曾评价说：“杨立昆高举着火炬,冲过了最黑暗的时代。”

1988年,杨立昆加入了位于美国新泽西州的贝尔实验室的自适应系统研究部门,在那里开发了许多新的机器学习方法,例如受生物学启发的称为卷积神经网络的图像识别模型,“最佳脑损伤”正则化方法和图变换网络方法,并将其应用于手写识别和 OCR。他帮助开发的银行支票识别系统在 20 世纪 90 年代末读取了美国所有支票的 10%以上。

2003 年他离开工业研究,在纽约大学库朗数学科学研究所担任计算机科学教授,该研究所是美国领先的应用数学研究中心,在科学计算方面占有重要地位,特别关注机器学习,他也恢复了对神经网络的重点研究。杨立昆在 2013 年加盟 Facebook 并组建 Facebook 人工智能研究院(FAIR),在很短的时间里,他带领团队开发出了适用于当时计算能力的神经网络算法。杨立昆的研究以视觉识别为应用场景,实用的效果带来计算机视觉方向科研成果爆炸式增长。计算机开始能够识别图像中的物体,继而能识别视频中的物体,最后甚至可以识别摄像头中的目标。“在 1 年内,它(神经网络)从无人问津变成人人都在研究的东西”。不过,杨立昆仍像研究员一样工作,他不仅保留了纽约大学的教职,而且 FAIR 的整体研究也更偏学术化。

杨立昆在业界以直言不讳闻名,经常批评那些认为“AI 技术令人恐惧”的不合理声音。有一次,他在采访中严肃说到,过去在媒体上看到的关于人工智能的文章,其中的配图很多都是关于电影《终结者》的。他认为这些报道很荒谬,需要以严谨的态度回应。面对未来,他表示,人工智能还有很长很长的路要走,才能接近婴儿的智力,甚至是动物的智力。

2017 年 3 月 22 日杨立昆来到中国,他在清华大学大礼堂就“深度学习与人工智能的未来”做了一场两个小时的演讲。在演讲开始前还有一个小插曲,之前他在华人 AI 圈一直被亲切地称为“杨乐康”,而在这次演讲开始前他公布了自己正式的中文姓名——杨立昆。这次演讲是为清华大学经管学院、清华 x-lab 和 Facebook 合作开设的课程“创新与创业：硅谷洞察"的第一讲，杨立昆从最早1957年神经科学的监督学习谈起，并对神经网络的训练做了一个基本的介绍。他讲述了近几年在计算机视觉、深度学习等方面的最新进展以及未来颇有潜力的技术方向——生成对抗学习(Adversarial Learning)，整个讲座娓娓道来，让人意犹未尽。针对同学们的提问，他还谈及了中美AI研究的对比、AI围棋大战，以及他最看好的AI发展方向。他认为交通、无人驾驶车、医疗、智能助理最有可能得到突破并改变所有人的生活。

平时杨立昆还保留着自小对搭建飞机、电子乐器和机器人的爱好。在纽约大学，他将对机器人技术的兴趣与他在计算机视觉卷积网络方面的工作相结合，还参与了美国国防部ARPA赞助的自主导航项目。

除获得图灵奖之外，杨立昆还获得了2014年的IEEE神经网络先驱奖(IEEE Neural Network Pioneer Award)和2015年模式识别和机器智能杰出研究奖(PAMI Distinguished Researcher Award)等众多奖项。他也是美国国家科学院、美国国家工程院和法国科学院的院士。

人工智能现在是所有科学领域中增长最快的领域之一，也是社会上谈论最多的话题之一。ACM前主席彻瑞·潘卡克(Cherri M. Pancake)说，"人工智能的发展和人们对它的兴趣，在很大程度上要归功于约书亚·本吉奥、杰弗里·辛顿和杨立昆获得的深度学习最新进展。"三位大师始终坚持自己的学术理念，跨越世纪的不懈努力值得我们敬仰和学习，三位大师开创并推动的技术，今天正被全世界数十亿人使用，这些在自然语言处理和计算机视觉方面的进步在10年前是不可想象的。在享受今天技术革命带来的便利时，我们不应忘记那些在不利环境下始终坚持不懈、孜孜以求的科学家们，他们用理性和创造力来解决世界上的各种难题，他们不畏艰难，不惧失败，不断地实验和创新，为了人类的福祉和进步而贡献着自己的智慧和力量，他们是我们时代的英雄，值得我们赞扬和学习。

2019 年图灵奖获得者：
埃德温·卡特穆尔和帕特里克·汉拉汉
——计算机 3D 动画领域的先驱

埃德温·卡特穆尔

帕特里克·汉拉汉

看过《玩具总动员》《阿凡达》《侏罗纪公园》《泰坦尼克号》《星球大战》电影的人，大都会对影片里的宏大场景印象深刻，但很少会有人注意到那些赋予影片各种特效的技术和技术背后的人。2019 年 ACM 评奖委员会将图灵奖颁发给了两位计算机 3D 电影领域的先驱——埃德温·卡特穆尔（Edwin E. Catmull）和帕特里克·汉拉汉（Patrick M. Hanrahan），以表彰他们对 3D 计算机图形学的贡献，以及这些技术对电影制作和其他计算机生成图像（CGI）的革命性影响。这是计算机图形学作为一个学科，在时隔 31 年后第二次获奖。1988 年，有计算机图形学之父誉称的伊万·萨瑟兰获得图灵奖，他在 1963 年的博士论文《Sketchpad：人机图形通信系统》里，首次使用“计算机图形学”这一术语,从此计算机图形学步入科学殿堂。

在谈到他俩的贡献时,时任 ACM 主席的 Cherri M. Pancake 表示:“CGI 改变了电影的制作过程,也改变了我们观看电影的体验,同时也极大地影响了娱乐行业。他们的成就表明,在某个计算领域中的研究可以对多个不同的领域产生重大的影响。”

埃德温·卡特穆尔是美国计算机科学家,也是著名的皮克斯动画工作室和迪士尼动画工作室的联合创始人和前任总裁。作为 3D 计算机图形学的先驱,他开发了 Z-缓冲、纹理贴图、B 样条曲线等技术,为 3D 动画的制作奠定了基础。同时,他还是一位杰出的领导者,创造了一种鼓励创新和协作的企业文化,培养了一批优秀的动画人才。在他的组织领导下,昔日梦想的计算机生成电影终成为现实。

卡特穆尔 1945 年 3 月 31 日出生于美国西弗吉尼亚州帕克斯堡,自小就对动画和科学感兴趣,爱因斯坦和沃尔特·迪士尼是他心中的偶像。他喜欢看迪士尼的电影《彼得潘》和《木偶奇遇记》,梦想将来成为一名动画师。高中学习物理和数学后,也许是少年时期对爱因斯坦的崇拜使得他对物理和数学这类科学也充满兴趣,他觉得自己的绘画才能还远不足以成为一名合格的动画师,于是选择了科学事业,高中毕业进了犹他大学学习物理。其间迷上神奇的计算机编程,上了很多计算机课程。1969 年大学毕业,获得了物理和计算机科学学士学位。

他先在西雅图波音公司当了一段时间的程序员,1970 年秋天回到犹他大学攻读研究生。起初他对设计编程语言感兴趣,选修的第一门课程就是计算机图形学,当伊万·萨瑟兰穿着人字拖鞋来教室上课时,他还以为是哪个嬉皮士研究生同学。但自从上了伊万·萨瑟兰主讲的计算机图形学课程后,他意识到新兴的计算机图形学将成为动画行业的基础,这刚好结合了他的爱好——技术和动画,他决心投身于这一行。在萨瑟兰的课程上,他完成的作业是制作了一个自己的左手模型并把它数字化,后来又生成了动画版本。这是卡特穆尔对电影行业做出的第一次贡献,他做的这个自己左手的动画版本,后被好莱坞制片放在了1976年的电影《未来世界》里,这是第一部使用3D计算机图形视频的电影。

1974年,卡特穆尔从犹他大学获得计算机科学博士学位毕业。在博士论文中,他提出了几项突破性技术进展,可以让计算机用曲线贴图而不是多边形来显示物体。他把自己的技术叫作Z-缓冲(Z-buffer),此外还有材质纹理贴图(texture mapping)。他还创建了一种通过指定更粗糙的多边形网格来表示光滑表面的新方法。

图形学在当时还是小众领域,他希望能够在大学谋得一个这方面的教职,但那时候,很多学校还没有这个位置。不得已,29岁且有了两个孩子的他,为了养家,只好到一家公司做CAD工程师。幸运的是,当年11月,纽约理工学院(NYIT)的创始人亚历山大·舒尔(Alexander Schure)到犹他大学采购绘图软件时联系到他,舒尔对制作动画片也非常感兴趣,邀请卡特穆尔去担任学院新成立的计算机图形学实验室的主管。纽约理工学院的计算机图形学实验室(NYIT Graphics Lab)也成为早期的专用计算机图形学实验室之一。

很快,卡特穆尔就组建了一个致力于动画的研究小组,开始电影制作研究。研究人员在卡特穆尔的领导下自由开展研究,虽然团队成员不到12人,但已能够创建非常复杂的计算机生成图形。一些人还开始研究数字化涂色系统,以加速传统手绘动画电影的创作,该系统后来演变成迪士尼的动画涂色系统(CAPS)。一心想成为下一个沃尔特·迪士尼的舒尔那时也在资助一群传统动画师制作动画片,但舒尔缺乏创作像迪士尼电影的品位,其动画片也充满了技术缺陷和难以理解的故事情节。

实验室的年轻人感觉如此下去距离实现计算机动画电影的梦想还

很遥远。几乎是偶然,他们接到了来自大名鼎鼎的卢卡斯影业乔治·卢卡斯和著名导演弗朗西斯·福特·科波拉(Francis Ford Coppola)的相邀电话。

1977年5月25日,那天实验室的研究人员没有工作,都去观看上映的大片《星球大战》电影,这部电影让大家感到非常兴奋,虽然故事很棒,但大家觉得制作还不够精良。当时,在电影中要制作混战场景是非常耗费人力的,往往几分钟的镜头需要数周或数月才能完成。卡特穆尔他们相信影业大亨卢卡斯会接受他们采用计算机生成效果的建议,以取代传统制作场景的烦琐。很快卢卡斯接受了建议,并邀请所有的研究人员到卢卡斯影业。

卡特穆尔第一个离开了纽约理工学院的图形学实验室,并在1979年成为卢卡斯影业动画工作室的负责人。到1980年,原先的计算机图形实验室的同事都陆续加入了卢卡斯动画工作室,大家继续从事3D动画的研发工作。随后,便诞生了如抠画、叠画等数字图像合成技术。

正当研究人员信心满满在梦想的道路上一步步前进时,卢卡斯的一场离婚风波,因涉及夫妇平分财产,使得卢卡斯陷入困境。随着卢卡斯即将剥离研究部门的消息传出,作为工作室负责人的卡特穆尔,也操起了为工作室寻找买家的心,为此,他和同伴联系了很多潜在买家,但回复都是NO。

1985年乔布斯由于新计算机销售不力,败走麦城,辞职离开了自己创建的Apple公司,随后立即卖掉了他几乎所有的Apple股票,并创办了一家为高等教育制造计算机的公司(NeXT Computer Inc.),但其手上还有大量现金需要寻找新的投资。卡特穆尔和同伴听说后,立刻联系赶往乔布斯的家中洽谈。最终乔布斯以1000万美元,将卢卡斯影业动画工作室收购,并亲自将这个部门命名为皮克斯(Pixar)动画工作室,聘任卡特穆尔担任皮克斯动画工作室总裁。

皮克斯成立后,卡特穆尔最早招聘的员工之一就是汉拉汉。当时汉拉汉刚从威斯康星大学麦迪逊分校获得生物物理学博士学位,加入皮克斯之前也曾在纽约理工学院的计算机图形学实验室短暂工作过。作为皮克斯的创始员工,汉拉汉担任皮克斯新型图形系统的首席架构师,该图形系统允许使用真实的材质和照明来渲染弯曲的形状。此渲染系统(后来称为 RenderMan)还结合了卡特穆尔早前在该领域做出的Z-缓冲和细分曲面创新。

不过到 1986 年年底,皮克斯的前途还是一片黯淡,尽管相继推出了皮克斯图像计算机(Pixar Image Computer)和渲染系统 RenderMan,但这些产品的收入还不足以让皮克斯盈利,皮克斯开始进军制作电视节目。

20 世纪 80 年代后期,迪士尼推出的《小美人鱼》非常受欢迎,其中影片的一部分是使用卡特穆尔在卢卡斯时的团队为迪士尼开发的CAPS 制作的。皮克斯的约翰·拉塞特(John Lasseter)联系了迪士尼电影部门的负责人杰弗里·卡森伯格,商讨为迪士尼制作圣诞电视特别节目的事宜。卡森伯格非常喜欢皮克斯的短片和软件,提出为何不直接制作动画电影,并提出要制作三部影片。

皮克斯的工作人员都惊呆了。之前卡特穆尔和同伴史密斯(Smith)预测,计算机生成故事片是要到 20 世纪 90 年代中期才可行。而迪士尼的订单比预期提前了将近四年! 更妙的是,他们可以与动画之王迪士尼达成协议!

这真是千载难逢的商机。乔布斯立刻飞往阿纳海姆与史密斯和卡特穆尔会合,三人与迪士尼的卡森伯格谈判以敲定这项交易。最终达成每部电影制作经费不高于 1500 万美元,外加票房收入分成和软件版权。

当时皮克斯团队还缺乏为故事片编写剧本的经验,作为接手的第一部动画片《玩具总动员》(*Toy Story*)的工作进展缓慢。不过当皮克斯制作的一个30秒展示电影角色和动画技术的预告片送到迪士尼审定时,大家都惊呆了,这段短片不同于迪士尼以往制作的任何东西!很快迪士尼批准了初期剧本,制作于1993年1月19日正式开始。

动画师立即开始工作,创建场景和模型,一切似乎都很顺利。就连乔布斯,这位一直在关注萎靡不振的NeXT的缺席老板,也对这部电影的进展很感兴趣。但制作生产推进10个月后,灾难又一次降临。迪士尼高管对故事剧本不满意,停止了制作,并威胁说如果皮克斯的导演拉塞特不修改剧本,就取消交易。那天——1993年11月19日,在皮克斯被称为黑色星期五。

卡特穆尔迅速安排导演拉塞特去参加编剧课程的进修学习,到1994年4月,拉塞特重新修改了剧本,迪士尼的卡森伯格再次开始制作,皮克斯开始努力争取在1995年的感恩节上映,迪士尼也投入了1亿美元做映前宣传,这也让皮克斯的工作人员感觉越发紧张。

随着1995年11月22日的临近,在由鲁迪·朱利安尼(Rudy Giuliani)主持的纽约迪士尼晚会上,乔布斯目睹了人们对这部令人惊叹的作品的戏剧性反应。首映周末,《玩具总动员》收入3910万美元,这足以收回制作成本。到院线上映结束时,这部电影的票房收入已然超过2亿美元!这对于一部动画片来说是一个令人难以置信的数字,一时间皮克斯成为家喻户晓的名字,卡特穆尔和他带领的团队用事实证明了计算机生成的电影不仅可行,而且市场反响非常好。

一周后,皮克斯以每股22美元的价格上市,首日交易价格飙升至50美元,乔布斯一跃成为亿万富翁。皮克斯继续与迪士尼重新谈判合同,并发行了六部票房收入超过10亿美元的大片。

《玩具总动员》是皮克斯在影院上映的第一部故事片,由110人组成的团队中的27名动画师创作,动画渲染耗时超过800 000小时,最终完成。《玩具总动员》之所以如此受欢迎,是因为大多数玩具都是从20世纪50年代开始的,多年来许多儿童玩过的不同玩具的经典变体,这使得儿童和成人都有亲切感。电影的另一个成功的关键因素是它的故事和主题。首先,它实现了众多幼儿最普遍的梦想,即让他们的玩具栩栩如生。其次,它包含诸如强调友谊重要性之类的信息。

这之后,皮克斯进入动画电影时代,在卡特穆尔的领导下,皮克斯通过RenderMan系统制作了一系列成功的电影,也让其他一些电影公司获得了软件的授权。在2020年获得奥斯卡最佳视觉效果奖提名的47部电影中,就有44部使用了RenderMan软件,包括《阿凡达》《泰坦尼克》《美女与野兽》《星球大战前传》《指环王》三部曲等。

卡特穆尔在皮克斯一直工作了30多年(皮克斯后来成为迪士尼动画的下属部门)。在他的带领下,皮克斯实验室中的几十位研究人员发明、发布了很多基础技术(如图像合成、动态模糊、布料模拟等),这些技术为计算机动画电影和更广义的计算机图形学都做出了贡献。

2018年10月,73岁的卡特穆尔完全退休,在退休告别信中,他说:在我最疯狂的想象中,都从未想过会走过这样一条充满曲折和起伏的道路,我为在这条道路上能与诸多非凡卓越的人一起同行而振奋,正是大家满怀才华、激情和奉献,才让我们的工作在这个世界上产生了如此持久的影响。

除获得图灵奖外,卡特穆尔还三次获得奥斯卡科技成果奖(1993,1996,2001),以及冯·诺依曼奖(2006),2009年他被授予戈登·E.索耶奖,这是表彰电影行业重大技术贡献者的个人奖项。

下面介绍另一位获奖者帕特里克·汉拉汉。

帕特里克·汉拉汉也是一位美国计算机科学家,斯坦福大学计算机科学系和电子工程系的教授,也是皮克斯动画工作室的创始员工之一。作为RenderMan系统的主要设计者,他开发了着色语言、体积渲染、光场渲染等技术,为 CGI 视觉效果设定了沿用至今的标准。他还将着色语言扩展到 GPU 上,使其成为广泛领域的通用计算引擎,包括高性能计算和人工智能应用。

1954 年出生的汉拉汉在威斯康星州的格林湾长大。自小就喜欢数学和科学,小时候父亲教他下棋,由此也培养了他的专注和学习习惯。他曾经自学俄语,希望能阅读俄罗斯关于国际象棋的杂志并记住战术,高中时获得过威斯康星州国际象棋冠军。1977 年汉拉汉从威斯康星大学麦迪逊分校毕业,获得了核工程学士学位。继而留在学校开启了生物物理学博士的攻读。他在的生物学重点实验室,当时主要从事线虫蛔虫的运动神经系统研究。每周他都会去附近的屠宰场,从猪的胃里收集蠕虫,然后带回来做实验。他提出了一个运动神经系统如何推动蠕虫运动的理论,试图去解释和模拟线虫的运动系统,但这涉及很多神经生物学概念和数据,非常抽象。直到他的室友给他介绍了新出来的计算机图形学,并建议他将数字和概念转换为图像。他一下就被迷住了,幻想可以将抽象概念、数学和算法转换为图像,将数字变成屏幕上起伏的蠕虫。他为这个想法兴奋,开始如饥似渴地大量阅读有关计算机图形学方面的资料,并尽可能多地上机学习编程。这还不够,他还想和领域的高手一起工作和交流,于是放弃了当时进行的博士课程,联系并前往当时知名的纽约理工学院计算机图形实验室。

在纽约实验室的那段工作时间不长,但实验室自由的学术和充满青春梦想的氛围让他难忘,他感觉每天呼吸的空气里都弥漫着图形学的信息。之后,在导师要求下,他又回到学校,完成了博士论文,1985 年获得生物物理学博士学位毕业。

博士毕业后,汉拉汉就和当时在西海岸的卡特穆尔联系上,1986 年重返这个梦之团队,加入皮克斯。不过,初创的皮克斯还是举步维艰,汉拉汉提出了做动画渲染软件的想法,希望能为公司赚点钱。在他和同事共同努力下,这个产品想法就成了后来著名的 RenderMan 系统,最终成为了制作计算机 3D 电影的利器。他也在组织开发这个产品中,学到了很多管理知识。不过当时他认为用计算机生成图形技术去制作一部完整的电影,还是非常遥远,有生之年是不会看到的。他觉得如果没有人工智能的进步,是不可能创造出人们认为真实的图像,他没有想到后来发生的变化——《玩具总动员》几年后的成功首发。

由于那时的皮克斯还处于爬坡路上,收入也不太好。1989 年汉拉汉离开了皮克斯,他先在普林斯顿大学任教,1994 年来到了斯坦福大学。回到学术界的汉拉汉,发现自己非常喜欢教学,他喜欢和学生在一起,分享年轻人大胆且令人兴奋的想法,他说:"指导学生掌握计算机系统编程的基础知识,就像我第一次发现编程和图形是多么有趣和令人惊讶一样,能够为他们提供这种大开眼界的体验是非常有益的,尤其是当我看到我的学生的好奇心被激发时。"他也非常喜欢斯坦福大学的跨学科专业知识的环境氛围,他觉得在这种环境,能够做出很多其他人无法做到的事情。

在斯坦福大学期间,汉拉汉开创了许多计算机图形学的新技术,包括"基于物理的渲染",这是一种对光源和材料进行建模,然后在虚拟场景中模拟光与它们相互作用的过程的方法,他一直负责计算机图像合成课程教学工作。他还敏锐地看到数据可视化的发展前景,开发了 Tableau 软件,这是一个可以对业务、科学、工程和医学进行数据化分析的应用程序。

除图灵奖外,汉拉汉因其在渲染和计算机图形学研究方面的工作获得过三次奥斯卡技术成就奖(1993,2004,2014)。此外,他还获得了图形学领域的重要奖项——2003 年 SIGGRAPH Steven A. Coons 计算机图形学杰出创意贡献奖,以及 1993 年 SIGGRAPH 计算机图形学成就奖。他是美国国家工程院院士(1999)和美国国家艺术与科学院院士(2007),在斯坦福大学他获得过三项学校教学奖。

在计算机领域自学成才的他,总结他的成长历程时常说:“比起天赋或努力工作,我观察到好奇心和激情决定成功,我真的提倡我的学生倾听这些内在呼唤。对于我的研究生,我给他们完全的自由,让他们在我那里做所有有趣的事情,尽可能在场,指导他们的探索,这是我从皮克斯的主管埃德温·卡特穆尔那里学到的。”他期望并鼓励他的学生保持好奇心并掌控好自己的学习。

“好奇心和激情决定成功”(Curiosity and Passion determine Success),也是汉拉汉这位自学成才的计算机图形先驱的人生写照。

2020 年图灵奖获得者：阿尔佛雷德·艾侯和杰弗里·乌尔曼

——奠定计算机编程语言理论和实现基础的先驱

阿尔佛雷德·艾侯

杰弗里·乌尔曼

计算机软件已经遍布在现代人类社会的各个角落，无论是手机、汽车或是隐藏在网络平台后的大型服务器，到处都有软件的身影，软件使得我们能够便捷使用各种现代科技工具。实际上，世界上的每款软件——计算机程序，都是人类使用计算机程序语言编写出来后，再翻译成便于在计算机上运行的语言。这种将高级语言编写的程序转换成计算机能识别执行的语言的技术，很大程度上要归功于两位科学家早年在贝尔实验室的开创性贡献。

阿尔佛雷德·艾侯（Alfred Aho）和杰弗里·乌尔曼（Jeffrey Ullman）的合作是从 1967 年在贝尔实验室开始的，他们的工作为编程语言的理论和实现以及算法设计和分析奠定了基础,也为这一时期出现的计算机科学的核心理论做出了贡献。为此,ACM 评奖委员会将 2020 年图灵奖颁发给了 79 岁的哥伦比亚大学计算机科学名誉教授阿尔佛雷德·艾侯和 78 岁的斯坦福大学计算机科学名誉教授杰弗里·乌尔曼,以表彰他们在编程语言实现方面的重要贡献,79 岁的艾侯也成为至今图灵奖最年长的获奖者。

对于二人的成就,谷歌 AI 负责人杰夫·迪恩(Jeff Dean)表示:"艾侯和乌尔曼建立了关于算法、形式语言理论、编译器和数据库的基本概念,这些概念在今天的编程和软件环境的发展中起到了重要作用。在计算机科学教育方面,他们的教科书一直是培训学生、研究人员和从业人员的黄金标准。"

艾侯 1941 年 8 月 9 日出生于加拿大安大略省北部一个名叫提明斯(Timmins)的矿业小镇,2 岁时随家人搬到了南边的多伦多。艾侯父母是来自芬兰的移民,父亲是个木匠,母亲在一家药企做文秘。尽管艾侯父母都没有读过大学,但他们却很重视对艾侯的培养。小时候艾侯就常和母亲一起阅读莎士比亚、狄更斯等文学名著,他还特别喜欢科幻小说,高中时还曾写过一篇 100 多页的科幻故事。此外,音乐和小提琴也伴随艾侯成为一生的爱好。小学时常带着外祖母送他的小提琴到当地皇家音乐学院学琴,高中和大学作为校管弦乐团的成员还经常去演出。艾侯第一次去图灵奖得主克努特家拜访时,两位音乐爱好者还联袂演奏了一段挪威著名作曲家格里格的小提琴和钢琴奏鸣曲。

1959 年艾侯高中毕业,进入加拿大多伦多大学学习工程物理学。在那里他开始对运用布尔代数化简电路产生兴趣,并有了第一次上机编程经历,当时还是使用汇编语言在学校的 IBM 7094 大型机上编写程序。

1963 年从多伦多大学本科毕业,艾侯进入美国普林斯顿大学电气工程系攻读计算机研究生。尽管普林斯顿大学很早就有图灵、冯·诺依曼等科学家在从事计算机科学理论方面的研究,但是普林斯顿大学计算机科学系直到 1985 年才正式从电气工程系中分离成系。不过在当时艾侯所在的电气工程系里,一些年轻教师已在探索如何开展计算机科学方面的教育,其中就包括前面介绍的从斯坦福大学博士毕业,刚到普林斯顿大学任教的 1986 年图灵奖获得者约翰·霍普克洛夫特。1964 年,霍普克洛夫特在学校开设了一门名为自动机理论的研究生新课,艾侯和早他一年入学的研究生乌尔曼以及在系统开发公司的西摩·金斯伯格(Seymour Ginsburg)三人组成了一个课程学习小组,围绕自动机和形式语言这个新领域,学习讨论度过了一个夏季。之后,在霍普克洛夫特指导下,艾侯完成了有关形式语言自动机方面的博士论文。

1967 年艾侯博士毕业,进入贝尔实验室,成为贝尔计算科学研究小组成员。乌尔曼则早于他进入贝尔,不过乌尔曼 1969 年离开,而艾侯在贝尔实验室工作了 30 多年。尽管艾侯和乌尔曼在贝尔实验室共处的时间不长,但最初的那段时光却开启了他们之后长达数十年的友谊与合作,其间,他们共同撰写教材和论文,并为算法、编程语言、编译器和软件系统引入了新技术。

20 世纪的贝尔实验室可以说是一个科技创新的摇篮,众多耳熟能详的技术发明,像晶体管、激光器、光伏电池、UNIX、C 语言和 C++等皆诞生于此。容忍失败,鼓励尝试,是贝尔实验室创新能力的保证。在当时电信垄断经营带来的雄厚财力支持下,贝尔实验室营造了一个非常宽松舒适的环境,也因此聚集了一批优秀的研究人员。贝尔实验室也先后有 7 位研究人员获得图灵奖。除艾侯和乌尔曼外,杨立昆因其在深度神经网络方面的工作而荣获 2018 年奖项。罗伯特·陶尔扬则因在算法和数据结构方面的工作而荣获 1986 年奖项。汤普森和里奇由于发明 UNIX 而于 1983 年共同获奖。理查德·哈明则是因在数值方法、自动编码系统以及错误检测和哈明码方面的工作而荣获1968年奖项。乌克曼曾经在一次接受采访中谈到当年的贝尔,说有一次在实验室的大厅遇见贝尔实验室的总裁,总裁问起他目前在做些什么工作,乌克曼告诉总裁正在研究堆栈自动机,当乌尔曼还试图进一步解释他的工作内容时,总裁对他笑笑说了句:“好吧,只要你玩得开心。”在这个自由开放的研究环境里,艾侯和乌尔曼得以延续他们在普林斯顿大学期间进行的形式语言研究。那时在普林斯顿大学任教的霍普克洛夫特也在暑假里来贝尔实验室做咨询,师生三人经常在一起讨论。后来1969年乌尔曼回到普林斯顿大学担任教职后,仍然继续每周为贝尔实验室工作一天。

艾侯在贝尔实验室度过了漫长而富有成果的30多年。

其间,他设计了高效的正则表达式和字符串模式匹配算法,这些算法被合并到UNIX工具egrep中,后来又被合并到词法分析器lex中,使编译器的开发更快、更容易。另一个工具fgrep可通过生成专用自动机,能够在一次输入的过程中完成快速搜索多个关键字的任务。fgrep的核心是AC(Aho-Corassick)算法,是艾侯和贝尔实验室的玛格丽特·科拉西克(Margaret Corasick)在1975年共同发明的,AC算法用在书目搜索系统和字符串搜索应用程序中。科拉西克也是贝尔实验室的研究员,参与了UNIX操作系统和C语言的开发,她也是普林斯顿大学毕业的第一位女性计算机科学博士,曾获得IEEE计算机协会的杰出技术成就奖和ACM的杰出女性计算机科学家奖。此外,UNIX AWK工具(以其创建者Aho、Weinberger和Kernighan命名),则是一种基于艾侯处理正则表达式算法的专用编程语言,用于文本处理,其衍生产品至今仍在使用。

艾侯还和乌尔曼密切合作,开发了用于分析和翻译编程语言的高效算法,他们在算法设计和分析技术方面的早期联合工作为这一时期出现的计算机科学理论核心提供了关键方法。1974 年,艾侯与霍普克洛夫特和乌尔曼出版了《计算机算法的设计与分析》(*The Design and Analysis of Computer Algorithms*),将他们早期的一些算法研究整理成文。几十年来,这本书成为计算机科学中被引用次数很多的书籍。

艾侯和乌尔曼在 20 世纪 70 年代的另一个重要贡献则来自他们关于编程语言和编译器理论的教材。起初,他们把对计算机语言的研究收集整理,试图提炼自动机和编程语言理论的本质,当时在 1973 年出了一个两卷系列的《解析、翻译和编译理论》书,这为他们 1977 年出版的关于编译器技术的经典教材《编译原理》奠定了基础。《编译原理》因为它的封面上描绘了一位骑士和一条龙的搏斗,隐喻着要征服复杂性,而被业界奉为"龙书",一直以来都是学习编译技术的经典。该书分别于 1986 年和 2006 年出了修订版。在这些书中,由于清晰地列出了将高级编程语言转换为机器代码的流程,使得原来复杂无序的整个编译器构建工作得以规范和模块化。

此外,艾侯和乌尔曼还帮助正式确定了关系数据库的结构。他们关于"无损连接"的论文为无冗余数据存储的研究带来了严谨性,并给出了一种确定何时可以在不丢失信息的情况下将关系分解为更小组件的方法。

艾侯于 1995 年加入哥伦比亚大学计算机科学系。在加入哥伦比亚大学之前,艾侯是贝尔实验室负责计算科学研究的副总裁。他在哥伦比亚大学度过了余下的职业生涯,曾担任过两届计算机科学系的系主任。其间,他还与贝尔实验室保持联系,2002 年艾侯从贝尔实验室正式退休。尽管从贝尔实验室退休,但艾侯还经常出席贝尔实验室的项目评审等活动和研讨会。在 2019 年庆祝 UNIX 操作系统诞辰 50 年活动中,艾侯还发表了关于 UNIX 随着世界信息基础设施发展的持续影响的演讲。

而在哥伦比亚大学,艾侯继续研究语言和编译器,并教授一门颇受欢迎的课程,课上他要求学生设计编程语言并编译实现,此外还从事量子计算方面的工作。1992 年他和乌尔曼编写了一本新教科书《计算机科学基础》,主要介绍基于理论和数学的计算机科学,2018 年艾侯从哥伦比亚大学退休。

除图灵奖外,艾侯还获得许多荣誉和奖项,包括 IEEE John von Neumann Medal、ACM SIGACT Distinguished Service Award、ACM Paris Kanellakis Theory and Practice Award 等。他是美国国家工程院(1999)和美国艺术与科学学院(2003)的院士。还曾担任美国国家工程院计算机科学与工程部、ACM 算法和计算理论特别兴趣小组、美国国家科学基金会计算机和信息科学与工程理事会咨委会的主席。2017 年艾侯、霍普克洛夫特和乌尔曼还获日本 NEC 公司 C & C 基金会颁发的 C & C 奖,这个奖旨在表彰在半导体、计算机、电信及其集成技术领域做出开创性工作和杰出贡献的团体或个人。由于卓越的教学,艾侯还获得哥伦比亚大学的优秀教师奖(2003)和杰出教学奖(2014)。

对年轻人,艾侯常说:“你终究不会觉得数学学得太多……学习你所在领域的基本原理,因为基础知识不会过时得那么快……当你毕业时,试着找到一份与该领域最优秀的人一起工作的工作,因为你从这些人身上会学到很多东西,这将会为你的下一份工作做好准备。”打好基础并努力和优秀的人一起工作,向优秀的人学习,是艾侯走过的成功之路,也是这个时代年轻人成长的捷径。

接下来,简单介绍一下另一位获奖者。

乌克曼 1942 年 11 月 22 日出生于美国纽约,大学英语毕业的父亲从事广告业工作,母亲则在接受短期职业培训后,在一家公司做文秘。少年时乌尔曼喜欢阅读《科学美国人》《大众机械》这类科技杂志,也常和街道里的孩子们一起打棒球,还学会了弹手风琴、钢琴和吉他。乌尔曼在学校里聪明好学,成绩优秀,颇受老师喜欢。上高中时受数学老师艾拉·埃文(Ira Ewen)的影响而喜欢数学,这位哈佛大学毕业的年轻数学老师常放学后开车带着他们几个孩子兜风,并给他们讲神奇的数学问题,这使得孩子们对数学越发喜爱。中学期间,乌尔曼还作为学校代表队参加当地学校间的数学竞赛,后来在上纽约哥伦比亚大学的专业选择上,受数学埃文老师的鼓励和影响而选择了主修工程数学专业。

在哥伦比亚上学期间,乌尔曼参加了几次精算师的资格考试并取得不错的成绩,那时他希望毕业能做个精算师。1962 年,大三暑假期间他找到一份在保险公司的工作,主要是协助技术人员对公司的宝来(Burroughs 2500)计算机做管理和编程,赶巧这个技术人员要休假三周,这使得乌尔曼有机会独自负责计算机并做了三个星期的编程。当时编程还是在穿孔卡上进行,第一次接触计算机编程让乌尔曼觉得特别有趣。第二年,他又在长岛的布鲁克海文国家实验室(Brookhaven National Laboratories)找到了一份暑期工作。在那里,他学习了 FORTRAN 语言,并花了整个夏天研究 IBM 7090 机器的汇编代码。此外,大四时他还选修了一门编码理论的课程。后来到普林斯顿大学读研究生时,面对通信系统、固体物理和数字系统三个选择方向时,乌尔曼选择了当时埃德·麦克拉斯基(Ed McCluskey)负责的数字系统方向学习。

1963 年乌尔曼从哥伦比亚大学毕业,获得工程数学学士学位,进入普林斯顿大学继续深造读研究生。在读研究生第一年,1964 年夏天,当年在大学教他编码理论课程的 Bob Chien——这位来自 IBM 约克城高地(IBM Yorktown Heights)研究中心的老师,给他介绍了一份在 IBM 约克城高地研究中心的工作,这份工作涉及哈明码问题。乌尔曼的博士论文题目是《同步纠错码》(*Synchronization Error Correcting Codes*),由阿瑟·伯恩斯坦和阿奇·麦凯勒指导。

1965年乌尔曼还曾经在新泽西州默里山的贝尔实验室做过暑期实习，并在那年秋季在哥伦比亚大学夜校接下一门自动机理论课程，那时还没有这方面教材，乌尔曼就和在普林斯顿大学教这门课程的霍普克洛夫特商量编写一本这方面的教科书。两人简单规划了章节目录后，就按照奇偶章节进行分工。他们从上一年霍普克洛夫特写的一小套课堂笔记起步，随着教学进程每人每周讲一章，两周编写完后面一章，他们边讲边写，到学期结束时，就有了书的初版。又经过一年完善和增补，这本名为《形式语言及其与自动机的关系》的计算理论教材在1968年正式出版。1979年，为便于学生学习理解，经过重新组织和扩充后，这本被昵称为"灰姑娘之书"的计算理论经典教材《自动机理论、语言和计算导论》(*Introduction to Automata Theory, Languages, and Computation*)出版了，之所以如此称呼，是因为封面描绘了一个女孩坐在织布机前工作，此后2000年和2006年分别又出了第2版和第3版。

1969年乌尔曼离开贝尔实验室，回到普林斯顿大学担任副教授，并于1974年晋升为正教授。前面我们说了，其间他还每周一天去贝尔实验室工作，在那里与艾侯合作进行了编译器设计方面的研究，并发表了一些重要的论文。1979年乌尔曼加入了斯坦福大学，担任计算机科学教授，并于1992—1995年担任计算机科学系主任。在斯坦福大学期间，他将研究重点转向了数据库理论、数据集成、数据挖掘等方面，并成为了数据库领域的权威专家之一。他指导了多名博士生，其中包括谷歌的联合创始人之一谢尔盖·布林(Sergey Brin)，并一度在谷歌的技术顾问委员会任职。除了是斯坦福大学教授外，他也是在线学习平台Gradiance Corporation的创始人。

除了与艾侯合著的"龙书"和与霍普克洛夫特合著的"灰姑娘之书"这两本经典教材外，在数据库领域，乌尔曼还出版了《数据库系统实现》(*Database Systems: The Complete Book*)、《数据库系统全书》(*A*

First Course in Database Systems)等。2010 年乌尔曼退休,但仍然保持着对计算机科学的热情和活力,常参与一些项目和咨询工作,并继续撰写教材和论文。

除图灵奖外,乌尔曼还获得许多荣誉和奖项,包括 ACM Sigmod 贡献奖(1996)、ACM Karl V. Karlstrom 杰出教育家奖(1998)、Knuth 奖(2000)、ACM Sigmod E. F. Codd 创新奖(2006)、IEEE von Neumann Medal(2010)、NEC C & C 基金会奖(2017)、ACM SIGACT Distinguished Service Award、IEEE Harry H. Goode Memorial Award 等。他也是美国国家工程院(1989)、美国艺术与科学院(2012)和美国国家科学院(2020)的院士。

2021 年图灵奖获得者：杰克·唐加拉

——高性能计算软件发展的先驱

杰克·唐加拉

高性能计算，又称超级计算，关乎利用超级计算机实现并行计算的理论、方法、技术及其应用，兼具科学和工程特征，是计算机科学重要的前沿性分支。2022 年 3 月，迎来了高性能计算领域的首个图灵奖：ACM 宣布将 2021 年图灵奖授予美国田纳西大学计算机科学教授，时年 71 岁的杰克·唐加拉（Jack Dongarra），以表彰他在数值算法和工具库方面的开创性贡献。他开发的算法和软件推动了高性能计算的发展，对人工智能、计算机图形学等领域均产生了重大的影响，也使高性能计算软件跟上了硬件的指数级更新。美国工程院院士、谷歌 AI 技术奠基人 Jeff Dean 评价唐加拉说：“他的工作从根本上改变并推动了科学计算的发展。他在世界各科学计算领域最频繁使用的数值软件库的核心的工作，帮助推进了从药物发现、天气预报到航空航天工程等数十个领域的发展。”

由于唐加拉 2022 年 6 月 30 日荣誉退休，而 ACM 的颁奖晚宴 6 月 11 日在旧金山举行，图灵奖无疑成为他退休前获得的一份最好礼物。

唐加拉最主要的贡献是以线性代数作为中间语言创建了开源软件库及其标准，可以方便地被各种应用程序使用，并支持单处理器、并行计算机、多核结点和多 GPU 等不同结构的计算机,也就是说,小到笔记本计算机,大到超级计算机,都可以利用唐加拉基于线性代数的软件库解决具有挑战性的计算问题。而大家所熟知的世界超算 TOP500 榜单,其背后的评测算法也出自唐加拉早年的工作。

唐加拉 1950 年 7 月 18 日出生于芝加哥一个意大利西西里的移民家庭。小学就读于当地一所天主教学校,成绩平平,但在家里是个破坏大王,喜欢拆装捣鼓。后来唐加拉升入芝加哥西南部的肯尼迪高中,这是一所新型高中,允许学生选修课程,他喜欢上科学课,喜欢动手做实验。

高中毕业后,他考入芝加哥州立大学主修数学,希望毕业后成为一名中学教师。读大三时,他申请去了附近的阿尔贡国家实验室实习,指导他的是布莱恩·史密斯。史密斯当时正负责 EISPACK 项目的协调和关键技术,唐加拉自然进入了 EISPACK 项目中。以前我们在介绍 1970 年图灵奖获得者威尔金森时曾经提到,EISPACK 是计算矩阵特征值和特征向量的软件包,应用场景很广。唐加拉在阿尔贡国家实验室的 IBM 360/75 机器上开发和测试 EISPACK 的经历使他对数值计算产生了浓厚兴趣,并成为他终生的事业。

大学毕业以后,唐加拉放弃了原先读物理学的计划,转而去伊利诺伊理工学院读计算机科学硕士研究生,在读硕期间仍每周到阿尔贡国家实验室工作一天,布莱恩·史密斯指导他完成了硕士论文,论文提出了一种算法,将一个对于内存来说太大的矩阵化简为对角形式,从而能有效地进行处理。1975 年硕士毕业以后,他正式成为阿尔贡国家实验室工作人员,继续从事数学软件开发。很快唐加拉意识到要想在这样一个人才济济的研究机构有更好的发展,需要继续学习。碰巧唐加拉和新墨西哥大学的克莱夫·莫雷教授(2012 年计算机先驱奖获得者,MATLAB 的发明者)在 EISPACK 项目工作期间有过交往,于是唐加拉成了莫雷的博士生。

读博期间,唐加拉曾去洛斯阿拉莫斯国家实验室做访学研究,有机会在世界上第一台具有向量处理能力的巨型机 Cray 1 上工作。他与 Tom Jordan 一起为这台机器编写了线性代数例程。1980 年,唐加拉完成博士论文,实现了一种提高特征值计算精度的方法,据说是威尔金森建议他做这个方向研究的。

唐加拉在 20 世纪 70 年代完成的最重要的工作是 LINPACK。这个项目始于 1976 年,主要是为解线性方程组问题立项的。起初唐加拉在项目中的职责只是开发一个框架来测试软件包及其组件,但随着项目的深入,以及唐加拉在项目中展现出的非凡能力,他承担的工作越来越多,到 1979 年项目结束时,唐加拉已经成为团队实际上的“领头羊”。

LINPACK 有两个重要特性:一个是具备跨机器高效运行的灵活性;另一个就是提供了完善的用户使用指南。

LINPACK 的灵活性是通过调用基本线性代数子程序(BLAS)获得的。LINPACK 的设计促使计算机制造商为其机器开发高度优化的 BLAS,这样在 LINPACK 和 BLAS 间就形成了某种共生关系,使 LINPACK 很快成为那个时代非常重要的数学软件包,从超级计算机到 UNIX 工作站和 IBM 个人计算机被广泛使用。

LINPACK 的用户使用指南十分完善。除解释调用序列之外,还解释了每个例程是如何工作的,软件包的不同部分如何组合在一起,如何为特定问题确定最合适的技术,等等。唐加拉在用户手册的附录中还收集了各种不同机器的运行时间信息,旨在帮助用户估计他们的系统使用 LINPACK 包解决问题所需时间,最初手册只包括 23 台不同计算机解决 100×100 的矩阵(这是当时所有机器可以处理的最大矩阵)的性能。后来加入这个性能时间列表的机器不断增加,于是 LINPACK 的测评方法逐渐成为衡量机器浮点运算性能的标准,并逐渐演化成为今天的 TOP500 榜单的依据。TOP500 发布始于 1993 年,目前每年会在 6 月的国际超算大会(ISC)和 11 月的全球超级计算大会(SC)上更新排名,唐加拉是 TOP500 榜单主要发起人。

1989 年,唐加拉离开阿尔贡国家实验室,到田纳西大学电气工程和计算机科学系担任特聘教授,同时也被聘为田纳西附近的美国橡树岭国家实验室计算机科学和数学部的杰出研究人员。他之所以离开阿尔贡国家实验室而到大学,是期望可以把高性能计算方面的研究与产业应用更好地结合起来,即把创新和创业更紧密结合,他认为大学的环境比研究机构更有能力扮演类似企业家的角色。唐加拉在橡树岭国家实验室主要是做些咨询,大多数时间他都待在田纳西大学。他经常背个单肩包到实验室,坐在前排认真听每周一次的小组讨论会。在田纳西大学他创办了创新计算实验室(Innovative Computing Lab,ICL),起初只有一名研究生助教,到 2004 年,实验室已经发展到大约 50 人,形成了从教授到学生的良好研究团队,得到来自美国国家科学基金会、美国国防部高级研究计划署、能源部和其他机构的一系列资助和研究合同。在田纳西大学,除医学院外,他的实验室是获得最多经费支助资金的,同时在数学软件这个学术领域也独树一帜。

除开发 LINPACK、BLAS 外,唐加拉作为主要实施者或首席研究员还陆续创建了 Netlib、LAPACK、ScaLAPACK 、PLASMA、MAGMA 和 SLATE 等多个工具库。他一直在努力应对新的计算机体系结构给线性代数带来的挑战,在开发高性能数值计算软件和形成标准的道路上不断研究和创新。

唐加拉著述颇丰。他是超级计算用户社区的代言人。自 1992 年以来,他一直是《国际高性能计算杂志》的主编,并为工业和应用数学学会创建了超级计算兴趣小组,还参与了该学会的许多其他活动。

在获得图灵奖之前,唐加拉已经获得过众多奖项: 2004 年获得

IEEE Sid Fernbach 奖,2008 年获得首届 IEEE 可扩展计算卓越奖,2010 年获得首届 SIAM Activity Group on Supercomputing Career Prize 奖,2011 年获得 IEEE 计算机学会查尔斯·巴贝奇奖,2013 年获得 ACM/IEEE Ken Kennedy 奖,2019 年获得 SIAM/ACM 计算科学奖,2020 年获得 IEEE 计算机先驱奖。

2001 年唐加拉当选美国国家工程院院士。他也是俄罗斯科学院外籍院士和英国皇家学会外籍院士。

唐加拉曾多次到访中国,到各个超算中心访问并接受采访。在由中国发起、面向全球大学生的 ASC 世界大学生超级计算机竞赛中,唐加拉多次担任专家委员会主席。

2022 年图灵奖获得者：鲍勃·梅特卡夫

——奠定互联网技术基础的以太网发明人

鲍勃·梅特卡夫

1973 年 5 月 22 日，按照惯例，梅特卡夫准备了一份联网工作备忘录，在这份长达 12 页名为“Alto Ethernet”的备忘录里面，他画了一个以太网络（Ethernet）工作示意图，他说分布在研究中心不同位置的计算机将通过一些无源介质连接，可以使用电缆传输，也可以使用无线传输，随着技术改进，也许无线效果会更好。为避免强调具体的联网介质，梅特卡夫借用 19 世纪物理学家假定的电磁传播媒介光以太（Ether）命名这个他新设计的网络为 Ethernet——以太网络，简称以太网。当时他不会想到这一天会被历史记住，更不会想到时隔 50 多年，他的发明获得了计算机界令人瞩目的大奖。

2023 年 3 月 22 日，ACM 评奖委员会将 2022 年图灵奖授予了时年 76 岁的以太网发明者、3Com 公司创始人鲍勃·梅特卡夫（Bob Metcalfe），以表彰其在以太网“发明、标准化、商业化”方面的杰出贡献。ACM 在其官网上写道：“梅特卡夫被公认为创造了互联网的基础技术，该技术支持超过 50 亿用户，并使许多现代生活得以实现。”以太网作为一种连接全球互联网的局域网技术，为现代计算机通信和互联网的发展奠定了基础，ACM 将这项大奖颁发给即将迎来此项发明 50 周年的梅特卡夫,可谓纪念意义非凡。

梅特卡夫1946年4月7日出生于美国纽约布鲁克林区的一个工程师家庭,父亲是一位航空技术员,在一家陀螺仪工厂工作,母亲是一名普通的家庭主妇。小时候,梅特卡夫就对科学和技术感兴趣。平时他喜欢在地下室看父亲维修电视机,有天趁父亲不在,出于好奇,他把手伸进了电视机里摆弄,不幸触电,幸好被父母发现得救。在上小学四年级时,为完成老师布置的读书报告作业,一天夜里他在地下室的书架上翻到一本麻省理工学院的电气工程教材,虽看不懂,他却也大胆编起读后感,为获老师好评,他还在这份第二天要交的报告后面,特意加上一句,说他将来要上麻省理工学院,拿个电气工程学位。

少年夸下的海口成了他努力的目标,1964年,他以全班第二名的成绩高中毕业,如愿进入了麻省理工学院。1969年23岁的梅特卡夫从麻省理工学院毕业,获得电气工程和工程管理两个学士学位。其间为支付学习费用,他打过各种零工,包括曾经熬夜为雷神公司(Raytheon)的计算机尤尼法克(UNIVAC)编程,此外一头红发、身材高大的他还担任过麻省理工学院网球队的队长,表现也是格外显眼。

从麻省理工学院毕业后,一心想学计算机的梅特卡夫进入哈佛大学深造,一年后获得应用数学硕士学位,继而开始攻读计算机科学博士学位。不过读博的道路并不顺利。前面介绍2004年图灵奖获得者事迹时,谈过起源于20世纪60年代的ARPANET是美国国防部高级研究计划局为应对当时冷战危机建立起来的,1969年12月ARPANET实验开通,首次将四所大学(加州大学洛杉矶分校、加州大学圣巴巴拉分校、斯坦福大学和犹他州大学)的计算机互相连接。之后,ARPA加大投资,进一步扩大联网。

梅特卡夫注意到这一情况,有着在麻省理工学院学习数字设计和计算机编程基础的他,立刻满怀热情地给哈佛大学计算机管理部门提议,说可以帮学校的计算机做个接口,连接到 ARPANET 上。但哈佛大学并不信任他这个一年级的博士生,一口拒绝了他。哈佛大学的不信任使梅特卡夫非常不快,他转而直奔麻省理工学院,找到那里的 MAC 项目组,当时负责 MAC 项目的利克里特(J.C.R. Licklider)的助手接待了他。了解建议后,虽然当时他还只是一名在读博士生,但还是被 MAC 项目组聘为研究员,让他负责设计连接 ARPANET 的接口,还给了他不菲的研究员佣金。很快梅特卡夫就设计完成了联网的信息处理器(IMP),在麻省理工学院的小型计算机与 ARPANET 之间构建了一个高速(100Kb/s)网络接口,如今这个有纪念意义的 IMP 还挂在他波士顿家中的墙上。

前面介绍 1983 年图灵奖获得者和 1990 年图灵奖获得者时都提到过 MAC 项目,它是 1963 年由 ARPA 立项资助的,全称是"数学和计算项目"(Project on Mathematics and Computation),简称 MAC。其主要目标是开发一种分时系统,使多个用户可以同时使用一台计算机,从而提高计算机的利用率。著名的分时系统 MULTICS 就是 MAC 在早期第一个分时系统 CTSS 基础上进一步完善推出的,可以说 MAC 项目为分时系统的发展奠定了基础。利克里特在担任 ARPA 信息处理技术局(IPTO)局长期间,负责了 MAC 项目立项。1968 年利克里特返回麻省理工学院,担任电气工程教授,同时他还是 MAC 项目负责人。图灵奖获得者科尔巴托、明斯基、麦卡锡,以及汤普森和里奇也都曾先后参与到 MAC 项目中。而利克里特,这位当年心理学博士出身,有着物理、数学和心理学学士学位的局长和教授,在担任 IPTO 局长期间提出了计算机联网的创意设想,并将他所在 ARPA 的部门重心从专注于计算机模拟战争游戏转移到分时、计算机图形学和程序语言改进,为此他也将原先的部门名称从指挥与控制研究部改为信息处理技术局,以反映其新的工作重点。由于其在电子和计算机领域的远见卓识,利克里特也被誉为“信息时代的预言家和布道者”,是一位在数字时代播下计算种子的人。

回过来再说ARPANET推出之后,短短几年连接网络的结点不断增加。于是,负责ARPANET工作的罗伯茨和凯恩决定在1972年10月于华盛顿特区举行的首届国际计算机通信会议(ICCC)上公开进行ARPANET演示。凯恩(2004年图灵奖获得者)当时是承包ARPANET合同的BBN公司技术骨干,他给与会的1000多名代表演示了ARPANET已扩展到29个站点、40台计算机,演示进行得十分成功。梅特卡夫因为参与ARPANET搭建时写过一本介绍ARPANET应用的小册子,会议安排他给参会的10名美国电话电报公司(AT&T)的官员演示ARPANET如何使用,但演示中哈佛大学连接网络的计算机突然崩溃,那些还担心网络这一新事物会取代电信技术的高管们看到这个结果,都幸灾乐祸地笑了。那一刻的打击让梅特卡夫终生难忘,也促使梅特卡夫对网络进行深入细致的研究。

1972年,基于在MAC项目和ARPANET上所做的工作(构建IMP接口和协议软件),梅特卡夫整理写了博士论文,提交给学校学位委员会评审,委员会以他的论文理论研究不足为由,不予通过答辩。意外的变故一度让梅特卡夫措手不及,除赶紧通知要从纽约赶来参加儿子毕业典礼的父母不要过来外,他还急忙给将要去的工作单位施乐(Xerox) PARC的计算机科学实验室负责人泰勒(Bob Taylor,ARPANET的主要发起人之一,之前利克里特在IPTO的继任者)打电话,告知论文没有通过。不过泰勒听到这个消息后,热情邀请他尽快来PARC工作,并允许他在工作中继续完善论文。这在当时录用一个还没能拿到博士学位的学生到PARC工作也是不同寻常。多年之后,梅特卡夫谈起这段往事,都还对当年泰勒的鼓励和慧眼识才充满敬意。

顺便说一下,1970年7月1日成立的施乐PARC是现代许多计算元素的发明者和孵化器,诸如激光打印机、以太网、现代个人计算机 Alto、GUI(图形用户界面)和桌面范例、面向对象编程、普适计算、计算机鼠标器和用于半导体的 VLSI(超大规模集成)等都诞生自 PARC。而 PARC 在计算机领域的早期成功很大程度上是在其计算机科学实验室负责人泰勒的领导下取得的。PARC 的杰出研究人员中有四位图灵奖获得者:巴特勒·兰普森(1992)、艾伦·凯(2003)、查尔斯·萨克尔(2009)和鲍勃·梅特卡夫(2022)。

进入 PARC 后,梅特卡夫一边为 PARC 的 Alto 计算机设计连接 ARPANET,一边努力寻找一个能满足哈佛大学博士论文所要求的理论主题。当时,梅特卡夫还帮助给军官培训使用 ARPANET,每次去华盛顿出差时,他习惯于住在朋友史蒂夫·克罗克(Steve Crocker)家,史蒂夫·克罗克在国防部担任 ARPANET 的程序管理员。在 1972 年的一次到访中,晚上梅特卡夫准备打开起居室的沙发睡觉,由于时差关系,他习惯睡前找点东西阅读,当他拿着书架上一本 AFIPS 1970 年会议论文集(*AFIPS Conference Proceedings*, 1970)翻看时,其中一篇来自夏威夷大学的基于无线电的 ALOHAnet 计算机网络论文吸引了他,并认真阅读。

那时计算机网络既是一个理论挑战,又是一个工程挑战。最根本的问题是如何实现在众多用户之间共享访问网络的权限。虽然电话网络以最简单的方式处理了这个问题,但也有致命缺点,即双方之间的连接会在通话期间独占通信通道。计算机通信是以高速短时间内的突发为特点,这些突发通常被长时间静默隔开,独占传输通道显然不可接受。

为解决这种传输困境,计算机科学家伦纳德·克兰罗克(Leonard Kleinrock)20 世纪 60 年代初期,提出采用数学里的排队论,通过模拟交通拥堵和人们排队,来协调网络中的数据流。ARPANET 当时采用了这个方式。

1968 年阿布拉姆森(Norm Abramson)博士负责美国夏威夷大学的 ALOHA 项目(ALOHA 的本意是夏威夷人表示致意的问候语),这项研究是要解决夏威夷群岛之间的无线电通信问题,项目在 1971 年建立了一个名为 ALOHANET 的无线网络,它是世界上最早的无线电计算机通信网,其协议也是最早的无线数据通信协议。为了使分散在各个岛屿上的多个用户能够在同时间内通过单一的无线电信道(都使用相同的无线频段)来使用位于中心岛屿的计算机,就需要实现一种"一点到多点"的数据通信机制,而不再是端到端的"单点通信"机制。ALOHANET 为了实现这个目标而设计了 ALOHA 协议,它的本质是一种"无线电信道冲突域协商机制"。像 ARPANET 一样,ALOHANET 也以小数据包的形式传输数据。但与 ARPANET 不同,ALOHANET 采用了一种更"激进"的方案,它没有试图避免数据包之间的传输冲突。相反,任何因冲突而导致信息丢失的用户,都会在随机的时间间隔后重试。这种"随机重传"类似于两个人说话。当两人同时开始说话时,他们会暂时停下来,稍后再重启对话。几次尝试后,总会遇到一方没有说话的情况,问题就解决了。但这种策略在网络流量低时效果很好,当网络拥挤到一定程度,冲突会变得频繁,导致传输效率大幅下降。

那天晚上梅特卡夫阅读了这篇论文,了解了 ALOHANET 的冲突消解方法后,深受启发,同时也发现了 ALOHANET 模型中的一些问题,提出了避免通信陷入僵局的新方法。在梅特卡夫的模型中,计算机主机会基于冲突频率,独立调整传输重试的等待时间。如果冲突发生得很少,就会很快重试;如果网络很拥挤,就会退出,以保持通信总体上更有效率。梅特卡夫提出的这个新模型补齐了他早先论文缺乏理论研究的短板,据此修改后提交了新的博士论文。很快,1973 年 5 月,通过了论文答辩,获得了哈佛大学的博士学位。

有了新模型,梅特卡夫决定在 PARC 的联网工作中,付诸实践。当时 PARC 需要将研究中心发明的个人计算机 Alto 和第一台激光打印机 EARS 之间用网络相互连接起来。梅特卡夫的任务就是要设计一个简单、灵活的网络方案,允许便捷安装 PC 和激光打印机,而无须在添加设备时重新配置或关闭网络。那段时间梅特卡夫经常带着一堆缆线和烙铁,在 PARC 的地下室里做着发送信号实验。

1973 年春天的一天,梅特卡夫和以往一样在地下室里忙碌着,碰巧被加入 PARC 不久的大卫·博格斯(David Boggs)遇到。博格斯本科毕业于普林斯顿大学电气工程专业,还在附近斯坦福大学攻读电气工程研究生。博格斯很小就是一名业余无线电爱好者,具有相当丰富的无线电经验。在听了梅特卡夫有关联网和无线通信设想后,博格斯欣然接受了梅特卡夫邀请,帮助进行设计和调试网络硬件。之后,经常是梅特卡夫提出想法,博格斯想出如何构建系统,两人共同发明了以太网。梅特卡夫曾经说,他自己更像是一名概念艺术家,而博格斯则是一名在后台建造硬件的工程师。遗憾的是,博格斯于 2022 年 2 月 19 日在斯坦福大学医学中心因心力衰竭去世。

那段时间,梅特卡夫每周都要写一份备忘录,阐述设计进展,与实验室同事讨论,不断改进方案。这就有了开头我们说的 1973 年 5 月 22 日发生的故事。在梅特卡夫给大家分发的"Alto Ethernet"备忘录里,他除画了一个以太网工作示意图外,还免除了 ALOHANET 的"一点到多点"的中央枢纽方式,示意图里连接网络的 Alto 计算机和打印机彼此间都将通过无源介质直接连接。后来梅特卡夫把这一天确定为以太网的诞生日,博格斯则喜欢将另一个日期——1973 年 11 月 11 日作为以太网的起源,那天,他们建立并成功运行了以太网。

1976 年 7 月,梅特卡夫和博格斯共同发表了著名论文《以太网:本地计算机网络的分布式包交换》,标志 Ethernet Ⅰ 协议的发布。Ethernet

Ⅰ具有划时代的意义,现如今很多局域网的技术名词出自该协议,如Ethernet、Interface cable、Interface controller、Tap 等。

但 Ethernet Ⅰ最初只能应用于 Alto 计算机,梅特卡夫认为以太网应可以用于任何类型的计算机,他要进一步开发设计,将以太网扩展到施乐公司之外,但 PARC 的管理部门对此似乎不感兴趣。到 1979 年,梅特卡夫已经受够了施乐公司的冷淡。他决定离开 PARC,创办自己的 3Com 公司,并提出了 Computer Communication Compatibility(计算机、通信、兼容)的远景,这也就是 3Com 公司的由来。

1979 年 6 月,梅特卡夫和他的几位好友成立了 3Com 公司,公司专注于以太网设备的研制,包括网络适配器、集线器、交换机等,为当时快速发展的计算机网络市场提供关键基础设施产品。

1980 年 8 月,3Com 公司正式发布了第一款产品,一款用于 UNIX 操作系统的商业版 TCP/IP 网络适配器。那时 TCP/IP 刚进入 UNIX 内核,急需一种网络适配器作为计算机和 ARPANET 之间的通信接口,二者可以说是一拍即合。

20 世纪 80 年代,市场上流行十几种联网协议,各家有自己的组网方案,竞争激烈。梅特卡夫说服了 Xerox 与 DEC(Digital Equipment Corporation,数字设备公司)和 Intel 公司组成一个 DIX 联盟,目的是将以太网技术作为网络领域的标准,占领产业制高点。1983 年,这 3 家公司联合发布了 Ethernet Ⅱ 协议,也称为 DIX Ethernet 协议,将以太网作为本地网络的一个开放的工业标准推出,后经由 IEEE 802 LAN/MAN(局域网和城域网)工作组成立的 802.3 标准委员会将 10Mb/s Ethernet Ⅱ 推进成为一个公认的国际标准,即 IEEE 802.3 国际标准。

在产品和推进标准上的初步成功,使得 3Com 公司在成立后不久就收到了一笔大额的风险基金。那时正是 PC 崛起的年代,于是梅特卡夫开始频繁地与各大 PC 品牌企业商谈研发以太网适配器的计划。

其中,Apple 公司的创始人斯蒂夫·乔布斯(Steve Jobs)在听了梅特卡夫研制推广以太网适配器计划后,当即表示赞同,并邀请梅特卡夫到 Apple 公司主持网络开发工作,但梅特卡夫谢绝了邀请。一年后 3Com 公司为 Apple 计算机(Apple PC)配置了第一批以太网卡。同年,3Com 公司开发的 EtherLink 也成为了 IBM PC 的第一个以太网 ISA 总线适配器。随后 3Com 进入高速发展阶段,从网络适配器、网络服务器到网络操作系统等领域,拿下一块又一块领地。1984 年,成立仅 4 年的 3Com 公司成功上市。

当时,面对其他公司各种联网技术和协议,包括 IBM 公司推出的令牌环网,以太网之所以能够最终胜出,很大程度上是由于以太网的简单性和梅特卡夫对标准化的早期推动,以及其领导的研发团队及时推出了一系列具有划时代意义的产品和技术。可以说,梅特卡夫在以太网"发明、标准化、商业化"方面打出了一系列漂亮的组合拳,最终使得以太网在 20 世纪 80 年代那场网络争霸战中胜出,也成就了以太网成为当今世界计算机网络通信的一项核心技术。

1990 年,3Com 公司董事会发生了一场选举公司 CEO 的内战,结果梅特卡夫不满结果宣告退出。他先是"投戎从笔",涉足媒体,成为一名 IT 评论家和技术专栏作家。后来他又成为了风险投资人。他还一度活跃在教育和创业领域,曾担任哈佛大学、麻省理工学院和得克萨斯大学的教授,他也是许多创业企业和组织的顾问和投资人。几十年来,无论是在媒体主持专栏,还是从事教育和创业投资,他都始终不断坚持创新和探索,为新兴技术和企业注入新的活力和动力。他还一直在得克萨斯大学奥斯汀分校担任"创新和企业家精神教授",致力于将他从事创新创业的经验传授给更多后来者。

每当谈起多年来他数次身份转变,梅特卡夫自然对促使他做出如此巨大改变的原因有一套理论。"你一开始什么都不知道,然后你沿着学习曲线往上走，然后你就什么都知道了。”他在接受《量子杂志》记者采访时，用手指画出一条曲线，指着曲线的中间，补充说：“我通过经验发现，最有趣的部分其实就在这里。”

不过梅特卡夫在76岁时又做了一次职业调整。他现在是麻省理工学院的研究人员，研究超级计算机在能源和其他领域复杂问题上的应用。“我仍然处于学习曲线的早期部分。”他说，“我知道的不多，但我正在努力解决这个问题。”

梅特卡夫除获得图灵奖外，还获得过许多荣誉和奖项：1980年ACM Grace Murray Hopper Award，1995年IEEE Alexander Graham Bell奖章，1996年IEEE Koji Kobayashi计算机与通信奖，1996年IEEE荣誉奖章（Medal of Honor），1997年ACM SIGCOMM奖，此外，他2007年入选美国国家发明家名人堂（National Inventors Hall of Fame），他也是美国国家工程院院士（1997）。

值得一提的是，梅特卡夫还提出了“梅特卡夫定律”（Metcalfe's Law）。这是一条描述网络价值随着参与者数量增加而呈指数级增长的定律，这一定律对于理解网络效应和互联网经济的发展具有重要的参考价值。

在个人生活中，梅特卡夫于1970年和罗伯塔·多布森（Roberta Dobson）结婚并育有两个孩子。多布森在2014年不幸去世，这使得梅特卡夫深受打击，此后他也加强对家庭的重视，更专注于对孩子和家人的陪伴和支持。

附录 A

计算技术发展大事记(截至 2023 年年底)

公元前 3000 年

- 中国人发明算筹,以后演变为算盘。

1633 年

- 奥芙特德(Oughtred)发明计算尺。

1642 年

- 法国数学家帕斯卡(Pascal)发明齿轮式加法器。

1673 年

- 德国数学家莱布尼茨(Leibniz)改进了帕斯卡的加法器,制成能做四则运算的计算器。

1804 年

- 法国约瑟夫·杰卡德(Joseph Jacquard)制成穿孔卡片式织布机。

1822 年

- 英国数学家巴贝奇(Babbage)制作差分机。

1834 年

- 巴贝奇完成分析机设计,提出自动通用计算机的思想。

1854 年

- 英国数学家乔治·布尔(George Boole)创建逻辑代数理论。

1886 年

- 美国人宝来(Burroughs)发明记录式加法器。

1889 年

- 美国人海勒内茨(Hollerith)制成穿孔卡片系统(PCS)。

1890 年

- 美国使用海勒内茨的 PCS 进行人口普查,使美国国会议会和总统大选得以顺利进行。

1896 年

- 海勒内茨成立制表机公司。

1905 年

- Burroughs 加法器公司成立。

1911 年

- 海勒内茨的制表机公司等 3 个公司合并,成立 CTR 公司。

1924 年

- CTR 公司改名为国际商业机器公司(IBM)。

1936 年

- 英国数学家图灵(Turing)发表《论可计算数及其在判定问题中的应用》论文,提出了著名的理论计算机模型——图灵机。
- 德国工程师祖泽(Zuse)制成机械式计算机 Z1。

1940 年

- 美国贝尔(Bell)实验室完成采用延迟线的继电器计算机 Model-1。

1941 年

- 祖泽完成第一台继电器式通用计算机 Z3。

1943 年

- 英国完成破译密码的专用电子数字计算机“巨人”(Colossus)。

1944 年

- 美国哈佛大学(Harvard University)与 IBM 公司合作完成机电

式自动顺序控制计算机 MARK Ⅰ。

1945 年

- 美籍数学家冯·诺依曼(von Neumann)等首次发表题为《电子计算机逻辑结构初探》的报告,奠定了存储程序式计算机的理论基础,并开始研制相应的 EDVAC。

1946 年

- 美国电气工程师学会成立大规模计算装备分会,这是今天 IEEE 计算机协会的前身之一。
- 阿伦·图灵发表了其自动计算引擎(ACE)的设计报告,ACE 的特点是可随机提取信息。
- 2 月 14 日,由在美国工作的埃克特(John Presper Eckert)及约翰·莫奇利(John William Mauchly)设计的电子数值积分计算机(ENIAC)在宾夕法尼亚大学展出。

1947 年

- 美国计算机协会(Association for Computing Machinery,ACM)在华盛顿哥伦比亚大学成立。
- 7 月,艾肯(Howard Aiken)及他的小组设计出 Harvard MARK Ⅱ。
- 12 月 23 日,美国贝尔实验室的约翰·巴丁(John Bardeen)、布拉顿(Walter Brattain)和肖克莱(William Shockley)共同研究出世界上第一个点接触式晶体管,但专利权仅授予巴丁和布拉顿。
- 磁鼓存储器应用于计算机的数据存储。

1948 年

- 6 月 21 日,英国曼彻斯特大学研制成可存储程序的数字计算机 MARK Ⅰ,它使用真空管电子线路。

- 美国理查德·哈明(Richard Hamming)发明了查找并纠正数据块中错误的方法;随后,哈明码在计算机与电话交换系统中得到广泛应用。
- 选择序列电子计算器(SSEC)问世,它使用了继电器和电子器件。
- 美国科学家香农(C.E.Shannon)创立信息论。

1949 年

- 在美国麻省理工学院(MIT)弗里斯特(Jay Wright Forrester)的领导下,第一台实时电子计算机——“旋风”(Whirlwind)计算机投入使用,它具有 5000 个真空管。
- 电子延迟存储自动计算机(EDSAC)由英国剑桥大学的莫里斯·威尔克斯(Maurice Wilkes)研制成功。5 月 6 日该程序存储计算机首次执行计算。
- 约翰·莫奇利(John William Mauchly)开发出短指令码,被认为是第一个高级编程语言。

1950 年

- 在哈里·赫斯基(Harry Huskey)领导下,标准西部自动计算机(SWAC)8 月 17 日在美国加州大学洛杉矶分校投入运行。
- 阿伦·图灵在 *Mind* 杂志发表文章,提出了测试机器智能的图灵测试。

1951 年

- 3 月,世界上第一个商品化的电子计算机型号 UNIVAC Ⅰ 在美国人口统计局投入使用。
- 5 月 11 日,美国弗里斯特设计的矩阵磁芯存储器获得了专利。
- 肖克莱发明结型晶体管。
- 戴维·惠勒(David Wheeler),莫里斯·威尔克斯(Maurice

Wilkes)及斯坦利·基尔(Stanley Gill)提出子程序的概念。

- 莫里斯·威尔克斯提出微程序的设计概念,这是一种设计计算机系统控制部分的有效方法。

1952 年

- 1 月 28 日,电子数字计算机(EDVAC)运行了它的第一个生产程序。
- 美国伊利诺伊大学建成 ILLIAC Ⅰ 计算机,美国军方建成 ORDVAC 计算机,二者均为冯·诺依曼体系结构。
- 6 月,美国冯·诺依曼的 IAS 并行计算机在普林斯顿大学投入使用。
- 美国小沃森(Thomas Watson Jr.)成为 IBM 总裁。
- 无线电工程师协会创办了电子计算机方面的 *I.R.E* 学报,这是 IEEE 计算机学报的前身。
- IBM 公司研制出大型计算机 IBM 701。
- 苏联研制出第一台大型快速电子计算机。
- 格莱尼(A.E.Glennie)发明 AUTOCODE 编程系统,这是现代编译器的雏形。

1953 年

- 磁鼓计算机 IBM 650 登场,并成为第一种投入大量生产的计算机。
- 肯尼斯·奥尔森(Kenneth Olsen)采用弗里斯特的磁芯存储器建成了 Memory Test 机。
- 美国 Rand 公司研制出大型科学计算机 ERA 1103。

1954 年

- 厄尔·马斯特森(Earl Masterson)研制出为计算机所使用的行式打印机 Uniprinter,每分钟可打印 600 行。

- 美国德州仪器公司(TI)研制出硅晶体管,为降低晶体管制造成本开辟了道路。
- 第一台使用磁芯存储器的商用计算机 UNIVAC 1103A 推出。
- IBM 公司推出 IBM 704、705 计算机;Burroughs 公司推出 E101 计算机。
- 贝尔实验室制成世界上第一台晶体管计算机 TRADIC。

1956 年

- IBM 推出用于硬盘数据存储的计算与控制随机存储方法(RAMAC)。
- 美国约翰·麦卡锡(John McCarthy)及马文·明斯基(Marvin Minsky)提出了人工智能的概念。
- 日本富士公司研制出具有 1700 个真空管的计算机,用于透镜设计计算。
- 采用晶体管的商用计算机 UNIVAC 推出。
- 我国制定"十二年科学技术发展规划",在选定的 6 个重点项目中,电子计算机被列为其中之一,年底开始筹建中国科学院计算所,我国的计算机事业开始起步。

1957 年

- 美国约翰·巴克斯(John Warner Backus)及其在 IBM 公司的同事,向 Westinghouse 公司提交第一个 FORTRAN 编译器。
- Burroughs 公司推出第一批采用晶体管的计算机之一 Atlas Guidance Computer,该产品被用于 Atlas 导弹发射的控制。
- 7 月 8 日,Control Data 公司成立。
- 10 月 4 日,苏联发射了 Sputnik Ⅰ,空间竞赛由此开始。
- IBM 公司推出最后一个电子管大型计算机 IBM 709。在 IBM 305 RAMAC 计算机上首次使用磁盘存储器。

- 麻省理工学院试制出大型晶体管计算机 TX-2。

1958 年

- 我国研制出第一台计算机 103 机(八一机)。
- 中国人民解放军军事工程学院(简称哈军工)研制出用于鱼雷快艇指挥仪的 901 机。
- 日本的 Electrotechnical 实验室研制出晶体管计算机 ETI MARK Ⅲ,共使用了 130 个晶体三极管及 1700 个晶体二极管。
- 约翰·麦卡锡成立了麻省理工学院的人工智能实验室。
- 日本 NTT 公司研制出第一个参数化计算机 Musasino,它使用 519 个真空管、5400 个变参元件(基于参数激励原理的逻辑元件,它是由 Eiji Goto 在 1954 年发明的)。
- IBM 公司推出大型晶体管计算机 IBM 7090。
- DEC 公司成立。
- 美国德州仪器公司的科学家杰克·基尔比(Jack Kilby)研制出半导体集成电路(IC)的原型。与此同时,Fairchild(仙童)半导体公司的罗伯特·诺伊斯(Robert Noyce)也独立地研制出集成电路。
- 贝尔实验室研制出调制解调器数据电话,实现了利用电话线传输二进制数据。

1959 年

- 我国研制成 104 机向国庆十周年献礼。
- 数据系统语言委员会成立,目的是编写 COBOL(Common Business Oriented Language)。约翰·麦卡锡研制出用于人工智能应用软件的 LISP(List Processing)语言。
- 6 月,日本第一台商用晶体管计算机——NEC 的 NEAC 2201 在巴黎的一个展览会上展出。

- Xerox 公司首次推出商用复印机。
- 7 月 30 日,罗伯特·诺伊斯和戈登·摩尔(Gorden Moore)代表 Fairchild 半导体公司提出集成电路技术的专利申请。
- 联合国教科文组织(UNESCO)在巴黎主办了第一届国际计算机会议,成立国际信息处理联盟(IFIP)的筹备工作正式展开。
- IBM 公司推出 IBM 1401、1620 计算机。
- 苏联研制出科学计算机"基辅"(KIEV);莫斯科大学研制出第一台三进制计算机。
- 日本东京大学研制出 TAC 计算机。

1960 年

- IFIP 正式成立。
- Rand 公司的保尔·贝恩(Paul Baran)提出用于数据通信的包交换原理。
- 美国及欧洲的计算机科学家联合制定出 ALGOL 60 的标准,第一个结构化程序设计语言问世。
- Rand 公司设计出用于科学计算的 Livermore 高级研究计算机(LARC),该机使用了 6 万个晶体管。
- 11 月,DEC 公司推出 PDP-1,这是配有监视器和键盘输入的第一台商用计算机。
- 中国科学院计算所研制成 107 机,安装于北京中国科技大学。

1961 年

- 德沃尔(George C.Devol)申请了一项机器人设备的专利。该设备被作为第一台工业用机器人推向市场,并首先被用来自动制造电视机显像管。
- IBM 公司研制成功 7030 计算机,运行速度比 704 计算机快 30 倍,带动了超级计算技术的进一步开发。

- 美国麻省理工学院的费尔南多·科尔巴托(Fernando Corbato)开发出一种多个用户共享计算机时间的方法——第一个计算机分时系统(CTSS)。
- 德州仪器公司研制出第一台基于集成电路的计算机。

1962 年

- 马修斯(Max V.Mathews)领导贝尔实验室的一个研究小组,开发能设计、存储、编辑合成音乐的软件。
- 美国斯坦福大学(Stanford University)和普渡大学(Purdue University)建立了世界上第一批计算机科学系。
- 罗斯·佩罗(H.Ross Perot)研制出电子数据系统,是当时世界上最大的计算机服务系统。
- 美国麻省理工学院的研究生史蒂夫·拉塞尔(Steve Russell)发明视频游戏机,并且很快在全美的计算机实验室普及。
- 2 月 7 日,英国曼彻斯特大学推出当时世界上功能最强的大型晶体管计算机 Atlas,其先进之处包括采用了虚拟内存及流水线化的处理。
- IBM 公司推出 IBM 1440、7040、7090、7010 计算机。
- CDC 公司推出 3600 型计算机。
- DEC 公司推出 PDP-4 小型机。
- 我国华北计算技术研究所(中国电子科技集团公司第十五研究所,简称华北所)完成高炮指挥仪电子计算机 102 机。

1963 年

- 美国麻省理工学院开发出一种具有智能的“机械医师”,取名为 Eliza。
- 1 月,美国伊万·萨瑟兰(Ivan Sutherland)发明了 Sketchpad,使计算机图形处理统一。

- 美国国家标准化协会(ANSI)接受了用于信息交换的 ASCII 编码。
- 无线电工程师协会与美国电气工程师协会合并成立了 IEEE。
- 美国用于国防的 SAGE 系统全面部署,该项目总投资约 80 亿美元,推动了整个计算机产业的技术进步。
- 美国加州大学伯克利分校的扎德(Lotfi Zadeh)开始研究模糊逻辑。
- IBM 公司推出 IBM 7044 计算机和远程处理系统;UNIVAC 公司推出集成电路的军用计算机 1824;Burroughs 公司推出 B5000 系统。

1964 年

- IBM 公司宣布推出其巨额投资的第三代计算机 S360 系列。
- 美国达特茅斯(Dartmouth)学院的约翰·凯默尼(John Kemeny)及托马斯·库尔兹(Thomas Kurtz)研制出 BASIC 语言。
- IBM 公司和美国航空公司的长达 7 年的 Sabre 项目全面实施,它使得任何地方的旅行社都可以预订机票。
- Control Data 公司的西摩·克雷(Seymour Cray)设计出 CDC 6600 计算机,速度达 9MFLOPS,被誉为第一台在商业化上获得成功的超级计算机。
- 美国道格拉斯·恩格尔巴特(Douglas Engelbart)发明了鼠标器。
- IBM 公司研制出一套计算机辅助设计系统。
- 日本铁路开始用计算机售票。
- 中国科学院计算所研制出大型通用计算机 119 机,曾用于参与完成我国第一颗氢弹研制的计算任务。
- 我国华北所研制出 108 甲机,用于防空实时数据处理。

- 哈军工自行设计、研制成基于脉冲推拉电路的 441-B 晶体管计算机。

1965 年

- DEC 公司推出了第 1 台采用集成电路模块的小型计算机 PDP-8。
- 大型协作分时项目 MAC,导致了 MULTICS 操作系统的诞生。
- 罗宾逊(J.A.Robinson)提出一致化编程方法,这是逻辑编程的基础,对当今许多编程技术来说也相当重要。
- 莫里斯·威尔克斯(Maurice Vincent Wilkes)提出了使用高速缓存(Cache)的思想。
- IBM 公司推出可更换型磁盘存储器 IBM 2314。
- 中国科学院计算所研制成我国第一台大型晶体管通用计算机 109 乙机和 18010 车载遥测数据处理专用机。
- 北京无线电三厂与清华大学合作研制 112(DJS-5)机取得成功,送日本参展。

1966 年

- 美国计算机协会(ACM)开始设立有"计算机界的诺贝尔奖"之称的"图灵奖"。第一位图灵奖得主为艾伦·佩利。
- 英籍华裔科学家高锟和霍克汉姆首创光纤通信理论。
- IBM 公司推出数据库管理系统 DL/I。

1967 年

- 挪威计算中心研制出第一个面向对象语言 Simula 的一个通用版本。
- Fairchild 公司推出了 3800 型 8 位算术逻辑部件(ALU)芯片。
- 美国德州仪器公司发明了具有 4 种功能的手持式计算器。
- 美国唐纳德·克努特(Donald Knuth)提出了"算法"及"数据结

构”的概念。

- 美国制成第一台大规模集成电路宇航计算机 LIMAC。
- IBM 公司在美国和巴黎之间试验通过人造卫星进行数据通信。
- 麻省理工学院推出 LOGO 语言。
- 中国科学院计算所制成 109 丙机,在我国核武器和高速飞行器研制中发挥了重要作用。
- 我国华北所完成晶体管的 108 丙机,在半自动防空系统中用作中心计算机。

1968 年

- 北大西洋公约组织(NATO)科学委员会在一次会议上提出了“软件危机”和“软件工程”的概念。
- 荷兰埃德斯加 · 迪杰斯特拉(Edsgar Dijkstra)提出 goto 语句有害的说法,并提出了结构化编程的设想。
- Burroughs 公司推出了第 1 种采用集成电路的计算机 B2500 及 B3500。
- 美国联邦政府信息处理标准促进了在信息交换中使用 6 位日期数据格式(YYMMDD),种下了“2000 年危机”的祸根。
- 西摩 · 克雷设计出的 CDC 7600 超级计算机性能达到了 40 MFLOPS。
- 罗伯特 · 诺伊斯(Robert Noyce),安迪 · 葛洛夫(Andy Grove)及戈登 · 摩尔在加利福尼亚州创建了 Intel 公司。
- 我国华北所研制出用于 1125 工程的车载 850 乙机。

1969 年

- 贝尔实验室撤出 MAC 项目,汤普森和里奇开始开发 UNIX 系统。
- RS-232-C 标准推出,用于计算机与外设之间的数据交换。

- Internet 的前身——美国国防部 ARPA 为冷战目的而研制的 ARPANET 开始投入运行。其首批 4 个结点是加州大学洛杉矶分校(UCLA)、加州大学圣巴巴拉分校(UCSB)、斯坦福研究所(SRI)及犹他大学(UU)。
- IBM 公司推出高档大型机 360/195。

1970 年

- SRI 的 Shakey 成为利用人工智能导航的第一个机器人。
- 温斯顿·罗伊斯(Winston Royce)提出大型软件系统的“瀑布式”开发方法。
- 贝尔实验室的里奇及汤普森研制出 UNIX 操作系统。
- RCA 的 MOS(金属氧化物半导体)技术使集成电路更便宜、更小型化成为可能。
- Xerox 公司在斯坦福大学建立了 Palo Alto 研究中心(PARC),主要进行计算机方面的研究。
- 美国埃德加·科德(E.F.Codd)提出了数据库的关系模型。
- 软盘及菊花轮打印机问世。
- 世界上第一个专家系统 DENDRAL 在美国斯坦福大学研制成功。
- IBM 公司推出被称为 3.5 代计算机的 IBM 370 系列和大容量硬盘 3330。
- DEC 公司推出 PDP-11 系列小型机。
- CDC 公司推出超大型机 STAR。
- 由我国华北所设计、738 厂生产的 320 大型通用晶体管计算机定型生产。

1971 年

- 唐·赫夫勒(Don Hoefler)为《电子新闻》撰写了一系列文章,总标题为《美国的硅谷》,这个名字沿用至今。

- 美国 Intel 公司推出世界上第一个 4 位微处理器 4004。
- 戴维·帕纳斯(David Parnas)提出信息隐藏的原理。
- 雷·汤姆林森(Ray Tomlinson)和纽曼(Newman)发送了首个网络 E-mail 信息。
- 瑞士学者沃思(Wirth)提出结构化编程语言 PASCAL。
- 手持式计算器普及,计算尺被淘汰。
- 我国华北所研制出机载火控 112 机和飞机着陆引导计算机 414 机。
- IBM 公司在其 370/145 计算机上首次采用双极型存储器。

1972 年

- 世界上第一个 8 位微处理器——Intel 的 8008 问世,但不久就被 8080 取代。
- 诺兰·布什内尔(Nolan Bushnell)的 Pong 视频游戏机取得成功。
- 贝尔实验室的丹尼斯·里奇研制出 C 语言。
- Xerox 公司的 PARC 研制出 Smalltalk 语言。
- 法国马赛大学的阿兰·克麦瑞尔(Alain Colmerauer)研制出 PROLOG 语言,使逻辑编程的概念日益普及。
- 分解复杂性理论演绎出 NP 完全性思想,表明一大类计算问题(如推销员问题)在计算上可能是非常难解决的。
- 王安公司、DEC 公司及 Lexitron 公司均推出了字处理系统。
- 计算机断层扫描成像技术(CT)取得了成功。
- DEC 公司推出了 PDP-11/45。

1973 年

- Xerox 公司 PARC 的研究人员开发出使用鼠标器、Ethernet 及图形用户界面的试验性 PC,称为 Alto。

- 斯坦福大学开始研究传输控制协议(TCP)。
- 利用大规模集成技术,1 万个元件已可以放在一个 1cm^2 的芯片上。
- 约翰·阿塔那索夫(John Vincent Atanasoff)被确认为现代计算机的创始人。美国联邦法官宣布埃克特及莫奇利的 ENIAC 专利无效。
- 罗伯特·梅特卡夫(Robert Metcalfe)撰写了一份有关 Ether Acquisition 的备忘录,将 Ethernet 描述为 ALOHANET 的修改版。
- 中国科学院计算所研制出 717 车载专用机,在卫星发射和回收中发挥作用;华北所研制出 110 机;华东所研制成 655(TQ-6)机;738 厂等研制出 150 机。

1974 年

- Xerox 公司 PARC 的兰普森(Lampson)和查尔斯·西蒙尼(Charles Simony)开发出首个"所见即所得"(WYSIWYG)的应用程序 Bravo。
- 4KB 的 DRAM 芯片投放市场。
- 在瑞典斯德哥尔摩举办了首次计算机国际象棋锦标赛。
- IBM 公司推出 MVS 操作系统和海量存储系统 3850MSS,并首次发表 SNA(系统网络体系结构)。
- 北京无线电三厂试制出 DJS 130 机的第一台样机。

1975 年

- 由位于美国新墨西哥州阿尔伯克基的 MITS 公司以成套形式提供的首台 PC,出现在 *Popular Electronics* 一月号的封面上。
- 杰克逊(Michael Jackson)提出了把程序结构看成是问题结构的一种反映的方法。

- 约翰·科克(John Cocke)参加 IBM 公司的 801 项目,目的是开发一种具有当时还未命名为 RISC 体系结构的小型机。
- IBM 公司推出激光打印机。
- Zilog 公司成立,推出 Z-80。
- 我国 738 厂与长沙工学院合作研制出 151 机。

1976 年

- Cray Research 公司推出第一台矢量结构的超级计算机 Cray-1。
- 加里·基尔代尔(Gary Kildall)开发出 8 位 PC 用的 CP/M 操作系统。
- IBM 公司推出喷墨打印机。
- 史蒂夫·乔布斯(Steve Jobs)和史蒂夫·沃兹尼亚克(Steve-Wozniak)设计并研制出 Apple Ⅰ,大部分由电路板组成。
- IBM 公司研制出双面记录的软盘。
- 我国华北所研制出小型通用机 183 机。

1977 年

- 1 月 3 日,史蒂夫·乔布斯和史蒂夫·沃兹尼亚克创建了 Apple 公司。
- Apple Ⅱ问世,并建立了 PC 的标准。
- 若干公司开始试验光缆。
- 比尔·盖茨(Bill Gates)和保罗·艾伦(Paul Allen)创立了 Microsoft 公司。
- Tandy 公司及 Commodore 公司推出了带有显示器的 PC。
- 我国研制出 DJS-050 计算机。

1978 年

- 我国自行设计的汉字编辑排版系统由北京大学等单位研制成功。

- DEC 公司推出了 32 位的 VAX11/780 计算机,在技术和科研应用领域广受欢迎。
- Wordstar 推出,并成为 CP/M 系统、继而是 DOS 上广泛使用的字处理器。
- 汤姆·迪马可(Tom DeMarco)的结构化分析和系统规范使结构化分析方法开始流行。
- 利维斯(Ron Rivest)、沙米尔(Adi Shamir)及阿德勒曼(Leonard Adleman)提出 RSA 密码作为加密数字传输信号的公共密钥加密系统。
- Intel 公司的首个 16 位处理器 8086 面世;Zilog 公司也推出了 16 位的 Z8000。
- 美国卡内基-梅隆大学研制出世界上第一个专家系统开发工具 OPS。
- Oracle 数据库问世。

1979 年

- 5 月 11 日,丹·布里克森(Dan Bricklin)及鲍勃·弗兰克斯顿(Bob Frankston)推出第一种电子表格软件 VisiCalc。
- Motorola 公司推出 68000 芯片。
- Sony 公司及 Philips 公司推出数字式影碟。
- 日本及美国试验了蜂窝式移动电话。
- IBM 公司推出四代机 IBM 4300 系列,并首次推出彩色图形终端。
- 日本佳能公司开发出激光打印机。
- 我国华北所研制出船载的 DJS-260 机。

1980 年

- IBM 公司选择 Microsoft 公司的 PC-DOS 作为其新 PC 的操

作系统。

- 美国国防部开发的 Ada 语言问世,这种历经相当长时间开发出来的语言用于过程控制和嵌入式应用软件。
- 拉特利夫(Wayne Ratliff)开发出 dBase Ⅲ—— 一种 PC 数据库的第一个版本,在市场上取得了很大的成功。
- 大小像一个小型手提箱、重 24 磅的"便携式"计算机 Osborne 被推出。
- 美国加州大学伯克利分校的帕特森(D.Patterson)开始使用"精简指令集(RISC)"这一术语,同时斯坦福大学的亨尼西(John Hennessy)发展了这一概念。世界上第一台 RISC 机是 IBM 801。
- 日本索尼公司研制出 3.5 inch 的软盘。
- 最早的面向对象语言 Smalltalk-80、Modula-2 相继问世。

1981 年

- 日本生产出 64KB 存储器,占领了芯片市场的大块领地。
- 8 月,IBM 公司推出开放式体系结构的个人计算机 IBM PC,标志着桌面计算机走向主流。
- 中国科学院计算所等研制出高速数组处理计算机 150-AP。
- 我国研制出 DJS-200 系列计算机,并推出了 210、220、240 和 260 机。

1982 年

- Columbia 数据产品公司首先制造出 IBM PC 的兼容机,接着 Compaq 公司推出了它制造的兼容机。
- Autodesk 公司成立,并在同年下半年推出了 AutoCAD 的第一个版本。
- 《时代》杂志将 PC 评为该年的"风云人物"。
- Cray X-MP(两台 Cray-1 并行连接)推出,其速度比 Cray-1 快

3 倍。

- 日本宣布研制“第五代计算机”,主要用于人工智能。
- 11 月,Compaq 公司推出与 IBM PC 兼容的便携式 PC。
- PostScript 语言问世。
- 我国华北所研制出 DJS-186 机。

1983 年

- 我国国防科技大学研制出银河亿次机,从此我国有了自己的巨型机。
- 用于 IBM PC,含饼图和条形图等图形的 Lotus 1-2-3 被推出。
- IBM 公司推出带 10MB 硬盘的 IBM PC/XT 机,微软公司为其配备 DOS 2.0 版操作系统,在市场上取得了极大的成功。
- TCP/IP 推出,标志着全球 Internet 的诞生。
- 5 月,Apple 公司推出使用鼠标器、图符、下拉式菜单的 Lisa 机。
- Thinking Machine 及 Ncube 公司成立,加速了并行处理技术的发展。
- AT & T 贝尔实验室斯特朗斯特鲁普(Bjarne Stroustrup)继续进行 C++语言的开发工作。这种语言是对 C 语言的一种面向对象的扩展。
- 世界上首例计算机病毒案例在美国发生。
- Novell 公司将业务重点转向网络技术,其 NetWare 迅速成为网络操作系统的主流。

1984 年

- 1 月,Apple 公司推出 Macintosh 计算机。
- Apple 公司利用其 MacPaint 程序使计算机的图形处理能力进一步提高。
- 用于连接计算机和数字音乐综合器的 MIDI(Musical Instrument Digital Interface)标准被开发出来。

- Sony 及 Philips 公司推出 CD-ROM,使数字数据存储能力大大提高。
- Motorola 公司推出具有 25 万个晶体管的 MC68020 芯片。
- 使用大量超级计算机生成图形的活动画面出现。
- 在小说 *Neuromancer* 中,小说家威廉·吉布森(William Gibson)第一次提出“赛伯空间”(cyberspace)这个术语。
- NEC 公司生产了 256KB 芯片,IBM 公司推出 1MB RAM 芯片。
- 8 月,Intel 公司推出了 16 位 80286 芯片,它装在 IBM 的新型 PC AT 机上,提高了台式计算机的性能。
- 当年世界数据处理业的收入达 1400 亿美元,其中 IBM 公司占 1/3。在历史上首次超过汽车工业,仅次于石油工业而居第 2 位。

1985 年

- 超级计算机的运算速度达到了每秒 10 亿次,这是由 Cray-2 和 Thinking Machine 制造的并行处理机 Connection Machine 创造的。
- 美国国家科学基金会建立了 4 个国家级超级计算中心。
- 随着 Windows 1.0 的推出,微软公司使 DOS 兼容机也具有类似 Macintosh 机的功能。
- Page Maker 成为第一个 PC 桌面出版软件,并首先在 Macintosh 机上,继而在 IBM 兼容机上被广泛使用。
- 10 月,Intel 公司推出了具有 32 位处理能力的 80386 芯片。
- 美国推理公司推出著名的专家系统工具 ART。
- CD-ROM 问世。
- 我国长城计算机公司自主开发的长城 0520CH 投产。

1986 年

- 《华尔街日报》上发表的一篇文章使计算机辅助软件工程

(CASE)的概念和术语开始流行起来。

- 4 个处理器的 Cray XP 达到每秒执行 7.14 亿次浮点运算的能力。
- 数据传输率为 56Kb/s 的 NSFNET 主干网建成。
- 中国科学院等一些单位通过拨号方式进行国际联机数据库检索,这是我国使用 Internet 的开始。
- 我国长城计算机公司首推国产 286 机。

1987 年

- 实验性 4MB 及 16MB 芯片推出。
- 连接在 Internet 上的主机数突破 1 万台。
- 我国用北大方正激光照排系统印出了世界上第一张整版输出的中文报纸——5 月 22 日的《经济日报》。

1988 年

- Motorola 公司推出 32 位 RISC 微处理器 88000 系列,每秒可处理 1700 万条指令。
- 11 月 2 日,罗伯特·莫里斯(Robert Morris)将一种“蠕虫”病毒程序放入 Internet,造成网络瘫痪,直接经济损失达 9000 万美元,使提高网络安全性问题引起关注。
- 美国参议员戈尔提出“信息高速公路”的设想。

1989 年

- Tim Berners Lee 向欧洲核研究委员会提出万维网(WWW)计划。
- 4 月,Intel 公司推出具有 120 万个晶体管的 80486 芯片。
- 西摩·克雷创立 Cray 计算机公司,并开始开发采用砷化镓芯片的 Cray-3。
- 第一组 SPEC 基准测试程序问世,方便了用于科学计算的计算机性能的比较。

- 5 月,微软公司推出了 Windows 3.0。
- 1 月 29 日,贝尔实验室的科学家们展示了首个全光处理器。
- HP 公司和 IBM 公司都宣布研制出了基于 RISC 的计算机。
- Intel 公司的 i486、iPSC/860 以及 Motorola 68040 芯片开始上市。
- 创通公司在 Comdex 上首次推出适用于 PC 的声卡,成为新兴多媒体市场的佼佼者。

1990 年

- 蒂姆·伯纳斯-李(Jim Berners-Lee)推出了 WWW 的雏形,该雏形用于他提出的 URL、HTML 及 HTTP 三个新概念。

1991 年

- 日本放弃了它的五代机计划,用基于神经网络的第六代机取而代之。
- Cray Research 推出了具有 16 个处理器的 Cray Ymp C 90 超级计算机,速度达到了 16GFLOPS。
- 7 月 30 日,IBM 公司、Motorola 公司及 Apple 公司宣布成立 Power PC 联盟。
- DEC 公司推出第一种采用其 64 位 RISC Alpha 体系结构的芯片。
- 我国国防科技大学研制出 100 亿次的银河二号巨型机。

1993 年

- 2 月,NVIDIA 公司诞生,黄仁勋担任总裁兼首席执行官。
- Apple 公司推出第一个大众化的个人数字助理 Newton。
- 3 月,Intel 公司推出 Pentium 芯片。
- 美国伊利诺伊大学的国家超级计算应用中心(NCSA)的学生和工作人员创建了用于在 Internet 上漫游的图形用户界面 NCSA Mosaic。

- 中国科学院高能物理研究所开通一条 64Kb/s 的国际数据信道,它和美国斯坦福大学线性加速器中心相连。

1994 年

- 4 月,吉姆·克拉克(Jim Clark)及马克·安德森(Marc Andreesen)成立了 Netscape 公司。
- 美国南加州大学的雷纳德·阿德勒曼(Leonard Adleman)证实,DNA 可被用作计算介质。
- 9 月,Netscape 公司的第一个浏览器问世,使 Web 巡游者迅速增加。
- 中国的 CSTNET 于 4 月建成,正式接入 Internet。

1995 年

- 我国成功研制出曙光 1000 大规模并行计算机(MPP)。
- 我国成功研制出大型软件开发环境——青鸟系统。
- 第一部全部用计算机生成的大型动画片《玩具总动员》摄制完毕。
- 5 月,Sun 公司的 Java 可编程语言推出,使得与平台无关的应用程序的开发成为可能。
- 8 月 24 日,Windows 95 隆重登场。
- 接入 Internet 的国家和地区达到 168 个,接入的网络数达 46 000 多个,计算机超过 640 万台,用户 6000 多万,每天通信量达 100GB。
- 我国建成 CHINANET 和 CERNET。

1996 年

- 世界各国隆重纪念电子计算机诞生 50 周年。
- Intel 公司宣布推出 Pentium Pro 处理器。
- IEEE 计算机协会庆祝成立 50 周年。
- 我国建成 CHINAGBN,形成国内四大互联网,全国入网主机数已超过一万台。

- 采用 Intranet 技术的企业网成为一个新热点。
- Web 之父蒂姆 · 伯纳斯-李被美国 R&D 杂志评为 Scientist of the year。

1997 年

- 微软公司推出 IE 4.0。
- Intel 公司发布新一代 PentiumⅡ。
- 我国成功研制出银河 3 号(YH-3)巨型计算机。
- 世界象棋冠军卡斯帕罗夫不敌“深蓝”计算机。
- 西门子公司和闪迪公司合作,使用东芝公司的 NAND Flash 技术,开发了多媒体卡(Multi Media Card,MMC)。

1998 年

- Windows 98 诞生。
- Netscape 浏览器源代码公开。
- Compaq 公司收购 DEC 公司。
- 9 月,谷歌公司成立。
- 搜狐、网易、联众游戏、腾讯、3721、新浪等公司相继诞生。中国互联网开始商业化。

1999 年

- 微软公司推出 IE 5.0。
- VMware 公司推出第一款产品 VMware Workstation。其产品线支持基于 Intel 芯片的服务器上的虚拟机,在云计算的发展中发挥了关键作用。
- 第一个 Wiki 推出,名为 WikiWikiWeb。
- WiFi 诞生。Apple 公司在其推出的新一代 iBook 笔记本计算机中首次引入 WiFi。
- 因为 MMC 可以轻松盗版音乐,东芝公司对其进行了改装,添加了加密硬件,并将其命名为安全数字(Secured Digital,SD)卡。

- 阿里巴巴公司在杭州成立。
- 国内电子商务网站 8848、易趣网、当当网上线。腾讯 QQ 诞生。

2000 年

- 在全世界科学家和各方的配合下,"千年虫"被制服,没有造成大的破坏。
- 微软公司因将其浏览器和 Windows 操作系统捆绑销售受到起诉,美国法院判决将微软公司分解,引起业界震动。
- "美丽莎"病毒、"爱神"病毒等先后大规模传播,造成严重破坏,网络安全引起严重关注。
- 第 16 届世界计算机大会在北京举行。
- 微软公司推出了 32 位计算机操作系统——Windows 2000(内核版本号 Windows NT 5.0)。
- M-Systems 和 Trek 公司发布了 USB 闪存驱动器(俗称 U 盘),并于 12 月由 IBM 公司首次向公众销售,容量为 8 MB。世界上第一个商用 USB 闪存驱动器诞生。
- 3 月 10 日,纳斯达克指数创历史新高,这标志着互联网泡沫破裂。
- IEEE 颁布了虚拟专用网络(Virtual Private Network,VPN)标准草案,使私有网络可以跨公网建立。
- 曙光公司推出每秒 3000 亿次浮点运算的曙光 3000 超级服务器。
- 门户网站新浪、搜狐、网易在纳斯达克上市,推动了我国数字经济的探索与破土。李彦宏创办百度公司。

2001 年

- 塞班公司发布了 Symbian S60(Series60)平台,主要面向智能机。

- 微软公司推出 Windows XP。
- Apple 公司发布 Mac OS X,作为其标准 Mac 操作系统的继任者,后来更名为 OS X,简称为 macOS。
- Apple 公司推出 iPod 和第一款耳机。
- 维基百科于 1 月上线。

2002 年

- FireWire 800 发布。
- 全球第二大长途电话和数据服务公司世通公司于 6 月 21 日申请破产。
- 为银河计算机和中国军方开发使用的“银河麒麟”操作系统项目在国防科技大学启动。

2003 年

- 微软公司推出 Windows Mobile 2003(最初命名为 Pocket PC 2003,基于 Windows CE 4.x 内核)。
- 安迪·鲁宾(Andy Rubin)等在美国加州硅谷共同创立了 Android Inc 公司。
- AMD 公司向客户发布了第一款用于个人计算机的 64 位处理器 Athlon 64。
- Apple 公司开设 iTunes 商店。
- 特斯拉公司成立。

2004 年

- 马克·扎克伯格(Mark Elliot Zuckerberg)推出 Thefacebook,即后来的 Facebook。
- Mozilla 公司推出 Mozilla Firefox 1.0。
- 谷歌公司发布了 Gmail。
- 中国科学院研发每秒 10 万亿次浮点运算的曙光 4000A 超级计算机,跻身世界第十。

- 刘强东创办京东多媒体网站(后改为京东)。

2005 年

- YouTube 成立并上线。
- 谷歌公司收购基于 Linux 的手机操作系统 Android。
- 联想公司完成对 IBM 公司个人计算机部门的收购。
- 国防科技大学研制开发出“天河一号”千万亿次超级计算机,中国成为继美国之后世界第二个成功研制千万亿次超级计算机的国家。

2006 年

- 谷歌公司高级工程师克里斯托弗·比希利亚(Christopher Bachelet)第一次向谷歌公司董事长兼 CEO 埃里克·施密特(Eric Schmidt)提出云端计算的想法。在 8 月搜索引擎大会(SES San Jose 2006)上,埃里克·施密特提出了云计算(Cloud Computing)的概念。
- 提出深度学习,之后其带动整个人工智能领域快速发展。
- Twitter 成立。
- Intel 公司正式发布了第一代 Core 架构处理器,产品命名为酷睿。
- Apple 公司推出首款基于 Intel 的双核移动计算机 MacBook Pro。
- NVIDIA 公司推出并行计算平台和编程模型 CUDA。
- 华特迪士尼公司以 74 亿美元收购了皮克斯公司,乔布斯(Steve Jobs)成为迪士尼最大的股东。
- 随着社区驱动的网站和内容的持续增长和成功,《时代》杂志 12 月 13 日将 YOU(你)评为年度人物。

2007 年

- 2003 年收购了 IBM 公司硬盘事业部的日立公司率先推出了 TB

级别的硬盘,成为存储技术的一个重要里程碑。

- Apple 公司发布了搭载 iOS 的 iPhone。
- 谷歌公司推出 Android 操作系统。
- 中国 BAT(百度公司、阿里巴巴公司、腾讯公司)市值先后超过 100 亿美元,成为全球互联网产业的重要力量。

2008 年

- T-Mobile 公司推出了 G1(HTC Dream),这是第一款采用谷歌公司新移动设备操作系统 Android 1.0 版本的智能手机。
- 谷歌公司发布 Chrome 网络浏览器的第一个公开版本。
- 比特币,一种加密货币,化名中本聪(Satoshi Nakamoto)在 metzdowd.com 网站的密码学邮件列表中发表了一篇题为《比特币:一种点对点式的电子现金系统》(*Bitcoin: A Peer-to-Peer Electronic Cash System*)的论文,描述了一种被他称为“比特币”的电子货币及其算法。
- W32.Gammima.AG 蠕虫病毒潜入国际空间站,成为已知第一个进入太空的计算机病毒。
- NVIDIA 公司发布 Tegra 系列处理器,应用于智能手机市场。2014 年后,Tegra 系列芯片被重新定位,运用于汽车自动驾驶等领域。
- 卡内基-梅隆大学和通用公司合作开发了 Boss 自主驾驶无人车,成为第一辆真正意义上的无人驾驶汽车。

2009 年

- 中本聪发布首个比特币软件,比特币金融系统正式启动。

2010 年

- 加州大学伯克利分校的大卫·帕特森(David Patterson)教授牵头完成了 RISC-V 的指令集开发。
- 微软公司正式向外界展示了 Windows Phone 操作系统。

- Apple 公司推出 iPad,并搭载了全新定制硅片 Apple A4 芯片。
- 11 月,国防科技大学"天河一号"千万亿次超级计算机以 2.56 PFlops 的 Linpack 性能,在世界 TOP500 上排名第一。

2011 年

- 通用闪存存储(Universal Flash Storage,UFS)1.0 标准诞生。
- 10 月,Apple 公司前首席执行官乔布斯因病去世。
- 谷歌公司发布运行 Google Chrome 操作系统的 Chromebook。
- IBM 公司研制的问答系统 Watson 在著名的智力竞赛节目 Jeopardy 中击败两位冠军选手,赢取了 100 万美元大奖,成为知识问答领域的超级智能。

2012 年

- 三星公司推出了第一代 3D NAND 闪存芯片。
- 微软公司发布 Windows Phone 8。

2013 年

- 爱德华·斯诺登(Edward Snowden)泄露美国国家安全局的机密信息,导致美国"棱镜计划"被曝光。
- 宏碁、华硕等公司宣布无意生产任何新版本的上网笔记本计算机,上网笔记本计算机正式走向衰亡。
- Yahoo! Kids 和其他 Yahoo! 项目关闭。
- 国防科技大学研制的"天河二号"以每秒 5.49 亿亿次的峰值速度和 33.863 PFlops 的 Linpack 性能夺得 6 月国际 TOP500 的榜首。

2014 年

- Apple 公司推出 Swift 编程语言。
- HTML5 编程语言被 W3C 推荐并向公众发布。

2015 年

- 微软公司发布了 Windows 10 操作系统。

- Apple 公司发布 Apple Watch。
- 谷歌公司将 TensorFlow 开源供公众使用。
- 由 SpaceX 公司开发的基于卫星的互联网网络 Starlink 首次发布。
- 谷歌公司公布其研究成果,使用 D-Wave 量子计算机解决某些问题的速度比传统系统快 1 亿倍。
- OpenAI 公司成立。

2016 年

- 3 月,谷歌公司旗下 DeepMind 公司开发的 AlphaGo 以总比分4∶1 战胜围棋世界冠军李世石,人工智能掀起新一轮浪潮。
- 贝尔实验室于 2016 年被诺基亚收购,更名为诺基亚贝尔实验室。
- 埃隆·马斯克(Elon Musk)创立研究脑机接口技术的 Neuralink 公司。
- 美国政府将人工智能发展上升为国家战略,先后发布《国家人工智能研究和发展战略计划 2016 版》(*NAIRDSP* 2016)、《为人工智能的未来做准备 2016》(*PFAI* 2016)和《人工智能、自动化与经济》(*AIAAE*)。
- 中国"神威·太湖之光"超级计算机系统连续登顶 TOP500 当年的榜首。

2017 年

- 6 月,"神威·太湖之光"超级计算机成功卫冕世界超级计算机排名榜 TOP500 冠军,实现了我国国产超算系统在世界超级计算机排行榜的首次三连冠。
- 沙特阿拉伯授予机器人索菲亚公民身份,索菲亚成为史上首个获得公民身份的机器人。

- 中国国务院印发《新一代人工智能发展规划》,中国人工智能发展上升为国家战略。

2018 年

- AMD 公司宣布推出 Radeon Instinct,这是全球首款 7nm 显卡。
- 谷歌公司推出了预训练语言模型 BERT(来自 Transformers 的双向编码器表示)。

2019 年

- Nim 编程语言 1.0 版发布。
- 美国计算社区联盟(CCC)和人工智能促进协会(AAAI)发布《未来 20 年美国人工智能研究路线图》。
- 《人工智能北京共识》发布。

2020 年

- WiFi 联盟正式公布了 WiFi 6E 标准,标志着 WiFi 技术从现有的 2.4GHz 和 5GHz 频段扩展至 6GHz 频段。
- OpenAI 公司开发推出一种基于深度学习的自然语言处理模型 GPT-3。

2021 年

- IBM 公司提出存储级内存(Storage-Class Memory,SCM)的概念。
- 微软公司发布 Windows 11 操作系统。
- Facebook 表示将转型成一家元宇宙公司。

2022 年

- Open AI 发布 ChatGPT。
- 美国白宫公布了《人工智能权利法案》的蓝图,旨在避免人工智能的兴起所带来的危害。

2023 年

- 微软公司发布 Bing Chat(后来更名为 Microsoft Copilot)。
- OpenAI 公司发布 GPT-4。

- 人工智能安全中心(CAIS)发布了来自 OpenAI 公司、DeepMind 公司、图灵奖获得者和其他人工智能研究人员共同签署的一份声明,警告人工智能的发展可能给人类带来灭绝风险。
- *Maximum PC* 和 *MacLife* 的 4 月刊成为这两本杂志最后一批印刷版。

附录 B

向计算机专业师生推荐两本好书[1]

麦中凡

2000 年秋天，我有幸读到了北京理工大学吴鹤龄教授与崔林先生编著的《ACM 图灵奖——计算机发展史的缩影》一书，我感到这是一本计算机专业师生以及所有计算机科学技术工作者必读的好书。在一片追赶计算机新技术的声浪中，出版这本追溯计算机发展光辉历史的书实在难得。

ACM 图灵奖相当于计算机业界的诺贝尔奖。本书记录了自计算机诞生以来半个世纪 40 位计算机科学家的事迹。按得奖内容编排了 34 个小故事，文字通俗生动、洗练概括，把复杂深奥的内容讲得清晰、明白，即使对一般读者而言，阅读起来也不会有太大的困难。

每个计算机与计算技术的从业者，或多或少知道一些先驱、巨匠推动本学科发展的光辉成就，如图灵的图灵机模型、巴克斯的语法范式、迪杰斯特拉的结构化程序设计方法学、霍尔的快速分类算法、科德的关系数据库等；但总觉得不够全面、不够完整，而且想知道得更多，这是业者热爱自己学科很自然的情结，又苦于没有时间到浩如烟海的文献中去搜集。本书是一个绝好的浓缩本，它把 40 颗最明亮的珍珠串成光彩夺目的项链——浓缩的计算机科学史。

---

[1] 本文原载于《中国大学教学》2002 年 5 月号。作者麦中凡是北京航空航天大学计算机学院教授，时任教育部高等学校计算机基础课程教学指导委员会委员。

紧接着,2002 年 3 月又出版了同是吴鹤龄、崔林二位先生编写的《IEEE 计算机先驱奖——计算机科学与技术中的发明史》(下称《先驱奖》,《ACM 图灵奖——计算机发展史的缩影》的姊妹篇),也是按获奖者的获奖年份逐篇介绍其生平、事迹。IEEE 先驱奖是美国电子电气工程师学会 1980 年开始颁发的奖项,要求得奖项目必须经受 15 年的历史考验。自 1980 年后几乎每年颁发一次,至 2000 年共有 108 人获奖。其中 22 人也是 ACM 图灵奖获奖人。

先驱奖突出强调的是发明和创新,获奖者有 ENIAC 计算机"催生者"哥尔斯廷、"IBM 360 之父"埃文斯、"软件第一夫人"赫柏、集成电路发明人诺伊斯、"网络之父"罗伯茨、"小型机之父"贝尔、"超级计算机之父"克雷、RISC 概念创始人科克、"图形学之父"萨瑟兰、软件工程先驱米尔斯等几十位不同工程技术领域的先行人物。还有计算机研发的组织者李斯,使 IBM 公司计算机产业工程化的赫德,计算机产业化先行者儒科夫,甚至 IT 技术预测学家摩尔(提出摩尔定律)。后者对我国计算机信息技术的创业者定会有所启示。

IEEE 计算机先驱奖还体现了普遍性和公正性,只要是为世界计算机事业做出了卓越贡献的人均可受奖。《先驱奖》中介绍的德国科学家祖泽,在极其曲折的环境下单枪匹马完成德国版的现代数字计算机从 1938 年机械式的 Z1 到 20 世纪 60 年代的 Z64 几十个型号。其成果虽未进入世界主流,但其个人创造力是极其惊人的。再如,1996 年获奖的 15 位苏联和东欧诸国的科学家也都是各自国度计算机事业的奠基人。其中,"苏联计算机之父"列别杰夫,1951 年就自行研制投产了 MESM 计算机,在当时欧洲大陆是第一台。乌克兰计算机科学家格罗西柯夫不仅在落后的器件(晶体管、电子管)上创造了技术水平相当高的多种型号计算机,他在控制论、离散自动机理论上的学术成就也是举世公认的。所以,IEEE 计算机先驱奖使我们的视野更全面。

两本书在介绍 120 多位成功者业绩时,穿插了许多故事、轶闻,给读者很多启迪。例如,并非所有成功者都是少年学习尖子、科班出身的天才。大名鼎鼎的巴克斯,20 岁以前竟是从不用功的纨绔子弟,并被学校逐出大门。精通程序语言语法、归纳断言创始人弗洛伊德竟是文学学士出身的程序员。关系数据库之父科德年轻时参加反法西斯战争,是功勋卓著的空军机长,42 岁才取得计算机博士学位。磁盘存储系统发明人约翰逊是学教育学的中学教师,28 岁改行进入 IBM 公司,在长期实际工作中自学成才。

这两本书文体一致,编织了两个珠联璧合的花环——科学史和发明史共同汇集成计算机科学技术史的缩影。学习本学科的历史对培养学科人才是极其有意义的,因为它不仅使我们看到本学科发展的轨迹、巨人的脚步,有利于我们判明今后的方向,更重要的是有利于提高我们的科学素质,也就是处理本学科问题时应有的思维方式、表达方式和行为方式。学科素质是出自第六感觉的自然流露,当我们遇到新问题时不会像外行一样不贴谱地蛮干。报载我国出了一批业余“哥德巴赫猜想”的“证明人”,他们为自己的“成果”累遭拒绝而愤怒至极,甚至要诉诸法律。其实,他们不缺热情、勤奋和献身精神,只缺数学学科素质。当然学科素质不是一两本书就可以解决问题的,但这两本书是很好的索引。读了这两本书,至少我们不会说蠢话,如:“形式化方法对编制软件一点用都没有”。我们也能悟出有益的判断,如:“这个问题先驱大概不会这么干”。

另一方面,这两本书通过介绍先驱的发明和创新,以及许多具有前瞻性的设想和思路,对我们会有很大的启迪作用,同时,对培养学生的创新意识、创新精神也是大有裨益的。

人名索引(Name Index)

A

B

C

D

E

F

G

H

I

J

S

T

V

总索引(General Index)

C

D

I

J

K

L

M

Q

R

S

T

U

V

W

X

Z

参考文献

[1] 张效祥.计算机科学技术百科全书[M].3 版.北京：清华大学出版社,2018.

[2] 中国计算机学会.英汉计算机辞典[M].北京：人民邮电出版社,1998.

[3] Ralston A, Reilly E D, Hemmendinger D. Encyclopedia of Computer Science[M]. 4th ed.New York：Grove's Dictionaries Inc.,2000.

[4] Cortada J W.Historical Dictionary of Data Processing：Biography[M].New York：Greenwood Press,1987.

[5] Sammet J E.Programming Languages：History and Foundamentals[M]. Engelwood Cliffs,N J：Prentice-Hall,1969.

[6] Wexelblat R L. A History of Programming Languages[M]. New York：Academic Press,1981.

[7] Metropolis N. A History of Computing in the 20th Century[M]. New York：Academic Press,1980.

[8] Slater R.Portraits in Silicon[M].Cambridge,Mass：MIT Press,1987.

[9] Narins B.Notable Scientists from 1900 to the Present[M].Detroit,MI：Gale Research Inc.,2001.

[10] McGrath H A.Who's Who in Technology[M].7th ed.Detroit,MI：Gale Research Inc.,1995.

[11] Who's Who in Science & Engineering：1998—1999[M].4th ed.New Providence,N J：Reed Elsevier Inc.,1997.

[12] ACM Turing Award Lectures—The First Twenty Years：1966—1985[M].ACM Press,1987.

[13] Shasha D E, Lazere C A.Out of Their Minds：The Lives and Discoveries of 15 Great Computer Scientists[M].New York：Copernicus,1998.

[14] Bowker R R. American Men & Women of Science：1998—1999[M].20th ed.New Providence,N J：Reed Elsevier Inc.,1998.